隆天知識產權 隆諾律師事務所
LUNG TIN IP ATTORNEYS LUNG TIN LAW FIRM

2020年度
中国法院
知识产权审判
动态跟踪

主　　编　郑泰强　洪　燕
执行主编　许　波

法律出版社
LAW PRESS·CHINA
北京

图书在版编目(CIP)数据

2020年度中国法院知识产权审判动态跟踪 / 郑泰强,洪燕主编. -- 北京 : 法律出版社, 2021
ISBN 978-7-5197-6136-3

Ⅰ. ①2… Ⅱ. ①郑… ②洪… Ⅲ. ①知识产权-审判-中国-2020 Ⅳ. ①D923.4

中国版本图书馆CIP数据核字(2021)第218801号

2020年度中国法院知识产权审判动态跟踪
2020 NIANDU ZHONGGUO FAYUAN ZHISHI CHANQUAN SHENPAN DONGTAI GENZONG

郑泰强 洪 燕 主编
许 波 执行主编

责任编辑 朱轶佳 韩梦超
装帧设计 李 瞻

出版发行 法律出版社
编辑统筹 司法实务出版分社
责任校对 林 蕊
责任印制 胡晓雅
经　　销 新华书店

开本 710毫米×1000毫米 1/16
印张 23.25 **字数** 410千
版本 2021年12月第1版
印次 2021年12月第1次印刷
印刷 三河市龙大印装有限公司

地址:北京市丰台区莲花池西里7号(100073)
网址:www.lawpress.com.cn
投稿邮箱:info@lawpress.com.cn
举报盗版邮箱:jbwq@lawpress.com.cn
销售电话:010-83938349
客服电话:010-83938350
咨询电话:010-63939796

书号:ISBN 978-7-5197-6136-3
定价:128.00元

凡购买本社图书,如有印装错误,我社负责退换。电话:010-83938349

编委会

郁　舜　张思悦

穆丽娟　康　兴

撰写人

许　波　邓思涵

祁竹轩　张　鑫

序　一

不久前,隆天知识产权集团联系我,表示系列案例丛书首卷的《2020 年度中国法院知识产权审判动态跟踪》即将付梓,邀我作序。阅毕书稿,我欣然答应。

我与隆天是“老相识”了。早在 1998 年,隆天就在中国人民大学设立了“人大法学院隆天知识产权奖学金”,获奖的优秀学子至今已达数百名。在专注于知识产权争议解决的隆诺律师事务所于 2014 年正式成立后,隆天与人大之间的交流愈发密切和深入。时光荏苒,隆天不仅已经茁壮成长为我国知识产权法律服务领域的领跑者之一,也是始终陪伴、支持着人大知识产权法学研究的同行人。

2020 年年初,我关注到隆诺律师事务所创新性地推出了“隆诺视界 · 司法跟踪”栏目,密切跟踪全国各主要法院最新作出的典型知识产权司法裁判案例,并针对每一个典型案例,精炼案情概要及裁判规则,清晰明了地展现了当前我国法院知识产权审判的最新动向以及可能的发展趋势。“知法治之所由生,则应时而变”,法律、案例是映照时代发展的明镜。“司法跟踪”取材及时、广泛,具有很强的时效性、实务性和专业性,也为知识产权法学研究源源不断地提供了丰富的养料和有力的支持。

“石以砥焉,化钝为利;法以砥焉,化愚为智”。值此书出版之际,衷心期望本系列丛书能够成为法官、学者、律师等知识产权工作者的“手边书”和案例库,也期待“隆诺视界 · 司法跟踪”栏目能够乘风前行、精勤致远,继续保持输出优质的案例素材,共同记录下我国在迈向知识产权强国进程中的点点滴滴。

是为序。

中国人民大学法学院教授

中国人民大学知识产权学院院长

中国法学会常务理事、学术委员会委员

中国知识产权法学研究会会长

刘春田

二〇二一年十一月于北京

序　二

隆天深耕知识产权领域已二十七年有余，办大案、办难案、办好案已成为植根隆天人心底深处的信条。作为脱胎于隆天法律部的隆诺律所，自 2014 年成立以来，就很好地传承了隆天人的办案信条，专注于知识产权争议解决，紧跟国际国内知识产权最新动向和司法裁判领域的前沿规则，形成了非常丰富的研究成果。为了更好地回馈社会并求教于方家，隆诺律所计划推出一套有关中国法院知识产权司法裁判动向的别具一格的案例丛书，以每一个自然年度为单位，将历经一年跟踪和精选的当年度全国法院知识产权典型案例及其裁判规则汇编成册，以飨读者。

近年来，我国各级法院正在大力推进案例指导制度，知识产权领域尤甚。自 2005 年起，最高人民法院通过及时发布指导性案例、典型案例、公报案例等形式，为全国法院审判工作提供及时、有效的实务指导，各地法院亦通过多种形式的典型案例发布，指导本地司法实践，推动司法公开。正如中国近现代法学奠基人沈家本所言，“律者，一成不易者也。例者，因时制宜者也”。在中国法律漫长的发展史中，法律的稳定性与案例的灵活性相辅相成、互为补充，二者共同构成了形塑社会规则的重要方面。在此时代大背景下，基于对“律”与“例”之理解，北京隆诺律师事务所自 2020 年伊始，由许波博士牵头组建了司法跟踪团队，对全国各级法院最新的知识产权司法动态予以紧密跟踪，日更不辍，并以案例概要及裁判规则汇编的形式，通过“隆诺视界 · 司法跟踪”栏目定期发布于众。需要特别说明的是，许波博士在北京知识产权法院工作期间，曾经全程参与了最高人民法院知识产权案例指导研究（北京）基地的设立、运行及相关规则制定工作，对于检索并应用在先案例实现纠纷解决具有丰富的经验。

从某种程度而言，法律往往是寂寥的，但案例却是鲜活的。司法跟踪团队的劳动和智力成果以案例明释法理，以要旨指导实践，无疑是为知识产权界的广大同人提供了有效、务实、及时的办案参考。尤为值得关注的是，最高人民法院《关于统一法律适用加强类案检索的指导意见（试行）》在 2020 年 7 月 31 日正式施行，其中明确规定了人民法院类案检索的工作机制,扩大了类案检索的范围,为我国案例指导制度进一步深入推进提供了实操规则,这也进一步印证了司法跟踪团队所做工作的前瞻性和正确性,亦体现了将每年度司法跟踪内容整理出版的价值性和必要性。

当前,在习近平总书记和党中央的高度关注下,我国知识产权领域正处于前所未有的发展机遇期。《"十四五"国家知识产权保护和运用规划》高屋建瓴,全面谋划了知识产权强国战略的宏伟蓝图。国内知识产权相关法律法规不断修订、完善,最高人民法院也不断发布相配套的司法解释、司法意见等,新领域、新业态知识产权立法、司法、执法深入推进、系统协同,各地法院受理的知识产权案件数量持续攀升,新颖、疑难、复杂案件层出不穷,知识产权从业者大有可为,但机遇显然也与挑战并存。作为法律人,我深知办案经验的积累并非一日之功,法律素养的精进亦非一蹴而就,但"宁可十年不将军,不可一日不拱卒",对于案例的积累和学习任何时候都不能放松,也任何时候都不晚。衷心期望本书能够成为知识产权从业者的"枕边书",为进一步理解法律、法规、司法解释的真实样态有所助益,也期待本书能够为推动我国知识产权案例指导制度的落地实施贡献绵薄之力,期待北京隆诺律师事务所司法跟踪团队能够不忘初心,继续保持高质量的司法案例输出,做这个伟大时代的见证者、记录者。

是为序。

前国际知识产权律师联合会(FICPI)中国分会副会长
中国人民大学法学院法律硕士专业研究生兼职导师
中华全国专利代理人协会常务理事
中国知识产权研究会常务理事
中华商标协会常务理事
中华全国专利代理师协会国际交流合作委员会委员
中评协知识产权资产评估专业委员会委员
隆天知识产权代理有限公司董事长
郑泰强
二〇二一年十一月于北京

编 者 序

近年来,最高人民法院建立并在我国司法审判中逐步推广适用案例指导制度。2020年7月31日正式施行的《最高人民法院关于统一法律适用加强类案检索的指导意见(试行)》在总结各地法院司法经验的基础上,给出了通过运用类案检索方法统一法律适用的具体指引,为案例指导制度在实践中进一步落地生根奠定了坚实基础。

知识产权领域与创新密切相关,知识产权案件的前沿性、复杂性与制定法规定的滞后性、僵化性冲突频繁,通过典型案件的审理及时输出具有指引意义的裁判规则,成为我国法院实现社会治理、服务保障创新驱动发展战略实施的重要职责使命。在知识产权审判领域,最高人民法院早在2005年2月1日即开始尝试向社会公开发布典型案例,并在此后形成了制度化的年度典型案例发布机制并延续至今,为及时明确裁判标准和司法导向发挥了重要作用。2015年4月24日,最高人民法院在北京知识产权法院设立"最高人民法院知识产权案例指导研究(北京)基地",以知识产权审判为突破口,探索建立具有中国特色的知识产权案例指导制度,为全国司法审判工作以及案例指导制度在更多审判领域的推广适用提供鲜活、丰富的实践样本和具体操作指引。至今,"遵循先例"的裁判理念以及对在先案例的援引适用,已在我国多地法院的知识产权审判工作中得到了贯彻执行,受到学界、实务界的多方认可。

在此大背景下,北京隆诺律师事务所自2020年伊始,组建起专门的司法跟踪团队,每日紧密跟踪全国各地、各级法院的知识产权司法审判动态,并精选其中重大、新颖、具有指引意义的案例,以案例概要及裁判规则汇编的形式通过"隆诺视界|司法跟踪"栏目定期发布于众。司法跟踪团队的主要负责人为律师事务所执行主任、合伙人许波博士,团队成员包括邓思涵、祁竹轩、张鑫、李鹏飞、卜祥凯、马辰等律师。其中,许波博士作为原北京知识产权法院四级高级法官,全程参与了知识产权案例

指导研究(北京)基地的设立、运行及各大课题研究,亦在知识产权案例指导方面编著大量研究性文章及专著;邓思涵等律师具备英语、日语、通信、计算机、机械、自动化、材料、生物医药等复合背景,较为完整地涵盖了各个知识产权领域,能够互相协作、优势互补、形成合力,将对知识产权案例指导制度的运用切实落地并向深入探索实践。2020年全年,司法跟踪团队共发布23期司法跟踪,文字总计逾17万字,其中涉及180余个典型案例,并总结提炼出330余条具有指引意义的裁判规则。对这些典型案例的及时、精心择选和提炼,获得了广大知识产权从业人员的广泛好评,每一期司法跟踪都成为获悉我国知识产权司法裁判最新动态及裁判规则,并可用以指导实务办案、学术研究的宝贵资料。

随着案例指导制度的大力推进及"司法跟踪"栏目愈发专业和精研,业内同仁对于"司法跟踪"栏目汇编出版成书的呼声亦愈来愈高。基于此,司法跟踪团队重新梳理了2020年度的180余个典型案例,结合最新的法律、法规、司法解释规定及指导案例,以为知识产权从业人员提供务实、便捷、优质的参考书为初衷,撰就本书。

具体而言,本书主要由以下两个部分构成:

第一部分:以司法辖区划分的典型案例汇整。该部分主要分为最高人民法院、北京法院、上海法院、广东法院、浙江法院、江苏法院及其他地区法院共七个名目,各名目下涵盖该司法辖区内法院所审理的典型案例,每个案例由诉讼基本信息、案情简介及裁判规则构成,以便读者能够快速了解我国各地法院2020年度知识产权审判的主要情形及趋势;

第二部分:以知识产权类型划分的裁判规则汇整。该部分主要分为专利类、商标类、著作权类、不正当竞争类及垄断类共五个名目,各名目下总括2020年度典型知识产权案例中提炼出的裁判规则,并按照审判逻辑和法律争点进一步归类编排,以便读者能够从具体法律问题入手,快速了解我国各地法院针对该具体法律问题的主要观点及裁判要旨。

本书从编写初衷、素材来源、整体架构等方面均显著区别于当下的裁判文书汇编类书籍、法律法规汇编类书籍、案例评析类书籍等。如前所述,本书通过精选2020年度全国各地、各级法院的典型案例,简明概括每个案例的来龙去脉而形成一目了然的案情简介,深度加工每个案例的裁判观点而形成可快速理解并适用的裁判规则,能够为知识产权领域从业人员提供及时、高效、务实的办案参考及规范,也能为学术研究提供鲜活、丰富的案例素材。我们也期望以此作为良好开端,继续保持紧密跟踪各地、各级法院的最新司法裁判动态，以每一个自然年度为单位将跟踪的案例集结汇编出版，做中国知识产权审判事业的见证者、记录者，以求真务实的态度为中国知识产权事业贡献我们的绵薄之力。

北京隆诺律师事务所

司法跟踪团队

二〇二一年十月

Contents | 目录

第一部分

各地法院典型案例

第二部分 裁判规则汇编

第一部分

各地法院典型案例

一、最高人民法院

(一)专利类

专利民事纠纷

朗坤公司与汇朗公司专利权转让合同纠纷案

法院:最高人民法院

案号:(2019)最高法知民终394号

上诉人(一审原告):北京朗坤生物科技有限公司

被上诉人(一审被告):北京汇朗生物科技有限公司

案由:专利权转让合同纠纷

案情简介:北京朗坤生物科技有限公司(以下简称朗坤公司)是专利号为ZL201110145600.3、发明名称为“生物防护过滤介质及其应用”的中国发明专利(以下简称涉案专利)的专利权人。2015年5月,朗坤公司与北京汇朗生物科技有限公司(以下简称汇朗公司)签订《专利转让协议》(以下简称涉案协议),约定朗坤公司将涉案专利无偿转让给汇朗公司,汇朗公司不得将涉案专利转让给任何第三方,同时约定任何一方违反上述协议须向对方支付违约金100万元。2018年9月,涉案专利被国家知识产权局原专利复审委员会宣告专利权全部无效。2018年10月,朗坤公司因汇朗公司将涉案专利转让给第三方,违反涉案协议,向北京知识产权法院(以下简称一审法院)起诉,请求判令汇朗公司支付违约金100万元。一审法院审理认为,朗坤公司请求支付违约金缺乏事实与法律依据,遂驳回朗坤公司诉讼请求。朗坤公司不服一审判决,向最高人民法院(以下简称二审法院)提起上诉,请求撤销一审判决,改判支持朗坤公司的一审诉讼请求。二审法院审理认为,虽然涉案专利被宣告无效,但涉案协议仍然有效,汇朗公司仍应就涉案专利无效前的违约行为承担违约责任。但涉案协议约定的违约金明显过高,应予以调整。据此,二审法院判决撤销一审判决,改判汇朗公司支付违约金15万元。

裁判规则

1. 当事人之间签订专利权转让协议，在协议所涉专利权被宣告无效后，对于该协议尚未履行的部分，是否继续履行需要考虑未履行部分涉及的利益是否系因行使专利权所直接获得的利益，即其是否属于专利权价值的对价。未履行部分涉及的利益并非专利权价值的对价，因违约或其他行为对原专利权人造成损害，原专利权人有权要求对方继续履行。

2. 有偿合同一方以相对方违约为由主张支付违约金，该相对方以合同不成立、合同无效、不构成违约等为由进行免责抗辩，而未主张应对合同所约定的过高违约金予以调整的，法院应就若不支持相关免责抗辩，当事人是否需要主张调整违约金进行释明。一审法院认定免责抗辩成立，二审法院认定免责抗辩不能成立，可以在释明后予以改判。

3. 合同约定的违约金过高，法院应以实际损失为基础，兼顾合同履行情况、当事人过错以及预期利益等因素，根据公平原则和诚实信用原则重新确定违约金数额。

聚蓝公司与沃尔玛公司等发明专利侵权案

法院：最高人民法院

案号：(2019)最高法知民终 686 号

上诉人(一审被告)：沃尔玛华东百货有限公司、莱卡健康科技(南京)有限公司

被上诉人(一审原告)：上海聚蓝水处理科技有限公司

案由：侵害发明专利权纠纷

案情简介：上海聚蓝水处理科技有限公司(以下简称聚蓝公司)是专利号为ZL201010208923.8、发明名称为“滤芯分离式直饮水壶”的中国发明专利的专利权人。聚蓝公司于 2017 年向上海知识产权法院(以下简称一审法院)起诉称，沃尔玛华东百货有限公司(以下简称沃尔玛公司)销售、许诺销售，莱卡健康科技(南京)有限公司(以下简称莱卡公司)进口、销售、许诺销售的“5000SERIES－J51 型莱卡滤水壶”(以下简称被诉侵权产品)落入涉案专利权利要求的保护范围，请求判令沃尔玛公司停止销售、许诺销售，莱卡公司停止进口、销售、许诺销售被诉侵权产品，二被告连带赔偿其经济损失 200 万元。沃尔玛公司于 2018 年 1 月收到聚蓝公司起诉状，2018 年 8 月对被诉侵权产品采取下架处理。二审法院审理认为，被诉侵权产品的技术方案落入涉案专利权利要求的保护范围，沃尔玛公司销售被诉侵权产品合

法来源抗辩不成立，应当对应诉后至2018年8月下架被诉侵权产品前的行为承担赔偿责任。二审法院判令莱卡公司停止侵权并赔偿聚蓝公司经济损失及合理开支共100万元，沃尔玛公司对其中1万元承担连带赔偿责任。沃尔玛公司、莱卡公司不服一审法院判决，向最高人民法院（以下简称二审法院）提起上诉。二审法院经审理，判决驳回上诉，维持原判。

裁判规则

1. 销售者主张合法来源抗辩，其成立需要同时满足被诉侵权产品具有合法来源这一客观要件和销售者无主观过错这一主观要件。对于客观要件，销售者应当提供符合交易习惯的相关证据，提供明确的可供主张的上游供应商。对于主观要件，销售者应证明其实际不知道且不应当知道其所售产品系制造者未经专利权人许可而制造并售出。

2. 销售者应当在收到权利人起诉状后的合理期限内对被诉侵权产品是否系侵权产品做出初步判断，并在被诉侵权产品可能侵害他人专利权的情况下做出下架处理。该合理期限的时长应当充分考量个案因素，综合考虑涉案专利的类型、被诉侵权产品的基本情况、侵权比对分析、企业的专业判断能力及企业管理流程等因素予以确定。

东莞银行与张某志确认不侵害专利权案

法院：最高人民法院

案号：（2020）最高法知民终225号

上诉人（一审起诉人）：东莞银行股份有限公司

案由：确认不侵害专利权纠纷

案情简介：张某志是专利号为ZL200910038860.3、发明名称为“一种在计算机和其他电子产品中自行提供恰到好处嵌入式帮助的方法和界面”的发明专利（以下简称涉案专利）的专利权人。国家知识产权局于2018年8月31日，对涉案专利作出宣告专利权全部无效的审查决定（以下简称涉案决定），张某志对此向北京知识产权法院提起了行政诉讼，并于2019年3月19日缴纳了涉案专利的第11年年费。2019年9月9日，张某志向处于上市阶段的东莞银行股份有限公司（以下简称东莞银行）发送了侵权警告函，要求东莞银行支付每年750万元的涉案专利许可费，并多次向苹果公司投诉东莞银行的“东莞银行手机银行”App和“东莞银行村镇银行手机银行”App侵害涉案专利的专利权，致使两款App从苹果应用商店下架。2019

年11月6日,东莞银行向张某志就其上述投诉行为发出催告函。2019年11月14日,东莞银行以张某志为被告、张某滔为第三人,向广州知识产权法院(以下简称一审法院)提起确认不侵害专利权纠纷诉讼,请求判令确认东莞银行的上述两款App不侵害涉案专利的专利权,并且判令张某志承担全部诉讼费用及合理支出。一审法院认为,在东莞银行起诉前,涉案专利已被涉案决定宣告专利权全部无效,涉案决定一经作出即生效,其是否处在行政诉讼过程中并不影响其效力,故东莞银行的诉讼请求缺乏事实基础,不符合法定受理条件。据此,一审法院裁定对东莞银行的起诉不予受理(以下简称一审裁定)。东莞银行不服一审裁定,向最高人民法院(以下简称二审法院)提起上诉,请求撤销一审裁定,并裁定一审法院受理起诉。二审法院经审查认为,争议焦点包括:(1)东莞银行的起诉是否符合确认不侵害专利权纠纷之诉的条件;(2)宣告专利权无效的审查决定是否导致东莞银行丧失诉权。就上述争议焦点(1),二审法院认为,东莞银行与本案有直接利害关系,其起诉有明确的被告以及具体的诉讼请求和事实、理由,同时满足收到专利权人警告且专利权人经催告后未撤回警告也不行使诉权的两项起诉条件,但未满足催告期间条件。但由于一审法院未以不符合期间条件为由裁定不予受理,而本案因其他争议问题已进入上诉阶段,如果仅以不符合期间条件为由不予受理,将导致程序空转,徒增当事人讼累,不利于实质解决纠纷,故二审法院认定东莞银行的起诉符合确认不侵害专利权纠纷之诉的法定条件。就上述争议焦点(2),二审法院认为,专利权无效宣告请求审查决定并非作出即生效,而是在起诉期限届满或司法裁判生效时才生效。在审查决定未生效时,权利人发送的侵权警告仍有权利基础,被警告人亦可相应地提起确认不侵害专利权之诉。由于张某志就涉案决定向北京知识产权法院提起了行政诉讼,故涉案决定尚未生效,东莞银行作为被警告人有权提起确认不侵害专利权之诉。据此,二审法院认为东莞银行的上诉请求成立,一审法院适用法律错误,裁定撤销一审裁定,指令一审法院对东莞银行的起诉予以立案受理。

裁判规则

1. 专利权无效宣告请求审查决定并非一经作出即发生法律效力,而须待法律规定的起诉期限届满当事人未提起诉讼或者维持该决定的裁判生效时,该决定方可发生法律效力。在此情况下,权利人发送的侵权警告仍然有权利基础。相应地,被警告人亦可以在符合法定条件的情况下提起确认不侵害专利权之诉。

2. 最高人民法院《关于审理侵犯专利权纠纷案件应用法律若干问题的解释(二)》第2条第1款以及第2款规定的"先行裁驳、另行起诉"旨在提高专利侵权纠纷案件的审理效率，其仅适用于专利权人提起的侵权之诉。被警告人提起的确认不侵害专利权之诉旨在消除被警告人因专利权人发出的侵权警告而所处的不安状态，二者目的不同，“先行裁驳、另行起诉”不构成被警告人提起确认不侵害专利权之诉的障碍。

富岛公司与泰源公司等发明专利侵权案

法院：最高人民法院

案号：(2019)最高法知民终578号

上诉人(一审原告)：无锡富岛科技股份有限公司

上诉人(一审被告)：无锡泰源机器制造有限公司

被上诉人(一审被告)：苏州吉尚智能科技有限公司

案由：侵害发明专利权纠纷

案情简介：无锡富岛科技股份有限公司(以下简称富岛公司)是专利号为ZL201010512514.7、发明名称为“双工位转台式抛丸清理机”的发明专利(以下简称涉案专利)的专利权人。富岛公司向苏州市中级人民法院(以下简称一审法院)起诉称，无锡泰源机器制造有限公司(以下简称泰源公司)制造、苏州吉尚智能科技有限公司(以下简称吉尚公司)销售的“双工位抛丸机”(以下简称被诉侵权产品)落入涉案专利权利要求的保护范围，请求判令泰源公司停止生产、销售被诉侵权产品，二被告连带赔偿其经济损失及合理费用2,425,180元。一审法院经审理认为，被诉侵权产品的技术方案落入涉案专利权利要求的保护范围，构成对涉案专利的侵权。据此，一审法院判令泰源公司停止侵权并赔偿富岛公司经济损失及合理开支共80万元。富岛公司、泰源公司不服一审法院判决，向最高人民法院(以下简称二审法院)提起上诉。二审法院审理认为，被诉侵权产品的区别技术特征与涉案专利权利要求1记载的对应技术特征不构成等同特征，被诉侵权产品的技术方案未落入涉案专利权利要求的保护范围，不构成侵权。据此，二审法院判决撤销一审判决，驳回富岛公司的全部诉讼请求。

裁判规则

1. 功能性特征是指不直接限定发明技术方案的结构、组分、步骤、条件或其之间的关系等，而是通过其在发明创造中所起的功能或者效果对结构、组分、步骤、条件或其之间的关系等进行限定的技术特征。但是，如果某个技术特征已经限定或者隐含了发明技术方案的特定结构、组分、步骤、条件或其之间的关系等，即使该技术特征还同时限定了其所实现的功能或者效果，原则上亦不属于功能性特征，不应作为功能性特征进行侵权比对。

2. 技术特征应当是在发明的整体技术方案中能够相对独立地实现一定技术功能并产生相对独立的技术效果的较小技术单元，对其划分既不能过宽，也不宜过细，以免影响对专利权保护范围的准确界定。

"自拍杆"实用新型专利侵权系列案

法院：最高人民法院

专利权人：源德盛塑胶电子（深圳）有限公司

被诉侵权人：中山品创塑胶制品有限公司、银川市西夏区先锋电器经销部、银川市西夏区宏宇立信通讯店、银川市西夏区金城通讯部

案由：侵害实用新型专利权纠纷

案情简介：源德盛塑胶电子（深圳）有限公司（以下简称源德盛公司）是专利号为ZL201420522729.0、实用新型名称为"一种一体式自拍杆"的实用新型专利（以下简称涉案专利）的专利权人。源德盛公司分别起诉了中山品创塑胶制品有限公司（以下简称品创公司，统称制造商侵权案）以及银川市西夏区先锋电器经销部、银川市西夏区宏宇立信通讯店以及银川市西夏区金城通讯部（以下简称三销售商，统称销售商侵权案）。在制造商侵权案中，一审法院判令品创公司停止制造、销售被诉侵权产品，赔偿源德盛公司100万元；在销售商侵权案中，一审法院分别判令三销售商停止销售被诉侵权产品，各赔偿源德盛公司2000元。其后，品创公司就制造商侵权案、源德盛公司就销售商侵权案分别上诉至最高人民法院（以下简称二审法院）。二审法院经审理认为，在制造商侵权案中，品创公司故意侵权、重复侵权，侵权情节严重，应从高确定法定赔偿数额；在销售商侵权案中，应综合考虑三销售商均为个体工商户、销售被诉侵权产品利润微薄、侵权情节较轻等因素，最终二审法院对一审法院酌定的上述赔偿额均予以维持，判决驳回上诉，维持原判。

裁判规则

人民法院在审理专利侵权案件中应当积极引导专利权人从侵权产品的制造环节制止侵权行为，以从源头上遏制侵权现象。在审理专利侵权案件时应区分侵权行为的性质和情节，合理确定侵权人应当承担的法律责任。对于侵权产品的制造者，如果存在故意侵权、重复侵权等侵权情节严重的情形，应当从高确定法定赔偿

数额;对于侵权产品的销售商,应当综合考量侵权主体的性质、销售侵权产品的利润、侵权时间、过错程度、侵权情节及当地经济发展水平等因素,酌情确定赔偿数额。

(本案判决尚未公开,裁判规则系根据法院官方报道内容归纳。)

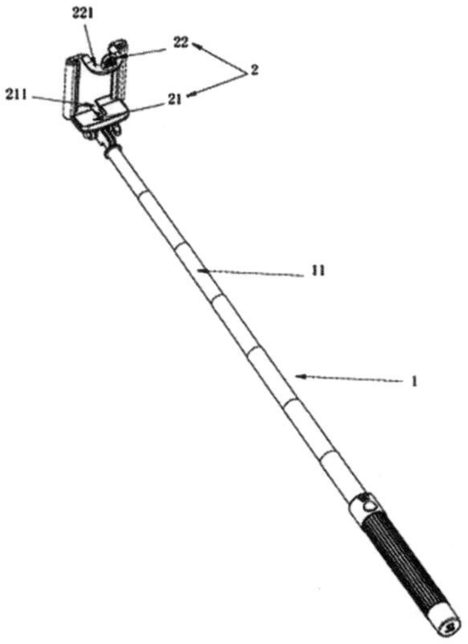

图1-1-1　涉案专利的说明书摘要附图

云白公司与泰高公司等发明专利侵权案

法院:最高人民法院

案号:(2019)最高法知民终409号

上诉人(一审原告):苏州云白环境设备股份有限公司

被上诉人(一审被告):苏州泰高烟囱科技有限公司、吴江市宝新金属制品有限责任公司

案由:侵害发明专利权纠纷

案情简介:苏州云白环境设备股份有限公司(以下简称云白公司)是专利号为ZL201010160845.9、发明名称为“内外筒型自立式钢烟囱”的发明专利(以下简称涉案专利)的专利权人。云白公司向苏州市中级人民法院(以下简称一审法院)起诉称,苏州泰高烟囱科技有限公司(以下简称泰高公司)制造、销售、许诺销售,吴江市宝新金属制品有限责任公司(以下简称宝新公司)制造的“40米烟囱”“50米烟囱”(以下简称被诉侵权产品)落入涉案专利权利要求的保护范围,请求判令泰高公司

停止生产、销售、许诺销售,宝新公司停止生产被诉侵权产品,泰高公司及宝新公司销毁制造被诉侵权产品所有的模具和图纸,泰高公司赔偿其经济损失及合理费用1000 万元。一审法院经审理认为,被诉侵权产品的技术方案未落入涉案专利权利要求的保护范围,不构成侵权,遂判决驳回云白公司全部诉讼请求。云白公司不服一审法院判决,向最高人民法院(以下简称二审法院)提起上诉。二审法院审理认为,被诉侵权产品的区别技术特征与涉案专利权利要求记载的对应技术特征构成相同特征,被诉侵权产品的技术方案落入涉案专利权利要求的保护范围,构成侵权。二审法院判决撤销一审判决,泰高公司停止制造、销售,宝新公司停止制造被诉侵权产品,两被告销毁侵权产品图纸,泰高公司赔偿云白公司经济损失 100 万元及合理开支 122,140 元。

裁判规则

1. 对于权利要求中以功能或效果表述的技术特征,如果本领域技术人员无法仅通过阅读权利要求即可直接、明确地确定实现该功能或效果的具体实施方式,则其属于功能性特征,并应结合说明书和附图描述的该功能或者效果的具体实施方式及其等同的实施方式确定其内容。

2. 在确定功能性特征的内容时,如果说明书记载的专利技术方案存在多种使用环境,专利权人通常无须一一列举说明各种使用环境下的具体实施方式。当说明书仅给出了一种使用环境下的实施例但又明确记载了该技术方案可适用于多种使用环境时,本领域技术人员通过阅读专利权利要求书,并根据已知实施例可以直接、明确获得的在其他使用环境下的实施方式,应当属于该功能性特征的内容。在此过程中,本领域技术人员也可明确获悉该功能性特征的基本特征与适应性特征,其中基本特征为实现该功能效果必不可少的特征,是功能性特征的本质特征,在各种使用环境下均不可缺少;适应性特征是因不同使用环境而具有的适应特定使用环境的特征,是在各种使用环境下起到适应、配合作用的辅助性、非本质、可变化的特征。

康文森公司与中兴公司标准必要专利许可纠纷管辖权异议案

法院:最高人民法院

案号:(2019)最高法知民辖终 157 号

上诉人(一审被告):康文森无线许可有限公司

被上诉人(一审原告):中兴通讯股份有限公司

案由:侵害发明专利权纠纷

案情简介:康文森无线许可有限公司(以下简称康文森公司)系根据卢森堡法律注册成立的有限责任公司,专门从事专利组合运营。中兴通讯股份有限公司(以下简称中兴公司)就康文森公司持有的标准必要专利许可事宜,于2013年至2017年与康文森公司多次磋商,但双方未就许可条件达成一致意见。后中兴公司就该标准必要专利许可纠纷起诉至广东省深圳市中级人民法院(以下简称一审法院)。一审程序中,康文森公司提出管辖权异议。对此,一审法院裁定该院具有管辖权,遂驳回该管辖权异议。康文森公司不服上述裁定,上诉至最高人民法院(以下简称二审法院)。二审法院经审理认为,本案中作为许可标的的所涉标准必要专利为中国专利,其实施地亦在中国,故中国法院对本案具有管辖权。中兴公司于深圳市实施本案所涉标准必要专利,故一审法院作为专利实施地法院,对本案具有管辖权。英国法院的平行诉讼不影响中国法院对于该案的受理,本案亦不符合不方便法院原则的适用条件。据此,二审法院裁定驳回上诉,维持一审裁定。

裁判规则

1. 针对在中国境内没有住所和代表机构的被告提起的标准必要专利许可纠纷案件,对于其国际管辖及国内地域管辖,应结合标准必要专利许可纠纷兼具专利侵权纠纷和合同纠纷的特点,考虑许可标的所在地、专利实施地、合同签订地、合同履行地等管辖连接点,判断中国特定法院是否具有管辖权。

2. 只要中国法院对案件依法具有管辖权,即便该案件的平行诉讼正在外国法院审理,原则上也不影响中国法院对该案件予以受理。

3. 不方便法院原则的适用需要同时满足最高人民法院《关于适用〈中华人民共和国民事诉讼法〉的解释》第532条规定的六个条件,且主张适用不方便法院原则的被告应当对此承担证明责任。

华为公司与康文森公司禁止申请执行域外判决案

法院:最高人民法院

案号:(2019)最高法知民终732、733、734号之一

申请人(被上诉人、一审原告):华为技术有限公司

被申请人(上诉人、一审被告):康文森无线许可有限公司

案由:确认不侵害专利权及标准必要专利许可纠纷

案情简介:康文森无线许可有限公司(以下简称康文森公司)系根据卢森堡法律注册成立的有限责任公司,专门从事专利组合运营。华为技术公司、华为终端公司、华为软件公司(以下合称华为公司)于 2018 年 1 月 25 日向南京市中级人民法院(以下简称一审法院)提起诉讼,请求法院确认华为公司不侵害康文森公司持有的 3 件标准必要专利,以及确定其实施康文森公司全部中国标准必要专利的许可条件。2019 年 9 月 16 日,一审法院判决驳回了华为公司有关确认不侵权的诉讼请求,并确定了华为公司实施康文森公司全部中国标准必要专利的许可条件。康文森公司不服一审判决,于 2019 年 11 月 18 日上诉至最高人民法院(以下简称二审法院),目前正在审理中。

2020 年 8 月 27 日,德国杜塞尔多夫地区法院(以下简称杜塞尔多夫法院)就涉及上述 3 件标准必要专利的侵权诉讼,认定华为公司侵害了其中 1 件专利的专利权,判令华为公司停止在德国销售、使用、进口或拥有相关移动终端产品等侵权行为。同日,华为公司向二审法院申请行为保全,请求责令康文森公司在二审法院终审判决作出之前,不得在德国申请执行杜塞尔多夫法院作出的一审判决。2020 年 8 月 28 日,二审法院经审理认定,如果康文森公司申请执行杜塞尔多夫法院作出的一审判决,将对二审法院的审理推进和裁判执行产生实质消极影响,具备禁止申请执行域外法院判决的行为保全措施的前提条件。据此,二审法院裁定康文森公司不得在二审法院终审判决作出前,申请执行杜塞尔多夫法院于 2020 年 8 月 27 日作出的一审判决。如违反裁定,自违反之日起,处每日罚款人民币 100 万元,按日累计。

裁判规则

禁止申请执行域外法院判决的申请,性质上属于行为保全申请,应当考虑被申请人申请执行域外法院判决对中国诉讼的影响,采取行为保全措施是否确属必要,不采取行为保全措施对申请人造成的损害是否超过采取行为保全措施对被申请人造成的损害,采取行为保全措施是否损害公共利益,以及采取行为保全措施是否符合国际礼让原则等因素进行综合判断。

胡某宇与巴顿公司实用新型专利侵权案

法院:最高人民法院

案号:(2019)最高法知民终 896 号

上诉人(一审被告):乐清市巴顿电子有限公司

被上诉人(一审原告):胡某宇

案由:侵害实用新型专利权纠纷

案情简介:胡某宇系专利号为ZL200920043518.8、实用新型名称为“一种电连接插接件”的实用新型专利(以下简称涉案专利)的专利权人。胡某宇于2019年3月向杭州市中级人民法院(以下简称一审法院)起诉乐清市巴顿电子有限公司(以下简称巴顿公司),诉称巴顿公司制造、销售、许诺销售的电气插接连接器(以下简称被诉侵权产品)落入涉案专利权利要求的保护范围,请求法院判令巴顿公司停止上述侵权行为,赔偿经济损失5万元。后涉案专利于一审庭审前到期。一审法院经审理认为,被诉侵权产品落入涉案专利权利要求的保护范围,但庭审时涉案专利已到期,故此一审法院未支持胡某宇要求巴顿公司停止侵权行为的诉讼请求,仅判令巴顿公司赔偿经济损失4万元。巴顿公司不服,上诉至最高人民法院(以下简称二审法院)。二审法院经审理认为,被诉侵权产品落入涉案专利权利要求的保护范围,巴顿公司具有主观过失,其合法来源抗辩不能成立,并且一审法院酌情确定的经济损失赔偿无明显不当。据此,二审法院判决驳回上诉,维持原判。

裁判规则

1. 说明书及附图对于权利要求的解释作用在于帮助本领域技术人员准确理解权利要求的内容,而不应当以说明书及附图的例示性描述限制专利权保护范围。

2. 合法来源抗辩的成立需同时满足“被诉侵权产品具有合法来源”的客观要件和“销售者善意且无过失”的主观要件。如果销售者能够提供与制造商之间的采购订单、领款收据、制造商相关信息等证据,证明其通过合法的销售渠道、通常的买卖合同等正常商业方式取得产品,则可以认定满足“被诉侵权产品具有合法来源”的客观要件。如果销售者能够证明其销售行为符合诚信原则、合乎交易惯例,则可推定销售者主观上无过失。但如果专利权人进一步提交反证,可以初步证明了销售者具有较高可能性知道或应当知道被诉侵权产品系未经专利权人许可而制造并售出的,则销售者还应进一步举证其已尽到必要的注意义务,否则应当认定销售者主观上具有过失,不满足“善意且无过失”的主观要件。

华诚公司与兴义公司实用新型专利侵权案

法院：最高人民法院

案号：(2020)最高法知民终 426 号

上诉人(一审被告)：扎赉特旗兴义农丰农牧机械装备有限公司

被上诉人(一审原告)：科右前旗华诚农机制造有限责任公司

案由：侵害实用新型专利权纠纷

案情简介：科右前旗华诚农机制造有限责任公司(以下简称华诚公司)系专利号为 ZL201720070252.0、实用新型名称为“水稻旱种播种机”的实用新型专利(以下简称涉案专利)的专利权人。华诚公司于 2018 年 10 月向内蒙古自治区呼和浩特市中级人民法院(以下简称一审法院)起诉扎赉特旗兴义农丰农牧机械装备有限公司(以下简称兴义公司),诉称兴义公司制造、销售的“兴义农丰”水稻旱种全覆膜播种机(以下简称被诉侵权产品)落入涉案专利权利要求的保护范围,请求法院判令兴义公司停止上述侵权行为,赔偿经济损失及合理费用约 57 万元。一审法院经审理认为被诉侵权产品落入涉案专利权利要求的保护范围,判令兴义公司停止制造、销售被诉侵权产品,赔偿经济损失及合理费用 43.5 万元。兴义公司不服,上诉至最高人民法院(以下简称二审法院)。二审法院经审理认为,被诉侵权产品落入涉案专利权利要求的保护范围,一审法院判赔金额并无不当。据此,二审法院判决驳回上诉,维持原判。

裁判规则

技术特征的划分应该结合发明的整体技术方案,考虑能够相对独立地实现一定技术功能并产生相对独立的技术效果的最小技术单元。在对技术特征进行解释时,应当考虑其要实现的功能、达到的效果及其对整体技术方案的贡献,结合技术背景、发明目的及所要解决的技术问题来合理确定保护范围,对于本领域技术人员通过阅读权利要求书和说明书不容易想到的技术功能和效果一般不予考虑。

雄之业公司与易通公司等实用新型专利侵权案

法院：最高人民法院

案号：(2020)最高法知民终 765 号

上诉人(一审被告)：广州雄之业动漫科技有限公司

被上诉人(一审原告)：广州市易通动漫科技有限公司

被上诉人(一审被告):广州市炫萌动漫科技有限公司、陈某雄

一审被告:屈某雄、崔某辉

案由:侵害实用新型专利权纠纷

案情简介:中山市乐港游乐设备有限公司(以下简称乐港公司)是专利号为ZL201720518231.0、实用新型名称为"一种游乐设备的夹取机构"的实用新型专利(以下简称涉案专利)的专利权人,2017年6月10日乐港公司与广州市易通动漫科技有限公司(以下简称易通公司)签订《专利使用许可合同》,约定易通公司有权就涉案专利侵权行为单独提起诉讼。易通公司于2019年8月8日向广州知识产权法院(以下简称一审法院)起诉称广州雄之业动漫科技有限公司(以下简称雄之业公司)、广州市炫萌动漫科技有限公司(以下简称炫萌公司)制造、销售、许诺销售的"疯狂鳄鱼"游艺机(以下简称被诉侵权产品)侵害了涉案专利,请求判令雄之业公司、炫萌公司停止上述侵权行为,雄之业公司及其股东屈某雄、崔某辉,炫萌公司及其股东陈某雄连带赔偿经济损失及合理开支60万元。一审法院审理认为,被诉侵权产品落入涉案专利权利要求的保护范围,且雄之业公司于2018年因制造、销售侵害涉案专利的商品被判决停止侵权及赔偿经济损失20万元,时隔不到一年,其又继续实施侵权行为。据此,一审法院判令雄之业公司停止制造、销售、许诺销售被诉侵权产品,炫萌公司停止销售被诉侵权产品,并以在先生效判决酌定赔偿额20万元为计算基数,以该基数的两倍确定雄之业公司赔偿经济损失及合理费用40万元,炫萌公司对其中的10万元承担连带责任。雄之业公司不服一审判决,向最高人民法院(以下简称二审法院)提起上诉。二审法院经审理认为,一审法院认定雄之业公司实施了许诺销售被诉侵权产品的行为有误,予以纠正,其他认定并无不当,故驳回雄之业公司的其他上诉请求。

裁判规则

侵权人重复侵权和持续侵权的,属于具有明显主观故意的情形,应当在确定具体赔偿数额时予以考量,并可以以在先生效判决确定的赔偿数额为基础,加倍确定赔偿数额。

沪景公司与黄某勇专利申请权权属纠纷案

法院:最高人民法院

案号:(2020)最高法知民终258号

上诉人(一审原告):上海沪景信息科技有限公司深圳分公司

被上诉人(一审被告):黄某勇

案由:专利申请权权属纠纷

案情简介:黄某勇是申请号为201610855264.4、发明名称为"一种基于伪装的网络空间安全防御方法及系统"的中国发明专利申请(以下简称涉案专利申请)的申请人。2016年5月3日至2017年2月,黄某勇为上海沪景信息科技有限公司深圳分公司(以下简称沪景分公司)员工。沪景分公司于2018年7月向广东省深圳市中级人民法院(以下简称一审法院)起诉称,沪景分公司是专利号为ZL201510262214.0、发明名称为"一种网络传输方法和网络传输装置"的中国发明专利(以下简称在先专利)的专利权人,在先专利系涉案专利申请的基础技术,黄某勇利用沪景分公司的物质技术条件完成的涉案专利申请为职务发明创造,请求判令涉案专利申请权属于沪景分公司。一审法院审理认为,黄某勇本职工作与涉案专利申请分属于采用不同通信标准的新、旧网络技术领域;沪景分公司的产品技术与涉案专利申请所要解决的技术问题存在实质性差异;黄某勇本职工作涉及的技术内容与涉案专利申请之间存在根本性的技术差距,属于不同的技术;二者之间并不存在技术手段的传承性。此外,黄某勇个人具备在涉案专利申请领域的研发能力。据此,一审法院判决驳回了沪景分公司的诉讼请求。沪景分公司不服一审判决,向最高人民法院(以下简称二审法院)提起上诉。二审法院判决驳回上诉,维持原判。

裁判规则

1.判断一项发明创造是否为发明人在本职工作中作出的发明创造,应当具体考察发明人的工作职责范围、具体工作内容等是否与发明创造的研发存在关联,不能仅因相关发明创造与发明人所在单位的业务领域具有一定联系就认定该发明创造为发明人在本职工作中作出的发明创造。

2.确定发明人的工作职责范围,可以结合发明人的职务、岗位职责、所在部门的业务范围等因素予以综合确定。

3.判断发明人的具体工作内容是否与发明创造存在关联,应当从发明人本职工作与发明创造各自所属的技术领域、所要解决的技术问题、技术差异以及是否存在技术手段的传承性等方面予以具体考察。

立盈公司与沃富公司、蒙阳公司发明专利侵权案

法院：最高人民法院

案号：（2020）最高法知民终 148 号

上诉人（一审被告）：潍坊沃富机械有限公司

被上诉人（一审原告）：日照市立盈机械制造有限公司

一审被告：费县蒙阳农业机械有限公司

案由：侵害发明专利权纠纷

案情简介：日照市立盈机械制造有限公司（以下简称立盈公司）系专利号为ZL201410140501.X、发明名称为“具有安全可靠性的微耕机”的发明专利（以下简称涉案专利）的专利权人。立盈公司于 2019 年 7 月向济南市中级人民法院（以下简称一审法院）起诉制造商潍坊沃富机械有限公司（以下简称沃富公司）和销售商费县蒙阳农业机械有限公司（以下简称蒙阳公司），诉称沃富公司制造、销售、许诺销售以及蒙阳公司销售的微耕机（以下简称被诉侵权产品）落入涉案专利权利要求的保护范围，请求法院判令沃富公司和蒙阳公司停止侵权行为并共同赔偿经济损失及合理费用约 83 万元。一审法院经审理认为，被诉侵权产品落入涉案专利权利要求的保护范围，判令蒙阳公司停止销售被诉侵权产品，沃富公司停止制造、销售被诉侵权产品并赔偿经济损失及合理费用 30 万元。沃富公司不服，上诉至最高人民法院（以下简称二审法院）。二审法院经审理认为，一审法院关于等同侵权的认定有误，被诉侵权产品未落入涉案专利权利要求的保护范围。据此，二审法院判决撤销原判，驳回立盈公司的诉讼请求。

裁判规则

等同侵权判定中的等同，是指涉案专利权利要求与被诉侵权技术方案中的相应技术特征之间是否等同，而不是指两个技术方案整体上是否等同。整体技术方案的功能与效果不同于具体技术特征的功能与效果。

来电公司与街电公司实用新型专利侵权案

法院：最高人民法院

案号：（2019）最高法知民终 83 号

上诉人（一审被告）：深圳街电科技有限公司

被上诉人(一审原告):深圳来电科技有限公司

案由:侵害实用新型专利权纠纷

案情简介:深圳来电科技有限公司(以下简称来电公司)系专利号为ZL201520847953.1、实用新型名称为"移动电源租用设备及充电夹紧装置"的实用新型专利(以下简称涉案专利)的专利权人。来电公司于2017年7月向深圳市中级人民法院(以下简称一审法院)起诉深圳街电科技有限公司(以下简称街电公司),诉称街电公司制造、许诺销售、销售、使用的充电宝租赁设备(以下简称被诉侵权产品)落入涉案专利的保护范围,请求法院判令街电公司停止上述侵权行为并赔偿经济损失及合理费用200万元。一审法院经审理认为,被诉侵权产品落入涉案专利权利要求的保护范围,街电公司实施了制造及使用的侵权行为,判令街电公司停止制造、使用被诉侵权产品并赔偿经济损失及合理费用100万元。街电公司不服,上诉至最高人民法院(以下简称二审法院)。二审法院经审理认为,被诉侵权产品落入涉案专利权利要求的保护范围。据此,二审法院判决驳回上诉,维持原判。

裁判规则

主题名称是对专利技术方案的命名,用来确定专利技术方案所属领域。在确定权利要求的保护范围时,权利要求记载的主题名称应当予以考虑,其实际限定作用取决于该内容对权利要求所要保护的产品产生了何种影响。

联悦公司等与博生公司行为保全申请案

法院:最高人民法院

上诉人(一审被告):永康市联悦工贸有限公司等

被上诉人(一审原告):慈溪市博生塑料制品有限公司

一审被告:浙江天猫网络有限公司

案由:侵害实用新型专利权纠纷

案情简介:慈溪市博生塑料制品有限公司(以下简称博生公司)是一实用新型专利(以下简称涉案专利)的专利权人。博生公司向一审法院起诉称,永康市联悦工贸有限公司(以下简称联悦公司)等在"天猫网"上销售的拖把神器(以下简称被诉侵权产品)落入涉案专利权利要求的保护范围。一审法院认定侵权成立,并判令联悦公司等停止侵权并连带赔偿博生公司经济损失316万元,判令浙江天猫网络有限公司(以下简称天猫公司)立即删除、断开被诉侵权产品的销售链接。一审判决做出后，天猫公司删除了被诉侵权产品在“天猫网”上的销售链接。联悦公司等不服一审法院判决，向最高人民法院（以下简称二审法院）提起上诉。二审中，涉案专利被国家知识产权局宣告全部无效。2020 年 11 月 5 日，联悦公司向二审法院提出行为保全申请，请求法院责令天猫公司立即恢复申请人在“天猫网”上的产品销售链接，并主张由于“双十一”临近，情况紧急，请求法院在 48 小时内作出裁定。二审法院在收到申请后即进行了听证，对行为保全申请的主体资格、天猫公司采取制止侵权措施的合理性、采取行为保全措施的必要性、担保数额的确定等方面进行了审查，并在收到行为保全申请后的 26 小时内通过互联网远程作出裁定，要求天猫公司立即恢复联悦公司在“天猫网”上的被诉侵权产品销售链接，并冻结联悦公司名下的支付宝账户余额 632 万元直至本案判决生效之日。

（本案裁定尚未公开，相关内容系根据法院官方报道内容整理。）

光峰公司与德浩公司等侵害发明专利权纠纷案

法院：最高人民法院

案号：（2020）最高法知民终 830、831、832、834、851、881、883、886、888 号

上诉人（一审被告）：创造者社区（广州）有限公司（原广州德浩科视电子科技有限公司）

被上诉人（一审原告）：深圳光峰科技股份有限公司

原审被告：深圳市超网科技有限公司

案由：侵害发明专利权纠纷

案情简介：深圳光峰科技股份有限公司（以下简称光峰公司）是专利号为 ZL200810065225. X、发明名称为“基于荧光粉提高光转换效率的光源结构”的发明专利（以下简称涉案专利）的专利权人。光峰公司向深圳市中级人民法院（以下简称深圳中院）诉称，创造者社区（广州）有限公司（原广州德浩科视电子科技有限公司，以下简称德浩公司）生产的，深圳市超网科技有限公司（以下简称超网公司）和德浩公司销售、许诺销售的投影机（以下简称被诉侵权产品）侵害了涉案专利，并按被诉侵权产品的不同型号分别提起 9 起专利侵权诉讼，请求判令超网公司停止销售被诉侵权产品；德浩公司停止生产、销售被诉侵权产品，并赔偿其经济损失及合理支出 9 案共计 20，815，183 元。深圳中院经审理认为，被诉侵权产品的技术方案落入涉案专利的保护范围，构成侵权。据此，深圳中院判令超网公司、德浩公司停止侵权，并综合考虑德浩公司的生产销售规模、被诉侵权产品的毛利情况等，适用裁量

性赔偿，判令德浩公司赔偿光峰公司经济损失及合理支出9案共计1780万元。德浩公司不服一审判决，向最高人民法院提起上诉。最高人民法院经审理认为，一审判决认定被诉侵权产品落入涉案专利保护范围正确，但关于损害赔偿数额的计算存在不当。首先，德浩公司非以侵权为业，应以营业利润而非销售利润计算侵权获利数额；其次，德浩公司二审程序中提供了专业机构出具的专项审计报告，其中披露的销售数量远大于光峰公司举证所证明的数量，可以作为确定损害赔偿的依据；再次，销售价格以专项审计报告披露的数据为基础，但专项审计报告中部分涉案产品的利润率极低甚至为负，故应以专项审计报告中利润正常的产品的加权平均利润率，作为该部分被诉侵权产品的利润率来计算损害赔偿额，以便正常反映侵权人因侵权所获利益；最后，在确定赔偿数额时还需考虑涉案专利对被诉侵权产品整体利润的贡献率。综合考虑被诉侵权产品的整机价值、涉案专利的价值、以涉案专利技术方案制造的产品组件在实现被诉侵权产品利润率中的贡献度，最高人民法院酌定本系列案的赔偿数额为销售被诉侵权产品获利额的1/3。综上，最高人民法院对于一审判决中有关停止侵权的判项予以维持，同时将9案损害赔偿数额改判为共计345万元。

裁判规则

1. 对于非以侵权为业的侵权人，应以营业利润而非销售利润计算侵权获利数额。营业利润可以简化为销售收入减去销售成本及增值税税金，并减去销售费用、管理费用和财务费用后的余额。也可直接以销售收入乘以营业利润率来确定单一类别产品的营业利润。

2. 计算损害赔偿可以专业机构出具的专项审计报告中披露的数据为基础。针对专项审计报告中利润率正常的被诉侵权产品，可以直接依据该报告中披露的数据计算损害赔偿数额；针对该报告中利润率极低甚至为负的部分被诉侵权产品，可以毛利率正常的产品的加权平均利润率作为该部分被诉侵权产品的销售毛利率，再在减去销售费用、管理费用和财务费用的费率后，乘以该部分被诉侵权产品的销售收入从而获得其营业利润。

3. 在确定赔偿数额时，通常需要考虑涉案专利对被诉侵权产品利润的贡献率，以专利技术在被诉侵权产品中所占价值比重来确定侵害专利权的损害赔偿数额。具体而言，需要考虑三方面因素：一是被诉侵权产品整机本身的价值；二是涉案专利的价值；三是以涉案专利技术方案制造的产品组件在实现被诉侵权产品利润率中的贡献度。

中隧桥公司与恒天公司、华川公司等发明专利侵权案

法院：最高人民法院

案号：(2020)最高法知民终2号

上诉人(一审原告)：浙江中隧桥波形钢腹板有限公司

被上诉人(一审被告)：郑州恒天大建桥梁钢构有限公司、河南大建波形钢腹板有限公司、成都华川公路建设集团有限公司

案由：侵害发明专利权纠纷

案情简介：浙江中隧桥波形钢腹板有限公司(以下简称中隧桥公司)是“一种转角强化不等厚型波形钢板及制造方法”发明专利(以下简称涉案专利)的专利权人。中隧桥公司以郑州恒天大建桥梁钢构有限公司(以下简称恒天公司)、河南大建波形钢腹板有限公司(以下简称大建公司)、成都华川公路建设集团有限公司(以下简称华川公司)在太行山高速公路邯郸段项目中使用的转角强化不等厚型波形钢板(以下简称涉案产品)侵害了涉案专利为由，向河北省石家庄市中级人民法院(以下简称石家庄中院)提起专利侵权诉讼并在诉讼中向法院申请证据保全。石家庄中院未支持中隧桥公司的证据保全申请，主要理由为中隧桥公司仅凭网页信息笼统指控恒天公司、大建公司、华川公司侵害其发明专利权，并无明确具体的被诉侵权产品，无从进行比对判定，驳回了中隧桥公司的诉讼请求。中隧桥公司不服一审判决，向最高人民法院提起上诉。最高人民法院二审认为，中隧桥公司提交的初步证据与被诉侵权事实之间具有较强的关联性，中隧桥公司在进一步取证存在困难的情形下，申请法院证据保全具有紧迫性、必要性以及可行性。一审法院应采取保全措施而未采取，导致本案基本事实认定不清。最高人民法院据此判决撤销一审判决，指令原审法院重新审理。

裁判规则

1. 侵害专利等技术类知识产权的行为通常较为隐蔽，人民法院在衡量个案情形是否符合依申请采取证据保全的法定条件时，应当基于申请人提交的初步证据和在案事实，充分运用日常生活经验和逻辑推理，在全面审查申请保全所依据的初步证据与待证事实之间的关联性、证据保全的必要性和可行性等因素的基础上，对是否准许证据保全申请作出综合判断。

2. 审查证据保全是否具有必要性通常需要考虑以下几个方面：申请保全的证据是否与案件事实存在关联性，并具有较强证明力；申请保全的证据是否存在灭失或

者以后难以取得的紧迫性;申请人是否穷尽了合理合法的取证手段仍不能取得相关证据。

专利行政纠纷

布里斯托尔公司与国家知识产权局、张某专利行政纠纷案

法院:最高人民法院

案号:(2019)最高法行申7300号

再审申请人(一审原告、二审上诉人):布里斯托尔－迈尔斯斯奎布公司

被申请人(一审被告、二审被上诉人):国家知识产权局

一审第三人:张某

案由:发明专利无效行政纠纷

案情简介:再审申请人布里斯托尔－迈尔斯斯奎布公司(以下简称布里斯托尔公司)是专利号为ZL01812229.9、发明名称为"可溶性CLTA4分子用于制备治疗类风湿性疾病的药物组合物中的用途"的发明专利(以下简称涉案专利)的专利权人,其因与被申请人国家知识产权局、一审第三人张某发明专利权无效行政纠纷一案,不服北京市高级人民法院(2018)京行终1768号行政判决,向最高人民法院(以下简称再审法院)申请再审。再审法院确认案件争议焦点为:涉案专利权利要求63是否具备创造性。涉案专利权利要求63请求保护的技术方案与证据1的区别技术特征在于:(1)制备用于治疗患有类风湿性关节炎的受试者的药物组合物中的用途;(2)用于治疗用至少一种疾病调节性抗风湿药物(DMARD)治疗失败的患者。再审法院认为,证据1公开的技术内容对于本领域技术人员而言构成了将区别技术特征(1)引入其中以解决其实际存在的技术问题的技术启示;本领域技术人员将证据1中的CTLA4 Ig融合蛋白作为证据2中的生物制剂,用于治疗使用DMARD药物无效的难治的类风湿性关节炎患者是显而易见的。在证据2中已经公开了对于类风湿性关节炎患者的治疗顺序的启示下,本领域技术人员看到证据1中公开的CTLA4 Ig融合蛋白具有治疗类风湿性关节炎的效果时,有动机将其应用于治疗使用DMARDs药物治疗失败的患者。因此,涉案专利权利要求63相对于证据1和证据2的结合不具备创造性。据此,再审法院作出裁定,驳回了布里斯托尔公司的再审申请。

裁判规则

1. 在医药领域，新型药物的研发并非纯粹的开拓性研究，往往都需要建立在现有技术的基础上，借助于现有技术已有成果的指引进行相应的探索和研发。因此，对于药物研发而言，如果现有技术给出了某具体药物应用于具体疾病治疗的指引，就会促使本领域技术人员进行相应的技术尝试，亦即构成技术教导，而不应要求教导的技术内容必须是完全得到验证确认成功的技术方案。

2. 本领域技术人员知晓，一种药物在先选择还是在后选择是综合考虑了疗效、毒性、费用等多方面因素之后确定的，当一线药物无治疗效果时，医生必然会选择之后的二线、三线药物来进行治疗。

杜邦公司与国家知识产权局发明专利申请驳回复审纠纷案

法院：最高人民法院

案号：(2019)最高法知行终227号

上诉人（一审原告）：国家知识产权局

被上诉人（一审被告）：FMC公司

案由：发明专利申请驳回复审行政纠纷

案情简介：纳幕尔杜邦公司（以下简称杜邦公司）是申请号为201080019806.5、发明名称为“杀真菌的吡唑化合物”的发明专利申请（以下简称涉案申请）的申请人。国家知识产权局原审查部门认为涉案申请不具有创造性，驳回了涉案申请。杜邦公司不服驳回决定，向国家知识产权局原专利复审委员会（以下简称复审委）提出了复审请求。复审委认为涉案申请权利要求1相对于最接近的现有技术与公知常识的结合缺乏创造性，并认为杜邦公司提交的补充实验数据超出了原始申请文件所记载的范围，不能基于这些数据所证明的技术效果来确定本申请的创造性。杜邦公司不服复审委的审查决定，向北京知识产权法院（以下简称一审法院）提起行政诉讼。在一审诉讼过程中，涉案申请的申请人由杜邦公司变更为FMC公司。一审法院审理认为，复审委遗漏区别技术特征，涉案申请相对于最接近的现有技术并非显而易见，故判决撤销复审委决定，责令复审委对复审请求重新作出审查决定。国家知识产权局不服一审判决，向最高人民法院（以下简称二审法院）提起上诉。二审法院审理认为，一审法院关于涉案申请权利要求1与最接近的现有技术之间的区别技术特征的认定不当，故裁定撤销一审判决，发回重审。

裁判规则

马库什权利要求[①]中的可选择要素一般具有相类似的性质，故在判断马库什权利要求的创造性时，如果其中可选择要素的部分要素已经被现有技术公开，通常认为包含该可选择要素的技术特征已经被现有技术公开。基于此，如果马库什权利要求中可选择要素的部分要素系被最接近的现有技术公开，则通常可以认为包含该可选择要素的技术特征不构成该马库什权利要求相对于该最接近的现有技术的区别技术特征。对于可能出现的马库什权利要求所限定的多个并列可选要素实际上性质差异较大且缺乏技术关联性的情形，则应根据个案具体情况做出判断。

苹果公司与国家知识产权局、智臻公司专利无效行政纠纷案

法院：最高人民法院

案号：（2017）最高法行再34号

再审申请人（一审第三人）：上海智臻智能网络科技股份有限公司

被申请人（一审原告、二审上诉人）：苹果电脑贸易（上海）有限公司

被申请人（一审被告、二审被上诉人）：国家知识产权局

案由：发明专利无效行政纠纷

案情简介：上海智臻智能网络科技股份有限公司（以下简称智臻公司）是专利号为ZL200410053749.9、发明名称为“一种聊天机器人系统”的发明专利（以下简称涉案专利）的专利权人。2012年6月，智臻公司以苹果电脑贸易（上海）有限公司（以下简称苹果公司）在其iPhone中使用的Siri程序侵犯涉案专利为由提起专利侵权诉讼。对此，苹果公司于2012年11月19日向国家知识产权局原专利复审委员会（以下简称复审委）针对涉案专利提出无效宣告请求。复审委于2013年9月3日作出第21307号无效宣告请求审查决定（以下简称被诉决定），维持涉案专利有效。苹果公司不服被诉决定，向北京市第一中级人民法院（以下简称一审法院）提起行政诉讼，请求撤销被诉决定。一审法院经审理，于2014年7月8日判决维持被诉决定（以下简称一审判决）。苹果公司不服一审判决，向北京市高级人民法院（以下简称二审法院）提起上诉，请求撤销一审判决及被诉决定。二审法院经审理，于2016年12月28日判决撤销一审判决，撤销被诉决定，责令复审委就涉案专利重新作出

① 马库什权利要求：是化学发明专利申请中的单一性问题涉及的一个特殊的问题，是一种在一个或多个部分的化合物中具有多种“功能等同”的化学成分的权利要求。——编者注

无效宣告审查决定(以下简称二审判决)。智臻公司不服二审判决,向最高人民法院(以下简称再审法院)申请再审。再审法院确认案件争议焦点为:(1)涉案专利的说明书是否充分公开,权利要求1、9是否缺少必要技术特征,权利要求1、9－11是否能够得到说明书支持,以及权利要求1、9、11是否清楚;(2)权利要求1、3－8是否具备新颖性和创造性。再审法院在判断说明书是否充分公开技术特征"游戏服务器"(以下简称诉争特征)时认为,结合涉案专利的记载和现有技术的状况,诉争特征不是涉案专利区别于现有技术的技术特征,故说明书对于涉及诉争特征的技术方案可以不作详细描述。并且,结合涉案专利的专利文件和审查档案,涉案专利的游戏服务器的功能是通过格式化语句调用现有的成熟的游戏模块来实现的,故权利要求1、9、11中的技术特征"根据区分结果将该用户语句转发至相应的服务器"和"格式化语句和自然语言"是清楚的。再审法院对于争议焦点(1)中的其余问题,赞同被诉决定和一审判决中的相关认定。对于争议焦点(2),再审法院认为附件1没有公开涉案专利权利要求1的过滤器及其相关功能,也不存在相应技术启示,并且附件2也没有公开权利要求1与附件1的区别技术特征,苹果公司亦未举证证明该区别技术特征是公知常识,故权利要求1、3－8具备新颖性和创造性。据此,再审法院判决撤销二审判决,维持一审判决。

裁判规则

在判断专利说明书对于某技术特征是否充分公开时,需要判断该技术特征是否属于涉案专利区别于现有技术的技术特征,对此应当结合涉案专利的记载和现有技术的状况予以综合确定,而不应仅以专利申请人或者专利权人自认的区别技术特征为判断标准。若该技术特征属于涉案专利区别于现有技术的技术特征,则专利说明书中应当作出详细描述,以满足说明书充分公开的要求;若该技术特征不属于涉案专利区别于现有技术的技术特征,本领域技术人员能够基于其所具备的知识和能力,通过检索现有技术即可实现,则专利说明书中可以不对该技术特征给出详细描述和具体指引。

任某平等与国家知识产权局、苹果公司发明专利无效行政纠纷案

法院:最高人民法院

案号:(2020)最高法知行终406、407号

上诉人:任某平、孙某

被上诉人:苹果电子产品商贸(北京)有限公司、苹果电脑贸易(上海)公司

原审被告:国家知识产权局

案由:发明专利无效行政纠纷

案情简介:任某平、孙某是“二次锂离子电池或电池组、其保护电路以及电子装置”发明专利(以下简称涉案专利)的专利权人。苹果电子产品商贸(北京)有限公司(以下简称苹果商贸公司)、苹果电脑贸易(上海)公司(以下简称苹果贸易公司)就涉案专利向国家知识产权局提出无效宣告请求,国家知识产权局经审理作出无效宣告请求审查决定(以下简称被诉决定),维持涉案专利的权利要求 1 – 12、14 有效。苹果商贸公司、苹果贸易公司不服被诉决定,向北京知识产权法院提起行政诉讼。北京知识产权法院一审认为,根据涉案专利说明书的记载,充电限制电压与正负极配比必须具有一定对应关系,而权利要求中限定的正负极配比对于一定区间内的充电限制电压具有普适性,故权利要求中包含根据说明书的记载无法预测能否实现技术效果的技术方案,涉案专利权利要求得不到说明书的支持,应当全部无效。北京知识产权法院据此撤销被诉决定,并判令国家知识产权局重新作出无效宣告请求审查决定。任某平、孙某不服一审判决,向最高人民法院提起上诉。最高人民法院二审认为,本领域技术人员根据说明书及实施例给出的指引和启示,并结合公知常识,无须过度劳动即可清楚认识到权利要求具体的保护范围。一审法院对说明书记载内容的理解有误,涉案专利权利要求能够得到说明书的支持。最高人民法院据此撤销一审判决,并驳回苹果商贸公司的诉讼请求。

裁判规则

1. 对于以两组以上不同的数值范围技术特征限定保护范围的权利要求,如果本领域技术人员通过阅读说明书可以确定各数值范围技术特征之间存在相互对应关系,能够通过有限实验得到符合发明目的的具体实施方式,且无须通过过度劳动即可排除不能实现发明目的的技术方案的,应当认为该权利要求能够得到说明书的支持。

2. 对于以数值范围技术特征限定保护范围的权利要求,如果其中只限定了一侧端值而未限定另一侧端值,但本领域技术人员在阅读说明书后即可直接且毫无异议地确定另一侧端值的,应当认定该权利要求能够得到说明书的支持。

（二）商标类

商标民事纠纷

文摘公司与资讯公司商标权侵权及不正当竞争案

法院：最高人民法院

案号：（2017）最高法民再106号

抗诉机关：最高人民检察院

申诉人（一审原告、二审被上诉人）：世界经理人文摘有限公司

被申诉人（一审被告、二审上诉人）：世界经理人资讯有限公司、上海领袖广告有限公司

被申诉人（一审被告）：丁某森

案由：侵害注册商标专用权及不正当竞争纠纷

案情简介：商业媒介公司是第1093985号"世界经理人文摘 World Executive's Digest"、第3226295号"世界经理人"注册商标（以下统称涉案商标）权利人，涉案商标都核定使用在第16类"杂志"等商品上。商业媒介公司与世界经理人文摘有限公司（以下简称文摘公司）签订了《商标许可协议》，授权文摘公司单独提起涉案商标诉讼。世界经理人资讯公司（以下简称资讯公司）负责《世界经理人周刊》杂志（以下简称涉案杂志）的编辑和发行工作，上海领袖广告有限公司（以下简称领袖公司）负责涉案杂志广告的策划和发布工作，丁某森是上述两家公司的法定代表人，且担任涉案杂志的总编辑。文摘公司认为资讯公司、领袖公司、丁某森在其出版发行的涉案杂志上使用"世界经理人"和"World Executive"标识，侵犯了涉案商标权，同时构成不正当竞争。文摘公司起诉至北京市第一中级人民法院（以下简称一审法院），请求判令资讯公司、领袖公司、丁某森停止侵权、消除影响并连带赔偿损失80万元。一审法院经审理认为，领袖公司是涉案杂志的广告策划单位，丁某森是涉案杂志的总编辑及另两被告的法定代表人，不能认为其所实施的行为即为出版及发行涉案杂志的行为。资讯公司的行为属于在相同商品上使用近似商标的行为，构成商标侵权，且在依据《商标法》已足以制止被控侵权行为的情况下，不必再适用

《反不正当竞争法》中的诚实信用条款。据此,一审法院判决资讯公司停止侵权、消除影响,并赔偿经济损失30万元、合理支出1万元。资讯公司不服一审判决,上诉至北京市高级人民法院(以下简称北京高院)。

北京高院经审理认为,"世界经理人"本身具有较强固有含义,从而弱化了其作为商标的显著性,资讯公司的杂志名称为《世界经理人周刊》,相关公众能够将其与涉案商标区别开来,不构成对文摘公司商标的侵害。据此,北京高院判决撤销一审判决。文摘公司不服二审判决,向最高人民法院申请再审,最高人民法院指令北京高院再审。北京高院再审后认同之前二审判决的认定,故维持二审判决。

文摘公司不服再审判决,向最高人民检察院申诉,最高人民检察院向最高人民法院提出抗诉。最高人民法院提审后认为,经过文摘公司的长期使用,"世界经理人"标志实际上已经具有了作为商标应有的显著性,资讯公司在涉案杂志上突出使用"世界经理人"标志的行为构成商标侵权,故判决撤销再审、二审判决,维持一审判决。

裁判规则

1. 商标显著性的判断应该基于商标整体,并在该商标与其所使用的商品的联系中予以考虑。商标标志中虽然含有与其所使用的商品的特点相关的描述性元素,其固有显著性不强,但该商标整体或者经过使用使相关公众能够以其识别商品来源的,应当认定其具有显著性。

2. 商标的显著性可能随着实际使用情况发生变化。固有显著性较弱的商标完全可以经过实际使用增强其来源识别作用,因而增强其显著性。即便是仅有商品的通用名称、图形、型号或者仅直接表示商品特点的标志,依然可以通过使用获得显著性。

同鑫公司与鹦鹉公司侵害商标权及不正当竞争纠纷案

法院:最高人民法院

案号:(2020)最高法民再25号

再审申请人(一审被告、二审上诉人):北方国际集团天津同鑫进出口有限公司

被申请人(一审原告、二审被上诉人):天津市鹦鹉乐器有限公司

一审被告、二审上诉人:天津市森德乐器有限公司

案由:侵害商标权及不正当竞争纠纷

案情简介:北方国际集团天津同鑫进出口有限公司(以下简称同鑫公司)是第40540号“鹦鹉 PARROT”商标[见图1-1-2(b)]的商标权人,该商标于1962年1月22日核准注册,核定使用在第15类西洋乐器、电子琴等商品上。天津市鹦鹉乐器有限公司(以下简称鹦鹉公司)是第119207号“鹦鹉 YINGWU”商标[见图1-1-2(a)]的商标权人,该商标于1979年10月31日核准注册,核定使用在第15类手风琴、提琴商品上。同鑫公司许可天津市森德乐器有限公司(以下简称森德公司)使用“鹦鹉 PARROT”商标生产并在国内共同销售手风琴商品。鹦鹉公司认为,同鑫公司的“鹦鹉 PARROT”商标在注册登记时明确了使用区域为国外,故同鑫公司在国内销售或许可销售、森德公司在国内销售“鹦鹉 PARROT”牌手风琴侵犯了其商标权并构成不正当竞争,遂向天津市第二中级人民法院(以下简称一审法院)起诉请求判令同鑫公司不得在国内销售及许可他人销售、森德公司不得在国内销售“鹦鹉 PARROT”牌手风琴并共同赔偿其经济损失100万元。一审法院基于两商标出口与内销领域的划分,认为同鑫公司在国内销售及许可他人销售、森德公司在国内销售构成商标侵权和不正当竞争,判决两被告停止侵权并赔偿鹦鹉公司经济损失20万元。同鑫公司、森德公司不服一审判决,向天津市高级人民法院(以下简称二审法院)提起上诉,请求撤销一审判决。二审法院经审理认为一审认定正确,判决驳回上诉,维持原判。同鑫公司不服二审判决,向最高人民法院(以下简称再审法院)提起再审申请。再审法院经审理认为,“鹦鹉 PARROT”在商标注册时明确其使用区域为国外的依据是1950年施行的《商标注册暂行条例》,该条例规定使用外国文字的商标不得申请注册,但运销国外的商品除外。但现行《商标法》已取消包含外国文字的注册商标的使用范围限制,且两商标在构成要素方面存在差异,不属于相同商标,同时再结合“鹦鹉 PARROT”商标注册在先、“鹦鹉 YINGWU”商标注册在后的事实,“鹦鹉 PARROT”商标的使用范围自我国《商标法》施行之日起即扩展至全部核定使用商品,两商标均在其各自核定使用商品上享有专用权,不再区分其所使用的商品是否用于出口或内销也不会损害鹦鹉公司的合法权益。据此,再审法院判决撤销一审、二审判决,驳回鹦鹉公司的全部诉讼请求。

(a)“鹦鹉 YINGWU”商标

(b)“鹦鹉 PARROT”商标

图1-1-2　商标对比

红牛饮料公司与天丝公司商标权权属纠纷案

法院:最高人民法院

案号:(2020)最高法民终394号

上诉人(一审原告):红牛维他命饮料有限公司

被上诉人(一审被告):天丝医药保健有限公司

案由:商标权权属纠纷

案情简介:天丝医药保健有限公司(以下简称天丝公司)是第878072号、第878073号、第1289559号、第5608276号等一系列“Redbull红牛”“Redbull红牛及图”“红牛”等商标(以下简称红牛系列商标)的商标权人。1995年,天丝公司与中国深圳中浩(集团)股份有限公司、中国食品工业总公司及红牛维他命饮料(泰国)有限公司(以下简称红牛泰国公司)签订了《红牛维他命饮料有限公司合同》(以下简称“95年合资合同”),约定共同投资设立红牛维他命饮料有限公司(以下简称红牛饮料公司)。1998年,天丝公司、泰国华彬国际集团公司、红牛泰国公司及北京怀柔县乡镇企业总公司签订了《红牛维他命饮料有限公司合同》(以下简称“98年合资合同”)。自1996年至2016年,红牛饮料公司与天丝公司签订了一系列《商标使用许可合同》,约定天丝公司将部分红牛系列商标(见图1-1-3)及商标组成部分许可红牛饮料公司使用。红牛饮料公司认为,根据合资合同的约定,红牛系列商标是其资产的组成部分,并且,其对该系列商标的价值做出了巨大贡献,理应享有或至少应与天丝公司共同享有红牛系列商标的全部合法权益。据此,红牛饮料公司起诉至北京市高级人民法院(以下简称北京高院),请求确认红牛系列商标由红牛饮料公司单独享有所有权,若不能对此予以确认,则确认红牛系列商标由红牛饮料公司与天丝公司共同所有,同时请求判令天丝公司向红牛饮料公司支付广告宣传费用37.53亿元。北京高院经审理认为,“98年合资合同”与“95年合资合同”不具有延续或者补充关系。针对“98年合资合同”与“95年合资合同”,北京高院结合文义解释、体系解释、目的解释并参照交易习惯及诚实信用原则,认定两合同均未对红牛系列商标的所有权进行约定。红牛饮料公司作为红牛系列商标的被许可人并不因在履行许可合同过程中对许可标的进行了广告宣传而当然取得商标所有权。红牛系列商标在使用、宣传过程中形成的商誉归天丝公司所有。因此,北京高院对红牛饮料公司有关确认其对红牛系列商标享有所有权的诉讼请求不予支持。红牛饮料公司与天丝公司未就红牛系列商标广告费用的分担进行过约定,并已将相关广告宣传费用计入公司运营成本,天丝公司除商标许可费用之外,也未获得额外商业利益,因此,红牛饮料公司要求天丝公司承担相关广告费用的诉讼请求缺乏事实依据。北京高院据此判决驳回了红牛饮料公司的全部诉讼请求。

红牛饮料公司不服一审判决,上诉至最高人民法院。最高人民法院经审理认为,“95年合资合同”未对红牛系列商标的转让或权属进行约定。根据合同约定,天丝公司作为配方、技术的提供者保有对配方、技术的控制权,同理其作为红牛系列商标的提供者,也应保有对该系列商标的控制权。红牛饮料公司对红牛系列商标的使用是基于天丝公司的授权许可,且有法定义务保证使用该系列商标的商品质量并维护该系列商标的声誉。天丝公司对红牛系列商标知名度提升也做出了贡献。天丝公司与红牛饮料公司充分履行了商标许可协议,北京高院认定两公司就红牛系列商标存在商标许可使用关系并无不当。最高人民法院据此判决驳回上诉,维持原判。

裁判规则

1. 合同的变更、延续或者补充一般是针对合同相对方,并因合同约定事项不明或者发生变动时所致,且需要经过全体合同相对方作出一致的意思表示。对于不同合同主体所订立的合同,其中具体约定的事项亦存在差异,在合同中并未明确约定相关合同之间具有延续、补充关系的情况下,不宜直接认定不同合同之间具有延续或者补充关系。

2. 对合同条款的解释系对合同各方主体订立合同此种法律行为的解释,目的在于探求各方主体的真实意思表示。各方主体对合同条款的理解存在争议的,应当基于合同有效的解释原则,采取文义解释、体系解释、目的解释、习惯解释和诚信解释等方法,对合同条款的真实本意进行分析、认定。

3. 除当事人之间另有约定，设计商标、为商标注册提供帮助等均非取得商标权的法定要件。被许可人基于商标权人的授权使用商标，应当保证该商标所贴附商品的质量，维护被许可使用商标的声誉。尤其是在商标权人亦提供产品配方、生产工艺以确保商品质量并投放广告提升商标知名度，且被许可人已通过商标许可使用取得商品利润回报的情况下，商标被许可人无权对该商标主张所有权。

(a) (b) (c) (d)

图1-1-3 部分红牛系列商标

商标行政纠纷

克里斯提·鲁布托公司与国家知识产权局商标行政纠纷案

法院：最高人民法院

案号：(2019)最高法行申5416号

再审申请人(一审被告、二审上诉人)：国家知识产权局

被申请人(一审原告、二审上诉人)：克里斯提·鲁布托(CHRISTIAN LOUBOUTIN)公司

案由：商标申请驳回复审行政纠纷

案情简介：诉争商标系国际注册号第1031242号商标(见图1-1-4)，指定使用商品为第25类“女高跟鞋”。克里斯提·鲁布托公司于2010年4月15日提出在中国的领土延伸保护申请。原国家工商行政管理总局商标评审委员会(以下简称商评委)认为诉争商标系由高跟鞋图形及鞋底指定的单一颜色组成，指定使用在女高跟鞋商品上缺乏显著性，因此驳回了诉争商标在中国的领土延伸保护申请。克里斯提·鲁布托公司不服，遂起诉至北京知识产权法院。北京知识产权法院认为诉争商标属于三维标志，并判决撤销了被诉决定，要求商评委重新作出决定。克里斯提·鲁布托公司和商评委均不服，上诉于北京市高级人民法院。北京市高级人民法院认为诉争商标属于限定了使用位置的单一颜色商标，并认为诉争商标并未

被商标法明确排除在可以作为商标注册的标志之外,故在纠正了商评委和北京知识产权法院对诉争商标审查对象认定错误的基础上,维持了一审判决。国家知识产权局不服,向最高人民法院申请再审。最高人民法院裁定驳回了国家知识产权局的再审申请。

裁判规则

1. 对于请求在中国获得领土延伸保护的商标国际注册申请,应当根据世界知识产权组织对该商标的公告确定审查对象。

2. 诉争商标属于限定了使用位置的单一颜色商标,其虽然不属于《商标法》第8条明确列举的可以作为商标申请注册的标志,但亦未被商标法明确排除在可以作为商标申请注册的标志之外。

图1-1-4　诉争商标

优势比公司与国家知识产权局商标行政纠纷案

法院:最高人民法院

案号:(2019)最高法行申7395号

再审申请人(一审原告、二审上诉人):优势比工具协会公司

被申请人(一审被告、二审被上诉人):国家知识产权局

案由:商标申请驳回复审行政纠纷

案情简介:再审申请人优势比工具协会公司(以下简称优势比公司)因申请注册的第17876376号“USB TYPE-C”商标(以下简称诉争商标,见图1-1-5)被国家知识产权局驳回而提起行政诉讼,且不服一审、二审法院判决,向最高人民法院(以下简称再审法院)申请再审。再审法院经审理认为,诉争商标由外文“USB TYPE-C”构成。按照中国境内相关公众的通常认知,“USB”通常会被理解为“通

用串行总线”，是描述计算机领域接口技术的惯用词汇；“TYPE”与“C”相结合，通常会被识别为具有“型号”的含义。诉争商标整体上易被理解为系对计算机领域的一种接口标准的描述或概称，指定使用在“计算机硬件，计算机外围设备，计算机连接器”等商品上，容易使相关公众将其认知为系对相关商品接口标准的描述，而不易识别为指示商品来源的标志。因此，诉争商标使用在指定使用的商品上，不能起到区分商品来源的识别作用，缺乏商标应有的显著特征，构成《商标法》第11条第1款第2项规定的情形，不应予以核准注册。在案证据亦不足以认定诉争商标经使用已经具备了显著特征。据此，再审法院驳回了优势比公司的再审申请。

裁判规则

诉争商标整体上易被理解为对相关商品特定标准的描述，而不能起到区分商品来源的识别作用，则其缺乏商标应有的显著特征。如果相关使用证据不足以证明该标识经使用已经具备了区分产源的显著特征，则其不应予以核准注册。

USB TYPE-C

图1-1-5 诉争商标

乔丹与国家知识产权局、乔丹公司商标行政纠纷案

法院：最高人民法院

案号：(2018)最高法行再32号

再审申请人(一审原告、二审上诉人)：迈克尔·杰弗里·乔丹

被申请人(一审被告、二审被上诉人)：国家知识产权局

一审第三人：乔丹体育股份有限公司

案由：商标争议行政纠纷

案情简介：乔丹体育股份有限公司(以下简称乔丹公司)注册有第6020578号“乔丹及图”商标(以下简称诉争商标，见图1-1-6)。2012年10月31日，迈克尔·杰弗里·乔丹(以下简称迈克尔·乔丹)向原国家工商行政管理总局商标评审委员会(以下简称商评委)提出撤销申请，请求撤销诉争商标。2014年4月14日，商评委作出商标争议裁定(以下简称被诉裁定)，维持诉争商标有效。迈克尔·乔丹不服被诉裁定，向北京市第一中级人民法院(以下简称一审法院)提起行政诉讼，请求撤销被诉裁定。一审法院判决：维持被诉裁定。迈克尔·乔丹不服一审判决，

向北京市高级人民法院(以下简称二审法院)提起上诉。二审法院判决驳回上诉,维持原判。迈克尔·乔丹不服,向最高人民法院(以下简称再审法院)申请再审。再审法院再审认为,本案的争议焦点为:(1)诉争商标的注册是否损害了迈克尔·乔丹主张的在先姓名权和肖像权。本案中,诉争商标由上方的图形与下方的"乔丹"组合而成。乔丹公司明知迈克尔·乔丹在我国具有长期、广泛的知名度,仍然使用"乔丹"申请注册争议商标,容易导致相关公众误认为标记有争议商标的商品与迈克尔·乔丹存在代言、许可等特定联系,损害了迈克尔·乔丹的在先姓名权。诉争商标标识中的图形仅仅是黑色人形剪影,除身体轮廓外,其中并未包含任何与再审申请人有关的个人特征。并且,迈克尔·乔丹就该标识所对应的动作本身并不享有其他合法权利,其他自然人也可以做出相同或者类似的动作,该标识不具有可识别性,迈克尔·乔丹不能就该标识享有肖像权。(2)诉争商标的注册不属于《商标法》第10条第1款第8项规定的"有害于社会主义道德风尚或者有其他不良影响"的情形。(3)诉争商标的注册不属于《商标法》第41条第1款规定的"以欺骗手段或者其他不正当手段取得注册"的情形。据此,再审法院判决撤销被诉裁定以及一审、二审判决。

裁判规则

1. 特定自然人的姓名具有较高知名度、为相关公众所熟悉,并已与该特定自然人形成了稳定的对应关系,则该特定自然人就其姓名享有姓名权。未经许可,将他人享有姓名权的姓名注册为商标,容易导致相关公众误认为标记有该商标的商品或者服务与该特定自然人存在代言、许可等特定联系的,构成对他人在先姓名权的侵害。

2. 肖像权所保护的"肖像"应当具有可识别性,包含足以使社会公众识别其所对应的特定自然人的个人特征,从而能够以该肖像明确指代其所对应的权利主体。对于不具有可识别性的标识,不能获得肖像权的保护。

图1-1-6　诉争商标

三丽雅公司与国家知识产权局、格里高利公司商标异议复审行政纠纷案

法院:最高人民法院

案号:(2018)最高法行再 79 号

再审申请人(一审第三人):格里高利登山用品有限公司

被申请人(一审原告、二审上诉人):鹤山三丽雅工艺制品有限公司

一审被告、二审被上诉人:国家知识产权局

案由:商标异议复审行政纠纷

案情简介:鹤山三丽雅工艺制品有限公司(以下简称三丽雅公司)于 2000 年 11 月 30 日在第 18 类旅行包等商品上申请注册第 1745681 号“GREGORY 及图”商标(以下简称被异议商标)。边奇公司认为被异议商标侵害了其对“GREGORY 山形图案”(以下简称涉案图案,见图 1 - 1 - 7)享有的著作权,向商标局提出异议申请,商标局认为异议理由不成立,裁定对被异议商标予以核准注册。边奇公司不服,向商评委提出异议复审申请。商评委裁定异议复审理由不成立(以下简称被诉裁定)。格里高利登山用品有限公司(以下简称格里高利公司)从边奇公司处受让取得涉案图案的著作权,向北京市第一中级人民法院(以下简称一审法院)提起诉讼。一审法院判决维持了被诉裁定。格里高利公司上诉至北京市高级人民法院(以下简称二审法院)。二审法院以商评委违反法定程序为由,判决撤销了被诉裁定。商评委重新审理后认为,被异议商标侵害了格里高利公司的在先著作权,故裁定对被异议商标不予核准注册。

三丽雅公司不服上述裁定,向北京市第一中级人民法院(以下简称一审法院)提起诉讼。一审法院经审理认为,边奇公司早在 1992 年将涉案图案作为商标图样向美国专利及商标局提出注册申请,因此涉案图案的创作完成时间早于被异议商标申请注册日,可以证明格里高利公司享有涉案图案的在先著作权,且三丽雅公司有接触到涉案图案的可能。据此,一审法院判决驳回了三丽雅公司的诉讼请求。三丽雅公司不服一审判决,向北京市高级人民法院(以下简称二审法院)提起上诉。二审法院经审理认为,商标注册申请人信息仅表明商标权归属,不足以证明边奇公司为涉案图案著作权人。并且三丽雅公司的著作权登记证书的形成时间明显早于格里高利公司著作权登记证书的形成时间。据此,二审法院判决撤销了一审判决及被诉裁定。格里高利公司向最高人民法院(以下简称再审法院)申请再审。再审法院经审理认为,三丽雅公司的著作权登记证书上的龙皇组合图与涉案图案具有差别,并且格里高利公司提交的公证认证手续及翻译件等补强证据可以证明格里

高利公司享有涉案图案的在先著作权。据此,再审法院判决撤销了二审判决,维持了一审判决。

裁判规则

商标标志构成受《著作权法》保护的作品的,当事人提供的涉及商标标志的设计底稿、原件、取得权利的合同、诉争商标申请日之前的著作权登记证书等,均可以作为证明著作权归属的初步证据。商标公告、商标注册证等可以作为确定商标申请人为有权主张商标标志著作权的利害关系人的初步证据。

图 1-1-7　涉案图案

洋河公司与蓝之蓝公司商标权无效宣告行政纠纷案

法院:最高人民法院

案号:(2019)最高法行再 261 号

再审申请人(一审第三人、二审第三人):江苏洋河酒厂股份有限公司

被申请人(一审原告、二审上诉人):江苏蓝之蓝酒业股份有限公司

案由:商标权无效宣告行政纠纷

案情简介:江苏蓝之蓝酒业股份有限公司(以下简称蓝之蓝公司)于 2009 年 5 月 7 日申请注册第 7378750 号"蓝之蓝及图"商标[以下简称诉争商标,见图 1-1-8(a)],诉争商标于 2012 年 3 月 21 日核定使用在第 33 类果酒(含酒精)等商品上。江苏洋河酒厂股份有限公司(以下简称洋河公司)是第 4253363 号"梦之蓝"商标、第 3606409 号"海之蓝"商标、第 3606410 号"天之蓝"商标[以下统称引证商标,见图 1-1-8(b)]的商标权人,引证商标分别于 2003 年及 2004 年申请注册并分别于 2007 年及 2010 年核准注册,核定使用在第 33 类酒(饮料)等商品上。针对诉争商标,洋河公司向原国家工商行政管理总局商标评审委员会(以下简称商评委)提出无效宣告请求。商评委认为诉争商标与引证商标构成使用在同一种或类似商品上的近似商标,易使相关公众发生混淆误认,故裁定宣告诉争商标无效。蓝之蓝公司不服该裁定,遂起诉至北京知识产权法院(以下简称一审法院)。一审法院经审理

判决驳回了蓝之蓝公司的诉讼请求。蓝之蓝公司不服,上诉至北京市高级人民法院(以下简称二审法院)。二审法院经审理认为,诉争商标是由中文“蓝之蓝”、拼音“Lanzhilan”及图形构成的图文组合商标,图形部分亦是其显著识别部分之一。引证商标均为纯文字商标,与诉争商标在构成要素和整体外观上存在差异。蓝之蓝公司提交的相关证据表明,诉争商标经过其长期使用,客观上已经形成了较为稳定的市场格局并与引证商标共存,故不宜认定诉争商标与引证商标构成使用在相同或类似商品上的近似商标。据此,二审法院判决撤销一审判决及被诉裁定,由商评委重新作出裁定。

洋河公司不服二审判决,向最高人民法院(以下简称再审法院)申请再审。再审法院经审理认为,诉争商标与引证商标的主体部分即文字部分均包含了“之蓝”,在外观与呼叫上均存在近似。蓝之蓝公司对诉争商标的实际使用情况表明其受让诉争商标的真正意图是尽可能地接近引证商标,使二者的界限更加模糊,已经造成了混淆性近似。在诉争商标申请日前,引证商标已经在相关公众中具有了较高知名度,并且诉争商标的主体部分“蓝之蓝”在实际使用中已被在先生效民事判决认定为侵害了洋河公司相关商标的商标权。蓝之蓝公司提供的证据不足以证明诉争商标已经形成了与引证商标相区分的市场格局。据此,再审法院判决撤销二审判决,维持一审判决。

裁判规则

1. 对近似商标的认定应以相关公众的一般注意力为标准,既要进行商标的整体比对,又要进行商标主要部分的比对,并应考虑引证商标的显著性和知名度。此外,诉争商标的使用情况及其注册人的主观恶意也可以作为判断商标近似的考虑因素。

2. 商标法鼓励商标的实际使用,且商标的实际使用情况也在一定程度上证明了注册商标持有人或使用人的真实意图,因此商标实际使用的情况应当作为考量商标注册合法性的要素,以从根源上防范和制止商标注册人通过弱化注册商标之间的差异来侵害他人的注册商标权。

(a)诉争商标　　(b)引证商标

图1-1-8　商标对比

荣华饼家与国家知识产权局商标申请驳回复审行政纠纷案

法院：最高人民法院

案号：(2020)最高法行再177号

再审申请人(一审原告、二审上诉人)：荣华饼家有限公司

被申请人(一审被告、二审被上诉人)：国家知识产权局

案由：商标申请驳回复审行政纠纷

案情简介：荣华饼家有限公司(以下简称荣华饼家)于2001年6月20日申请注册第1954146号“榮華富貴 WINGWAH及图”商标[以下简称诉争商标，见图1-1-9(a)]，诉争商标指定使用在第30类馅饼、茶、元宵、莲蓉、饺子、包子、冰糕、食用淀粉产品、糕点用粉、糕饼糊、糖果、饼干、蛋糕、月饼、薄烤饼、米糕、华夫饼干、糕点、巧克力、饼干(曲奇)商品上。针对该商标注册申请，商标局作出驳回决定。荣华饼家不服，向原国家工商行政管理总局商标评审委员会(以下简称商评委)提出复审申请。商评委经审查认为，诉争商标与第1205330号“荣华 RONGHUA及图”商标[以下简称引证商标一，见图1-1-9(b)]及第533357号“荣华及图”商标[以下简称引证商标二，见图1-1-9(c)]的显著识别文字部分“荣华”在文字构成、呼叫上相同，构成近似商标。诉争商标核定使用的饼干、巧克力、糕点用粉等商品与引证商标一、二核定使用的面粉、糖果、糕点等商品属于类似商品。诉争商标与引证商标一、二构成使用在同一种或类似商品上的近似商标。商评委据此作出驳回复审决定。荣华饼家不服，遂起诉至北京知识产权法院(以下简称一审法院)。一审法院经审理认为，诉争商标与引证商标一、二的显著认读文字“荣华”相同，在整体视觉效果上差异不大，易使消费者混淆误认，诉争商标与引证商标一、二构成近似。诉争商标指定使用的糕点、巧克力、饼干(曲奇)等商品与引证商标一核定使用的挂面、鸡蛋面、面粉等商品，与引证商标二核定使用的糖果、糕点在功能、用途、生产部门、销售渠道、消费群体等方面具有较大的关联性，构成类似商品。诉争商标与引证商标一、二同时使用在类似商品上，易导致消费者对商品的来源产生混淆误认。据此，一审法院判决驳回荣华饼家的诉讼请求。

荣华饼家不服一审判决，上诉至北京市高级人民法院(以下简称二审法院)。二审法院经审理认为，荣华饼家虽主张诉争商标是对其已有注册商标的延伸注册，但在诉争商标与引证商标一、二已构成使用在同一种或类似商品上的近似商标的基础上，荣华饼家在先申请注册的商标并不是诉争商标应当被核准注册的当然依据。据此，二审法院判决驳回上诉，维持原判。

荣华饼家不服二审判决，向最高人民法院（以下简称再审法院）申请再审。再审法院经审理认为，从商标标志构成要素整体来看，诉争商标与引证商标一、二虽然均含有中文“荣华”，但字体差异很大，诉争商标在含有繁体中文“榮華”之外，还含有繁体中文“富貴”及拼音“WING WAH”，上述商标的文字、图形及其结合差异显著，诉争商标与引证商标一、二整体视觉效果区别明显。诉争商标核定使用的商品以及引证商标一核定使用的挂面等也存在一定差异。荣华饼家的“荣华”商标在引证商标二申请之日前已经在香港长期使用并对大陆地区产生影响，基于该实际使用情况所形成的稳定市场秩序，并结合诉争商标在文字及图形上与引证商标的区别，其在客观上能够使相关公众将诉争商标与引证商标相区分。因此，诉争商标与引证商标一、二不构成使用在同一种或类似商品上的近似商标。据此，再审法院判决撤销一、二审判决，国家知识产权局重新作出商标驳回复审决定。

（a）诉争商标　　（b）引证商标一　　（c）引证商标二

图1－1－9　商标对比

（三）著作权类

西门子公司与沃福公司侵害计算机软件著作权纠纷案

法院：最高人民法院

上诉人（一审原告）：西门子工业软件有限公司

上诉人（一审被告）：广州沃福模具有限公司

案由：侵害计算机软件著作权纠纷

案情简介：西门子工业软件有限公司（以下简称西门子公司）为NX系列软件

(以下简称涉案软件)的著作权人,其以广州沃福模具有限公司(以下简称沃福公司)未经许可使用涉案软件进行产品设计和制造构成侵权为由,向一审法院提起诉讼并申请了保全。一审法院赴沃福公司送达了保全裁定,并向沃福公司管理人员说明了保全措施以及拒不配合法院保全的法律后果,但沃福公司采取对抗措施,阻挠保全工作,导致法院保全工作被迫中断。一审法院经审理,认定沃福公司构成侵权,并以法定赔偿上限判令沃福公司停止侵权并赔偿经济损失 50 万元及维权合理费用 10 万元。西门子软件公司、沃福公司均不服一审判决,向最高人民法院(以下简称二审法院)提起上诉。二审法院审理认为一审法院已经释明抗拒保全的法律后果,沃福公司仍然以暴力、威胁方式阻碍司法工作人员执行职务,属于严重妨碍民事诉讼的行为,在确定侵权损害赔偿时需对沃福公司抗拒法院证据保全的行为予以充分考虑。据此,二审法院判决对西门子软件公司的损害赔偿请求予以全额支持,改判沃福公司赔偿西门子软件公司经济损失 2,612,827 元及合理费用 10 万元。

(本案判决尚未公开,相关内容系根据法院官方报道内容整理。)

二、北京法院

（一）专利类

专利民事纠纷

北京知识产权法院

安斯泰来制药等与浙江海正药业等诉前行为保全案

法院：北京知识产权法院

案号：(2019)京73行保1号

申请人：安斯泰来制药有限公司等

被申请人：浙江海正药业股份有限公司等

案由：侵害发明专利权纠纷

案情简介：涉案专利系专利号为ZL00801216.4、发明名称为“冻干形式的稳定的药用组合物”的发明专利，专利权期限至2020年6月28日。申请人认为被申请人的被诉侵权产品侵害了涉案专利，请求北京知识产权法院采取诉前行为保全措施。北京知识产权法院认为：涉案专利目前效力稳定，被诉侵权产品技术方案落入涉案专利权利要求的保护范围的可能性较大，申请人所提诉前行为保全请求符合法律规定，应予支持。被申请人不服该裁定提起复议申请，后被北京知识产权法院驳回。

裁判规则

如果案件具有紧迫性，不立即采取措施可能使申请人的合法权益受到难以弥补的损害，且被申请人不停止相关行为对申请人造成的损害大于被申请人停止相关行为对被申请人造成的损害，在申请人提供了担保的情况下，对申请人提出的诉前行为保全申请应予支持。

HTC公司与魅族公司、金立公司发明专利侵权案

法院：北京知识产权法院

案号：(2017)京73民初245号

原告：宏达国际电子股份有限公司

被告：珠海市魅族科技有限公司、深圳市金立通信设备有限公司

案由：侵害发明专利权纠纷

案情简介：涉案专利系专利号为ZL201310032515.5、发明名称为“移动装置”的发明专利。北京知识产权法院依法委托司法鉴定，对被诉侵权产品与涉案专利权利要求1进行比对，最终认定被诉侵权的魅蓝Note5手机、金立M6手机落入涉案专利权利要求的保护范围，构成侵权。关于赔偿数额，北京知识产权法院认为，即使采用较低的利润率、专利贡献度，计算出的赔偿数额也已明显超过《专利法》规定的100万元法定赔偿上限。因此，北京知识产权法院在本案中以裁量性赔偿方式，确定魅族公司赔偿经济损失300万元，金立公司赔偿经济损失260万元。同时，考虑到金立M6手机在涉案专利申请公布后、授权公告之前已经上市销售，金立公司还需支付临时保护期使用费40万元。对于宏达公司50万元律师费的合理支出主张，予以全额支持。

裁判规则

1. 对有证据证明的被告侵权获利，明显超过100万元法定赔偿额上限的，可以适用裁量性赔偿，超过法定赔偿额上限确定赔偿数额。

2. 在发明专利申请公布后至专利权授予前的临时保护期内实施专利技术方案的，不构成对专利权的侵犯，但实施者应当就其在临时保护期内实施专利技术方案的行为，向专利权人支付适当的费用。

（本案裁定尚未公开，裁判规则系根据法院官方微信号报道内容归纳。）

上海丰科公司与天津绿圣蓬源公司等专利侵权案

法院：北京知识产权法院

案号：(2017)京73民初555号

原告：上海丰科生物科技股份有限公司

被告：天津绿圣蓬源农业科技开发有限公司、天津鸿滨禾盛农业技术开发有限

公司

案由:侵害发明专利权纠纷

案情简介:上海丰科生物科技股份有限公司(以下简称上海丰科公司)是专利号为201310030601.2、发明名称为"纯白色真姬菇菌株"的发明专利(以下简称涉案专利)的专利权人。上海丰科公司认为天津绿圣蓬源农业科技开发有限公司(以下简称天津绿圣蓬源公司)、天津鸿滨禾盛农业技术开发有限公司(以下简称天津鸿滨禾盛公司)未经许可生产并销售的菌株的行为侵犯了涉案专利权,遂起诉至北京知识产权法院,请求判令两被告停止侵权,各赔偿经济损失500万元并连带赔偿维权合理费用30万元。上海丰科公司向法院申请对被诉侵权产品是否落入涉案专利权利要求的保护范围进行司法鉴定,理由是分子生物学特征判断必须借助鉴定机构专业能力及设备。法院委托北京国创鼎诚司法鉴定所(以下简称鉴定机构)进行鉴定。

关于鉴定方法,上海丰科公司认为应当针对涉案专利与被诉侵权产品的基因特异性片段进行鉴定,两被告均认为应当针对涉案专利与被诉侵权产品的全基因序列进行鉴定。北京知识产权法院要求鉴定机构同时采用上述两种方法进行鉴定,并同意鉴定机构可以依据其专业知识自行决定采用上述两种鉴定方法之外的方法进行鉴定,但必须在鉴定报告中说明采用此鉴定方法的理由。鉴定机构经研究,决定委托与之合作并成立联合实验室的中国工业微生物菌种保藏管理中心按照涉案专利实施例12(授权文本第118-123段)载明的方法对二者进行ITS rDNA序列和特异性975bp DNA片段序列检测与比对,其鉴定意见为被诉侵权产品与涉案专利ITS rDNA序列相似度达到99.9%;特异性975bp DNA片段第1位至第975位序列完全相同;二者颜色、形状、排列等形态特征基本相同,因此鉴定结论为二者属于同种菌株。据此,北京知识产权法院认定两被告侵害了涉案专利权,判决两被告停止侵权,各赔偿经济损失100万元及合理维权费用84,175元。

裁判规则

1.当事人自行选择鉴定机构应当知晓其所选择的鉴定机构的能力与资质。被双方当事人共同选定的鉴定机构按照行业惯例,委托与其有合作关系且具备检测资质的专业机构进行相关检测,该做法并无不当。

2.菌株等微生物的基因存在突变可能,即使是同种微生物,其基因序列也可能不完全一致。对于两个微生物的基因序列相似程度达到何种比例方可认定属于同一种微生物,行业内尚未形成共识。由于基因组结构的复杂以及测序过程中的偏向性等原因,难以根据相似程度的大小认定是否属于同一种微生物,因此全基因序列检测方法存在不确定性,故鉴定机构采用基因特异片段检测的鉴定方法具有合理性。

朗科公司与美光公司等发明专利侵权案

法院:北京知识产权法院

案号:(2017)京73民初323号

原告:深圳市朗科科技股份有限公司

被告:深圳市嘉合忆美电子有限公司、北京京东叁佰陆拾度电子商务有限公司、美光消费产品集团公司

案由:侵害发明专利权纠纷

案情简介:深圳市朗科科技股份有限公司(以下简称朗科公司)是专利号为ZL99117225.6、发明名称为"用于数据处理系统的快闪电子式外存储方法及其装置"的发明专利的专利权人。朗科公司于2017年向北京知识产权法院起诉称,美光消费产品集团公司(以下简称美光公司)在中国大陆地区制造、销售、许诺销售,深圳市嘉合忆美电子有限公司(以下简称嘉合忆美公司)销售、许诺销售,北京京东叁佰陆拾度电子商务有限公司(以下简称京东叁佰陆拾度公司)销售的"32GB LEXAR M20"闪存盘产品(以下简称被控侵权产品)落入涉案专利权利要求1的保护范围,请求判令三被告赔偿其经济损失100万元,制止侵权合理开支2万元,并承担本案诉讼费用。北京知识产权法院审理认为,被控侵权产品的制造过程实施了涉案专利权利要求1保护的方法或者方法的实质内容,落入涉案专利权利要求1的保护范围,同时美光公司销售、许诺销售固化了涉案专利方法的被控侵权产品的行为,也侵犯了朗科公司对涉案专利享有的合法权利。嘉合忆美公司销售的被控侵权产品合法来源抗辩成立,不承担赔偿责任。京东叁佰陆拾度公司已经尽到合理注意义务,没有过错。北京知识产权法院判令美光公司赔偿朗科公司经济损失50万元及合理开支6000元,嘉合忆美公司赔偿朗科公司合理开支2996元。

裁判规则

1. 禁止反悔是指在专利授权或者无效程序中,对于专利申请人或专利权人通过对权利要求、说明书的限缩性修改或者意见陈述的方式放弃的保护范围,在侵犯专利权诉讼中确定是否构成等同侵权时,禁止权利人将已放弃的内容重新纳入专利

权的保护范围。专利申请人或专利权人对权利要求保护范围所作的限缩性修改或者陈述必须是明示的,而且已经被记录在书面陈述、专利审查档案、生效的法律文书中。

2. 方法专利权利要求保护的方法步骤中的一部分步骤是被控侵权产品制造过程中明确由产品制造商实施的,其余的步骤虽然从撰写方式看似乎从用户角度出发,需要用户实施,但该步骤功能的实现是以制造商的制造行为为基础,或步骤功能的实现是之前产品制造商所实施步骤的自然结果,则应认定被控侵权产品的制造过程实施了涉案专利权利要求保护的方法或者方法的实质内容,落入权利要求的保护范围。

专利行政纠纷

北京知识产权法院

泰拉科斯萨伯公司与国家知识产权局发明专利申请驳回复审纠纷案

法院:北京知识产权法院

案号:(2018)京73行初2626号

原告:泰拉科斯萨伯有限责任公司

被告:国家知识产权局

案由:发明专利申请驳回复审行政纠纷

案情简介:泰拉科斯萨伯有限责任公司(以下简称泰拉科斯萨伯公司)是"制备SGLT2抑制剂的方法"发明专利申请(以下简称涉案申请)的申请人。国家知识产权局原审查部门认为涉案申请不具有创造性,驳回了本申请。泰拉科斯萨伯公司不服驳回决定,向原国家知识产权局专利复审委员会(以下简称复审委)提出了复审请求。复审委认为涉案申请的说明书中没有提供具体的试验,无法确定权利要求6要求保护的复合物晶体形式具有何种用途或效果,进而认为涉案申请没有对现有技术作出贡献,不具有有益的技术效果,没有显著进步,不具有创造性,故作出复审决定维持对涉案申请的驳回决定(以下简称被诉决定)。泰拉科斯萨伯公司不服被诉决定,向北京知识产权法院提起行政诉讼,主张其提交的补充实验数据可以证明涉案申请具备创造性,请求法院撤销被诉决定并责令复审委重新作出决定。北京知识产权法院经审理认为,泰拉科斯萨伯公司提交的补充实验证据应予采信,被诉决定由于未采信该补充实验数据导致对涉案申请创造性的认定有误,国家知识产权局应当在考虑该补充实验数据的基础上,对涉案申请是否具备创造性重新作出认定。据此,北京知识产权法院判决撤销被诉决定,责令国家知识产权局重新做出审查决定。

裁判规则

对于虽记载在说明书中但并非声称的技术贡献的技术效果,如果补充提交的实验数据可以证明该技术效果属于申请人在诉争发明申请日之前的技术贡献,且公众在获知诉争发明时亦能确认该技术效果,则采信用以证明该技术效果的补充实验数据不会使专利权人获得超出其技术贡献的保护,亦不会损害公众利益,在创造性评价中应予考虑。

勃林格殷格翰公司与国家知识产权局发明专利无效行政纠纷案

法院:北京知识产权法院

案号:(2018)京73行初1097号

原告:勃林格殷格翰国际有限公司

被告:国家知识产权局

第三人:许某卉

案由:发明专利无效行政纠纷

案情简介:勃林格殷格翰国际有限公司(以下简称勃林格殷格翰公司)是专利号为201310414119.9,名称为"吡喃葡萄糖基取代的苯基衍生物、含该化合物的药物、其用途及其制造方法"的发明专利(以下简称涉案专利)的专利权人。许某卉针对涉案专利权利要求1-6向原国家知识产权局专利复审委员会(以下简称复审委)提起无效宣告请求。复审委认为,本领域技术人员在许某卉提交的证据1公开的内容基础上获得涉案专利权利要求1-6的技术方案是显而易见的,上述权利要求不具有创造性,故作出专利权无效宣告请求审查决定(以下简称被诉决定),宣告涉案专利权利要求1-6无效,在权利要求7-9的基础上维持涉案专利有效。勃林格殷格翰公司不服被诉决定,向北京知识产权法院提起行政诉讼,主张其补充提交的实验数据可以证明对SGLT-1的高选择性是涉案专利的技术效果,在此基础上确定的发明实际解决的技术问题不同于被诉决定认定,进而可以证明权利要求1-6

具备创造性。北京知识产权法院经审理认为，勃林格殷格翰公司提交的补充实验数据形成时间晚于涉案专利优先权日，且涉案专利说明书中并未记载其对 SGLT－1 具有高选择性，故该补充实验数据不应予以采信。在此基础上，被诉决定的相关认定正确，北京知识产权法院判决驳回原告的诉讼请求。

裁判规则

对于说明书中未记载的技术效果，除非本领域技术人员基于其对申请日之前现有技术的了解可知晓该技术效果，否则在创造性判断中原则上不予考虑，以避免专利权人基于其未公开的内容而获得专利权，违背公开换保护的基本原则。对于申请日后发现的技术效果，其在创造性判断中的适用原则与申请日之前发现但未记载在说明书中的技术效果并无不同，但对其不考虑除前述公开换保护原则外，还包括对先申请制度的维护，以避免专利权人获得的保护超出其申请日时的技术贡献程度。

（二）商标类

商标民事纠纷

北京市高级人民法院

大疆公司与大疆实业公司等商标权侵权及不正当竞争案

法院：北京市高级人民法院

案号：（2020）京民终 521 号

上诉人（一审被告）：深圳市大疆实业有限公司

被上诉人（一审原告）：深圳市大疆创新科技有限公司

一审被告：北京坤泰通达科技发展有限公司

案由：侵害注册商标专用权及不正当竞争纠纷

案情简介：深圳市大疆创新科技有限公司（以下简称大疆公司）于 2012 年 11 月 22 日申请注册第 11784570 号“大疆”商标（以下简称涉案商标），涉案商标于 2014 年 5 月 7 日核准注册，核定使用在第 12 类陆、空、水或铁路用机动运载工具、空中运载工具等商品上。大疆公司认为,涉案商标应当被认定为驰名商标,深圳市大疆实业有限公司(以下简称大疆实业公司)在手机产品上使用涉案商标,并使用“大疆手机”字样进行宣传,北京坤泰通达科技发展有限公司(以下简称坤泰公司)销售含有“大疆”字样的手机,侵害了其对涉案商标享有的商标权,遂起诉至北京知识产权法院(以下简称一审法院),请求判令二被告立即停止侵权且大疆实业公司立即停止使用包含“大疆”字号的企业名称并赔偿经济损失及合理支出300万元。

一审法院经审理认为,涉案商标核定使用在第12类商品上,大疆实业公司生产的被诉侵权产品“手机”属于第9类商品,二者在《商标注册用商品和服务国际分类表》中分属不同类别,大疆公司请求认定涉案商标为驰名商标,并给予涉案商标以跨类保护符合相关司法解释规定,故应对涉案商标是否驰名进行审查认定。在案证据可以证明涉案商标经过长期的宣传和使用,已为我国相关公众广为知晓,在本案被诉侵权行为发生时,已达到驰名商标的程度,构成在第12类“航空器”商品上的驰名商标。大疆实业公司使用“大疆”字样构成对涉案商标的模仿,涉案商标核定使用的“航空器”等商品与被诉侵权产品“手机”虽在功能、用途上有所差别,但“航空器”商品通常与手机搭配使用,二者本身具有一定的关联性,加之涉案商标已构成驰名商标,故在被诉侵权产品上使用“大疆”标志容易使相关公众认为二者具有较强的联系,从而减弱涉案商标与大疆公司的关联性及对应性,因此,大疆实业公司的前述行为侵害了大疆公司的商标权。“大疆”作为大疆公司的字号在航空器领域已为相关公众所熟知,具有较高的知名度。大疆实业公司主要经营电子产品、通信产品等,与大疆公司据以知名的“航空器”产品具有较大的关联性,且“大疆”一词为臆造词汇,显著性较强,二者又同处广东省深圳市,大疆实业公司理应知晓大疆公司在先的知名企业名称并进行合理避让,但其仍将“大疆”作为其企业名称并加以宣传,使相关公众误以为其与大疆公司存在一定关联关系,构成不正当竞争。据此,一审法院判决二被告停止侵权且大疆实业公司停止使用包含“大疆”字样的企业名称,并赔偿经济损失50万元及合理支出11万余元。

大疆实业公司不服一审判决,上诉至北京市高级人民法院(以下简称二审法院)。二审法院经审理认为,涉案商标构成驰名商标,被诉侵权产品“手机”与涉案商标赖以驰名的“航空器”商品虽然在功能用途、消费群体等方面存在一定差异,但二者均系民用科技产品,在日常使用过程中存在密切关联,大疆实业公司在“手机”商品上使用“大疆”标志的行为,足以使相关公众在看到被诉侵权产品时直接联想到大疆公司的涉案商标,进而破坏涉案商标与大疆公司所生产的“航空器”商品之间的密切联系和对应关系，减弱涉案商标作为驰名商标的显著性，侵害了大疆公司的商标权。大疆实业公司将与涉案商标相同的文字“大疆”作为其企业名称中识别不同市场主体核心标志的字号进行登记，并在商业活动中予以使用，具有攀附大疆公司商业信誉及涉案商标商誉的意图，容易导致相关公众认为二者之间存在关联关系，构成不正当竞争。据此，二审法院判决驳回上诉，维持原判。

裁判规则

1. 被诉侵权产品与驰名商标核定使用商品存在密切关联，且他人在被诉侵权产品上复制、模仿驰名商标标识，足以使相关公众在看到被诉标识时直接联想到该驰名商标，从而削弱该驰名商标与商标权人之间的唯一对应关系，弱化该驰名商标显著性，构成对驰名商标的侵害。

2. 在明知或应知他人注册商标及其知名度的情况下，仍将该注册商标作为企业名称中的字号进行登记，并在商业活动中予以使用，具有攀附他人商业信誉及该注册商标商誉的意图，容易导致相关公众产生混淆误认，违反诚实信用原则的，构成不正当竞争行为。

大疆

图1-2-1 涉案商标

人人车公司与好车无忧公司确认不侵害商标权纠纷案

法院：北京市高级人民法院

案号：(2019)京民终1654号

上诉人(一审被告)：北京好车无忧信息技术有限公司

被上诉人(一审原告)：北京人人车旧机动车经纪有限公司

案由：确认不侵害商标权纠纷

案情简介：北京好车无忧信息技术有限公司(以下简称好车无忧公司)于2014年5月29日申请注册第14568556号“人人车”商标(以下简称涉案商标，见图1-2-2)，于2019年2月7日核准注册，分别核定使用在第9类已录制的计算机操作程序；计算机软件(已录制)等商品上；第35类计算机网络上的在线广告等服务上；第42类提供互联网搜索引擎服务等。好车无忧公司认为北京人人车旧机动车经纪有限公司(以下简称人人车公司)开发的“人人车二手车”App(以下简称被投诉App)侵害了涉案商标的商标权,向华为开发者联盟、苹果商店、小米应用商店、腾讯应用宝平台发送侵权投诉通知,要求下架被投诉App。人人车公司发出反通知。腾讯应用宝等平台在转发反通知的过程中表明希望好车无忧公司另行通过行政投诉、诉讼等方式或直接与人人车公司协商解决相关问题。

基于此,人人车公司向北京知识产权法院(以下简称一审法院)提起确认不侵害商标权之诉。一审法院认为,虽然人人车公司未直接向好车无忧公司进行书面催告,本案仍符合确认不侵权之诉的受理条件,并认定被投诉App所使用的标识与涉案商标不构成使用在相同或类似商品或服务上的近似商标。据此,一审法院判决确认人人车公司不侵害涉案商标权。好车无忧公司不服一审判决,上诉至北京市高级人民法院(以下简称二审法院)。二审法院经审理认为,人人车公司通过被投诉App提供服务本质上是利用信息网络并通过应用软件提供以车源主体和买家主体为服务对象的居间经纪服务。而涉案商标核定使用的商品和服务主要指向计算机及其外部设备、商业经营管理、计算机编程及相关服务,二者具有明显差异,不会引起消费者的混淆、误认。据此,二审法院判决驳回上诉,维持原判。

裁判规则

1. 确认不侵权诉讼的制度目的在于赋予利益受到特定权利人影响的行为人(相对方)以诉权,使其能够通过司法途径尽快结束其与权利人之间不稳定的法律状态,避免因法律权利义务的不确定状态对其正常的生产经营持续造成负面影响。权利人主张相对方侵权,但又不通过法定程序予以解决,导致双方之间的权利义务处于不确定状态,相对方即具备了提起确认不侵权之诉的适格条件。

2. 相对方通过应用平台进行申诉,并实质上起到了督促作为权利人的投诉方行使诉权的作用,双方已经通过应用平台对对方真实意思表示充分了解,则尽管相对方未向投诉方发送书面催告而直接提起确认不侵权之诉,也应认定符合确认不侵权之诉的受理条件。

3. 经营者通过应用软件提供服务是借助计算机网络和通信工具等开发移动应用程序,利用信息网络开展服务,不应当然认定该服务与计算机软件或者互联网服务构成类似商品或者服务。

人人车

图1-2-2　涉案商标

炎黄盈动公司与亚马逊通公司等商标侵权案

法院:北京市高级人民法院

案号:(2018)京民初127号

原告:北京炎黄盈动科技发展有限责任公司

被告:北京光环新网科技股份有限公司、亚马逊通技术服务(北京)有限公司

案由:侵害注册商标专用权纠纷

案情简介:北京炎黄盈动科技发展有限责任公司(以下简称炎黄盈动公司)于2004年9月1日申请注册第4249189号“**AWS**”商标[见图1-2-3(a)]。该商标于2008年2月7日核准注册,核定使用在第42类计算机软件设计等服务上。炎黄盈动公司于2010年12月20日申请注册第8967031号“**AWS**”商标[见图1-2-3(b)]。该商标于2011年12月28日核准注册,核定使用在第9类计算机程序(可下载软件)等商品上。炎黄盈动公司于2010年12月20日申请注册第8967030号“**AWS**”商标[见图1-2-3(c)]。该商标于2012年4月14日核准注册,核定使用在第35类计算机数据库信息系统化等服务上(以上商标统称涉案商标)。炎黄盈动公司认为,北京光环新网科技股份有限公司(以下简称光环新网公司)在其运营的网站中使用“AWS”“AWS及图”标识(以下简称被诉侵权标识),并使用被诉侵权标识作为搜索引擎关键词,侵害了其对涉案商标享有的商标权;亚马逊通技术服务(北京)有限公司(以下简称亚马逊通公司)在其运营的网站及云计算微信公众号中使用被诉侵权标识,将“AWS云计算”作为微信公众号名称等,侵害了其对涉案商标享有的商标权。炎黄盈动公司起诉至北京市高级人民法院(以下简称北京高院),请求判令光环新网公司及亚马逊通公司停止侵权、消除影响、共同赔偿经济损失3亿元及合理支出26万元。北京高院经审理认为,光环新网公司将被诉侵权标识作为搜索引擎关键词宣传推广云计算服务,并在其运营的网站中使用“AWS技术峰会2018中国站”“AWS云解决方案”等文字表述,属于突出使用被诉侵权标识,足以发挥识别商品或服务来源的作用,构成商标性使用。亚马逊通公司在其运营的微信公众号使用“线下研讨会AWS云计算助力IT创新与转型研讨会”等涉及“AWS”云计算的文字表述,并在其运营的网站突出使用被诉侵权标识,构成商标性使用。虽然亚马逊通公司的相关商标具有较高知名度,但光环新网公司及亚马逊通公司自2016年8月起开始合作开展相关服务并在该服务上长期、大量地使用涉案商标,容易导致相关公众将炎黄盈动公司提供的相关商品或者服务与光环新网

公司及亚马逊通公司联系在一起，并误认为炎黄盈动公司是他人相应服务品牌的代理商或者是出于攀附他人商誉目的而使用涉案商标。北京高院参照光环新网公司2017年和2018年在“云计算及其服务”领域的利润作为损害赔偿数额计算的基础，但也考虑到经营利润的取得取决于技术、服务、营销等多个方面，即使考虑商标品牌方面的贡献，也包含了“AWS”以外的其他商标，故不宜完全按照光环新网公司的全部获利确定赔偿数额，而是综合考虑涉案商标的使用状况、侵权行为持续时间、侵权规模、涉案商标利润贡献率等因素，酌情按照上述利润的5%确定光环新网公司及亚马逊通公司的侵权获利为38,231,500元。北京高院还认为，亚马逊通公司的关联公司在相关商标的申请注册过程中，早已知悉炎黄盈动公司涉案商标在先注册的事实，仍在2016年8月后与光环新网公司共同实施被控侵权行为，主观上漠视他人依法取得的合法权利，客观上挤压了炎黄盈动公司通过商标使用行为积累商誉、开拓市场空间的可能，而且使相关公众误认为炎黄盈动公司是他人相关服务品牌的代理商或者是出于攀附他人商誉而使用相关商标，严重损害了炎黄盈动公司的市场声誉，属于恶意侵犯商标专用权的行为且情节严重。在诉讼中，两公司滥用程序性权利，提出明显不能成立的管辖权异议并就该管辖异议裁定提出上诉，故意拖延诉讼进程，进一步加剧了侵权行为的影响，因此，北京高院适用二倍惩罚性赔偿确定最终的损害赔偿金额为76,463,000元。由于光环新网公司及亚马逊通公司在被诉行为中分工合作且共享侵权利润，故二者应当承担连带赔偿责任。北京高院据此判决光环新网公司及亚马逊通公司停止侵权、刊登声明消除影响，并连带赔偿经济损失76,463,000元及合理支出26万元。

裁判规则

1. 混淆误认的判断通常要考虑商标标志的近似程度、商品和服务的类似程度、注册商标的显著性和知名度以及相关公众的注意程度等因素，商业活动中实际混淆的证据情况亦可作为混淆误认判断的重要参考因素。同时，混淆误认不仅包括将使用被诉侵权标志的商品或服务误认为商标权人的商品或服务，或者与商标权人有某种联系；而且包括将商标权人的商品或服务误认为被诉侵权人的商品或服务，或者误认商标权人与被诉侵权人有某种联系的情形。

2. 计算侵犯商标权的损害赔偿数额时，应当考虑涉案商标的使用状况、侵权行为持续时间、侵权规模、涉案商标的利润贡献率等因素，综合确定赔偿数额。侵权人恶意侵犯商标专用权且情节严重，在诉讼过程中滥用程序性权利故意拖延诉讼进程，进一步加剧侵权行为影响，扩大权利人损失的，可以适用惩罚性赔偿予以规制。

AWS	AWS	AWS
(a)	(b)	(c)

图1-2-3 涉案商标

北京知识产权法院

中视天娱公司与上海天娱公司商标侵权与不正当竞争案

法院:北京知识产权法院

案号:(2019)京73民终3699号

上诉人(一审被告):中视天娱国际传媒文化(北京)有限公司

被上诉人(一审原告):上海天娱传媒有限公司

案由:侵害注册商标专用权及不正当竞争纠纷

案情简介:上海天娱传媒有限公司(以下简称上海天娱公司)制作或参与制作了《超级女声》《快乐男声》《爸爸去哪儿》等影视娱乐项目。2008年1月14日,上海天娱公司的第4219296号商标[见图1-2-4(a)]经核准注册在第41类电影制作、节目制作、娱乐、演出等服务上,目前处于有效状态。中视天娱国际传媒文化(北京)有限公司(以下简称中视天娱公司)在其运营的网站www.qslhgj.com及搜狐号上使用"CE-MEDIA""中视天娱傳媒"标识[见图1-2-4(b)],并将《超级女声》《快乐男声》作为业绩进行宣传,还将大量非签约艺人列为公司旗下艺人,各栏目宣传中均使用"中视天娱传媒"指代其公司及品牌。上海天娱公司认为,中视天娱公司的上述行为侵害了其注册商标专用权并构成不正当竞争,遂诉至北京市海淀区人民法院(以下简称一审法院),请求法院判令中视天娱公司停止侵犯涉案注册商标专用权和不正当竞争行为,变更其企业名称,赔偿经济损失及合理开支50万元等。

一审法院认为,中视天娱公司在与涉案商标核定使用服务相同的组织表演、节目制作等服务上使用了近似的"CE-MEDIA""中视天娱傳媒"标识,容易使相关公众产生混淆误认或者认为中视天娱公司与上海天娱公司有特定的联系,侵犯了上海天娱公司的注册商标专用权。此外,中视天娱公司作为同业经营者,理应知晓上海天娱公司涉案商标的情况,却仍将涉案商标显著性较强的"天娱"注册为企业字号,足以误导公众,存在明显的主观恶意,构成不正当竞争。中视天娱公司还将上海天娱公司参与制作的《超级女声》《快乐男声》作为自己的业绩进行宣传,并将大量非签约艺人列为公司旗下艺人，构成虚假宣传。据此，一审法院判决中视天娱公司停止侵权行为，变更企业名称且变更后的企业名称中不得含有“天娱”字样，并赔偿上海天娱公司经济损失及合理开支共计 49.5 万元。

中视天娱公司不服一审判决，上诉至北京知识产权法院（以下简称二审法院）。二审法院经审理，判决驳回上诉，维持原判。

裁判规则

同业经营者理应知晓他人注册商标，仍将该商标的显著部分注册为企业字号，并在同一种或类似服务上突出使用，容易使相关公众产生误认的，构成对他人注册商标专用权的侵犯，应当承担停止侵权并变更企业名称的民事责任。

（a）原告在第 41 类服务上的注册商标　　（b）被告使用的标识

图 1－2－4　商标对比

五常大米协会与鼎城兴隆公司商标权侵权案

法院：北京知识产权法院

案号：（2020）京 73 民终 43 号

上诉人（原审被告）：北京鼎城兴隆商贸有限公司

被上诉人（原审原告）：五常市大米协会

案由：侵害注册商标专用权纠纷

案情简介：五常市大米协会（以下简称五常大米协会）是第 1607996 号“五常 WUCHANG 及图”、第 5789043 号“五常大米”注册商标（以下简称涉案商标，见图 1－2－5）的商标权人，涉案商标为证明商标，核定使用在第 30 类大米等商品上。五常大米协会认为北京鼎城兴隆商贸有限公司（以下简称鼎城兴隆公司）在其销售的大米产品（以下简称被诉侵权产品）外包装上使用“五常”两字（以下简称被诉标识）侵害了涉案商标权，遂起诉至北京市西城区人民法院（以下简称一审法院），请求判令鼎城兴隆公司停止侵权并赔偿经济损失及合理支出 10 万元。一审法院经审理认为，鼎城兴隆公司在被诉侵权产品外包装上突出使用被诉标识的行为足以起到标示商品来源的作用,属于商标性使用行为。被诉标识与涉案商标构成使用在同一种商品上的近似商标,易使消费者对商品来源产生误认,鼎城兴隆公司构成对涉案商标权的侵害。鼎城兴隆公司亦不能提供被诉侵权产品的合法来源,应当承担赔偿责任。据此,一审法院判决鼎城兴隆公司停止侵权并赔偿经济损失及合理支出53,000元。鼎城兴隆公司不服一审判决,上诉至北京知识产权法院(以下简称二审法院)。二审法院经审理认为,涉案商标为地理标志证明商标,鼎城兴隆公司未能提供证据证明被诉侵权产品是来自该证明商标所划定的五常市指定区域内并具有特定品质,足以使相关公众对被诉侵权产品的来源产生误认,构成对涉案商标权的侵害。据此,二审法院判决驳回上诉,维持原判。

裁判规则

经营者在同一种或类似商品上使用与地理标志证明商标相同或近似的标识,易使消费者对商品产地、质量等产生误认,经营者不能证明其销售的商品来源于地理标志证明商标所划定的区域内并具有特定品质,亦不能提供商品合法来源的,构成对地理标志证明商标的侵害,并应当承担赔偿责任。

(a) (b)

图1-2-5 涉案商标

拉菲酒庄与利世鸿亚公司等商标侵权案

法院:北京知识产权法院

原告:拉菲罗斯柴尔德酒庄

被告:怀来利世鸿亚公司、怀来利世鸿亚公司北京分公司、北京利世鸿亚置业公司

案由:侵害注册商标专用权纠纷

案情简介:拉菲罗斯柴尔德酒庄(以下简称拉菲酒庄)是第1122916号

"LAFITE"及第6186990号"拉菲"商标(以下简称涉案商标,见图1-2-6)的商标权人。涉案商标注册在第33类含酒精饮料(啤酒除外)商品上。拉菲酒庄认为,怀来利世鸿亚公司(以下简称怀来利世鸿亚公司)、怀来利世鸿亚公司北京分公司(以下简称怀来利世鸿亚分公司)、北京利世鸿亚置业公司(以下简称北京利世鸿亚公司)未经许可,在楼盘名称、营销中心、微信公众号、营销中心、官方网站等显著位置使用"LAFITE""拉斐水岸""CHATEAU LAFITE"等标识,侵害了其对涉案商标享有的商标权,遂起诉至北京知识产权法院。北京知识产权法院经审理认为,涉案商标应当被认定为葡萄酒商品上的驰名商标。怀来利世鸿亚公司在楼盘小区大门、小区配套设施及微信公众号等相关宣传推广活动中突出使用"CHATEAU LAFITE""拉斐水岸"等标识;其北京分公司在涉案楼盘北京营销中心墙壁、楼梯扶手、沙盘、楼书、一次性纸杯上等处突出使用"CHATEAU LAFITE""拉斐水岸"等标识;北京利世鸿亚公司在其官网显著位置使用"CHATEAU LAFITE拉斐水岸"标识,并在相关宣传视频广告中突出使用"CHATEAU LAFITE""拉斐水岸""拉斐"等标识,上述行为属于复制、模仿、翻译他人已注册驰名商标或其主要部分并在不相同或者不类似商品上作为商标使用,误导公众,侵害了拉菲酒庄的商标权。三被告具有主观上的意思联络,共同实施了侵害涉案商标的行为,应当承担连带责任。据此,北京知识产权法院判决三被告停止侵权并赔偿拉菲酒庄经济损失及合理支出500万元。

(本案判决尚未公开,相关内容系根据法院官方报道内容整理。)

LAFITE　　　　拉菲

(a)　　　　(b)

图1-2-6　涉案商标

雷士公司与光大雷士公司等商标权侵权及不正当竞争案

法院:北京知识产权法院

案号:(2020)京73民终463号

上诉人(一审被告):胡某忠

被上诉人(一审原告):惠州雷士光电科技有限公司

一审被告:嘉兴市光大雷士电器有限公司、北京北苑星华综合市场有限公司

案由:侵害注册商标专用权及不正当竞争纠纷

案情简介:惠州雷士光电科技有限公司(以下简称雷士公司)是第1412506号及第3010353号“雷士”商标(以下简称涉案商标,见图1-2-7)的商标权人。涉案商标分别于1998年12月28日及2001年11月5日申请注册,并于2000年6月21日及2003年4月14日核准注册,核定使用在第11类照明灯、照明器等商品上。雷士公司认为,嘉兴市光大雷士电器有限公司(以下简称光大雷士公司)在申请登记注册企业名称时使用“雷士”字样构成不正当竞争,并且,光大雷士公司在其生产、销售的灯、具有照明和排风换气功能的排风灯等商品的外包装等处使用了“雷士全屋吊顶”“雷士 Leishi”商标(以下简称侵权标识),侵害了雷士公司对涉案商标享有的注册商标专用权。胡某忠作为光大雷士公司的股东及实际经营者,应当承担连带责任。北京北苑星华综合市场有限公司(以下简称星华公司)为光大雷士公司及胡某忠提供销售侵权产品的经营场所应当承担连带责任。雷士公司起诉至北京市朝阳区人民法院(以下简称一审法院),请求判令光大雷士公司与胡某忠停止侵权并赔偿经济损失及合理支出109.6万元,星华公司赔偿合理支出4000元。一审法院经审理认为,胡某忠多次侵害涉案商标权并被法院判决承担侵权责任,仍在明知雷士公司及涉案商标知名度的情况下,将起主要识别作用的企业字号注册为“光大雷士”,攀附雷士公司商誉的主观恶意明显,其生产销售的电器产品与雷士公司经营范围有互相重叠之处,即使其规范使用企业名称,因二者企业字号的高度相似性,亦不能避免相关公众的混淆和误认。因此,光大雷士公司使用“雷士”作为其企业字号的行为构成不正当竞争。光大雷士公司在灯、具有照明和排风换气功能的排风灯等商品外包装上使用侵权标识的行为构成在同一种或类似商品上使用与涉案商标近似的标识,容易导致消费者对商品来源产生混淆与误认,因此,光大雷士公司侵害了雷士公司对涉案商标享有的商标权。胡某忠与光大雷士公司构成共同侵权。星华公司在市场经营中没有尽到管理义务,其主观存在过错,客观上为销售侵权商品提供了经营场所,构成帮助侵权。据此,一审法院判决停止侵权、变更企业名称,并判决胡某忠与光大雷士公司连带赔偿经济损失250万元及合理支出8万元、星华公司赔偿经济损失及合理支出2万元。

胡某忠不服一审判决,上诉至北京知识产权法院(以下简称二审法院)。二审法院经审理认为,胡某忠已多次侵犯雷士公司涉案商标权并被人民法院判决承担侵权责任,其作为发起人股东成立光大雷士公司并担任实际经营者,实质上是利用股东身份,操纵公司的决策,使公司完全丧失独立性,沦为其侵权工具,且在通过控制公司经营活动谋取违法利益的同时,又试图利用公司法人人格独立制度规避侵权责任。胡某忠滥用公司法人独立地位和股东有限责任,应对侵害涉案商标权及不正当竞争行为给雷士公司造成的损失承担连带责任。据此,二审法院判决驳回上诉,维持原判。

裁判规则

公司股东利用股东身份,操纵公司决策实施侵权行为,使公司丧失独立性,并利用公司法人人格独立制度规避侵权责任,构成《公司法》第 20 条第 3 款所规定之情形,应当对侵权行为承担连带责任。

(a) (b)

图 1-2-7 涉案商标

鲍才胜公司与易尚公司商标权侵权及不正当竞争案

法院:北京知识产权法院

案号:(2020)京 73 民终 2644 号

上诉人(一审被告):北京易尚餐饮管理有限公司

被上诉人(一审原告):北京鲍才胜餐饮管理有限公司

案由:侵害注册商标专用权及不正当竞争纠纷

案情简介:北京鲍才胜餐饮管理有限公司(以下简称鲍才胜公司)是第 12484211 号"鲍师傅"商标[以下简称涉案商标,见图 1-2-8(a)]的商标权人。涉案商标于 2013 年 4 月 25 日申请注册,并于 2014 年 9 月 28 日核准注册,核定使用在第 30 类糕点、蛋糕等商品上。北京易尚餐饮管理有限公司(以下简称易尚公司)是第 17899096 号"鲍师傅 Bao Shi Fu 及图"商标[见图 1-2-8(b)]的商标权人,该商标于 2015 年 9 月 15 日申请注册,并于 2018 年 1 月 14 日核准注册,核定使用在第 43 类餐馆、餐厅等服务上。鲍才胜公司认为,易尚公司在其店面招牌、橱窗、价目表、标价签、陈列架、包装袋、手提袋等上使用"鲍师傅"标识(以下简称被诉侵权标识),侵害了鲍才胜公司对涉案商标享有的注册商标专用权;易尚公司在其经营的糕点店面上标注"鲍师傅糕点"名称,并使用与鲍才胜公司近似的包装、装潢,构成不正当竞争,并通过其官方网站、微信公众号、新浪微博以及全国各地自营或加盟商的橱窗等多种渠道宣称自己是正宗"鲍师傅"糕点产品,构成虚假宣传,发表恶意评论制造负面舆论构成商业诋毁。鲍才胜公司起诉至北京市丰台区人民法院（以下简称一审法院），请求判令易尚公司停止侵权、消除影响并赔偿经济损失及合理支出4096万元。一审法院经审理认为，易尚公司未规范使用第17899096号商标，而是在同一种或类似商品上单独或突出使用与涉案商标构成近似的被诉侵权标识，容易导致相关公众混淆与误认，侵害了鲍才胜公司的商标权。易尚公司擅自使用与鲍才胜公司涉案装潢近似的装潢，致使相关公众对商品的来源以及不同经营者之间具有关联关系产生混淆与误认，构成不正当竞争。易尚公司在其总部声明中作出虚假或者引人误解的商业宣传，欺骗并误导消费者，构成虚假宣传；其编造、传播虚假信息，损害了鲍才胜公司的商业信誉，构成商业诋毁。据此，一审法院据此判决易尚公司停止侵权、消除影响并赔偿经济损失及合理开支3,142,492元。

易尚公司不服一审判决，上诉至北京知识产权法院（以下简称二审法院）。二审法院经审理认为，易尚公司明显存在不规范使用第17899096号商标和超出核定商品范围使用该注册商标的行为，且已经造成了相关公众的混淆与误认，侵害了鲍才胜公司的商标权。易尚公司将与鲍才胜公司涉案装潢具有高度近似的装潢使用在门头中，主观上明显具有攀附鲍才胜公司商誉的故意，客观上易使相关公众产生混淆或误认，构成不正当竞争。易尚公司在其总部声明中作出虚假或者引人误解的商业宣传，欺骗并误导消费者，构成虚假宣传。易尚公司在搜狐网发布的文章，内容上缺乏事实依据，损害了鲍才胜公司的商业信誉，构成商业诋毁。据此，二审法院判决驳回上诉，维持原判。

裁判规则

商标权人不规范使用注册商标或者超出核定商品范围使用注册商标，与他人注册商标构成使用在同一种或类似商品上的近似标识，容易导致相关公众混淆误认的，构成对他人注册商标专用权的侵犯。

（a）　　（b）

图1-2-8　商标对比

北京市海淀区人民法院

英国广播公司与北京爱语吧科技公司商标侵权及不正当竞争案

法院：北京市海淀区人民法院

案号：(2018)京0108民初5197号

原告：英国广播公司

被告：北京爱语吧科技有限公司

案由：侵害商标权及不正当竞争纠纷

案情简介：北京爱语吧科技有限公司(以下简称爱语吧公司)在其网站、微信公众号及手机应用软件上使用“BBC英语”字样及相关标识，英国广播公司认为构成商标侵权和不正当竞争，诉至北京市海淀区人民法院(以下简称海淀法院)，要求爱语吧公司停止侵权行为并赔偿经济损失及合理开支共计100万元。据此，海淀法院认定爱语吧公司构成商标侵权及不正当竞争，故判决停止侵权，并全额支持了英国广播公司100万元的损害赔偿主张。

爱语吧公司不服一审判决，上诉至北京知识产权法院。北京知识产权法院经审理认为，爱语吧公司在同一种或类似服务上使用“BBC英语”标识，容易导致相关公众产生混淆，构成商标侵权。海淀法院认定事实清楚，适用法律正确，北京知识产权法院据此判决驳回上诉，维持原判。

裁判规则

1. 在网站、微信公众号及手机应用软件上突出使用涉案商标，将其作为区分商品或服务来源的标识，属于商标意义上的使用行为。

2. 在确定赔偿数额时，被诉侵权行为类型较多、侵权持续时间较长、侵权结果严重、侵权人恶意明显、被诉手机应用软件收费情况等因素均应予以考虑。

六间房公司与千橡公司商标侵权案

法院：北京市海淀区人民法院

原告：北京六间房科技有限公司

被告：北京千橡网景科技发展有限公司

案由:侵害注册商标专用权纠纷

案情简介:北京六间房科技有限公司(以下简称六间房公司)在第38类提供互联网聊天、第41类广播和电视节目制作及第45类在线社交网络等服务上注册有“六间房”“石榴直播”文字商标(以下简称涉案商标)。六间房公司认为,北京千橡网景科技发展有限公司(以下简称千橡公司)在其经营的人人直播网站中的热点词、页面标题、正文内容、相关推荐中大量使用了“六间房”“6间房”“六房”“石榴直播”等字样(以下简称被诉标识),容易使相关公众产生混淆误认,侵害了六间房公司的商标权并构成不正当竞争,遂起诉至北京市海淀区人民法院(以下简称海淀区法院),请求判令千橡公司消除影响并赔偿经济损失及合理开支520万元。海淀区法院经审理认为,被诉标识所使用的视频直播以及在线聊天、交友等服务,与涉案商标核定使用的第38类提供互联网聊天、第45类在线社交网络等服务属于同种服务,与第41类无线电文娱节目、广播和电视节目等服务不属于相同或类似服务。千橡公司突出使用被诉标识的行为易使消费者误认为点击后会进入六间房网站或观看到六间房直播的相关内容,即容易造成消费者的混淆和误认,侵害了六间房公司的商标权。在已认定构成商标侵权的情况下,不再对同一行为适用《反不正当竞争法》予以评价。据此,海淀区法院判决千橡公司赔偿六间房公司经济损失及合理开支105万元。

(本案判决尚未公开,相关内容系根据法院官方报道内容整理。)

涉案商标	六间房 (a)	石榴直播 (b)	
被诉标识	6间房 (a)	6间房美女视频 (b)	石榴直播 (c)

图1-2-9 商标对比

阿那亚公司与汐岸酒店等商标权侵权案

法院:北京市海淀区人民法院

案号:(2019)京0108民初59278号

原告:阿那亚控股集团有限公司

被告:昌黎县汐岸海景酒店、北京趣拿信息技术有限公司

案由:侵害注册商标专用权纠纷

案情简介：阿那亚控股集团有限公司（以下简称阿那亚公司）于2015年3月23日申请注册第16545248号“阿那亚”商标（以下简称涉案商标，见图1－2－10），涉案商标于2016年5月7日核准注册在第43类饭店、餐厅等服务上。阿那亚公司授权秦皇岛天行九州旅游置业开发有限公司、秦皇岛阿那亚酒店管理有限公司等在经营阿那亚社区时使用该商标。阿那亚公司认为，昌黎县汐岸海景酒店（以下简称汐岸酒店）在其门店招牌上突出使用“阿那亚店”标识，同时在去哪儿网等网站提供酒店预订服务时亦突出使用“阿那亚店”标识，侵害了阿那亚公司对涉案商标享有的专用权，北京趣拿信息技术有限公司（以下简称趣拿公司）作为去哪儿网的经营者与汐岸酒店构成共同侵权。阿那亚公司起诉至北京市海淀区人民法院（以下简称海淀法院），请求判令两被告连带赔偿经济损失150万元及合理开支165,632元等。海淀法院经审理认为，涉案商标并非已有的经过法定程序命名或具有地理实体含义的地理名称，故涉案商标并非固有的地名。涉案商标本身具有较强的显著性，且经过阿那亚公司的持续使用和经营，在全国具有了一定知名度。尽管阿那亚公司经营的阿那亚社区作为不动产，由于其不可移动的特殊性，确实可以发挥标识位置的功能，但不能由此当然认为不动产名称即成为地名或具有了地理名称的含义，仍需进一步结合涉案商标在社会公众中的实际认知及其使用情况作出判断。无证据证明涉案商标作为地理名称被相关公众广为认可和使用，相反，涉案商标仍然稳定发挥其标识阿那亚公司经营的阿那亚社区这一识别商品和服务来源的固有功能。汐岸酒店的使用行为也并非为了标示地理位置，而是依靠阿那亚社区的知名度增加自身的交易机会，主观恶意明显。而且，汐岸酒店将“汐岸海景酒店阿那亚店”作为商标申请注册，与其作为地名使用的意见亦完全不符，汐岸酒店不具有使用涉案商标的正当理由，且被诉行为容易造成消费者的混淆。汐岸酒店未经许可，在与涉案商标核定使用服务相类似的服务上使用了与涉案商标近似的标识，足以造成相关公众的混淆，侵害了阿那亚公司对涉案商标享有的合法权益。去哪儿网中的相关内容非由趣拿公司发布，其与汐岸酒店并无合作关系，亦无证据证明趣拿公司在明知或应知汐岸酒店构成侵权的情况下仍对相关内容进行了传播。因此，趣拿公司未侵害阿那亚公司的商标权。据此，海淀区法院判决汐岸酒店赔偿阿那亚公司经济损失50万元及合理开支165,632元。

汐岸酒店不服一审判决，上诉至北京知识产权法院，后在二审中因与阿那亚公司达成和解并签订和解协议而撤回上诉。一审判决现已生效。

裁判规则

1. 注册商标本身含有地名或具有地理名称的含义，他人为标识地理位置等而对该地名进行正当使用,且不会造成消费者对于商品或服务来源混淆的客观后果,则注册商标专用权人无权禁止他人正当使用该注册商标。

2. 由于不动产不可移动的特殊性,不动产名称可以发挥标识位置的功能。但如果不存在将不动产名称用以命名建筑、桥梁、道路等情形,该不动产名称也没有被社会公众中作为地理名称认知和实际使用,而是仍然发挥着识别商品和服务来源功能的,则不应认定该不动产名称具有了地理名称的含义。

阿那亚

图1-2-10　涉案商标

商标行政纠纷

北京市高级人民法院

皮尔·卡丹与国家知识产权局、广东法丹公司商标无效案

法院:北京市高级人民法院

案号:(2019)京行终7300号

上诉人(一审被告):国家知识产权局

上诉人(一审第三人):广东法丹投资有限公司

被上诉人(一审原告):皮尔·卡丹

案由:商标无效宣告行政纠纷

案情简介:诉争商标系第18307351号"Pierre Cardin JEANS"商标,广东法丹公司于2015年11月11日申请注册,核定使用在第18类"仿皮革;公文包;皮肩带;家具用皮装饰"等商品上。针对诉争商标,皮尔·卡丹向原国家工商行政管理总局商标评审委员会(以下简称商评委)提出商标无效宣告请求,商评委经审理,裁定维持诉争商标有效(以下简称被诉裁定)。皮尔·卡丹不服,遂起诉至北京知识产权法院(以下简称一审法院)。一审法院经审理认为,诉争商标侵害了皮尔·卡丹的在先姓名权,故判决撤销被诉裁定,责令国家知识产权局重新作出裁定。国家知识产权局不服,上诉至北京市高级人民法院(以下简称二审法院)。二审法院经审理,判

决驳回上诉,维持原判。

裁判规则

1. 损害他人在先姓名权是指将与他人姓名相同或近似的标志申请注册在相关商品上,致使相关公众容易认为标有诉争商标的商品与该自然人存在许可等特定联系,从而损害自然人合法权利。

2. 自然人就特定名称主张姓名权保护应当满足如下条件:一是该特定名称具有一定知名度,为相关公众所知悉,并用以指代该自然人;二是该特定名称与该自然人之间已经建立起稳定的对应关系。

3M 公司与国家知识产权局、天宇公司商标无效案

法院:北京市高级人民法院

案号:(2019)京行终 1164 号

上诉人(一审原告):3M 公司

被上诉人(一审被告):国家知识产权局

一审第三人:丹阳市天宇五金磨具有限公司

案由:商标无效宣告行政纠纷

案情简介:诉争商标系第 6929065 号"3LM"商标,由丹阳市天宇五金磨具有限公司(以下简称天宇公司)于 2008 年 9 月 1 日申请注册,核定使用在第 3 类"研磨剂、玻璃砂纸、砂纸"等商品上。针对诉争商标,3M 公司曾向原国家工商行政管理总局商标评审委员会(以下简称商评委)提出异议和异议复审申请,商评委经审理,裁定诉争商标予以核准注册。3M 公司未提起行政诉讼,该裁定已经生效。2017 年 4 月 28 日,3M 公司对诉争商标提出无效宣告请求,商评委认为 3M 公司曾以相同的事实与理由提出商标异议复审申请,故对 3M 公司基于相同的事实和理由对诉争商标提出的无效宣告请求予以驳回。3M 公司不服,遂起诉至北京知识产权法院(以下简称一审法院)。一审法院认为,本案情形构成"一事不再理",故判决驳回了 3M 公司的诉讼请求。3M 公司不服,上诉至北京市高级人民法院(以下简称二审法院)。二审法院经审理认为,3M 公司在本案中提交的证据与其在商标异议程序中提交的证据并无实质性差异,属于相同事实,构成"一事不再理"。据此,二审法院判决驳回上诉,维持原判。

裁判规则

1. 对于一个已有生效裁决的商标评审案件，并非只要提交了不同于前一程序的证据就可以认定构成了“新的事实”。

2. 新的事实应该是以新证据证明的事实，而新证据应该是在原裁定或者决定之后新发现的证据，或者确实是在原行政程序中因客观原因无法取得或在规定的期限内不能提供的证据。如果将本可以在以前的行政程序中提交的证据作为新证据接受，就会使法律对启动行政程序事由的限制形同虚设，不利于形成稳定的法律秩序。

磁器口陈麻花公司与国家知识产权局、陈建平麻花公司等商标行政纠纷案

法院：北京市高级人民法院

案号：（2019）京行终9347号

上诉人（一审原告）：重庆市磁器口陈麻花食品有限公司

被上诉人（一审被告）：国家知识产权局

一审第三人：重庆市沙坪坝区互旺食品有限公司、重庆市沙坪坝区磁器口老街陈建平麻花食品有限公司、冯某金、重庆陈记香酥王食品开发有限公司、重庆大渝人食品有限责任公司

案由：商标权无效宣告行政纠纷

案情简介：诉争商标是第13488202号商标（见图1－2－11），由重庆市磁器口陈麻花食品有限公司（以下简称磁器口陈麻花公司）于2013年11月5日申请注册，核准日期为2017年11月7日，核定使用在第30类“麻花；怪味豆；琥珀花生”等商品上。原国家工商行政管理总局商标评审委员会（以下简称商评委）基于他人的无效宣告请求，认为诉争商标在注册申请日前在重庆磁器口地区已成为一种麻花商品的约定俗成的通用名称且使用在麻花以外的甜食（糖果）等商品上易使消费者对商品产生误认，对诉争商标予以无效宣告。磁器口陈麻花公司不服，遂起诉至北京知识产权法院（以下简称一审法院）。一审法院认为，诉争商标缺乏固有显著性，且无证据证明诉争商标经过使用与磁器口陈麻花公司建立了稳定联系。此外，诉争商标已于重庆市磁器口地区被用作商品名称使用而不再具有识别商品来源的功能，且其作为一种麻花商品的通用名称，使用于麻花以外的怪味豆等商品上容易使公众对商品产地、质量等产生误认。据此，一审法院驳回磁器口陈麻花公司的诉讼

请求。磁器口陈麻花公司不服,上诉至北京市高级人民法院(以下简称二审法院)。二审法院经审理认为,在案证据不足以证明诉争商标是规范化的商品名称,不足以证明诉争商标在核准注册时已经成为通用名称,且诉争商标是否具有显著性并非判断其是否仅有本商品的通用名称所考虑的要件。但二审法院同样认为诉争商标使用于麻花以外的怪味豆等商品上容易使公众对商品产生误认。据此,二审法院判决撤销一审判决和被诉裁定,并责令国家知识产权局重新作出裁定。

裁判规则

1. 通用名称应当具有以下特征:(1)通用名称是反映商品或服务的物理特性,为相关公众区别商品或服务而非商品或服务的来源;(2)通用名称是明确且相对统一的;(3)通用名称是行业经营者普遍使用的商品名称,特有商品名称并非通用名称。

2. 约定俗成的通用名称一般以全国范围内或相关市场相关公众的通常认识为判断标准。但历史传承、行业状况以及产品特点等都是影响相关公众认知水平的因素,在判断是否构成约定俗成的通用名称时应予考虑。在案证据不足以证明"陈麻花"系规范化的商品名称,不足以证明"陈麻花"在诉争商标核准注册时成为通用名称。

3. 审查判断有关标志是否具有欺骗性,应当考虑标志或其构成要素是否足以使相关公众对产品的描述产生错误认识,构成欺骗相关公众。诉争商标"陈麻花"中的"麻花"系一种商品,使用在除"麻花"之外的"怪味豆"等商品上,以一般公众的辨识能力容易对标有诉争商标标识商品的产地、质量、主要原料等特点产生误认。

陈麻花

图 1-2-11　诉争商标

日升公司与国家知识产权局商标权无效宣告行政纠纷案

法院:北京市高级人民法院

原告:无锡日升体育用品公司

被告:国家知识产权局

第三人:林书豪

案由:商标权无效宣告行政纠纷

案情简介：无锡日升体育用品公司（以下简称日升公司）是第8511637号“林书豪Jeremy S. H. L.”注册商标（以下简称诉争商标，见图1-2-12）的商标权人。诉争商标于2011年8月7日核准注册，核定使用在第25类服装等商品上。林书豪认为诉争商标侵犯其姓名权，向原国家工商行政管理总局商标评审委员会（以下简称商评委）提出无效宣告请求。原商评委认为诉争商标侵害了林书豪的姓名权，裁定宣告诉争商标无效。日升公司不服，遂起诉至北京市第一中级人民法院（以下简称一审法院）。一审法院经审理，判决驳回日升公司的诉讼请求。日升公司上诉至北京市高级人民法院（以下简称二审法院）。二审法院认为，在诉争商标申请日前，林书豪已为中国公众所知悉，可以认定其在中国公众中已经具有一定的知名度，“林书豪”中文译名已经与其本人形成了稳定的对应关系。日升公司在服装等商品上注册诉争商标易使相关公众误认为标记有诉争商标的服装、鞋等商品系经过林书豪许可或者与林书豪存在特定联系，侵害了林书豪姓名权。据此，二审法院判决驳回上诉，维持原判。

裁判规则

1. 中国和美国均为TRIPs协议成员国，根据国民待遇原则，美国公民认为相关商标在中国的注册行为损害了其在先权利，可以在中国境内寻求法律保护。

2. 特定自然人的姓名具有较高知名度，为相关公众所熟悉，并已与该特定自然人形成了稳定的对应关系，则该特定自然人就其姓名享有受我国《商标法》保护的姓名权。未经许可，将与他人具有较高知名度的姓名相近似的标识注册为商标，容易导致相关公众误认为标记有该商标的商品或者服务与该特定自然人存在代言、许可等特定联系的，构成对他人在先姓名权的侵害。

（本案判决尚未公开，裁判规则系根据法院官方报道内容归纳。）

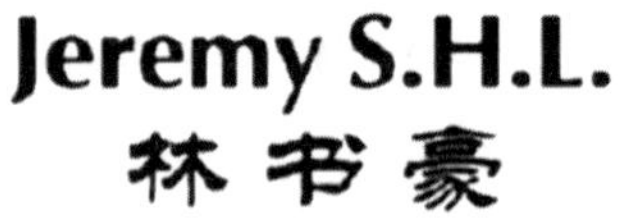

图1-2-12 诉争商标

棉田公司与国家知识产权局、良品计画商标权撤销复审行政纠纷案

法院：北京市高级人民法院

案号：（2020）京行终1091号

上诉人(原审第三人):株式会社良品计画

被上诉人(原审原告):北京棉田纺织品有限公司

原审被告:国家知识产权局

案由:商标权撤销复审行政纠纷

案情简介:北京棉田纺织品有限公司(以下简称棉田公司)是第 1561046 号"无印良品"商标(以下简称诉争商标,见图 1-2-13)的商标权人。诉争商标核定使用在第 24 类棉织品、浴巾、床单等商品上。株式会社良品计画(以下简称良品计画)曾于 2001 年 4 月 26 日对诉争商标提出异议申请,此后,诉争商标经过异议、异议复审、一审、二审(以下简称第 338 号判决)以及再审,最终被注册公告的时间为 2016 年 11 月 27 日。2014 年 2 月 7 日,良品计画以没有正当理由连续三年不使用为由,向商标局提出撤销诉争商标的申请。商标局经审查认为棉田公司提供的商标使用证据有效,对诉争商标予以维持。良品计画向原国家工商行政管理总局商标评审委员会(以下简称商评委)申请复审。商评委经审查认为,诉争商标核定使用的棉织品、盖垫、坐垫罩商品与诉争商标实际使用的床单、浴巾等商品不属于相同或类似商品,故裁定诉争商标在棉织品、盖垫、坐垫罩商品上予以撤销。棉田公司不服被诉裁定,遂起诉至北京知识产权法院(以下简称一审法院)。一审法院经审理认为,棉田公司于 2014 年 2 月 7 日尚未取得诉争商标专用权,故良品计画尚无权以诉争商标连续三年不使用为由提起商标撤销申请。商标局本不应当受理良品计画针对诉争商标的撤销申请,商评委在商标撤销复审程序中对此未予纠正,属程序错误。据此,一审法院判决撤销被诉决定,由国家知识产权局重新作出行政行为。良品计画不服一审判决,上诉至北京市高级人民法院(以下简称二审法院)。二审法院经审理认为,虽然该院在先作出的第 338 号判决维持了商评委准予诉争商标注册的裁定,但该二审判决不能等同于诉争商标的注册公告。良品计画于 2014 年 2 月 7 日针对诉争商标提出连续三年不使用撤销申请时,诉争商标尚未被注册公告,良品计画尚无权针对诉争商标提出撤销申请。据此,二审法院判决驳回上诉,维持原判。

裁判规则

虽然法院作出终审判决维持了国家知识产权局准予商标注册的裁定,但该裁判不能等同于对诉争商标的注册公告。基于此,申请人以连续三年不使用为由提起商标撤销申请的起算日也应以商标注册公告日为准。

无印良品

图1－2－13　诉争商标

东来顺公司与国家知识产权局商标权无效宣告行政纠纷案

法院：北京市高级人民法院

案号：(2019)京行终7771号

上诉人(原审被告)：国家知识产权局

被上诉人(原审原告)：北京东来顺集团有限责任公司

原审第三人：北京稻香春食品有限责任公司

案由：商标权无效宣告行政纠纷

案情简介：北京稻香春食品有限责任公司(以下简称稻香春公司)于2010年10月13日申请注册第8737879号“稻香春”商标(以下简称诉争商标，见图1－2－14)，诉争商标于2015年7月14日核准注册，核定使用在第30类蛋糕粉、茶饮料等商品上。北京东来顺集团有限责任公司(以下简称东来顺公司)是第258984号及第345047号“稻香春及图”商标权人[以下简称引证商标，见图1－2－14引证商标(a)(b)]，引证商标分别于1986年及1989年核准注册，核定使用在第30类糕点等商品及第29类熟肉食品等商品上。针对诉争商标，东来顺公司向原国家工商行政管理总局商标评审委员会(以下简称商评委)提出无效宣告请求。商评委认为诉争商标与引证商标不构成使用在同一种或类似商品上的近似商标，裁定维持诉争商标(以下简称被诉裁定)。东来顺公司不服被诉裁定，遂起诉至北京知识产权法院(以下简称一审法院)。一审法院经审理认为，诉争商标核定使用的商品与引证商标核定使用的商品均为日常食用品，在功能、用途、销售渠道等方面存在一定重合或密切相关，消费群体亦高度重叠，容易引起相关公众对商品的来源产生混淆误认，诉争商标与引证商标构成使用在同一种或类似商品上的近似商标。据此，一审法院判决撤销被诉裁定，由国家知识产权局重新作出裁定。

国家知识产权局不服一审判决，上诉至北京市高级人民法院(以下简称二审法院)。二审法院经审理认为，诉争商标与引证商标在认读、呼叫和主要识别部分均为完全相同的“稻香春”三字，核定使用的商品在功能、用途、生产部门、销售渠道、消费对象等方面相近或密切相关，并且引证商标具有一定知名度，诉争商标与引证商标共存容易引起相关公众的混淆误认。此外，虽然稻香春公司实际使用过引证商标,但在改制过程中引证商标已经转让给东来顺公司,稻香春公司对该转让行为予以认可,因此引证商标上承载的商誉及添附的价值应归东来顺公司享有。据此,二审法院判决驳回上诉,维持原判。

裁判规则

原商标权人在将其商标转让后继续使用该商标,由于商标权权属此时已经发生变更,且原商标权人对该转让行为及其所产生的转让后果均予认可,故由上述使用行为而给该商标带来的商誉及所添附的价值应当归属于该商标的受让人。原商标权人已经获得了通过使用该商标而产生的经营收益,不应再享有基于注册商标专用权而产生的其他权益。

图 1-2-14　商标对比

鑫吾公司与国家知识产权局、十三香公司商标权撤销复审行政纠纷案

法院:北京市高级人民法院

案号:(2020)京行终 3788 号

上诉人(一审第三人):驻马店市王守义十三香调味品集团有限公司

被上诉人(一审原告):天津鑫吾商贸有限公司

一审被告:国家知识产权局

案由:商标权撤销复审行政纠纷

案情简介:天津鑫吾商贸有限公司(以下简称鑫吾公司)是第 5153413 号"十全香"商标(以下简称诉争商标,见图 1-2-15)的商标权人。诉争商标于 2006 年 2 月 10 日申请注册,于 2009 年 4 月 7 日核准注册,核定使用在第 30 类咖啡调味香料(调味品)、酱油、面包等商品上。驻马店市王守义十三香调味品集团有限公司(以下简称十三香公司)对诉争商标提起了撤销申请,原国家工商行政管理总局商标评

审委员会（以下简称商评委）认定，鑫吾公司提交的证据不足以证明诉争商标在2012年1月15日至2015年1月14日（以下简称诉争期间）在核定商品上进行了公开、真实的商业使用，并据此作出撤销诉争商标的决定。鑫吾公司不服该决定，向北京知识产权法院（以下简称一审法院）提起行政诉讼。一审法院经审理认为，诉争商标在诉争期间在“酱油”商品上进行了合法有效的使用。在案证据虽然不能证明鑫吾公司在诉争期间在其他商品上对诉争商标进行了商标法意义上的使用，但其在受让诉争商标后，具有真实的使用意图，且对于商标的使用进行了积极的准备。鑫吾公司在其他商品上没有对诉争商标进行商标法意义上的使用具有正当理由。据此，一审法院判决撤销被诉决定，并责令国家知识产权局重新作出审查决定。

十三香公司不服一审判决，上诉至北京市高级人民法院（以下简称二审法院）。二审法院经审理认为，在案证据不足以证明诉争商标于指定期间内在核定使用商品上进行了公开、真实、合法的商业性使用。鑫吾公司提交的与和田宽公司签订的《委托生产食品协议》、和田宽公司出具的部分发票及送货凭证、与和田宽公司针对委托生产“十全香”调味品所办理的备案手续、与坤诚伟业公司签订的《礼品定制采购合同》及相应发票等证据中显示的商品为“本酿造原汁酱油”“糯米香醋”等商品，并非诉争商标核定使用的商品。因此，在案证据也无法证明鑫吾公司具有在核定使用的商品上使用诉争商标的真实意图以及具有实际使用诉争商标的必要准备。据此，二审法院判决撤销一审判决，驳回鑫吾公司的诉讼请求。

裁判规则

1. 在商标权撤销复审案件中，如果诉争商标使用行为发生在指定期间内，使用证据上显示有诉争商标标志，且该标志使用在其核定使用的商品或服务上，能够发挥识别、区分商品或服务来源的作用，则应当认定诉争商标于指定期间内在核定商品上进行了商标法意义上的使用。

2. 连续三年停止使用注册商标的撤销制度是为鼓励和督促商标注册人使用其商标、发挥商标在市场上区分商品来源的作用。如果商标权人因不可抗力、政策性限制、破产清算等客观事由，未能实际使用注册商标或者停止使用，或者商标权人有真实使用商标的意图，并且有实际使用的必要准备，但因其他客观事由尚未实际使用注册商标的，可以认定其未在三年指定期间内使用注册商标具有正当理由。

十全香

图 1－2－15　诉争商标

芭黎贝甜公司与国家知识产权局等商标权无效宣告行政纠纷案

法院：北京市高级人民法院

案号：（2020）京行终 4838 号

上诉人（一审被告）：国家知识产权局

上诉人（一审第三人）：株式会社巴黎克鲁瓦桑

被上诉人（一审原告）：北京芭黎贝甜企业管理有限公司

案由：商标权无效宣告行政纠纷

案情简介：株式会社巴黎克鲁瓦桑（以下简称克鲁瓦桑公司）是第 6306376 号商标“PARIS BAGUETTE 及图”（以下简称诉争商标，见图 1－2－16）的商标权人。诉争商标于2007 年 9 月 30 日申请注册，于 2015 年 3 月 14 日核准注册，核定使用在第 30 类面包、蛋糕等商品上。北京芭黎贝甜企业管理有限公司（以下简称芭黎贝甜公司）认为诉争商标构成《商标法》第 10 条第 1 款第 7 项及第 2 款规定的情形，向国家知识产权局提出无效宣告请求。国家知识产权局作出被诉裁定认为，虽然诉争商标中的“PARIS”可译为“巴黎”，但诉争商标尚有其他要素组成，相关公众可以在整体上将其与地名相区分。此外，诉争商标并非带有欺骗性的标志，其通过宣传、使用已形成相对稳定的市场格局，目前尚无证据证明诉争商标的注册和使用易造成相关公众对商品的质量、产地等特点产生误认。因此，诉争商标未构成《商标法》第 10 条第 1 款第 7 项及第 2 款规定的情形，应予维持。芭黎贝甜公司不服被诉裁定，遂起诉至北京知识产权法院（以下简称一审法院）。一审法院经审理认为，克鲁瓦桑公司所属国为大韩民国，并非法国。诉争商标由英文“PARIS BAGUETTE”及与法国巴黎标志性建筑物埃菲尔铁塔较为相似的图形组成，其中“PARIS”含义为“巴黎”，“BAGUETTE”含义为“法国面包、法式长棍面包”。诉争商标使用在面包等商品上容易使相关公众误认为前述商品的产地与法国巴黎有关，或者前述商品的主要原料、品质等与“巴黎”或“法国面包、法式长棍面包”有关，进而对商品的产地产生误认，构成《商标法》第 10 条第 1 款第 7 项规定的“带有欺骗性，容易使公众对商品的质量等特点或者产地产生误认的”情形。诉争商标整体呼叫和含义仍以英文“PARIS”为主要部分，加入的英文词汇“BAGUETTE”要素不足以使诉争商标在整体上具备区别于地名的显著特征，相关公众首先容易想到的仍是外国城市名称“巴黎”，故属于《商标法》第10条第2款规定的“县级以上行政区划的地名或者公众知晓的外国地名，不得作为商标”的情形。据此，一审法院判决撤销被诉裁定，由国家知识产权局重新作出裁定。

国家知识产权局与克鲁瓦桑公司不服一审判决，上诉至北京市高级人民法院（以下简称二审法院）。二审法院经审理认为，虽然诉争商标中的“PARIS”作为法国著名城市巴黎的名称为公众知晓，但“BAGUETTE”的含义为“法国面包、法式长棍面包”，对中国公众而言，“BAGUETTE”不易识别和认读，且还另有图形要素加入，使诉争商标整体上具有区别于地名的含义。同时，根据克鲁瓦桑公司提交的关于诉争商标宣传报道、年度审计报告、销售经营状况、市场调查报告等证据足以证明，诉争商标整体上区别于地名的含义得到了进一步强化。因此，诉争商标未构成《商标法》第10条第2款规定的情形。另外，公众基于对诉争商标核定使用商品的口感、风味、保质期短等特点判断，亦不会将诉争商标中的“PARIS”与核定使用商品的产地建立关联。诉争商标及其权利人与法国具有深厚的渊源，核定使用商品的制作工艺、产品特点、风味也与法国具有密切关联，故诉争商标中的“PARIS”传递给公众更多的是商品品质和风味的信息，并未夸大商品的质量等特点，没有导致公众产生误认。因此，诉争商标也未构成《商标法》第10条第1款第7项规定的情形。据此，二审法院判决撤销一审判决，驳回芭黎贝甜公司的诉讼请求。

裁判规则

1.诉争商标的组成中虽然包含县级以上行政区划的地名或者公众知晓的外国地名，但如果因其他要素的加入使其整体上具有区别于地名的含义，则不构成《商标法》第10条第2款所规定的不能作为商标注册的情形。

2.《商标法》第10条第1款第7项规定中的“欺骗性”是指所使用的商标故意夸大商品或服务的功能、作用，欺骗消费者，容易使公众对商品的质量等特点或者产地产生误认的情形。

图1－2－16 诉争商标

哈士奇公司与国家知识产权局等商标权无效宣告请求行政纠纷案

法院：北京市高级人民法院

案号：(2019)京行终10145号

上诉人(原审原告)：广东哈士奇制冷设备有限公司

被上诉人(原审被告)：国家知识产权局

一审第三人：木星工业有限公司

案由：商标权无效宣告请求行政纠纷

案情简介：广东哈士奇制冷设备有限公司(以下简称哈士奇公司)于2011年4月13日申请注册第9332936号"哈士奇"商标[以下简称诉争商标，见图1-2-17(a)]，并于2012年4月28日核准注册使用在第11类冰箱、冷冻设备和装置等商品上。木星工业有限公司(以下简称木星公司)于2008年5月14日申请注册第G924870号"HUSKY The Original Cool Ideas Co."商标[以下简称引证商标，见图1-2-17(b)]，其国际注册日为2007年3月13日，核定使用在第11类家用和商用冰箱、冷却设备及其装置等商品上。针对诉争商标，木星公司向国家知识产权局提出商标权无效宣告请求。国家知识产权局认定诉争商标与引证商标构成使用在同一种或者类似商品上的近似商标，裁定宣告诉争商标无效。哈士奇公司不服该裁定，起诉至北京知识产权法院。北京知识产权法院经审理认为，基于对诉争商标与引证商标标志本身及实际使用情况的考量，二者使用在同一种或者类似商品上容易使相关公众认为两者所标示的商品来源于同一市场主体或者提供者之间存在特定联系，从而产生混淆。在案证据难以证明哈士奇公司申请诉争商标是经木星公司同意。北京知识产权法院据此判决驳回哈士奇公司的诉讼请求。

哈士奇公司不服一审判决，上诉至北京市高级人民法院(以下简称北京高院)。二审中，木星公司向北京高院提交了其与哈士奇公司签订的《商标共存同意书》，该同意书载明：木星公司同意诉争商标与引证商标在中国大陆(内地)共存。北京高院经审理认为，诉争商标与引证商标在文字构成、整体视觉效果上存在一定差异。《商标共存同意书》足以证明木星公司已经同意诉争商标在核定使用的商品上维持注册。在无其他证据证明诉争商标与引证商标共存足以导致相关公众对商品来源产生混淆的情况下，诉争商标可以维持注册。北京高院据此判决撤销一审判决及被诉裁定，国家知识产权局重新作出裁定。

裁判规则

商标共存协议体现了引证商标权利人对其所享有的商标权部分权利空间的让

渡和处分，根据意思自治原则，应当允许商标注册人自由处分其商标权，故在判断诉争商标与引证商标在类似服务上共存是否会导致相关公众的混淆、误认时，应当考虑引证商标注册人与诉争商标申请人之间达成的商标共存协议。在诉争商标标志与引证商标标志存在差异的情况下，商标共存协议可以作为排除混淆可能性的参考因素。

(a)　　(b)

图1-2-17　商标对比

北京知识产权法院

王某与国家知识产权局、黄渤商标无效案

法院：北京知识产权法院

案号：(2018)京73行初13426号

原告：王某

被告：国家知识产权局

第三人：黄渤

案由：商标无效宣告行政纠纷

案情简介：诉争商标系第24107562号“黄渤酒庄”商标，王某于2017年5月12日提出注册申请，于2018年5月7日核准注册，核定使用在第33类“果酒(含酒精)；蒸煮提取物(利口酒和烈酒)；葡萄酒”等商品上。针对诉争商标，黄渤于2018年7月5日向原国家工商行政管理总局商标评审委员会(以下简称商评委)提出商标无效宣告请求。商评委经审理认为，诉争商标损害了黄渤的在先姓名权，故宣告诉争商标无效。王某不服，诉至北京知识产权法院。北京知识产权法院经审理认为，诉争商标侵害了黄渤的在先姓名权，故判决驳回了王某的诉讼请求。

裁判规则

自然人的姓名在诉争商标申请日前已为相关公众所熟知，诉争商标的申请注册具有不正当利用该自然人姓名牟利目的的，构成对该自然人在先姓名权的侵犯。

泸州老窖公司与国家知识产权局商标行政纠纷案

法院:北京知识产权法院

案号:(2017)京73行初9272号

原告:泸州老窖股份有限公司

被告:国家知识产权局

案由:商标申请驳回复审行政纠纷

案情简介:诉争商标系第19351139号声音商标(见图1-2-18),泸州老窖股份有限公司(以下简称泸州老窖公司)于2016年3月18日向原国家工商行政管理总局商标局(以下简称商标局)提出注册申请,指定使用在第33类“果酒(含酒精);葡萄酒”等商品上。诉争商标为总时长约为29秒的声音商标,由女声哼唱与4处男声旁白组成。商标局做出驳回决定后,泸州老窖公司向原国家工商行政管理总局商标评审委员会(以下简称商评委)提出复审申请。商评委经审理认为诉争商标音乐部分较为简单,朗读的文字部分易使消费者将其理解为泸州老窖公司对指定商品进行广告宣传的一种描述性用语,难以起到区分商品来源的作用,缺乏商标应有的显著性,对其申请予以驳回。泸州老窖公司不服,遂起诉至北京知识产权法院。北京知识产权法院经审理认为,首先,诉争商标总时长约为29秒,其女声哼唱的背景乐虽非日常生活中较为常见的音乐,但鉴于其时长过长,其背景乐亦未具有极其高的辨识度或因原告极其大量的使用而让相关公众足以将其作为商标识别,相关公众通常情况下易将其识别为广告宣传而非区分商品来源的标志。其次,诉争商标中男声朗读部分起到识别作用的为其文字内容本身,并非作为紧密配合声音元素的背景乐中的特定节奏、旋律、音效,故诉争商标男声朗读部分不具有声音商标所应具备的显著性要求,亦不会加强其女声哼唱背景乐部分的显著性。最后,泸州老窖公司提交的诉争商标使用证据并非均能反映本案申请商标的完整使用情况,部分证据没有显示宣传的具体内容,部分广告时长与本案诉争商标并不一致,因此难以证明诉争商标经过使用进而使相关公众将其作为识别商品来源的标志。据此,北京知识产权法院判决驳回泸州老窖公司的诉讼请求。

裁判规则

声音可以作为商标申请注册,但应具有显著特征,便于识别商品或服务来源。因声音时长过长、背景乐缺乏辨识度等因素导致相关公众难以将其作为商标识别,而易于识别为广告宣传的,该声音缺乏商标应有的显著性,在缺乏证据证明其已经过长期使用取得显著特征的情况下，不应予核准注册。

（本案判决尚未公开，裁判规则系根据法院官方报道内容归纳。）

图1－2－18 诉争商标

深圳葫芦娃公司与国家知识产权局、上海美术电影制片厂商标权宣告无效行政纠纷案

法院：北京知识产权法院

原告：深圳葫芦娃科技有限公司

被告：国家知识产权局

第三人：上海美术电影制片厂有限公司

案由：商标权无效宣告行政纠纷

案情简介：深圳葫芦娃科技有限公司（以下简称深圳葫芦娃公司）在第14类“电子钟表”等商品上、第9类“可视电话”等商品上核准注册了第16504578号、第11726392号“葫芦娃HULUWA”商标（以下简称诉争商标，见图1－2－19）。上海美术电影制片厂有限公司（以下简称上海美术电影制片厂）对于《葫芦兄弟》作品享有著作权，并对“葫芦娃”角色造型美术作品享有除署名权以外的著作权。针对诉争商标，上海美术电影制片厂提出了无效宣告请求，国家知识产权局经审查，认为诉争商标损害了上海美术电影制片厂的在先权利，应予宣告无效。深圳葫芦娃公司不服被诉裁定，诉至北京知识产权法院。北京知识产权法院经审理认为，诉争商标损害了上海美术电影制片厂对《葫芦兄弟》作品中“葫芦娃”的角色名称权益，遂判决驳回深圳葫芦娃公司的诉讼请求。

裁判规则

在案证据可以证明处于著作权保护期限内的作品中的角色名称具有较高知名度，他人将该角色名称申请注册为商标并使用在相关商品上，容易导致相关公众误认为标有该角色名称的商品系经过权利人的许可或者与权利人存在特定联系的，申请注册该商标构成对该在先角色名称权益的损害。

（本案判决尚未公开，裁判规则系根据法院官方报道内容归纳。）

葫芦娃 HULUWA

图 1 –2 –19　诉争商标

腾讯公司与国家知识产权局等商标权无效宣告行政纠纷案

法院：北京知识产权法院

原告：腾讯科技（深圳）有限公司

被告：国家知识产权局

第三人：贵州问渠成裕酒业有限公司

案由：商标权无效宣告行政纠纷

案情简介：贵州问渠成裕酒业有限公司（以下简称成裕酒业公司）是第18379954号“王者荣耀”商标（以下简称诉争商标，见图 1 –2 –20）的商标权人，该商标核定使用在第33类“白酒”等商品上。腾讯科技（深圳）有限公司（以下简称腾讯公司）认为诉争商标损害了其对“王者荣耀”游戏的作品名称（以下简称涉案游戏名称）所享有的在先权益，向国家知识产权局提出商标权无效宣告请求。国家知识产权局认为，诉争商标的注册未侵害腾讯公司著作权，亦未以欺骗手段或者其他不正当手段取得注册，故裁定对诉争商标予以维持（以下简称被诉裁定）。腾讯公司不服被诉裁定，遂起诉至北京知识产权法院。北京知识产权法院经审理认为，涉案游戏在上线之初即取得了较高的知名度，涉案游戏名称亦已为公众所熟知，并且腾讯公司与麦当劳公司、可口可乐公司合作开发了多种饮料等周边产品，涉案游戏名称的知名度及于日常生活领域，诉争商标核定使用的商品受众与涉案游戏受众重合度较高，因此诉争商品损害了腾讯公司对涉案游戏名称享有的在先权益。此外，成裕酒业公司还申请注册了多个带有“王者荣耀”“王者”或“荣耀”字样的商标，其法定代表人还同时担任贵州王者荣耀酒业有限公司的法定代表人，成裕酒业公司申请注册诉争商标具有主观恶意。据此，北京知识产权法院判决撤销被诉裁定，并判令国家知识产权局重新作出裁定。

裁判规则

经使用具有一定知名度的游戏名称可以作为在先权益进行保护。如果该在先游戏名称的知名度及于诉争商标核定使用商品的领域，该类商品受众与游戏受众重合度较高，诉争商标的注册和使用容易使相关公众误产生混淆误认或者认为二者之间存在特定联系，且同时考虑到诉争商标注册人的恶意情况，可以认定诉争商标的注册损害了他人对在先游戏名称所享有的合法权益。

（本案判决尚未公开，裁判规则系根据法院官方报道内容归纳。）

王者荣耀

图1-2-20　诉争商标

雷允上药业公司与国家知识产权局等商标权无效行政纠纷案

法院：北京知识产权法院

原告：雷允上药业集团有限公司

被告：国家知识产权局

第三人：上海雷允上药业西区集团有限公司

案由：商标权无效宣告行政纠纷

案情简介：雷允上药业集团有限公司（以下简称雷允上药业公司）是第11987639号“雷允上”商标［见图1-2-21（a）］和第11987640号“雷允上及图”商标［见图1-2-21（b），以下简称诉争商标］的商标权人。诉争商标核定使用在第35类“药品零售或批发”等服务上。针对诉争商标，上海雷允上药业西区集团有限公司（以下简称上海雷允上公司）向国家知识产权局提出商标权无效宣告请求。国家知识产权局认为，诉争商标构成以不正当手段抢先注册他人已经使用并有一定影响商标的情形，据此裁定诉争商标无效。雷允上药业公司不服，遂起诉至北京知识产权法院。北京知识产权法院经审理认为，雷允上药业公司前身包含“雷允上制药厂”和“雷允上国营药店”两条发展脉络，而上海雷允上公司的前身由于历史、地理等原因，一直延续在“药品零售或批发”领域的发展。在诉争商标申请日之前，雷允上药业公司和上海雷允上公司均将“雷允上”作为核心标识长期在药品销售领域中使用，故现有市场格局属于正常生产经营所形成的善意共存。雷允上药业公司既有传承“雷允上”老字号的历史渊源，也有长期在药品零售服务上使用“雷允上”

的事实，其申请注册诉争商标并无抢占他人商誉的主观意图，不属于《商标法》第32条规定的“以不正当手段抢先注册他人已经使用并有一定影响的商标”之情形。据此，北京知识产权法院判决撤销被诉裁定，并判令国家知识产权局重新作出裁定。

裁判规则

在诉争商标申请注册之前，经营者由于历史、地理等因素，均将与诉争商标相同或近似的标识作为核心标识使用在同一种或类似商品/服务上，且均已具有较大规模并在正常生产经营中形成善意共存的局面，则其中一方经营者申请注册诉争商标并无抢占他人商誉的主观意图，不属于“以不正当手段抢先注册他人已经使用并有一定影响的商标”的情形。

（本案判决尚未公开，裁判规则系根据法院官方报道内容归纳。）

(a)

(b)

图1-2-21　诉争商标

(a)雷允上药业公司使用的商标

(b)上海雷允上公司使用的商标

图1-2-22　商标对比

（三）著作权类

北京市高级人民法院

爱奇艺公司与珠海多玩公司著作权侵权案

法院：北京市高级人民法院

案号：（2019）京民申 2693 号

再审申请人（一审原告、二审被上诉人）：北京爱奇艺科技有限公司

被申请人（一审被告、二审上诉人）：珠海多玩信息技术有限公司

案由：侵害作品信息网络传播权纠纷

案情简介：北京爱奇艺科技有限公司（以下简称爱奇艺公司）认为 YYHD 软件提供电视剧《盗墓笔记》（以下简称涉案电视剧）直播的行为侵犯了其对涉案电视剧享有的著作权，遂将 YYHD 软件的经营者珠海多玩信息技术有限公司（以下简称珠海多玩公司）诉至北京市海淀区人民法院（以下简称一审法院）。一审法院认定，珠海多玩公司在明知相关主播直播涉案电视剧的情况下未及时采取合理措施，构成帮助侵权，故判决珠海多玩公司赔偿爱奇艺公司经济损失 50 万元及合理开支 2 万元。珠海多玩公司不服，上诉至北京知识产权法院（以下简称二审法院）。二审法院认为，珠海多玩公司事前主观上无过错，事后客观上采取了补救措施，其对于主播直播涉案电视剧的侵权行为不应当承担责任，故判决撤销一审判决，驳回爱奇艺公司的全部诉讼请求。爱奇艺公司向北京市高级人民法院（以下简称再审法院）申请再审。再审法院认为，首先，爱奇艺公司未向珠海多玩公司发出通知。其次，直播内容的随意性与多样性使直播平台不同于传统影视剧播放平台，珠海多玩公司不易知晓涉案电视剧的直播情况，珠海多玩公司亦未将涉案电视剧进行分类、整理、推荐，因此珠海多玩公司不具有应知的过错。最后，侵权行为发生于 2015 年 7 月 4 日，珠海多玩公司于 2015 年 7 月 6 日采取了将“盗墓笔记”设置为黑词等相关措施，可以认定珠海多玩公司及时采取了合理措施防止侵权损失的扩大。据此，再审法院裁定驳回爱奇艺公司的再审申请。

裁判规则

直播平台经营者未接到权利人通知,且未对涉案作品进行编辑、整理、分类、推荐等,其主观上对他人侵权行为不属于应知,客观上亦及时采取了合理措施以防止侵权损失扩大,不应认定其构成帮助侵权。

央视国际公司与暴风公司著作权侵权案

法院:北京市高级人民法院

案号:(2020)京民再127号

再审申请人(二审上诉人、被上诉人、一审原告):央视国际网络有限公司

被申请人(二审上诉人、被上诉人、一审被告):暴风集团股份有限公司

案由:侵害著作权纠纷

案情简介:央视国际网络有限公司(以下简称央视国际公司)经授权享有64场"2014巴西世界杯"赛事电视节目(以下简称涉案赛事节目)在中国大陆(内地)的转播权。央视国际公司认为,暴风集团股份有限公司(以下简称暴风公司)在其运营的"暴风影音"网站首页设立名为"2014世界杯"的专题页面,在"暴风影音5"播放器PC客户端软件的醒目位置设立"世界杯剧场"栏目,对涉案赛事节目进行推荐和展示,并对涉案赛事节目剪辑后制作成短视频提供在线播放,侵害了央视国际公司的相关权利,遂起诉至北京市石景山区人民法院(以下简称一审法院),请求判令暴风公司赔偿经济损失及合理费用400万元。一审法院经审理认为,涉案赛事节目所体现的独创性尚不足以达到类电作品的高度,但符合我国《著作权法》关于录像制品的规定,应当认定为录像制品。暴风公司未经许可,通过"暴风影音"网站和"暴风影音5"播放器PC客户端软件向公众提供涉案赛事节目的在线播放服务,侵害了央视国际公司对涉案赛事节目享有的复制权及信息网络传播权。据此,一审法院判决暴风公司赔偿央视国际公司经济损失及合理费用67.24万元。

央视国际公司与暴风公司均不服一审判决,上诉至北京知识产权法院(以下简称二审法院),二审法院经审理认为,被诉行为发生在涉案赛事节目直播结束后,此时涉案赛事节目已被稳定地固定在物质载体上,满足电影类作品"固定"的要求,但涉案赛事节目在独创性高度上较难符合电影类作品的要求,因此不构成类电作品,但应属于录像制品。相应地,央视国际公司经授权对涉案录像制品享有录像制作者权。二审法院综合考虑了涉案赛事节目的许可费、涉案赛事节目本身及直播、转

播的商业价值以及暴风公司的主观因素等，判决撤销一审判决，改判暴风公司赔偿经济损失及合理费用400万元。

央视国际公司不服二审判决，向北京市高级人民法院（以下简称再审法院）申请再审。再审法院经审理认为，涉案赛事节目向观众呈现了足球竞技的对抗性、故事性，在机位的拍摄角度、镜头切换、拍摄场景等的选取、剪辑、编排等方面均体现了摄像、编导等的个性化选择，具有独创性。涉案赛事节目在网络上传播的事实足以表明其已通过数字信息技术在相关介质上予以固定并进行复制，满足作品一般定义中的"可复制性"的要求，亦满足类电作品中"摄制在一定介质上"的要求。因此，涉案赛事节目构成类电作品而非录像制品。据此，再审法院纠正了二审判决中有关涉案赛事节目属于录像制品的错误认定，但鉴于二审判决裁判结果正确，故维持了二审判决。

裁判规则

1. 作品一般定义中的"独创性"要求指"具有独创性"，对于作品的独创性判断，只能定性其独创性之有无，而无法定量其独创性之高低。电影类作品与录像制品的实质性区别在于连续画面的制作者是否进行了创作，所形成的连续画面是否具有独创性，因此二者的划分标准也应为独创性之有无，而非独创性之高低。

2. 对于在画面拍摄、取舍、剪辑制作等方面运用拍摄电影或类似电影方法表现并反映制作者独立构思、表达某种思想内容，体现创作者个性的连续画面，应当认定为电影类作品。录像制品的"个性化选择"则主要是为了更好地录制影像所作的技术性加工，而不涉及对作品表达层面的个性选择和安排。

3. 电影类作品定义中"摄制在一定介质上"的规范意义在于摄制者能够证明作品的存在，以满足对作品进行复制传播的"可复制性"要求，不能等同于"固定"或"稳定地固定"。即便将"摄制在一定介质上"视为构成电影类作品的特殊要求，亦应对其作广义解释。

4. 涉案赛事节目的内容表现为有伴音的连续画面，属于以类似电影的方法表现的作品，且涉案赛事节目的比赛画面系由摄制者在比赛现场拍摄，体现了制作者的个性选择和安排，其在网络上传播的事实足以表明已经通过数字信息技术在相关介质上予以固定并进行复制和传播，既满足作品一般定义中"可复制性"的要求，亦满足电影类作品定义中"摄制在一定介质上"的要求，构成电影类作品。

聚力公司与暴风公司著作权侵权案

法院：北京市高级人民法院

案号：(2018)京民初221号

原告：上海聚力传媒技术有限公司

被告：暴风体育(北京)有限责任公司

案由：侵害著作权纠纷

案情简介：上海聚力传媒技术有限公司(以下简称聚力公司)经授权享有中超联赛2017赛季赛事(以下简称涉案赛事节目)的互联网直播及信息网络传播权。聚力公司认为，暴风体育(北京)有限责任公司(以下简称暴风公司)未经许可，通过其运营的"暴风体育"App(以下简称被诉App)向公众提供了涉案赛事节目的直播，侵害了聚力公司享有的著作权相关权利并构成不正当竞争，遂起诉至北京市高级人民法院(以下简称北京高院)，请求判令暴风公司赔偿经济损失及合理费用13,026.5万元。北京高院经审理认为，涉案赛事节目构成类电作品。被诉App提供了涉案赛事节目的链接，但链接结果跳转到聚力公司网址，显示的内容均是聚力公司通过网络直播的内容，故暴风公司未侵害聚力公司的著作权。同时，无证据证明暴风公司在被诉App播放的内容中投放了广告且屏蔽了聚力公司的广告，或采取了"盗链"及其他影响被链接网站正常经营的行为，不构成不正当竞争。据此，北京高院判决驳回聚力公司的诉讼请求。

裁判规则

中超联赛直播节目由比赛现场的公用信号画面、画外解说以及演播室三部分组成，属于文学、艺术、科学领域内的人类智力成果，且在拍摄角度、画面、对象等选取、剪辑、编排等方面体现了制作者的个性，具有独创性。该赛事节目通过摄像机拍摄成图像，属于有伴音的连续画面，符合可复制性与摄制在一定介质上的要件，构成类电作品。

新浪公司与天盈九州公司著作权侵权及不正当竞争案

法院：北京市高级人民法院

案号：(2020)京民再128号

再审申请人(二审被上诉人，一审原告)：北京新浪互联信息服务有限公司

被申请人(二审上诉人,一审被告):北京天盈九州网络技术有限公司

第三人(二审第三人,一审第三人):乐视网信息技术(北京)股份有限公司

案由:侵害著作权及不正当竞争纠纷

案情简介:北京新浪互联信息服务有限公司(以下简称新浪公司)经授权享有中超联赛(以下简称涉案赛事节目)互联网直播及信息网络传播权。新浪公司认为,北京天盈九州网络技术有限公司(以下简称天盈九州公司)擅自将电视台正在直播的涉案赛事节目的电视信号通过信息网络同步向公众进行转播,侵害了新浪公司对涉案赛事节目享有的著作权且构成不正当竞争,遂起诉至北京市朝阳区人民法院(以下简称一审法院),请求判决天盈九州公司赔偿1000万元。一审法院经审理认为,涉案赛事节目构成类电作品,天盈九州公司通过信息网络转播涉案赛事节目的行为侵害了新浪公司享有的应当由著作权人享有的其他权利。由于该侵权行为已通过《著作权法》进行调整,故无须再以《反不正当竞争法》进行规制。据此,一审法院判决天盈九州公司赔偿经济损失50万元。

天盈九州公司不服一审判决,上诉至北京知识产权法院(以下简称二审法院)。二审法院经审理认为,涉案赛事节目在独创性高度上不符合类电作品的要求,因此不构成类电作品。天盈九州公司的被诉行为属于广播权调整的行为,天盈九州公司并未侵害新浪公司的著作权。据此,二审法院判决撤销一审判决,驳回新浪公司的诉讼请求。

新浪公司不服二审判决,向北京市高级人民法院(以下简称再审法院)申请再审。再审法院经审理认为,类电作品与录像制品的区别在于独创性的有无,而非独创性的高低,涉案赛事节目具有独创性,构成类电作品。天盈九州公司通过信息网络实时转播涉案赛事节目的行为侵害了新浪公司享有的应当由著作权人享有的其他权利。据此,再审法院判决撤销了二审判决,维持了一审判决。

裁判规则

1. 类电作品与录像制品的表现形式均为连续画面,但实质区别在于类电作品的制作者进行了创作,所形成的连续画面具有独创性,录像制品制作者未进行创作,所形成的连续画面不具有独创性。

2. 对于由多个机位拍摄的体育赛事节目,如果在机位的设置、镜头切换、画面选择、剪辑等方面能够反映制作者的构思,体现制作者的个性选择和安排,则符合《著作权法》对作品独创性的要求,在同时符合其他构成要件的情况下,可以认定为类电作品。

3. 被诉行为无法纳入《著作权法》第10条第1款第1项至第16项所规制的范围，若对其不予制止将会影响著作权法已有权利的正常行使，而对其予以规制不会导致创作者、传播者和社会公众间的重大利益失衡，则可适用《著作权法》第10条第1款第17项“应当由著作权人享有的其他权利”的规定，对被诉行为进行调整。

NBA产物公司与爱奇艺公司等著作权侵权案

法院：北京市高级人民法院

案号：（2018）京民终562号

上诉人（一审原告）：美商NBA产物股份有限公司

上诉人（一审被告）：上海众源网络有限公司、北京爱奇艺科技有限公司

案由：侵害著作权纠纷

案情简介：美商NBA产物股份有限公司（以下简称NBA产物公司）享有NBA篮球赛事节目视频（以下简称涉案赛事节目）的著作权。NBA产物公司主张，上海众源网络有限公司（以下简称众源公司）、北京爱奇艺科技有限公司（以下简称爱奇艺公司）在其运营的网站及客户端直播涉案赛事节目，侵害了其对涉案赛事节目享有的著作权，遂起诉至北京市第一中级人民法院（以下简称一审法院），请求判令两被告停止侵权、消除影响并赔偿经济损失及合理支出3620万元。一审法院经审理认为，涉案赛事节目连续画面不符合认定电影作品的固定要件，直播视频亦未达到电影作品的独创性高度，因此涉案赛事节目不构成电影作品，但应属于录像制品。众源公司、爱奇艺公司未经授权通过互联网实时直播/转播了涉案赛事节目，侵害了涉案赛事节目的信息网络传播权。据此，一审法院判决众源公司、爱奇艺公司停止侵权、消除影响并连带赔偿经济损失及合理支出360万元。

NBA产物公司、众源公司及爱奇艺公司均不服一审判决，上诉至北京市高级人民法院（以下简称二审法院）。二审法院经审理认为，涉案赛事节目具有独创性，且满足作品一般定义中“可复制性”的要求及类电作品定义中“摄制在一定介质上”的要求，构成类电作品。众源公司通过互联网直播涉案赛事节目的行为侵害了NBA产物公司对该赛事节目享有的《著作权法》所规定的“著作权人享有的其他权利”。同时，在案证据不足以认定涉案被诉侵权行为由爱奇艺公司与上海众源公司共同实施。据此，二审法院判决撤销一审判决，并判决众源公司停止侵权、消除影响并赔偿经济损失及合理支出380万元。

裁判规则

1. 对于作品的独创性判断，应当以独创性之有无作为判断标准，而非独创性之高低。对于由多个机位拍摄的体育赛事节目，如果机位的设置、镜头切换、画面选择、剪辑等方面能够反映制作者独特的构思，体现制作者的个性选择和安排，具有智力创造性，可以认定其符合《著作权法》规定的独创性要求，并在同时符合其他构成要件的情况下，可以认定为构成类电作品。

2.《著作权法实施条例》第4条有关电影和类电作品定义中规定的“摄制在一定介质上”并不等同于“固定”或“稳定地固定”。体育赛事节目由摄制者在比赛现场拍摄并以公用信号方式向外传输，实质上就是固定并传输赛事节目内容的过程，应当认定该体育赛事节目满足“摄制在一定介质上”的要求。

3. 如果被诉侵权行为无法纳入《著作权法》第10条第1款第1项至第16项规定的权项所规制的范围，但若对被诉行为不予制止，将严重影响著作权人正常行使涉案作品的权利，且对该作品提供著作权保护不会导致作品的创作者、传播者和社会公众之间的重大利益失衡，则应当适用《著作权法》第10条第1款第17项规定的“应当由著作权人享有的其他权利”，对被诉侵权行为进行规制。

北京知识产权法院

北京大神圈公司与网易公司等著作权侵权案

法院：北京知识产权法院

案号：(2019)京73民终1410号

上诉人(一审被告)：广州网易计算机系统有限公司等

被上诉人(一审原告)：北京大神圈文化科技有限公司

案由：侵害著作权纠纷

案情简介：小说《微微一笑很倾城》(以下简称涉案小说)作者将其移动端游戏改编权及相关权利独占授予北京大神圈文化科技有限公司(以下简称北京大神圈公司)。北京大神圈公司认为，广州网易计算机系统有限公司(以下简称网易公司)运营并研发的《倩女幽魂》手游(以下简称被诉游戏)及宣传视频侵害了其对涉案小说所享有的改编权、信息网络传播权，遂诉至北京市海淀区人民法院(以下简称一审法院)。一审法院经审理认定构成侵权，判决网易公司停止侵权并赔偿北京大神圈公司经济损失50万元及合理开支18.5万元。网易公司不服，上诉至北京知识产权法院(以下简称二审法院)。二审法院认为，涉案小说中的人物关系及具体的情节及场景属于《著作权法》所保护的表达，被诉游戏的手游宣传视频与其构成实质性相似。而且，被诉游戏的手游宣传视频实际通过对游戏内容的展现以宣传推广被诉游戏手游，同时也出现在游戏本身的运行过程之中，其整体效果实际归属于游戏本身，具有对于游戏本身的依附性，在游戏受众的一般认知中也会形成其与游戏内容之间的对应关系，侵害了北京大神圈公司就涉案小说改编为移动端游戏的改编权。同时，网易公司也侵害了北京大神圈公司对涉案小说享有的与改编权相关部分的信息网络传播权。二审法院经审理查明，一审判决所认定的合理支出不当，故酌情予以调减至5万元，对于一审判决的其他认定予以维持。

裁判规则

1. 文学作品的表达不仅表现为文字性的表达，也包括文字所表述的故事内容，当文学作品的人物形象、情节选择、场景设计反映出作者独特的选择、判断、取舍，即可成为《著作权法》保护的表达。

2. 涉案视频通过对游戏内容的展现用于涉案游戏的宣传推广，并出现在涉案游戏的运行过程之中，具有对涉案游戏的依附性，游戏玩家也会形成涉案视频与涉案游戏之间具有对应关系的认知，故涉案视频作为涉案游戏的组成部分，构成对他人游戏改编权的侵犯。

池田模范堂与广州模范堂公司等著作权侵权及不正当竞争案

法院：北京知识产权法院

案号：(2018)京73民终184号

上诉人(原审被告)：广州萝薇化妆品有限公司、广州模范堂生物科技发展有限公司

被上诉人(原审原告)：株式会社池田模范堂

原审被告：万宁连锁商业(北京)有限公司

案由：侵害著作权及不正当竞争纠纷

案情简介：株式会社池田模范堂(以下简称池田模范堂)于1948年7月28日在日本注册成立，其于2008年开始使用涉案美术作品作为包装的“宝贝无比滴”相关

产品(见图1－2－23)已经在日本、新加坡、中国香港特别行政区、中国澳门特别行政区等国家和地区公开销售。自2014年4月起,有从事海外代购的个人在互联网上销售池田模范堂生产的“日版无比滴”等驱蚊产品,并展示了相关的产品照片,京东商城、麦乐购等电商网站亦有销售。池田模范堂主张,广州萝薇化妆品有限公司(以下简称广州萝薇公司)生产、广州模范堂生物科技发展有限公司(以下简称广州模范堂公司)与万宁连锁商业(北京)有限公司(以下简称万宁公司)销售的清凉止痒液侵犯其美术作品的著作权,广州模范堂公司使用含有“模范堂”企业名称的行为构成不正当竞争,遂起诉至北京市朝阳区人民法院(以下简称一审法院)。一审法院认定三被告构成著作权侵权与不正当竞争,万宁公司(一审第三被告)因提供了销售产品的合法来源,只承担停止销售的法律责任,不承担赔偿责任,并支持了池田模范堂要求广州模范堂公司变更企业名称,且变更后的企业名称中不得含有“模范堂”字样的诉讼请求。两被告上诉至北京知识产权法院(以下简称二审法院)。二审法院经审理,判决驳回上诉,维持原判。

裁判规则

1. 涉案美术作品由日本法人创作完成,中国与日本同为《伯尔尼公约》成员国和TRIPs协议成员方,根据该两国际条约中所规定的国民待遇原则,涉案美术作品应受中国《著作权法》的保护。

2. 中国与日本同为《巴黎公约》成员国和TRIPs协议成员方,根据该两国际条约中所规定的国民待遇原则,日本企业的企业名称应受中国《反不正当竞争法》的保护。

3. 在海外代购、电商网站等产品销售过程中如果体现了企业名称,可以视为该企业名称在中国大陆(内地)的商业使用,并可用于证明其知名度。

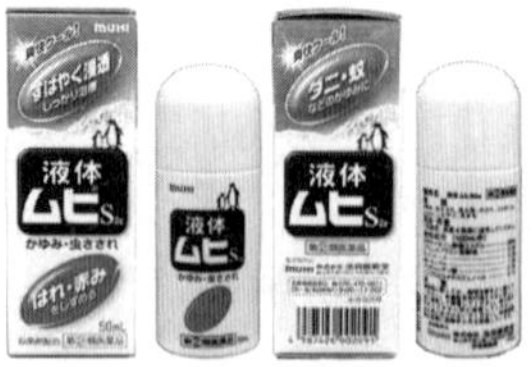

(a)“日版无比滴”包装

(b)“日版宝贝无比滴”包装

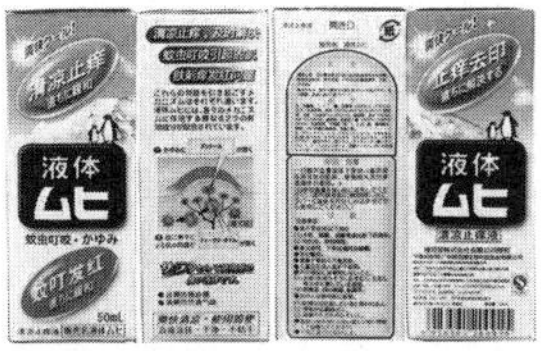

(c)涉案侵权产品包装

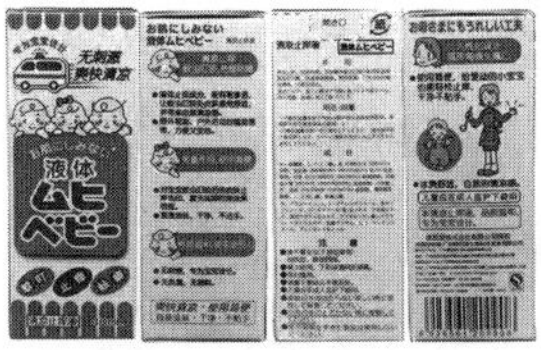

(d)涉案侵权产品包装

图 1－2－23　商标对比

爱奇艺公司与爱上公司等著作权侵权案

法院:北京知识产权法院

案号:(2019)京 73 民终 3696 号

上诉人(一审被告):爱上电视传媒(北京)有限公司

被上诉人(一审原告):北京爱奇艺科技有限公司

一审被告:中国联合网络通信有限公司河北省分公司

案由:侵害作品信息网络传播权纠纷

案情简介:2014 年 5 月 27 日,北京爱奇艺科技有限公司(以下简称爱奇艺公司)经授权获得影视作品《花千骨》(以下简称涉案作品,见图 1－2－24)在中华人民共和国境内(不包括港、澳、台地区)的独家信息网络传播权。2015 年 6 月 9 日,涉案作品首次在爱奇艺公司网站平台播放。涉案作品片尾署名显示"涉案作品独家信息网络传播权由北京爱奇艺科技有限公司享有"。爱奇艺公司发现,中国联合网络通信有限公司河北省分公司(以下简称联通公司)及爱上电视传媒(北京)有限公司(以下简称爱上公司)未经授权,通过其开发运营的"河北联通 IPTV 平台"提供涉案作品的播放服务。爱奇艺公司主张二者共同侵犯了其对涉案作品享有的独家信息网络传播权,遂起诉至北京市海淀区人民法院(以下简称一审法院),请求两被告赔偿经济损失及合理开支共计 100 万元。一审法院经审理认为,被诉行为落入信息网络传播权的控制范围,故判决两被告共同赔偿爱奇艺公司经济损失 10 万元及合理开支 3000 元。爱上公司不服一审判决,上诉至北京知识产权法院(以下简称二审法院),主张"河北联通 IPTV 平台"提供的"回看"应属广播权的控制范畴。二审法院经审理认为,爱上公司通过"河北联通 IPTV 平台"提供的"回看"服务不同于直播,而是为用户提供了一种回溯式的、可重复的观看体验,用户通过点击"回看"按钮即可在线观看存储于爱上公司服务器中的涉案作品,与通常而言的内容服务提供者所提供的在线播放服务并无本质区别，已经落入信息网络传播权的控制范畴。据此，二审法院判决驳回上诉，维持原判。

裁判规则

IPTV平台提供的“回看”服务不同于直播，其是将存储于服务器中的影视作品提供给用户进行回溯式、可重复的观看，符合以有线或无线方式向公众提供作品，使公众可以在其个人选定的时间和地点获得作品的要求，受信息网络传播权的控制。

(a)

(b)

图1-2-24　涉案作品《花千骨》剧照

中文在线公司与苹果公司著作权侵权案

法院：北京知识产权法院

案号：(2019)京73民终3214号

上诉人(一审被告)：苹果公司(Apple Inc.)

被上诉人(一审原告)：中文在线数字出版集团股份有限公司

案由：侵害作品信息网络传播权纠纷

案情简介：中文在线数字出版集团股份有限公司(以下简称中文在线公司)经授权获得了《沧海》《昆仑》(以下简称涉案作品)的信息网络传播权。中文在线公司发现可以通过苹果公司经营的应用程序商店(App Store)，下载应用程序“古董局中局—诡计谋略类小说合编”(以下简称涉案应用程序)，该应用程序中包含涉案作品。中文在线公司认为苹果公司侵犯了其对涉案作品享有的信息网络传播权，遂起诉至北京市东城区人民法院(以下简称一审法院)。一审法院经审理认为，苹果公司对通过其平台传播的应用程序具有控制和管理能力，并直接从应用程序中获利，故认定苹果公司对于开发商利用其网络服务实施侵害涉案作品著作权的行为未尽到合理注意义务，亦未采取必要措施予以制止，侵害了涉案作品信息网络传播权。据此，一审法院判决苹果公司赔偿中文在线公司经济损失51万元。苹果公司不服一审判决，上诉至北京知识产权法院（以下简称二审法院）。二审法院认为，基于相同的事实，最高人民法院已经在（2015）民申字第1853号案中认定苹果公司对通过其平台传播的应用程序具有很强的管理与控制能力，故苹果公司应当知晓开发商未经许可通过涉案应用程序提供涉案作品，主观上具有过错，客观上未及时采取合理措施防止损害扩大，应当承担侵权责任。据此，二审法院遵循在先生效裁判的认定，判决驳回上诉，维持原判。

裁判规则

1. 网络服务提供者对于通过其平台传播的应用程序具有很强的控制及管理能力，不同于单纯提供信息存储空间服务的网络服务提供者，可以基于此种管理控制能力认定网络服务提供者对应用程序开发商未经许可提供作品的行为构成应知。在未及时采取相应措施防止损害发生或扩大的情况下，网络服务提供者应当承担侵权责任。

2. 基于相同的事实，本案应当遵循在先生效裁判的认定做出裁判。

西安佳韵公司与江苏海豚公司著作权侵权案

法院：北京知识产权法院

案号：（2020）京73民终113号

上诉人（一审被告）：江苏海豚网络科技有限公司

被上诉人（一审原告）：西安佳韵社数字娱乐发行股份有限公司

案由：侵害作品信息网络传播权纠纷

案情简介：西安佳韵社数字娱乐发行股份有限公司（以下简称西安佳韵公司）主张江苏海豚网络科技有限公司（以下简称江苏海豚公司）运营的“Neets”应用软件（以下简称涉案软件）提供电视剧《大秦帝国之崛起》（以下简称涉案电视剧，见图1－2－25）视频链接的搜索服务侵犯了其对涉案电视剧享有的信息网络传播权，遂起诉至北京市朝阳区人民法院（以下简称一审法院），请求判令江苏海豚公司停止侵权，赔偿经济损失195,000元及合理维权费用5000元。一审法院经审理认定江苏海豚公司提供涉案电视剧视频链接搜索服务的行为构成帮助侵权，故判决江苏海豚公司赔偿经济损失50,000元及合理维权费用2000元。江苏海豚公司不服一审判决，上诉至北京知识产权法院（以下简称二审法院）。二审法院经审理认为，首先，江苏海豚公司作为专门提供视频链接搜索服务提供者，应具有更高的信息管理能力，负有较高的注意义务以防止侵权行为的发生。其次，涉案软件设置了“推荐”“国产”“美剧”等栏目，且对涉案电视剧设置了海报、评分以及内容简介等，可以推定江苏海豚公司对搜索结果进行了一定筛选、编辑和整理。最后，江苏海豚公司作为专门从事影视作品相关服务的提供者，应当知晓有权提供影视作品全集播放服务的通常是为数不多的获得合法授权的视频内容提供商，在此情况下，其将未经合法备案的非法网站排于搜索结果前列，并标注“无广告”等特点，已超出普通搜索链接提供者的行为范畴。据此，二审法院判决驳回上诉，维持原判。

裁判规则

专门提供影视作品链接搜索或其他相关服务的经营者，对防止侵权行为的发生负有较高的注意义务，但仍将未经合法备案的非法网站提供的视频进行推荐、编辑、整理等并提供链接搜索服务，主观上具有应知的过错，客观上扩大了直接侵权的范围，构成帮助侵权。

图1－2－25 涉案电视剧

华谊兄弟公司与非诚勿扰婚介所、金某欢著作权侵权案

法院：北京知识产权法院

案号：(2019)京73民终2701号

上诉人(一审被告)：金某欢、永嘉县非诚勿扰婚姻介绍所

被上诉人(一审原告)：华谊兄弟传媒股份有限公司

案由：侵害作品信息网络传播权纠纷

案情简介：华谊兄弟传媒股份有限公司(以下简称华谊兄弟公司)是“非誠勿擾”美术字的著作权人。2009年2月16日，金某欢申请注册“非誠勿擾”商标(以下

简称被诉侵权商标,见图 1 -2 -26),2010 年 9 月 7 日核准注册,核定使用的服务类别为第 45 类“交友服务、婚姻介绍所”等。金某欢为永嘉县非诚勿扰婚姻介绍所(以下简称非诚勿扰婚介所)合伙人之一。华谊兄弟公司认为,金某欢、非诚勿扰婚介所在其网站上多处使用“非誠勿擾婚恋交友”字样,侵犯了其对“非誠勿擾”美术字享有的著作权,遂起诉至北京市朝阳区人民法院(以下简称一审法院),请求判令非诚勿扰婚介所、金某欢赔偿经济损失 100 万元及合理支出 31,010 元。一审法院经审理认为,金某欢、非诚勿扰婚介所侵害了华谊兄弟公司对“非誠勿擾”美术作品所享有的信息网络传播权,故判决赔偿经济损失 2 万元及合理支出 31,010 元。金某欢、非诚勿扰婚介所不服一审判决,上诉至北京知识产权法院(以下简称二审法院)。二审法院认为,“非誠勿擾”构成美术作品,金某欢、非诚勿扰婚介所以商业目的擅自使用“非誠勿擾”美术作品的行为并非合法的商标性使用行为,且不构成合理使用。据此,二审法院判决驳回上诉,维持原判。

裁判规则

1. 作品的独创性与其价值无关,如果一种独立完成的表达能够体现作者独特的智力判断和选择安排,则符合创造性要求,具有独创性。

2. 使用他人作品如果会与著作权人正常使用其作品的方式相冲突且会不合理地损害著作权人合法利益的,则不构成合理使用。

3. 注册商标标识与美术作品相同,如果该注册商标权利人未经该美术作品著作权人的许可,以商业目的擅自使用他人美术作品的行为并非合法的商标性使用行为,且不构成合理使用,则构成对他人著作权的侵害。

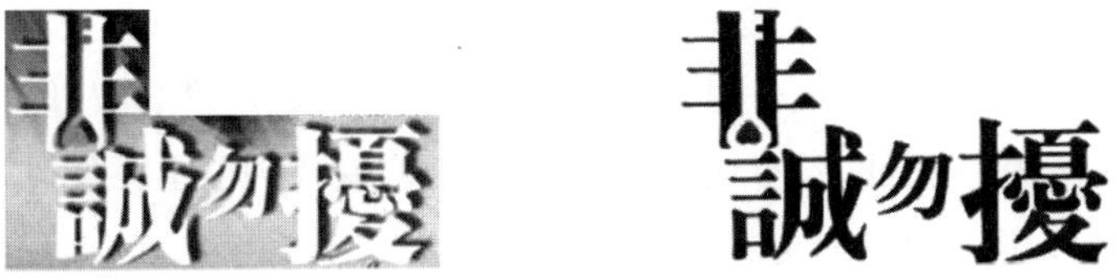

(a)涉案美术字　　(b)被诉侵权商标

图 1 -2 -26　商标对比

高某、邓某欢与全土豆公司等著作权侵权案

法院:北京知识产权法院

案号:(2017)京 73 民终 797 号

上诉人(一审原告):高某

被上诉人(一审被告):优酷信息技术(北京)有限公司、北京陌陌科技有限公司、上海全土豆文化传播有限公司、金色视族(北京)影视文化有限公司

一审原告:邓某欢

案由:侵害著作权纠纷

案情简介:高某、邓某欢共同策划实施了放飞搭载相机的气球拍摄地球的活动,并在高某的微信公众号"NIKOEDWARDS"上发表了一篇题为《追气球的熊孩子》的文章(以下简称涉案文章),记录了此活动过程。涉案文章的配图中有一张图片是从相机自动录制的视频(以下简称涉案视频)中截取的一帧画面,后由两人进行加工而成(以下简称涉案摄影作品)。上海全土豆文化传播有限公司(以下简称全土豆公司)在优酷网(www. youku. com)及土豆网(www. tudou. com)为北京陌陌科技有限公司(以下简称陌陌公司)发布了《追气球的熊孩子》广告视频(以下简称被诉侵权视频)。被诉侵权视频由金色视族(北京)影视文化有限公司制作,著作权归全土豆公司所有。高某、邓某欢认为被诉侵权视频侵害了涉案文章改编权、摄制权及涉案摄影作品的署名权、修改权、摄制权和信息网络传播权,遂起诉至北京市朝阳区人民法院(以下简称一审法院)。一审法院经审理认为,被诉侵权视频与涉案文章仅在利用升空的气球上的相机拍摄地球的创意及提出想法、筹备、气球升空等高度概括的活动主线构成一致,此两点均属于思想范畴。涉案摄影作品不具有独创性,不构成受《著作权法》保护的作品。据此,一审法院判决驳回了高某、邓某欢的诉讼请求。高某不服一审判决,上诉至北京知识产权法院(以下简称二审法院)。二审法院经审理认为,涉案视频从拍摄目的、对象、手法、器材、角度、设置均体现了智力劳动及独创性,涉案摄影作品从拍摄过程到最后美化处理均体现了独创性,构成摄影作品。全土豆公司等侵害了涉案摄影作品的署名权、修改权、摄制权和信息网络传播权。据此,二审法院撤销一审判决,并改判全土豆公司等赔礼道歉、赔偿经济损失1万元及合理支出7500元。

裁判规则

对于在拍摄地点、角度、对象、器材等方面体现了人工干预、选择和判断所形成的照片,即使其主要由机器自动完成,只要在拍摄、形成的过程中有人为因素的参与,使人以独创性的方式在拍摄过程中发挥了作用,即可满足摄影作品所需的独创性,构成受我国《著作权法》保护的摄影作品。

优酷公司与蜀黍科技公司著作权侵权案

法院：北京知识产权法院

案号：(2020)京73民终187号

上诉人(一审被告)：深圳市蜀黍科技有限公司

被上诉人(一审原告)：优酷网络技术(北京)有限公司

案由：侵害作品信息网络传播权纠纷

案情简介：优酷网络技术(北京)有限公司(以下简称优酷公司)经授权取得电视剧《三生三世十里桃花》(以下简称涉案影视作品,见图1－2－27)在中国大陆(内地)的独占信息网络传播权。优酷公司认为,深圳市蜀黍科技有限公司(以下简称蜀黍科技公司)运营的“图解电影”App和“图解电影”网站(以下简称被诉侵权平台)上的涉案影视作品图解电影图片集(以下简称涉案图片集)侵害了其对涉案影视作品享有的信息网络传播权,遂起诉至北京互联网法院(以下简称一审法院)。一审法院经审理认为,蜀黍科技公司侵害了涉案影视作品的信息网络传播权,判决蜀黍科技公司赔偿经济损失3万元。蜀黍科技公司不服一审判决,上诉至北京知识产权法院(以下简称二审法院)。二审法院经审理认为,涉案图片集使用了涉案影视作品具有独创性的表达,构成提供作品的行为,且通过网络,使公众可以在其个人选定时间和地点获得涉案图片集,故蜀黍科技公司侵害了涉案影视作品的信息网络传播权。据此,二审法院判决驳回上诉,维持原判。

图1－2－27　涉案影视作品

裁判规则

1.《著作权法》保护具有独创性的表达,因此信息网络传播权的控制范围不限于以有线或者无线方式向公众提供完整的作品,他人只要是未经许可使用了作品中具有独创性表达的部分,均受到信息网络传播权的规制。

2. 他人未经许可，以对影视作品截图并形成图片集的形式使用该影视作品中具有独创性的表达，构成提供作品的行为，并通过互联网使公众可以在个人选定的时间和地点获得该图片集，且提供该图片集已经超过了适当引用的必要限度，亦非评论性使用，不属于合理使用，构成对该影视作品信息网络传播权的侵害。

爱奇艺公司与京仪酒店著作权侵权案

法院：北京知识产权法院

案号：(2020)京73民终286号

上诉人(原审被告)：北京京仪大酒店有限责任公司

被上诉人(原审原告)：北京爱奇艺科技有限公司

案由：侵害著作权纠纷

案情简介：北京爱奇艺科技有限公司(以下简称爱奇艺公司)享有电影《春娇救志明》(以下简称涉案电影，见图1－2－28)的信息网络传播权。爱奇艺公司认为北京京仪大酒店有限责任公司(以下简称京仪酒店)未经许可在其运营管理的酒店客房中提供涉案电影的点播服务侵害了其对涉案电影享有的信息网络传播权，遂起诉至北京互联网法院(以下简称一审法院)，请求判令京仪酒店停止侵权，赔偿经济损失20万元及合理费用5205元。一审法院经审理认为，京仪酒店通过局域网的形式在客房内向房客提供涉案电影的点播服务，房客可以通过该网络自行选择时间和地点去点播涉案电影，这种传播属于交互式传播，属于信息网络传播权控制的范围，京仪酒店未经许可实施该行为侵害了爱奇艺公司对涉案电影享有的信息网络传播权。据此，一审法院判决京仪酒店停止侵权，赔偿爱奇艺公司经济损失4万元及合理费用2000元。京仪酒店不服一审判决，上诉至北京知识产权法院(以下简称二审法院)。二审法院经审理认为，京仪酒店未经许可，利用“智慧酒店服务系统”将涉案电影上传至其网络服务器中，使房客通过局域网自行选择时间和地点点播涉案电影的行为侵害了爱奇艺公司对涉案电影享有的信息网络传播权。据此，二审法院判决驳回上诉，维持原判。

裁判规则

酒店通过局域网提供电影作品的点播服务，使其房客可以在选定的时间和地点获取该电影作品的行为属于交互式传播电影作品，落入信息网络传播权的控制范围。酒店未经许可实施该行为，侵害了电影作品著作权人的信息网络传播权。

图 1－2－28　涉案电影

花儿影视公司与蒋某男等著作权侵权案

法院：北京知识产权法院

案号：(2018)京 73 民终 1174 号

上诉人(一审原告)：东阳市乐视花儿影视文化有限公司

被上诉人(一审被告)：蒋某男、浙江文艺出版社有限公司、北京中关村图书大厦有限公司

案由：侵害著作权纠纷

案情简介：东阳市乐视花儿影视文化有限公司(以下简称花儿影视公司)委托蒋某男创作《芈月传》剧本(以下简称涉案剧本)，双方约定花儿影视公司在全球范围内永久享有电视剧剧本、电影剧本、电视剧作品、电影作品的全部著作权和衍生品的权利。花儿影视公司认为，蒋某男创作的《芈月传》小说(以下简称被诉小说)是蒋某男为其创作涉案剧本之后对该剧本进行改编而成的，侵害了花儿影视公司对涉案剧本享有的改编权，蒋某男和浙江文艺出版社有限公司(以下简称文艺出版社)发行被诉小说以及北京中关村图书大厦有限公司(以下简称中关村图书大厦)销售被诉小说侵害了花儿影视公司对涉案剧本享有的著作权，遂起诉至北京市海淀区人民法院(以下简称一审法院)，请求判令三被告停止侵权并赔偿经济损失2000 万元。一审法院经审理认为，花儿影视公司与蒋某男以合同的形式将被诉小说的著作权(除改编成部分作品的权利外)均保留给了蒋某男。在原始底稿存储介质归于消灭的情况下，一审法院综合双方证据，认定被诉小说完成于涉案剧本之前。花儿影视公司在此后的电视剧播出和公开场合表明电视剧根据蒋某男原著小说改编。综上，一审法院认定被诉小说未侵害涉案剧本的改编权，文艺出版社的发

行行为及中关村图书大厦的销售行为亦属于合法行为。据此,一审法院判决驳回花儿影视公司的诉讼请求。

花儿影视公司不服一审判决,上诉至北京知识产权法院(以下简称二审法院)。二审法院经审理认为,一审法院未适用“接触加实质性相似”规则而是先审理合同约定内容的做法正确。花儿影视公司与蒋某男通过合同明确约定了蒋某男享有被诉小说的著作权,蒋某男授权文艺出版社发行被诉小说是其行使权利的结果。据此,二审法院判决驳回上诉,维持原判。

裁判规则

1. 在双方当事人通过合同对相关作品的著作权归属已经进行约定的情况下,应当首先基于合同约定明确权利义务边界。如果一方当事人是在合同约定范围内行使其权利,则不构成对著作权的侵害。

2. 当事人在诉讼中陈述的于己不利的事实,或者对于己不利的事实明确表示认可的,另一方当事人无须举证。当事人在诉讼外陈述的于己不利的事实不构成自认,不免除另一方当事人的证明责任。

3. 当事人对合同条款的理解有争议的,应当基于相关用语的字面含义,并结合合同上下文条款作出符合当事人真实意思表示的解释。必要时,可以结合订立合同的目的、双方的履行情况、交易习惯以及诚实信用原则等,对合同条款进行解释。

四维图新公司与百度网讯公司等著作权侵权及不正当竞争纠纷案

法院:北京知识产权法院

案号:(2017)京73民初1914号

原告:北京四维图新科技股份有限公司

被告:北京百度网讯科技有限公司、百度在线网络技术(北京)有限公司、百度云计算技术(北京)有限公司

案由:侵害著作权及不正当竞争纠纷

案情简介:北京四维图新科技股份有限公司(以下简称四维图新公司)与北京百度网讯科技有限公司(以下简称百度网讯公司)、百度在线网络技术(北京)有限公司(以下简称百度在线公司)签订《合作协议》,授权百度网讯公司、百度在线公司在协议约定范围内使用四维图新公司的电子地图作品(以下简称涉案地图),协议有效期至2016年12月31日。协议到期后,各方未予续约。四维图新公司认为,百

度网讯公司、百度在线公司与百度云计算技术(北京)有限公司(以下简称百度云计算公司)在《合作协议》终止后,仍然继续使用四维图新公司提供的电子地图,通过电脑终端、手机终端等途径向公众提供电子地图,并超出《合作协议》范围在车载应用软件上提供电子地图,侵害了四维图新公司对涉案地图享有的著作权,同时构成不正当竞争。四维图新公司起诉至北京知识产权法院,请求判令三被告停止侵权、消除影响并赔偿经济损失及合理支出1亿元。北京知识产权法院经审理认为,涉案地图满足图形作品创作空间范围内的独创性要求,构成《著作权法》规定的图形作品。三被告在6款软件中使用的地图与涉案地图构成实质性相似。三被告未在其经营的"百度地图"网页版、"百度地图"iOS版、"百度地图"Android版、"百度Carlife"iOS版、"百度Carlife"Android版中给四维图新公司署名,侵害了四维图新公司对涉案地图享有的署名权。三被告通过互联网向公众提供涉案地图,使公众可以在选定的时间和地点获得该地图,侵害了四维图新公司的信息网络传播权。三被告应当存在以拷贝或数字化方式将涉案地图制作一份或多份的行为,侵害了四维图新公司的复制权。三被告根据地理信息变化,增添、删减涉案地图相关表达,或在其基础上进行美化等,侵害了四维图新公司的修改权及改编权。三被告超出《合作协议》约定的时间及范围使用涉案地图违反了诚实信用原则,不当利用了四维图新公司的竞争资源,但法院已适用《著作权法》对被诉行为进行规制,不宜再重复适用《反不正当竞争法》第2条对四维图新公司进行重复保护。鉴于三被告为关联公司,主观上具有共同的意思联络,客观上分工协作,已构成共同侵权,应当承担连带责任。北京知识产权法院参考相关许可协议的权项、方式、范围、期限与被诉行为之间的可比性等因素,综合考虑三被告的主观恶意、侵权情节等因素,判决三被告停止侵权、消除影响、连带赔偿经济损失6450万元及合理支出926,597.5元。

裁判规则

1. 地图是以符号、文字等要素说明地球表面事物和现象分布情况的图形,尽管其表现的主要是客观地理等信息,但相关信息的取舍、组合等均反映了制图者关于制图目的、用途等特定思想,是通过智力活动并以具有差异性的线条、符号、颜色等表达和固定下来的成果,故具有独创性的地图可以作为图形作品受《著作权法》保护。

2. 存在相同的错误信息是判断两部地图是否存在抄袭或者复制关系的简明途径之一,如果被诉侵权电子地图中存在大量与权利作品构成雷同的虚设道路、个别字误、错误简称等不规范信息,在缺乏合理解释的情况下,可以作为认定二者构成实质性相似的佐证。

3. 知识产权专门法已对相关权益作出具体规定，并且法院已经适用该专门法对相关权益进行保护的，针对同一侵权行为，不宜再适用《反不正当竞争法》第2条的规定进行重复保护。

周某亚与申屠某宁著作权侵权案

法院：北京知识产权法院

案号：（2020）京73民终1468号

上诉人（一审原告）：周某亚

被上诉人（一审被告）：申屠某宁

案由：侵害著作权纠纷

案情简介：周某亚是延时摄影作品《延时北京》（以下简称涉案作品）的著作权人。涉案作品由5392张单幅摄影作品通过71个不同的场景组成。周某亚认为，申屠某宁未经许可在淘宝网销售涉案作品，删除水印且未表明作者身份，侵害了周某亚对涉案作品享有的信息网络传播权、放映权、复制权、发行权、署名权、修改权及保护作品完整权，遂起诉至北京互联网法院（以下简称一审法院），请求判令申屠某宁赔礼道歉并赔偿经济损失及合理费用115,270元。一审法院经审理认为，涉案作品形成具有美感的连续画面，并且制作者在素材选取、主题内容的表达上具有独创性，构成类电作品。申屠某宁通过淘宝网向公众出售包含涉案作品的数字化文件且未表明作者身份，购买人付款后通过百度网盘或邮箱可以在其个人选定的时间和地点获得涉案作品，申屠某宁的被诉行为侵害了周某亚对涉案作品享有的信息网络传播权及署名权。据此，一审法院判决申屠某宁赔礼道歉并赔偿经济损失及合理费用8000元。

周某亚不服一审判决，上诉至北京知识产权法院（以下简称二审法院）。二审法院经审理认为，涉案作品中的单幅照片均构成具有独创性的摄影作品。申屠某宁的被诉行为侵害了周某亚对涉案作品享有的信息网络传播权和署名权，但不构成对放映权、复制权、发行权、修改权及保护作品完整权的侵害，二审法院据此判决驳回上诉，维持原判。

裁判规则

延时摄影作品中的单幅照片体现了作者在拍摄过程中对拍摄角度、距离、光线、明暗等拍摄因素的个性化选取，以及作者在后期制作过程中对影像内容独创性的选择、安排和处理，具有独创性，构成摄影作品。

北京互联网法院

优酷公司与上海宽娱公司著作权侵权案

法院：北京互联网法院

原告：优酷信息技术（北京）有限公司

被告：上海宽娱数码科技有限公司

案由：侵害著作权纠纷

案情简介：优酷信息技术（北京）有限公司（以下简称优酷公司）享有电影《我不是药神》（以下简称涉案电影，见图1－2－29）的信息网络传播权。网络用户未经许可在哔哩哔哩网站的“影视＞影视剪辑”栏目中上传了涉案电影的纯音频（以下简称被诉音频），并将标题编辑为“【1080P】我不是药神 影视原声”。优酷公司认为，哔哩哔哩网站运营者上海宽娱数码科技有限公司（以下简称上海宽娱公司）侵害了其对涉案电影享有的信息网络传播权，遂起诉至北京互联网法院，请求判令上海宽娱公司赔偿经济损失及合理费用32万元。北京互联网法院经审理认为，首先，被诉音频是涉案电影作品的完整伴音，该伴音属于涉案电影独创性表达的重要部分，并非公有领域的创作元素，传播被诉音频的行为仍然是对涉案电影作品进行信息网络传播的行为。此外，被诉音频提供的完整伴音，迎合了当下网络用户获取涉案电影的多元化需求，构成对涉案电影伴音加画面的传统传播形式的实质性替代，网络用户未经许可使用被诉音频必然会对涉案电影的利益造成实质性损害。其次，被诉音频是具有极高知名度的涉案电影的完整原声，在涉案电影正值热播期间，上海宽娱公司应当知晓被诉音频是未经权利人许可而被上传至网站。被诉音频时长近两小时，不仅标题中包含了涉案电影的完整名称，而且位于涉案电影名称搜索结果的第一位。显然，上海宽娱公司应当知晓被诉音频在网站传播。因此，上海宽娱公司未尽到相应注意义务，构成帮助侵权。据此，北京互联网法院判决上海宽娱公司赔偿优酷公司经济损失及合理支出6.5万元。

裁判规则

1. 信息网络传播权控制的“以有线或者无线方式向公众提供作品”的行为，不应仅理解为向公众提供的是完整的作品，只要是使用了作品中具有独创性表达的部分，均在信息网络传播权的控制范围之内。

2. 电影中的伴音是电影作品不可分割的组成部分,包含了导演、录音、剪辑等多环节创作活动的成果,属于电影作品独创性表达的重要部分。未经许可,以有线或者无线方式向公众提供电影作品的完整伴音,使公众可以在其个人选定的时间和地点获得该伴音,构成对电影作品伴音加画面的传统传播形式的实质性替代,侵害了电影作品的信息网络传播权。

3. 提供影视作品并可进行分类、检索的网络服务提供者通常应负有更高的注意义务。基于相关影视作品的知名度,如果网络服务提供者应当知晓侵权行为的存在,但其未尽到合理注意义务的,则在主观上存在过错,客观上扩大了侵权视频或音频的传播范围,构成帮助侵权,应当承担相应的侵权责任。

(本案判决尚未公开,裁判规则系根据法院官方报道内容归纳。)

图1-2-29 涉案电影

《小跳蛙》权利人与《中国新声代》制片者等著作权侵权案

法院:北京互联网法院

原告:A公司

被告:B公司、C公司

案由:侵害著作权纠纷

案情简介:A公司经授权取得了歌曲《小跳蛙》(以下简称涉案歌曲)的信息网络传播权。B公司在其录制的综艺节目《中国新声代》第五季(以下简称被诉综艺节目)中由他人演唱了该歌曲,并将该综艺节目的信息网络传播权授权给了C公司。C公司在其运营的网络平台在线传播该综艺节目的花絮视频,时长2分28秒,其中包含涉案歌曲。A公司以B公司及C公司侵害了其对涉案歌曲享有的信息网络传播权为由起诉至北京互联网法院,请求判令B公司、C公司连带赔偿经济损失及合理支出10万元。北京互联网法院经审理认为,B公司通过其母公司自中国音乐著作权协会取得了涉案歌曲的广播权、复制权及表演权,有权在被诉综艺节目中使用涉案歌曲。B公司摄制的被诉综艺节目影像具有独创性,构成类电作品,B公司作为制片者对该综艺节目享有著作权。因此,B公司有权将被诉综艺节目的信息网络传播权授权给C公司。C公司使用被诉综艺节目只需取得B公司的许可,不需要同时取得涉案节目中可以单独构成作品的著作权人的许可。因此,B公司及C公司未侵害涉案歌曲的信息网络传播权。据此,北京互联网法院判决驳回A公司的全部诉讼请求。

裁判规则

1. 综艺节目的影像如果凝聚了导演、演员、编剧等人员的创造性劳动,在镜头切换、画面选择拍摄、场景、后期剪辑等方面体现了创作者的选择与判断,具有独创性,则构成以类似摄制电影的方法创作的作品,制片者对该综艺节目在整体上享有著作权。

2. 他人无论是使用构成类电作品的综艺节目的完整内容还是只使用其中的片段,其只需取得该综艺节目制片者的许可,不需要同时取得综艺节目中可以单独构成作品的其他著作权人的许可。

(本案判决尚未公开,裁判规则系根据法院官方报道内容归纳。)

麒麟童公司与斗鱼公司著作权侵权案

法院:北京互联网法院

原告:北京麒麟童文化传播有限责任公司

被告:武汉斗鱼网络科技有限公司

案由:侵害著作权纠纷

案情简介:北京麒麟童文化传播有限责任公司(以下简称麒麟童公司)享有歌曲《小跳蛙》(以下简称涉案歌曲)的著作权中的财产权。麒麟童公司认为武汉斗鱼网络科技有限公司(以下简称斗鱼公司)的12位签约主播未经授权在线直播涉案歌曲的行为侵害了其对涉案歌曲享有的表演权及其他权利,遂起诉至北京互联网法院,请求判令斗鱼公司赔偿经济损失及合理费用13万元。北京互联网法院经审理认为,首先,表演权控制的是以“活体表演”或“机械表演”形式进行公开传播的行为,并非只要对作品进行了表演就一定落入表演权的控制范围。区分表演权及其他权利的关键取决于传播运用的途径和技术手段,因此,在直播间中表演并通过网络进行公开播送的行为,应纳入《著作权法》第 10 条第 1 款第 17 项规定的其他权利的控制范围,而非表演权的控制范围。其次,斗鱼公司虽然设置了侵权投诉渠道,但对于瞬时发生的直播侵权行为,事后侵权投诉难以发挥制止侵权的作用。斗鱼公司应当意识到被诉直播行为侵权可能性较大,但未采取与其获益相匹配的预防侵权措施,未尽到合理注意义务,主观上存在过错,构成侵权。据此,北京互联网法院判决斗鱼公司赔偿经济损失及合理费用 4.94 万元。

裁判规则

1. 主播在直播平台演唱歌曲是以有线或者无线方式向公众实时提供音乐作品的行为,属于《著作权法》第 10 条第 1 款第 17 项规定的其他权利的控制范围。主播未经许可实施该行为,侵害了音乐作品著作权人所享有的其他权利。

2. 直播平台经营者应当对侵权可能性较大的直播行为负有更高的注意义务。仅通过设置事后侵权投诉渠道难以制止瞬时发生的直播侵权行为,直播平台经营者如果没有采取与其获益相匹配的预防侵权措施,则属于主观上存在过错,应当对侵权行为承担侵权责任。

(本案判决尚未公开,裁判规则系根据法院官方报道内容归纳。)

肖某与天才星公司著作权侵权案

法院:北京互联网法院

原告:肖某

被告:广东天才星网络科技有限公司

案由:侵害著作权纠纷

案情简介:钢琴教师肖某受北京乐临门教育科技有限公司(以下简称乐临门公司)邀请,录制了一套 48 节课程的钢琴教学视频(以下简称涉案视频),但双方未约定著作权归属及使用范围。肖某认为,涉案视频中关于钢琴教学的授课构成口述作品(以下简称涉案作品),广东天才星网络科技有限公司(以下简称天才星公司)未经许可,在其运营的“步步高乐问”App 中(以下简称涉案 App)在线传播并销售涉案视频,侵害了肖某对涉案作品享有的信息网络传播权及发行权,遂起诉至北京互联网法院,请求判令天才星公司停止侵权,赔偿经济损失及合理费用。北京互联网法院经审理认为，涉案视频中的关于钢琴教学的授课，是基于肖某对钢琴弹奏基本知识及弹奏技巧的理解和研究，经独立构思并在教学过程中口头表达出来，具有独创性，构成口述作品，肖某对该口述作品享有著作权。涉案视频录制采取主机位、侧机位、定机位拍摄并经后期剪辑、制作形成，但其画面基本直接来源于三个机位的画面，进行了简单的后期剪辑，独创性较低，属于录像制品，乐临门公司享有录像制作者权。天才星公司在涉案 App 中通过信息网络传播涉案视频，使公众可以在其选定的时间和地点获得该视频，但仅取得了录像制作者乐临门公司的许可，未取得口述作品著作权人肖某的许可，侵害了肖某对该口述作品享有的信息网络传播权。但天才星公司通过信息网络销售涉案视频，公众可以直接在线购买涉案教学视频并播放，并不涉及转移作品的有形物质载体，因此天才星公司未侵害肖某对该口述作品享有的发行权。据此，北京互联网法院判决天才星公司停止侵权并赔偿经济损失及合理费用 3.4 万元。

裁判规则

1. 授课者基于对所授课程内容基本知识、技巧等的理解和研究，经独立构思并在教学过程中口头作出的独创性表达，构成《著作权法》保护的口述作品。

2. 授课视频的录制者与授课人就授课视频的著作权权属约定不明时，授课人对其口述作品享有著作权，授课视频的录制者对其录制的视频享有录像制作者权。授课人仅许可录制者进行录制，而没有许可录制者通过信息网络传播该录像制品的，他人如需通过信息网络传播该录像制品，则在取得录制者的许可外，还需取得授课人的许可。

（本案判决尚未公开，裁判规则系根据法院官方报道内容归纳。）

上美制片厂与安徽广播电视台等著作权侵权案

法院：北京互联网法院

案号：（2019）京 0491 民初 21961 号

原告：上海美术电影制片厂有限公司

被告：安徽广播电视台、北京世熙传媒文化有限公司

案由：侵害作品信息网络传播权纠纷

案情简介：上海美术电影制片厂有限公司（以下简称上美制片厂）对《葫芦兄弟》动画片中的“葫芦娃”角色美术作品［以下简称涉案作品，见图 1－2－30（a）］享

有除署名权以外的其他著作权。安徽广播电视台、北京世熙传媒文化有限公司(以下简称世熙传媒)联合出品的综艺节目《来了就笑吧》"葫芦娃王祖蓝变爷爷魔性表演飙音"(以下简称被诉节目)中出现了扮演葫芦娃形象[见图1-2-30(b)]的舞蹈演员,且被诉节目在爱奇艺和腾讯视频网站上进行全程播放。上美制片厂认为安徽广播电视台及世熙传媒侵害了其对涉案作品享有的信息网络传播权,遂起诉至北京互联网法院,请求判令两被告停止侵权并赔偿经济损失及合理费用40万元。北京互联网法院经审理认为,被诉节目使用了涉案作品的独创性表达,被诉节目中出现的葫芦娃形象与涉案作品构成实质性相似。安徽广播电视台、世熙传媒未经许可使用涉案作品,并通过互联网向公众传播,使公众可以在其选定的时间和地点获得涉案作品,侵害了上美制片厂对涉案作品享有的信息网络传播权。据此,北京互联网法院判决安徽广播电视台、世熙传媒停止侵权,赔偿经济损失10万元及合理费用2000元。

裁判规则

未经许可,使用他人美术作品中具有独创性的表达且构成实质性相似,并通过信息网络进行传播,使公众可以在其选定的时间和地点获得该作品的,构成对著作权人信息网络传播权的侵犯。

(a)涉案作品

(b)被诉节目中的葫芦娃形象

图1-2-30 商标对比

北京市海淀区人民法院

乐玩公司与金刚时代公司等著作权侵权及不正当竞争案

法院:北京市海淀区人民法院

原告:乐玩新大地(北京)科技有限公司

被告:金刚时代文化传播(北京)有限公司、北京威驰克国际数码科技有限公司、上海湃拉影视文化传媒工作室

案由:侵害著作权及不正当竞争纠纷

案情简介:乐玩新大地(北京)科技有限公司(以下简称乐玩公司)经授权享有《拳皇》1997 版和 1998 版游戏(以下简称涉案游戏,见图 1-2-31)以及涉案游戏的人物角色等在中国大陆(内地)的相关著作权权利及以自己的名义依法维权的权利。乐玩公司认为金刚时代文化传播(北京)有限公司等(以下统称三被告)未经许可在制作、发行的电影《三流女侠》(以下简称被诉电影,见图 1-2-31)中使用了涉案游戏中的"不知火舞"等四位经典人物形象,侵害了乐玩公司享有的复制权、改编权、摄制权及信息网络传播权。此外,三被告对被诉电影中的对应角色进行误导性命名并以"不知火舞重操旧业"对其影片进行宣传,构成不正当竞争。乐玩公司起诉至北京市海淀区人民法院(以下简称海淀区法院),请求判令三被告停止侵权,赔偿经济损失及合理费用 310 万元。海淀区法院经审理认为,涉案游戏中的"不知火舞"等四个角色形象构成美术作品,三被告将其以摄制电影的方法固定在了相应载体上,后又通过爱奇艺网站进行传播,侵害了乐玩公司对该美术作品享有的摄制权及信息网络传播权。三被告又以"不知火舞重操旧业"对电影进行宣传,并擅自使用与有一定影响的涉案游戏角色相同或近似的名称,足以使消费者产生混淆,构成不正当竞争。据此,海淀区法院判决三被告连带赔偿乐玩公司经济损失及合理费用 80 万元。

裁判规则

1. 摄制权是指以摄制电影或者以类似摄制电影的方法将作品固定在载体上的权利。被诉电影以摄制电影的方法将他人享有权利的美术作品固定在相应载体上,构成对他人摄制权的侵害。

2. 改编权是指改变作品,创作出具有独创性的新作品的权利。涉案游戏角色形象作为美术作品在被以摄制电影的方法予以固定的过程中,虽然经历了从平面到立体、从游戏角色形象到电影人物形象的改变,但上述改变仅属于局部、细节、非实质性的变化,没有增添具有独创性的表达,尚不足以使改变后的被诉电影人物形象构成新的作品,本质上仍是对涉案游戏角色形象的复制,未构成对改编权的侵害。

3. 以摄制电影的方法将相关美术作品固定在相应载体上,属于摄制权控制范围内的复制行为。在摄制权已涵盖拍摄电影所发生的复制行为并足以进行规制的情况下,无须再适用复制权对该行为进行评判。

4.被诉电影通过网站进行传播，必然使其中包含的美术作品同时被以有线或者无线方式向公众提供，使公众可以在其个人选定的时间和地点获得，构成对他人信息网络传播权的侵害。

（本案判决尚未公开，裁判规则系根据法院官方报道内容归纳。）

图1-2-31 涉案游戏角色与被诉电影

杨丽萍公司与云海肴公司等著作权侵权案

法院：北京市海淀区人民法院

原告：云南杨丽萍信息科技发展有限公司

被告：北京心正意诚餐饮管理有限公司、北京心正意诚餐饮管理有限公司海淀餐饮分公司、云海肴（北京）餐饮管理有限公司

案由：侵害著作权及不正当竞争纠纷

案情简介：云南杨丽萍信息科技发展有限公司（以下简称杨丽萍公司）经杨丽

萍授权享有《月光》舞蹈系列作品[以下简称涉案舞蹈,见图1－2－32(b)]的著作权、邻接权等。杨丽萍公司认为,北京心正意诚餐饮管理有限公司(以下简称心正意诚公司)、北京心正意诚餐饮管理有限公司海淀餐饮分公司(以下简称心正意诚海淀分公司)、云海肴(北京)餐饮管理有限公司(以下简称云海肴公司)在其共同运营的"云海肴·云南菜"餐厅装饰物[见图1－2－32(a)]上使用了涉案舞蹈,并在"云海肴·云南菜"的官方网站及官方微博中擅自使用涉案舞蹈,侵害了杨丽萍公司的著作权,并构成不正当竞争。杨丽萍公司起诉至北京市海淀区人民法院(以下简称海淀区法院),请求判令三被告消除影响并赔偿经济损失及合理开支100万元。海淀区法院经审理认为,涉案舞蹈体现出较高的独创性和艺术价值,属于《著作权法》规定的舞蹈作品。被诉装饰图案展现的每个舞蹈动作均在涉案舞蹈中有相同舞蹈动作对应,且该部分动作并非进入公有领域的舞蹈表达,而是涉案舞蹈具有独创性表达的组成部分。因此,被诉装饰图案与涉案舞蹈的独创性内容构成实质性相似。因此,心正意诚海淀分公司未经许可使用涉案舞蹈,侵害了杨丽萍公司就涉案舞蹈享有的复制权。心正意诚公司未经许可,在云海肴官网和官方微博中传播带有部分被诉装饰图案的图片,侵害了杨丽萍公司就涉案舞蹈享有的信息网络传播权。杨丽萍公司诉请不正当竞争等相关主张,缺乏事实和法律依据,海淀区法院不予支持。据此,海淀区法院判决心正意诚公司、心正意诚海淀分公司连带赔偿杨丽萍公司经济损失20万元及合理开支3万元,心正意诚公司赔偿杨丽萍公司经济损失1万元。

裁判规则

舞蹈作品的独创性体现在每个静态舞蹈动作的连接设计和集合,每个静态的舞蹈动作亦是体现舞蹈作品独创性的重要组成部分。未经舞蹈作品著作权人许可,使用该舞蹈作品的独创性表达的,构成对舞蹈作品著作权的侵害。

(本案判决尚未公开,裁判规则系根据法院官方报道内容归纳。)

(a)被诉装饰图案

(b)涉案舞蹈作品

图1－2－32　商标对比

(四)不正当竞争类

北京市高级人民法院

从兴公司与亚信公司等侵害商业秘密案

法院:北京市高级人民法院

案号:(2019)京民终231号

上诉人(原审原告):从兴技术有限公司

上诉人(原审被告):亚信科技(中国)有限公司

被上诉人(原审被告):步某涛等12名自然人

案由:侵害商业秘密纠纷

案情简介:从兴技术有限公司(以下简称从兴公司)于2004年起与中国移动广东公司签订多项技术服务合同,服务内容涉及系统维护与软件开发。涉案软件包括“NGBOSS计费类系统软件”“NGBOSS营账类系统软件”“NGCRM软件”“电子渠道类系统软件”“经营分析类系统软件”。2014年8月,中国移动广东公司致函从兴公司,称涉案软件合同已全部到期且不再续约。步某涛等12名自然人分别为从兴公司及其关联公司的前员工,均从事与软件设计、开发相关的工作或企业高级管理工作,且均与用人单位签订了保密协议,负有保密义务。2014年7月至9月,上述12名自然人分别从原单位离职后入职亚信科技(中国)有限公司(以下简称亚信公司)的关联公司。2014年9月,亚信公司与中国移动广东公司签订技术服务合同,其内容与从兴公司和中国移动广东公司之前签订的技术服务合同基本相同。从兴公司认为,“NGBOSS计费类”等五个系统软件的源程序构成技术信息,上述12名自然人窃取、披露了涉案软件的源程序,亚信公司使用了涉案软件的源程序,侵犯了其拥有的技术秘密,因此诉至北京知识产权法院(以下简称一审法院),请求判令各被告停止侵权、销毁源程序并连带赔偿经济损失1亿元人民币及合理维权费用200万元人民币。一审法院经审理认为,软件源程序除受《著作权法》保护外,还可作为技术信息受《反不正当竞争法》的保护,而对软件源程序主张技术信息的前提是要对软件享有著作权。从兴公司是涉案软件的开发者,并对“电子渠道类系统软件”和“经营分析类系统软件”单独享有著作权,可以自己名义主张技术秘密保护。但“NGBOSS 计费类系统软件”等其他软件的著作权由从兴公司与中国移动广东公司共同享有,故从兴公司无权以自己名义单独主张技术秘密保护。从兴公司提供的证据不能证明亚信公司是否开发了相关软件及其源程序是否与从兴公司构成商业秘密的源程序相同,从兴公司未履行初步举证义务。据此,一审法院判决驳回了从兴公司的诉讼请求。从兴公司不服,上诉至北京市高级人民法院(以下简称二审法院)。

二审期间,二审法院根据从兴公司的证据保全申请,对亚信公司进行证据保全,取得“经营分析类系统软件”和“电子渠道类系统软件”的源代码。但由于鉴定比材存在问题,会影响一致性司法鉴定的结论,二审法院未准许从兴公司的司法鉴定申请。二审法院认为,从兴公司系涉案五个软件的开发者,在软件编写的过程中付出了创造性的劳动。虽然涉案软件源代码中含有部分开源代码或者第三方代码,但从兴公司对于开源代码和第三方代码的选取,以及开源代码和第三方代码与自定义代码之间的组合关系仍付出了创造性的劳动。该劳动付出形成的技术信息,具有一定的特殊性,有别于公知信息,可以认定不为公众所知悉的信息。而且,从兴公司对涉案软件采取了保密措施。在涉案软件具有商业价值,且符合保密性和秘密性的要件下,在亚信公司及被上诉人无证据证明涉案软件不属于商业秘密的情形下,从兴公司主张的五个涉案软件源代码构成商业秘密。对于“NGBOSS 计费类系统软件”“NGBOSS 营账类系统软件”“电子渠道类系统软件”“经营分析类系统软件”四个软件,从兴公司系根据中国移动广东公司的需求提供技术服务,是实际从事软件源程序开发的一方。在合同双方当事人就开发软件源程序所负载的技术信息无权利归属约定时,该技术信息应属于实际付出劳动创造该信息的软件开发方,从兴公司有权就上述四个软件主张权利。对于“NGCRM 软件”,根据约定,其著作权由从兴公司和中国移动广东公司共同享有,但因软件上负载的源代码既可以作为著作权进行保护,又可以作为技术信息进行保护,同一客体上负载两项知识产权权利,故在权利客体同一的情形下,从权利行使的角度出发,双方对于著作权归属的约定理应视为对技术信息归属的约定,从兴公司有权以自己名义单独主张权利。一审法院对此认定错误,二审法院予以纠正。从加大对商业秘密权利人保护的视角出发,不宜对其举证责任要求过于严苛,但商业秘密权利人也应有初步证据能够证明存在侵权行为。从兴公司无证据证明被控侵权行为涉及的软件信息与其主张的商业秘密实质相同,亦无证据表明其商业秘密已经被涉嫌侵权人披露、使用或者有被披露、使用的风险,也无其他证据表明商业秘密被涉嫌侵权人侵犯。据此，二审法院判决驳回上诉，维持原判。

裁判规则

1. 软件源代码中包含有开源代码或第三方代码，但软件开发者对于开源代码和第三方代码的选取以及相关代码之间的组合关系付出了创造性劳动，所形成的技术信息有别于公知信息，可以认定为不为公众所知悉的信息。

2. 在软件开发合同的双方当事人就所开发软件源程序负载的技术信息的权利归属无明确约定时，该技术信息应归属于实际付出劳动创造该信息的软件开发方。

3. 软件源代码既可作为作品受著作权法保护，又可作为技术信息进行商业秘密保护，在同一客体上负载两项知识产权权利的情形下，从权利行使的角度出发，当事人对于著作权归属的约定应当视为对技术信息归属的约定。

4. 技术信息的权利共有人有权以自己名义单独主张商业秘密保护。

5. 对商业秘密权利人不宜在举证责任方面的要求过于严苛，但商业秘密权利人也应提交初步证据证明存在侵权行为。

哥伦比亚公司与宋某域名侵权案

法院：北京市高级人民法院

案号：(2019)京民终564号

上诉人(原审被告)：宋某

被上诉人(原审原告)：哥伦比亚运动服装公司

案由：域名权属、侵权纠纷

案情简介：哥伦比亚运动服装公司(以下简称哥伦比亚公司)于1961年2月3日在美国登记注册，英文名称为“Columbia Sportswear MFG., INC”，后更名为“Columbia Sportswear Company”。2003年，哥伦比亚公司在东莞设立子公司，英文名称为“Columbia Sportswear Company (Dongguan) Limited”，主要从事Columbia服装、鞋类及相关商品在中国的生产和销售等经营活动。哥伦比亚公司于1993年5月4日注册columbia.com域名(以下简称涉案域名)。哥伦比亚公司认为宋某注册columbia.com.cn域名(以下简称被诉域名)，并以该域名建立网站www.columbia.com.cn(以下简称被诉网站)从事Columbia品牌户外用品经营业务，且通过该网站自动跳转至哥伦比亚公司官方网站和官方微博的行为侵害了哥伦比亚公司的域名权，遂起诉至北京知识产权法院（以下简称一审法院），请求判令宋某停止侵权，并将被诉域名转移给哥伦比亚公司。一审法院经审理认为，哥伦比亚公司对于“Columbia”商号及涉案域名享有合法有效的在先权益。宋某明知“Columbia”商号享有较高知名度，仍注册、使用被诉域名，更以被诉域名建立被诉网站，并可自动跳转至哥伦比亚公司官方网站及官方微博，容易使相关公众误认为哥伦比亚公司与宋某之间存在授权经销等联系。宋某曾向哥伦比亚公司提出以成为其经销商为对价，将被诉域名转让给哥伦比亚公司或许可哥伦比亚公司使用，该行为属于以其他方式有偿转让被诉域名获取不正当利益。综上，宋某注册、使用被诉域名的行为构成不正当竞争。但因尚有哥伦比亚大学、哥伦比亚电影公司等英文名称中包含“Columbia”的市场主体存在，一审法院对于将被诉域名转移给哥伦比亚公司的诉讼请求不予支持，仅判决宋某停止使用并注销被诉域名。

宋某不服一审判决，上诉至北京市高级人民法院（以下简称二审法院）。二审法院经审理认为，宋某在明知哥伦比亚公司商号、域名的情况下，仍申请注册、使用与之高度相似的被诉域名并从事 Columbia 品牌户外用品经营业务，建设被诉网站以自动跳转至哥伦比亚公司官网及官方微博，客观上容易引起公众的混淆误认，并试图通过转让或许可被诉域名直接谋取利益，主观上明显存在恶意，违反了诚实信用原则和公认的商业道德。据此，二审法院认定宋某的被诉行为构成不正当竞争，判决驳回上诉，维持原判。

裁判规则

1. 域名的注册及使用行为之间具有关联性和连续性，判断行为人注册、使用域名的行为是否存在主观恶意，应从其行为的整体过程上进行综合判断。

2. 行为人明知权利人的商号及域名具有一定知名度，仍为商业目的注册、使用与权利人在先商号及域名高度相似的域名，并以该域名建立网站销售同一种或类似商品的，客观上容易引起公众的混淆误认，且行为人曾向权利人要约高价出售、出租或以其他方式转让域名获取不正当利益的，主观上亦具有明显恶意，违反了诚实信用原则和公认的商业道德，构成不正当竞争。

奇虎公司与百度网讯公司等不正当竞争纠纷案

法院：北京市高级人民法院

案号：（2017）京民终 487 号

上诉人(一审被告):北京百度网讯科技有限公司、百度在线网络技术(北京)有限公司

被上诉人(一审原告):北京奇虎科技有限公司

案由:不正当竞争纠纷

案情简介:北京奇虎科技有限公司(以下简称奇虎公司)认为,自2012年8月其360搜索引擎上线运营以来,北京百度网讯科技有限公司(以下简称百度网讯公司)、百度在线网络技术(北京)有限公司(以下简称百度在线公司)一直通过设置Robots协议的方式限制360搜索引擎抓取其相关网页内容,构成不正当竞争,遂起诉至北京市第一中级人民法院(以下简称一审法院),请求判令两被告停止不正当竞争行为,消除影响,赔偿经济损失及合理费用1050万元。一审法院经审理认为,首先,百度网讯公司、百度在线公司在允许国内外主流搜索引擎抓取其网页内容的情况下,限制360搜索引擎抓取,显然与Robots协议促进信息共享的初衷背道而驰,该行为不仅会降低360搜索引擎的用户满意度,损害奇虎公司的合法权益,也会在客观上增强百度搜索引擎的市场优势地位。其次,百度网讯公司、百度在线公司限制360搜索引擎抓取的内容不属于其内部信息或敏感信息,也没有证据显示360搜索引擎的抓取会导致相关网站无法正常运行或损害社会公共利益。百度网讯公司、百度在线公司的涉案行为不仅损害了奇虎公司的合法权益,也扰乱了公平竞争的市场秩序,并最终将会损害广大网络用户的利益,构成不正当竞争。据此,一审法院判决百度网讯公司、百度在线公司停止不正当竞争行为,消除影响,连带赔偿经济损失20万元。

百度网讯公司、百度在线公司不服一审判决,上诉至北京市高级人民法院(以下简称二审法院)。二审法院经审理认为,百度网讯公司、百度在线公司设置的Robots协议白名单实质上是通过采取对搜索引擎经营主体区别对待的方式,以限制特定搜索引擎抓取其网页内容,妨碍了信息自由流动。百度网讯公司、百度在线公司在缺乏合理、正当理由的情况下,通过对网络搜索引擎主体区别对待的方式,限制奇虎公司的360搜索引擎抓取相关网站网页内容,影响该通用搜索引擎的正常运行,损害了奇虎公司的合法权益和相关消费者的利益,妨碍了正常的互联网竞争秩序,违反公平竞争原则,构成不正当竞争。据此,二审法院判决驳回上诉,维持原判。

裁判规则

1. 反不正当竞争法语境下的公认的商业道德是指特定行业的经营者普遍认同

的、符合消费者利益和社会公共利益的经营规范和道德准则。在网络不正当竞争纠纷中，对公认的商业道德进行认定时，应当以特定行业普遍认同和接受的经济人伦理标准为尺度，并综合考虑信息网络行业的特定行业惯例；行业协会或者自律组织根据行业特点、竞争需求所制定的从业规范或者自律公约；信息网络行业的技术规范等内容。

2.《互联网搜索引擎服务自律公约》是在互联网行业协会组织下，由互联网企业广泛签署的行业自律公约，其中的相关约定作为认定互联网行业惯常行为标准和公认商业道德的参考依据。

3. Robots协议的初衷是指引使搜索引擎的网络机器人更有效地抓取对网络用户有用的信息，更好地促进信息共享，而非作为限制信息流通的工具。通过设置Robots协议限制通用搜索引擎的抓取并非Robots协议的应有之义，应当受到适当的限制，即针对通用搜索引擎所采取的限制抓取措施应当具有合理、正当的理由，而不能针对特定对象采取具有歧视性的措施。

北京知识产权法院

优酷公司与奇果公司不正当竞争案

法院：北京知识产权法院

案号：(2019)京73民终238号

上诉人(一审被告)：北京奇果网络科技有限公司

被上诉人(一审原告)：优酷信息技术(北京)有限公司

案由：不正当竞争纠纷

案情简介：优酷信息技术(北京)有限公司(以下简称优酷公司)认为北京奇果网络科技有限公司(以下简称奇果公司)的电视家浏览器在播放视频过程中，有意屏蔽优酷公司的优酷网视频广告，构成不正当竞争，遂起诉至北京市海淀区人民法院(以下简称一审法院)。一审法院经审理认定奇果公司的行为构成不正当竞争，判决奇果公司停止不正当竞争行为并赔偿优酷公司经济损失及维权支出55万元。奇果公司不服，上诉至北京知识产权法院(以下简称二审法院)。二审法院认为，虽然优酷公司不具有互联网电视的经营资质，但与奇果公司仍构成《反不正当竞争法》上的竞争关系。奇果公司屏蔽优酷网视频广告的行为具有主观恶意，构成不正当竞争，故判决驳回上诉，维持原判。

裁判规则

1.《反不正当竞争法》所调整的竞争关系并不仅限于经营同类商品(服务)或替代商品(服务)的经营者之间。凡是以不正当手段谋取竞争优势或者损害他人正常经营活动的,均有可能构成《反不正当竞争法》上的竞争关系。

2. 通过在浏览器中屏蔽视频来源网站视频贴片广告的行为,会使原先使用或潜在愿意使用视频来源网站观看视频的网络用户减少,进而造成视频来源网站广告费以及会员费收入的减少,最终危及视频来源网站的正常经营,对视频来源网站的经营利益造成损害,构成不正当竞争。

里莫瓦公司与段某琴不正当竞争纠纷案

法院:北京知识产权法院

案号:(2017)京73民终792号

上诉人(一审被告):段某琴

被上诉人(一审原告):里莫瓦有限公司

案由:不正当竞争纠纷

案情简介:里莫瓦有限公司(以下简称里莫瓦公司)生产的旅行箱(以下简称涉案旅行箱)的外形以沟槽条纹为主,并具有包角、金属条、铆钉、锁槽等五个装潢设计要素的组合(以下简称凸出条纹设计组合)。里莫瓦公司认为,段某琴销售的旅行箱(以下简称被诉侵权产品)构成对涉案旅行箱的仿冒,侵害了其对涉案旅行箱特有装潢所享有的合法权益,遂起诉至北京市东城区人民法院(以下简称一审法院)。一审法院认为,段某琴的行为构成擅自使用知名商品特有装潢的不正当竞争,故判决段某琴停止侵权并赔偿经济损失2万元及合理支出5万元。段某琴不服,上诉至北京知识产权法院(以下简称二审法院)。二审法院经审理认为,里莫瓦公司提供的宣传及销售证据不足以证明段某琴明知或应知凸出条纹设计组合与里莫瓦公司间的对应关系,无法证明段某琴实施不正当竞争行为的主观恶意。据此,二审法院判决撤销一审法院的一审判决,驳回里莫瓦公司的诉讼请求。

裁判规则

1. 经营者的行为具有对其他经营者的经营利益造成损害的可能性,且该经营者会基于这一行为而获得现实或潜在的竞争利益,则可以认定经营者间具有《反不正当竞争法》调整的竞争关系。

2.《反不正当竞争法》所保护的"商品特有的名称、包装、装潢"相当于未注册商标。不同于注册商标,若要对商品特有的名称、包装、装潢进行保护,在案证据需要证明其客观上已起到指示商品及服务来源的作用。相应地,其他经营者只有在知晓该知名度的情况下仍使用被诉的商品名称、包装、装潢的情况下,方可认定该经营者具有主观过错,而不能当然推定其具有主观过错。

3.《反不正当竞争法》对于立体形式的商品包装及装潢提供保护需区分功能性与识别性。如果立体形式的商品的包装及装潢中某些或全部设计特征是实现相应功能的唯一方式或极为有限的方式,则不受《反不正当竞争法》的保护。

4. 判断侵权产品零售商的主观恶意情况,不仅要考虑涉案商品及其特有装潢的知名度是否可以使零售商知晓涉案商品与权利人之前的对应关系,还要考虑零售商是否知晓其销售行为违法。对于立体形式的商品包装及装潢,不宜对零售商的主动认知能力提出过高要求,但该标准并不当然适用于制造商。

图 1-2-33　凸出条纹设计组合

爱奇艺公司与龙境公司等不正当竞争纠纷案

法院:北京知识产权法院

案号:(2019)京 73 民终 3263 号

上诉人(一审被告):杭州龙魂网络科技有限公司、杭州龙境科技有限公司

被上诉人(一审原告):北京爱奇艺科技有限公司

案由:不正当竞争纠纷

案情简介:北京爱奇艺科技有限公司(以下简称爱奇艺公司)是爱奇艺网和爱奇艺 App 的经营者。爱奇艺公司认为,杭州龙魂网络科技有限公司、杭州龙境科技

有限公司(以下统称两被告)在"马上玩"App(以下简称被诉App)中通过技术手段将爱奇艺VIP账号分时出租,使其用户无须向爱奇艺公司付费即可获得爱奇艺VIP视频服务,违反了爱奇艺VIP账号用户协议,构成不正当竞争,遂起诉至北京市海淀区人民法院(以下简称一审法院),请求判令两被告停止侵权、消除影响并连带赔偿经济损失及合理支出共计300万元。一审法院经审理认定被诉行为构成不正当竞争,判令两被告停止侵权、消除影响并赔偿爱奇艺公司经济损失及合理开支共计300万元。

两被告不服一审判决,上诉至北京知识产权法院(以下简称二审法院)。二审法院经审理认为,两被告利用流化技术使用户无须向爱奇艺公司付费即可接受爱奇艺VIP视频服务,并对爱奇艺App部分功能进行限制,妨碍了爱奇艺公司合法提供的网络服务的正常运行。两被告作为互联网行业的经营者以及爱奇艺VIP付费会员,理应知晓爱奇艺公司VIP付费制度,但仍然实施被诉侵权行为,并在爱奇艺公司发送侵权通知后,对被诉App中爱奇艺视频所处位置进行了多次调整且逐渐隐蔽化,主观恶意明显。两被告实施的被诉行为显然破坏了爱奇艺公司基于自主经营权对其VIP账号所作的限制,亦非基于通过对网络新技术的运用向社会提供新产品服务进而促进行业新发展的需要,具有不正当性和可责性。被诉行为不仅直接损害了爱奇艺公司的经营收益,而且从长远来看也将逐步降低市场活力,破坏竞争秩序和机制,阻碍网络视频市场的正常、有序发展,并最终造成消费者福祉的减损,违反了《反不正当竞争法》第12条第2款第4项的规定,构成不正当竞争。据此,二审法院判决驳回上诉,维持原判。

裁判规则

1.《反不正当竞争法》的立法目的在于保障社会主义市场经济健康发展,鼓励和保护公平竞争,制止不正当竞争行为,保护经营者和消费者的合法权益。在新的经济模式下,判断经营者之间是否存在竞争关系不应仅局限于同行业经营者,只要经营者在具体的经营行为、最终利益方面存在竞争关系,亦应认定经营者间存在竞争关系。

2.《反不正当竞争法》第12条第2款第4项旨在规范利用"技术手段"妨碍、破坏经营者合法提供的网络产品或服务正常运行的不正当竞争行为。经营者通过技术手段对其他经营者提供的网络产品功能或服务进行限制或破坏,干扰其他经营者的运营模式和盈利方式,主观上具有过错,长远看也将逐步降低市场活力,破坏竞争秩序和机制,阻碍该网络产品市场的正常、有序发展,减损消费者福祉,该不正当竞争行为应当适用《反不正当竞争法》第12条第2款第4项的规定予以规制。

北京市海淀区人民法院

百度公司与政凯公司不正当竞争行为保全案

法院:北京市海淀区人民法院

案号:(2020)京0108民初24338号、(2020)京0108民初24339号

申请人:北京百度网讯科技有限公司

被申请人:上海政凯信息科技有限公司

案由:不正当竞争纠纷

案情简介:北京百度网讯科技有限公司(以下简称百度公司)认为,上海政凯信息科技有限公司(以下简称政凯公司)未经许可,通过涉案插件强行更改百度网中的页面设置,添加无关专题和版块链接,诱导用户转至政凯公司运营的新媒体管家网,以及通过插件插入链接按钮,强行更改百家号平台的用户图文编辑页面,诱导用户使用政凯公司提供的产品及服务,构成不正当竞争,遂起诉至北京市海淀区人民法院(以下简称海淀区法院),并在审理过程中,提出行为保全申请。海淀区法院经审理认为,政凯公司通过技术手段插入链接,进行目标跳转,妨碍了百度网及百家号的正常运行,被认定为《反不正当竞争法》第12条第2款第1项所规制的不正当竞争行为的可能性极大。如不及时采取行为保全措施,有可能对百度公司造成难以弥补的损害,且采取行为保全措施不会对政凯公司造成不当损害或对公共利益造成损害。据此,海淀区法院裁定政凯公司停止利用插件在百度网及百家号平台插入链接以进行目标跳转的行为。

裁判规则

1.被申请人的行为构成不正当竞争的可能性极大,若不及时采取行为保全措施可能使申请人的合法权益受到难以弥补的损害,且采取行为保全措施不会对被申请人造成不当损害,也不会对公共利益造成损害的,对申请人提出的诉中行为保全申请应予支持。

2.申请人提出诉中行为保全申请,被申请人提出管辖权异议的,法院可以在依法做出行为保全裁定后,对管辖权异议另行予以处理。

微梦公司与云智联公司不正当竞争案

法院:北京市海淀区人民法院

案号:(2017)京 0108 民初 24512 号

原告:北京微梦创科网络技术有限公司

被告:云智联网络科技(北京)有限公司

案由:不正当竞争纠纷

案情简介:北京微梦创科网络技术有限公司(以下简称微梦公司)是新浪微博的运营者及服务提供者。微梦公司认为,云智联网络科技(北京)有限公司(以下简称云智联公司)运营的超级星饭团 App(以下简称涉案 App)未经微梦公司许可,抓取、推送、展示包括明星微博动态等信息的新浪微博数据和内容(以下简称涉案数据),构成不正当竞争,遂起诉至北京市海淀区人民法院(以下简称海淀区法院),请求判令云智联公司赔偿经济损失 1000 万元及合理开支 25.5 万元。海淀区法院经审理认为,微梦公司所主张的涉案数据虽来源于微博用户数据,但并非零散且相对独立的数据的简单集合,而是微梦公司进行了数据安全保护等加工后形成的数据,微梦公司对该数据享有权益。云智联公司抓取的涉案数据包括微梦公司已设置了访问权限的非公开数据,在云智联公司与微梦公司不存在合作且云智联公司自认其未获得明星许可使用其在新浪微博上的涉案数据的情形下,云智联公司利用技术手段破坏或绕开微梦公司所设定的访问权限获得非公开数据的行为构成不正当竞争。云智联公司抓取的公开数据具有较大规模,云智联公司未提供证据证明其是通过表明身份的网络爬虫或其他正常访问行为抓取该类数据,且在明知微梦公司限制除白名单以外的机器人抓取涉案数据的情况下仍然实施抓取涉案数据中的公开数据,具有主观恶意,构成不正当竞争。因云智联公司获取非公开数据行为本身即不正当,获取公开数据的手段亦不正当,其后续使用涉案数据的行为因数据来源不合法而不具有正当性。云智联公司的被诉行为影响了新浪微博数据安全,破坏了微梦公司所提供服务的正常运行,也可能侵害用户对其个人隐私等信息所享有的合法权益,构成不正当竞争。涉案 App 的用户规模较大,云智联公司侵权情节严重,海淀区法院据此判决云智联公司赔偿经济损失 1000 万元及合理开支 228,554 元。

裁判规则

1. 经营者为收集、整理数据,以及维护其互联网产品中的数据运行和安全而付出成本，且该种数据整体上可为经营者进行衍生性利用或开发从而获得进一步的经营利益时，其他经营者未经许可擅自抓取且使用上述数据的行为，受《反不正当竞争法》调整。

2. 网络平台经营者通过登录规则或其他措施设置了访问权限的数据属于非公开数据，该数据涉及平台商业策略的实现、数据安全的维护以及用户隐私的保护等因素，网络平台经营者基于该部分数据所获得的经营利益受法律保护。

3. 网络平台经营者未设定访问权限的数据属于公开数据，网络平台经营者应当在一定程度上容忍他人合法收集或利用其平台中已公开的数据，在无合理理由的情形下，不应对用户通过浏览获取和其他经营者通过网络爬虫等自动化程序获取此类公开数据的行为进行区别性对待。

4. 在抓取数据行为本身不正当的情况下，经营者后续对该抓取数据的推送、展示等使用行为也会因数据来源不合法而不具有正当性。

5. 非公开数据因其涉及用户选择等因素而不属于自由流动的信息，公开数据也可能因具有较强的用户个人色彩或因网络平台经营者对此类数据的投入等因素而不当然属于可以共享互通的信息。网络平台经营者在未针对特定对象采取歧视性措施的情况下，利用 Robots 协议限制搜索引擎抓取上述数据的行为具有正当、合理理由，不构成不正当竞争。

6. 互联网产品的商业性经营和获利不仅来源于用户直接付费，还包括对用户流量的获得，以及基于用户流量规模进行的衍生产品开发和推广等其他方面，故在确定赔偿数额时不应仅计算互联网产品通过用户付费而直接盈利的部分，还应根据侵权行为、损害后果、行为人主观恶意等因素综合确定。

百度公司与梦西游公司不正当竞争纠纷案

法院：北京市海淀区人民法院

原告：北京百度网讯科技有限公司

被告：苏州梦西游网络科技有限公司

案由：不正当竞争纠纷

案情简介：北京百度网讯科技有限公司（以下简称百度公司）运营的百度文库是为网友提供信息存储空间、供网友在线阅读、下载和分享文档、视频、音频的开放平台，为用户提供文档上传、下载、收藏、浏览等服务，同时还为付费会员提供专享会员权益及特色服务。百度公司认为，苏州梦西游网络科技有限公司（以下简称梦西游公司)利用"文库下载神器"插件(以下简称被诉插件)向用户提供百度文库需用下载券下载的文档和付费文档的下载服务,构成不正当竞争,遂起诉至北京市海淀区人民法院(以下简称海淀区法院)。海淀区法院经审理认为,梦西游公司实施的被诉行为使用户无须上传和分享文档,直接影响了百度公司通过非VIP用户上传文档获取文档资源这一重要渠道,而且还打破了百度公司对用户下载文档设置的相关限制,使服务购买者无须遵循百度文库产品在文档下载方面的运营规则,即可无差别地获得相关文档,破坏了百度文库产品和服务的正常运行,不仅造成百度公司会员收入的减少,而且影响了百度文库的用户流量,损害了百度公司的竞争优势,构成不正当竞争。海淀区法院综合考虑被诉行为的行为方式、交易数量、交易金额以及梦西游公司的主观恶意等因素,判决梦西游公司赔偿百度公司经济损失200万元及合理开支3万元。

裁判规则

经营者利用技术手段向公众提供针对在线文库文档的下载服务,破坏了在线文库经营者所提供的网络产品及所提供服务的正常运行,损害了在线文库经营者基于其用户流量可获得的增值收益和竞争优势,构成《反不正当竞争法》第12条第2款第4项所规制的情形,构成不正当竞争。

(本案判决尚未公开,裁判规则系根据法院官方报道内容归纳。)

百度公司与子乐公司等不正当竞争纠纷案

法院:北京市海淀区人民法院

原告:百度在线网络技术(北京)有限公司

被告:北京子乐科技有限公司、北京经纬智诚电子商务有限公司

案由:不正当竞争纠纷

案情简介:百度在线网络技术(北京)有限公司(以下简称百度在线公司)是小度智能音箱等AI电子产品的开发者和运营者,"xiaodu xiaodu"是具有唤醒和操作功能的语音指令,应用于百度在线公司的AI电子产品中。百度在线公司认为,北京子乐科技有限公司(以下简称子乐公司)生产、销售与小度智能音箱相同的AI电子产品杜丫丫学习机,在其官网宣传内容及杜丫丫学习机中突出使用"小杜"指代该产品,并在杜丫丫学习机中使用"xiaodu xiaodu"语音指令进行唤醒和操作,构成不正当竞争。北京经纬智诚电子商务有限公司(以下简称经纬智诚公司)销售该侵权产品,构成不正当竞争。百度在线公司起诉至北京市海淀区人民法院(以下简称海

淀法院),请求判令子乐公司及经纬智诚公司停止侵权;子乐公司消除影响并赔偿经济损失及合理开支300万元。海淀法院经审理认为,“小度”作为百度在线公司智能音箱的商品名称,属于《反不正当竞争法》规定的“有一定影响的商品名称”。“xiaodu xiaodu”语音指令已与百度在线公司及其产品建立起了明确、稳定的联系,并具有较高知名度和影响力,应受《反不正当竞争法》第6条第4项的保护。子乐公司实施被诉行为,主观上具有恶意,客观上易使相关公众误认为杜丫丫学习机与百度在线公司的小度智能音箱及其相关服务可能存在产品研发、技术支持、授权合作等方面的特定联系,构成不正当竞争。经纬智诚公司销售侵权产品亦缺乏合法依据。海淀法院据此判决子乐公司及经纬智诚公司停止侵权;子乐公司就其不正当竞争行为消除影响,并赔偿经济损失50万元及合理支出5万元。

(本案判决尚未公开,相关内容系根据法院官方报道内容整理。)

(五)垄断类

北京知识产权法院

海能达公司与摩托罗拉公司等滥用市场支配地位纠纷案

法院:北京知识产权法院

原告:海能达通信股份有限公司

被告:摩托罗拉系统(中国)投资有限公司等

案由:滥用市场支配地位纠纷

案情简介:海能达通信股份有限公司(以下简称海能达公司)认为,摩托罗拉系统(中国)投资有限公司(以下简称摩托罗拉公司)在成都地铁专网无线通信市场具有支配地位。摩托罗拉公司宣称,若用户在先已使用其产品,则后续线路继续采用其产品会具有更好的互联互通性能,该行为具有限定成都地铁招标方仅与其交易的后果,属于限定交易行为。此外,摩托罗拉公司拒绝开放用于互联互通的API端口。因此,摩托罗拉公司同时构成了限定交易和拒绝交易行为。海能达公司起诉至北京知识产权法院,请求判令摩托罗拉公司停止滥用市场支配地位的行为,并赔偿其经济损失及合理支出共计5000余万元。北京知识产权法院经审理认为,每一次单独的招投标事件构成一个单独的相关市场，故在成都地铁2、3、4号线的招标事件发生时，摩托罗拉公司具有市场支配地位，但摩托罗拉公司的被诉行为不构成限定交易行为，也不构成拒绝交易行为。据此，北京知识产权法院判决驳回了海能达公司的全部诉讼请求。

裁判规则

1. 在招投标市场中，招标文件的要求决定了参与竞争的经营者范围，因每一次招标事件均会有相应的招标要求，故每一次单独的招投标事件构成一个单独的相关市场。

2. 构成限定交易的前提是摩托罗拉公司具有直接或间接要求成都地铁方仅与其进行交易的意思表示。如果没有限定交易的意思表示，不可能产生限定交易的客观后果，则不构成限定交易行为。

3. 判断是否构成拒绝交易，至少需要同时考虑是否存在拒绝行为、该拒绝行为是否产生了排除或限制竞争的后果、拒绝是否具有正当理由等因素。具有竞争优势的一方实施相关拒绝行为，并不当然产生排除或限制竞争的后果。

（本案判决尚未公开，裁判规则系根据法院官方报道内容归纳。）

欢唱壹佰公司与音集协垄断纠纷案

法院：北京知识产权法院

案号：(2018)京73民初780号

原告：惠州市欢唱壹佰娱乐有限公司

被告：中国音像著作权集体管理协会

案由：滥用市场支配地位纠纷

案情简介：惠州市欢唱壹佰娱乐有限公司（以下简称欢唱壹佰公司）为KTV企业。中国音像著作权集体管理协会（以下简称音集协）为国家版权局批准成立的著作权集体管理组织，经权利人授权，集中行使权利人的有关权利并以自己的名义进行许可使用、收取使用费等相关活动。天合文化集团有限公司（以下简称天合公司）是音集协委托的卡拉OK许可收费服务机构。欢唱壹佰公司因音集协要求其与天合公司签约，并提出收取签约费等不合理的签约条件，认为音集协构成滥用市场支配地位的垄断行为，同时违反了《著作权集体管理条例》（以下简称《条例》）的相关规定，遂向北京知识产权法院提起诉讼，请求音集协停止实施限定交易、附加不合理的交易条件的垄断行为,以合理、同等条件与其签订著作权许可使用合同。北京知识产权法院经审理认为,欢唱壹佰公司以音集协违反《条例》的相关规定为由提起民事诉讼,不属于人民法院受理民事诉讼的范围。此外,北京知识产权法院认定音集协在中国大陆(内地)类电影作品或音像制品在KTV经营中的许可使用市场具有市场支配地位,但在案证据不足以证明音集协实施了被诉滥用市场支配地位的垄断行为。据此,北京知识产权法院判决驳回原告的诉讼请求。北京知识产权法院还针对案件中发现的相关问题向被告音集协发送了司法建议函,建议其注重加强集体管理组织的有序运行,发挥自身在海量授权使用许可中的天然优势,有效解决权利人与使用者之间就海量作品使用许可与被许可存在的争议和问题。在有效保护类电影作品或录音录像制品权利人相关权利的同时,积极促进KTV经营者的依法依规经营,推动文化产业有序发展。

裁判规则

1. 在界定相关市场时,可以基于商品或服务的特征、用途、价格等因素进行需求替代分析,必要时进行供给替代分析。相关商品或服务市场的界定,通常首先从被诉实施垄断行为的经营者提供的商品或服务出发,进而考察最有可能具有紧密替代性关系的其他商品或服务。如果具有较高的替代性,则将后者与前者纳入同一个相关商品或服务市场,并继续扩大分析范围,直至被考察对象之间不存在这种具有较高替代性关系为止,以此作为案件涉及的最终相关商品或服务市场。

2. 我国目前卡拉OK曲库中绝大多数为类电影作品,少量为音像制品,但针对该作品或制品的许可问题,无论将其界定为放映权还是信息网络传播权的使用许可,对KTV经营者所需求的服务市场均无大的影响。基于此,根据《著作权法》的相关规定,可以认定对于曲库中的相关类电影作品而言,KTV经营者所需求的服务应为放映权使用许可或信息网络传播权的使用许可;对于曲库中的相关音像制品而言,其所需求的服务应为信息网络传播权的使用许可。

3. 在中国大陆(内地)类电影作品或音像制品的KTV经营中的许可使用市场,音集协是目前唯一的集体管理组织,即使另行审批成立其他集体管理组织,其业务范围也不会与被告音集协出现交叉或重合,故音集协所从事的相关类电影作品或音像制品的集体管理为其特有的业务范围,具有唯一性,且其获得授权管理的类电影作品或音像制品具有明显的数量和规模优势,在KTV经营中具有很强的代表性,在相关市场具有支配地位。

4. 经营者在相关市场具有市场支配地位并不意味着经营者的相关行为必然不

合法,而是需要综合评估相关行为对消费者和竞争造成的消极效果和可能具有的积极效果,进而对其合法性作出判断。

王某与链家公司滥用市场支配地位纠纷案

法院:北京知识产权法院

原告:王某

被告:北京链家房地产经纪有限公司

第三人:北京中融信融资担保有限公司

案由:滥用市场支配地位纠纷

案情简介:王某经北京链家房地产经纪有限公司(以下简称链家公司)居间介绍,购买了一套二手房并与房屋所有人、链家公司、北京中融信融资担保有限公司(以下简称中融信公司)签订了包括《居间服务合同》《交易保障服务合同》等在内的系列合同,其中《交易保障服务合同》约定了中融信公司提供的13项交易保障服务内容。王某针对前述系列合同向北京知识产权法院提起诉讼,请求确认链家公司在2016年度北京市"城六区"(西城区、东城区、朝阳区、海淀区、丰台区、石景山区)存量住房买卖经纪服务市场中具有市场支配地位,确认链家公司向王某提供服务时存在以不公平高价交易、将交易保障服务与居间服务捆绑交易、将13项交易保障服务进行搭售、交易时规定过户后出具发票等附加不合理条件等滥用市场支配地位的行为,并要求退还原告居间代理费、保障服务费及因维权产生的合理费用共计2万元。北京知识产权法院经审理认为,本案的相关地域市场应界定为北京市全部区域,相关服务市场范围应界定为新建房、存量房的买卖、租赁经纪服务及存量房买卖自行成交市场。2016年链家公司在相关市场不具备市场支配地位,北京知识产权法院据此判决驳回王某的诉讼请求。

裁判规则

1. 界定房产经纪服务的相关市场,应当充分考虑卖方市场和买方市场共存的双边市场特征、相关互联网行业跨界进入市场、线下与线上并存模式等因素对市场界定可能产生的影响。以与案件相关的最小服务和最小地域为目标服务和目标地域,分别从需求替代和供给替代角度分析是否存在对目标服务或目标地域构成紧密替代的其他服务或地域,进而界定出相关市场。

2. 判断相关房产经纪公司在相关市场是否具有市场支配地位,可以从该公司在相关市场是否具有控制房源或客源的能力、公司财力、技术设施、潜在竞争者进入相关市场的难易程度、该公司的交易相对人对其的依赖程度等因素予以综合考虑。

（本案判决尚未公开，裁判规则系根据法院官方报道内容归纳。）

东兴油井公司与中石油股份公司等垄断纠纷案

法院：北京知识产权法院

案号：（2017）京73民初1788号

原告：盘锦东兴油井措施服务有限公司

被告：中国石油天然气股份有限公司、BECKBURY国际有限公司

案由：滥用市场支配地位纠纷

案情简介：盘锦东兴油井措施服务有限公司（以下简称东兴油井公司）认为，中国石油天然气股份有限公司（以下简称中石油股份公司）与BECKBURY国际有限公司（以下简称BECKBURY公司）通过实施差别待遇和拒绝交易的滥用市场支配地位的行为，排除、限制了东兴油井公司在正常竞争秩序中可以合法获取的企业经营利益，构成滥用市场支配地位。东兴油井公司起诉至北京知识产权法院，请求判令两被告停止实施差别待遇和拒绝交易的滥用市场支配地位行为并赔偿经济损失34,136,617.48元及合理支出204,038元。北京知识产权法院经审理认为，本案的相关服务市场为固定式锅炉注汽服务市场，相关地域市场应为全国稠油油田产区。现有证据不足以证明两被告在本案所涉及的全国稠油油田产区固定式锅炉注汽服务市场内具有支配地位。BECKBURY公司通知东兴油井公司停止注汽服务时，两公司之间签订的相关注汽服务协议的履行期限均已届满。在此情况下，BECKBURY公司不再与东兴油井公司续约，符合合同自由原则，且在需求下降的情况下，BECKBURY公司不再从东兴油井公司处采购热注汽服务有合理理由，故不构成拒绝交易。东兴油井公司与辽河华油公司在规模和能力、信用状况、交易成本、交易安全等方面存在明显差别，且该差别足以影响被告的交易选择，因此被告未实施差别待遇。据此，北京知识产权法院判决驳回东兴油井公司的诉讼请求。

裁判规则

1. 相关市场是指经营者在一定时期内就特定商品或者服务进行竞争的商品范围和地域范围。相关商品市场，是根据商品的特性、用途及价格等因素，由需求者认为具有较为紧密替代关系的一组或一类商品所构成的市场。相关地域市场，是指需

求者获取具有较为紧密替代关系的商品的地理区域。相关市场范围的大小主要取决于商品(地域)的可替代程度。界定相关市场主要从需求者角度进行需求替代分析。当供给替代对经营者行为产生的竞争约束类似于需求替代时,也应当考虑供给替代。

2. 被诉行为系买方滥用市场支配地位,故需判断商品需求者是否具有市场支配地位,应当着重考察供给者的产品能够在何种市场上流通和销售,供给者的产品具备哪些现实或潜在需求者,与供给者的产品存在紧密替代关系的产品范围等因素。

3. 对于存在依赖性的交易关系,不应简单地以交易双方已有的交易范围确定相关市场,否则容易得出被依赖一方具有该相关市场支配地位的结论,导致很多本属于合同法或其他民事法律关系框架内的争议被纳入《反垄断法》的范畴,与《反垄断法》的立法目的不符。

三、上海法院

(一)专利类

专利民事纠纷

上海市高级人民法院

搜狗公司与百度公司等专利侵权案

法院:上海市高级人民法院

上诉人(一审原告):北京搜狗科技发展有限公司

被上诉人(一审被告):百度在线网络技术(北京)有限公司、北京百度网讯科技有限公司、上海天熙贸易有限公司

案由:侵害发明专利权纠纷

案情简介:北京搜狗科技发展有限公司(以下简称搜狗公司)系专利号为ZL200810113984.9、发明名称为"一种用户词参与智能组词输入的方法及一种输入法系统"的发明专利(以下简称涉案专利)的专利权人,百度在线网络技术(北京)有限公司、北京百度网讯科技有限公司(以下统称百度公司)制作发布了百度输入法软件产品(以下简称被诉侵权产品)。2015年11月,搜狗公司认为百度公司的被诉侵权产品侵犯其涉案专利的专利权,遂向上海知识产权法院(以下简称一审法院)提起诉讼,请求法院判令百度公司立即停止侵权行为,并赔偿搜狗公司经济损失1000万元。2017年7月,工业和信息化部软件与集成电路促进中心知识产权司法鉴定所根据搜狗公司的司法鉴定申请,针对被诉侵权产品与涉案专利的技术特征比对,出具《司法鉴定意见书》,认为百度输入法软件的部分技术特征与搜狗公司的相关专利技术特征不相同也不等同。据此,一审法院判决驳回搜狗公司的全部诉讼请求。搜狗公司不服,向上海市高级人民法院(以下简称二审法院)提起上诉。2020年3月30日,二审法院经审理作出二审判决,驳回搜狗公司的上诉请求。

裁判规则

1. 如果主题名称仅是对全部技术特征所构成的技术方案的概括,而不是技术特征的限定,则其对权利要求的限定作用一般限于确定专利技术方案所适用的技术领域。

2. 在计算机软件专利侵权案件中,被控侵权软件实现某种技术效果及功能的过程通常为终端用户所不可见,法院需要结合当事人的举证能力,针对现象与方法流程的对应关系等问题合理分配当事人的举证责任。

(本案判决尚未公开,裁判规则系根据法院官方报道内容归纳。)

陈某东与可口可乐上海公司职务发明奖励、报酬纠纷案

法院:上海市高级人民法院

案号:(2019)沪民终497号

上诉人(一审原告):陈某东

上诉人(一审被告):可口可乐饮料(上海)有限公司

案由:职务发明创造发明人、设计人奖励、报酬纠纷

案情简介:可口可乐公司注册地为美国佐治亚州,系专利号为ZL200430046478.5、使用外观设计的产品名称为"瓶"的外观设计专利(以下简称涉案专利)的专利权人,设计人为陈某东、林某源。陈某东系可口可乐饮料(上海)有限公司(以下简称可口可乐上海公司)员工。可口可乐上海公司与可口可乐公司系关联公司。陈某东于2018年5月向上海知识产权法院(以下简称一审法院)起诉称,其在可口可乐上海公司任职期间设计了涉案专利,涉案专利被可口可乐公司用于果粒橙等系列果汁饮料包装,果粒橙等系列果汁饮料上市后销售规模巨大,可口可乐上海公司亦因此获得可观经济效益,但并未向其支付职务发明报酬,请求判令可口可乐上海公司按0.1%的营业利润补发职务发明报酬100万元。一审法院审理认为,可口可乐公司的部分美汁源果汁饮料产品曾使用涉案专利瓶型,可口可乐上海公司亦从上述产品销售中获得经济效益,其系陈某东的雇主,应当向陈某东支付职务发明报酬。据此,一审法院判令可口可乐上海公司支付陈某东职务发明报酬15万元。陈某东、可口可乐上海公司不服一审判决,向上海市高级人民法院(以下简称二审法院)提起上诉。二审法院经审理,判决驳回上诉,维持原判。

上海知识产权法院

西门子公司与绿米公司等外观设计专利侵权案

法院:上海知识产权法院

案号:(2018)沪73民初916号

原告:西门子公司

被告:深圳绿米联创科技有限公司、上海吉研智能科技有限公司

案由:侵害外观设计专利权纠纷

案情简介:西门子公司系专利号为ZL201230010342.3、使用外观设计的产品名称为“开关”的外观设计专利(以下简称涉案专利)的专利权人。西门子公司认为深圳绿米联创科技有限公司(以下简称绿米公司)、上海吉研智能科技有限公司的被诉侵权产品侵犯涉案专利,遂起诉至上海知识产权法院。上海知识产权法院认为,被诉侵权产品与涉案专利的设计要点相同,而差异之处仅在于产品正常使用时不易观察到的部位或差异本身较为细微,故六款被诉侵权产品与涉案专利构成近似的外观设计。关于赔偿数额,对于其中可计算的侵权获利部分,上海知识产权法院采取被诉侵权产品总销量×利润率×专利贡献率的方法,计算出绿米公司侵权获利为339万余元。对于绿米公司其他线上和线下销售部分,上海知识产权法院综合考虑了绿米公司线上销售范围、线下销售范围及其侵权情节与主观恶意。在案证据表明,绿米公司的侵权获利已经超过了西门子公司主张的600万元赔偿额,故予以全额支持。

裁判规则

对于有明确证据佐证的被告侵权获利,应当准确计算该侵权获利金额。对于无法准确计算但在案证据显示明显高于法定赔偿额上限的侵权获利,可以综合考虑全案因素,酌情确定其金额。上述两部分金额相加,计算得到全案赔偿金额。

(裁判规则根据法院官方微信号报道内容归纳。)

（二）商标类

商标民事纠纷

上海知识产权法院

于某与北京廿一客等商标权侵权案

法院：上海知识产权法院

案号：(2020)沪 73 民终 81 号

上诉人(原审原告)：于某

被上诉人(原审被告)：北京廿一客食品有限公司、上海廿一客食品有限公司等 13 家公司

案由：侵害注册商标专用权纠纷

案情简介：于某是第 13247755 号注册商标“Vacake 及图”[以下简称涉案商标，见图 1-3-1(a)]的商标权人，该商标核定使用在第 30 类蛋糕等商品上。于某认为北京廿一客食品有限公司、上海廿一客食品有限公司等 13 家公司(以下简称廿一客及关联公司)在其品牌官网、官方 App 和线下实体店使用与涉案商标近似的标识[以下简称被诉标识，见图 1-3-1(b)]侵害了涉案商标权，遂起诉至上海市浦东新区人民法院(以下简称一审法院)，请求判令廿一客及关联公司停止侵权、赔偿损失。一审法院经审理认为，从被诉标识持续使用时间、区域、经营业绩、所获荣誉等方面来看，在涉案商标申请日前，被诉标识已由廿一客及关联公司在先使用，构成在先使用并有一定影响的商标。于某在首次使用涉案商标中蛋糕图形前明知被诉标识的存在，结合于某曾试图抄袭廿一客及关联公司品牌文案的事实，于某构成以不正当手段抢先注册涉案商标。据此，一审法院判决驳回于某的诉讼请求。于某不服一审判决，上诉至上海知识产权法院(以下简称二审法院)。二审法院经审理认为，廿一客及关联公司始终在蛋糕等商品、相应经营物料及宣传中使用被诉标识，使用过程中没有改变原标识的图形或图文组合样式，且为了便于不同城市的配送在其他城市成立各关联公司，均属于在原有范围内使用被诉标识，因此廿一客及

关联公司的行为不构成侵害注册商标权。据此,二审法院判决驳回上诉,维持原判。

裁判规则

1. 诉讼主体进行诉讼活动应当遵循诚实信用原则,不得滥用诉讼权利。任何违背法律精神,以损害他人正当权益为目的,恶意行使诉讼权利的行为均属于权利滥用,其相应主张不应予以支持。经营者明知他人在先使用并具有一定影响的标识,仍在同一种或类似商品上申请注册与该标识相同或近似的商标,有违诚实信用原则。经营者基于该以不正当手段抢先注册的商标主张他人侵害商标权的,属于对其注册商标专用权的滥用,应当不予支持。

2. 商标权人在申请商标注册前,他人已经在同一种或者类似商品上先于商标权人使用与注册商标相同或者近似并有一定影响的标识的,注册商标专用权人无权禁止该使用人在原使用范围内继续使用该标识。对原使用范围的界定,《商标法》强调的是使用范围而非使用规模。该使用人为便利其产品在各个城市的配送,扩大配送范围并成立具有关联关系的主体对在先使用的标识在同一类别商品上的后续使用行为,属于在原有范围内的使用。

(a)涉案商标　　　　(b)被诉标识

图 1-3-1　商标对比

商标刑事案件

上海市浦东新区人民法院

方某等假冒注册商标案

法院:上海市浦东新区人民法院

案号:(2019)沪 0115 刑初 4533 号

公诉机关:上海市浦东新区人民检察院

被告人:方某、谢某、杨某、黄某

罪名:假冒注册商标罪

案情简介:戴森技术有限公司(以下简称戴森公司)是"dyson"注册商标(以下简称涉案商标,见图1-3-2)的商标权人。涉案商标于2010年3月28日核定使用在第11类干燥设备、头发干燥器、手干燥器等商品上。2018年4月8日,方某、谢某成立深圳市龙岗区迪美丝奥电子商行(以下简称迪美丝奥商行),公司实际控制人为方某,法定代表人为谢某。黄某负责造假原料的仓储和管理,杨某负责销售。迪美丝奥商行先后在深圳、惠州等地开设工厂生产假冒涉案商标的吹风机,对外售价每台吹风机700元左右。2018年12月14日,谢某、黄某在广东省惠州市被公安机关抓获,现场查获假冒涉案商标的吹风机277台及其配件、包装材料等物品,价值19万余元。方某、杨某分别在其住处被公安机关抓获。上海市浦东新区人民检察院认为方某、谢某、杨某、黄某共同侵害了戴森公司对涉案商标享有的商标权,构成假冒注册商标罪,向上海市浦东新区人民法院(以下简称浦东新区法院)提起公诉。浦东新区法院审理认为,4名被告人未经戴森公司许可,在同一种商品上使用与涉案商标相同的商标,所参与生产、销售的假冒涉案商标的吹风机达19,000余台,销售金额达1350万余元,情节特别严重,构成假冒注册商标罪。方某、谢某在共同犯罪中起主要作用,系主犯。杨某、黄某在共同犯罪中起次要作用,系从犯。同时,标注有涉案商标的吹风机在市场上有较高的知名度,且吹风机系日常生活中常使用的家用小电器,4名被告人的行为不仅严重侵害了戴森公司的商标权及消费者的权益,亦可能因假冒吹风机本身的质量隐患对最终的消费者造成人身伤害或者财产损失,其行为具有较大的社会危害性,各被告人犯罪的主观恶性均较大,不应减轻处罚或适用缓刑。据此,浦东新区法院对主犯方某判处有期徒刑六年,并处罚金人民币500万元;对主犯谢某判处有期徒刑五年,并处罚金人民币160万元。

dyson

图1-3-2　涉案商标

（三）著作权类

著作权民事纠纷

上海市高级人民法院

京粹公司与中国邮政公司等著作权侵权案

法院：上海市高级人民法院

案号：（2019）沪民申1867号

再审申请人（一审原告、二审被上诉人）：上海京粹艺术品发展有限公司

被申请人（一审被告、二审上诉人）：中国邮政集团公司

原审被告：江苏金翰麒电子商务有限公司

案由：侵害著作权纠纷

案情简介：上海京粹艺术品发展有限公司（以下简称京粹公司）经授权获得《贵妃醉酒》油画（以下简称涉案作品）的专有使用权。京粹公司委托商函公司制作带有涉案作品专用邮资图案的邮资明信片200万枚（以下简称涉案明信片，见图1－3－3）用于产品开发。中国邮政集团公司（以下简称中国邮政公司）批复同意商函公司开发涉案明信片200万枚。中国邮政公司经授权在邮资明信片上使用涉案作品。同时，中国邮政公司要求下属印刷厂印制涉案明信片白片2万枚，明信片上无广告。1999年至2003年，国家邮政局对利用普通邮资明信片开展广告业务进行规定，凡印量达到一定数量的可单独申请一枚专用邮资图案。京粹公司认为，中国邮政公司未经许可发行明信片白片的行为侵害了其对涉案作品享有的复制权和发行权，遂起诉至上海市徐汇区人民法院（以下简称一审法院）。一审法院经审理认定中国邮政公司侵犯了京粹公司的著作权。中国邮政公司不服一审判决，上诉至上海知识产权法院（以下简称二审法院）。二审法院经审理认为，本案争议实质在于中国邮政公司发行涉案明信片是否取得了京粹公司的授权。本案中，京粹公司出具给中国邮政公司的《授权使用书》未对明信片性质、发行数量、发行时间等进行限定，中国邮政公司发行涉案明信片白片并未超出授权范围，且有一定历史背景和

邮政政策作为依据,因此判决撤销一审判决,驳回了京粹公司的诉讼请求。京粹公司不服二审判决,向上海市高级人民法院(以下简称再审法院)申请再审。再审法院经审理,裁定驳回了京粹公司的再审申请。

裁判规则

中国邮政公司的行为兼具民事和行政性质,对于此种兼具行政管理职能的主体的相关民事法律行为的解释,应当综合考虑当事人意思表示的内容、意思表示作出的历史背景和政策依据、当事人的主观意图等进行综合判断。

图1-3-3 涉案明信片

上海知识产权法院

新梨视公司与字节跳动公司侵害邻接权纠纷案

法院:上海知识产权法院

案号:(2019)沪73民终423号

上诉人(一审被告):北京字节跳动科技有限公司

被上诉人(一审原告):上海新梨视网络科技有限公司

案由:侵害录音录像制作者权纠纷

案情简介:上海新梨视网络科技有限公司(以下简称新梨视公司)发现北京字节跳动科技有限公司(以下简称字节跳动公司)于2017年5月23日在其运营的今日头条网站(www. toutiao. com)传播《燃!俊男美女烈日下泥地翻滚》视频(以下简称涉案制品,见图1-3-4),认为字节跳动公司帮助他人实施了侵犯其对涉案制品享有的录像制作者权,遂起诉至上海市杨浦区人民法院(以下简称一审法院),请求判令字节跳动公司赔偿其经济损失42,000元及维权合理费用6000元。

一审法院经审理查明,涉案制品由头条号为"葡萄没有架"的网络用户于2017

年5月23日上传至今日头条网站。在此之前,新梨视公司于2017年5月2日、3日及10日,分别通过今日头条网站投诉及邮件通知的方式,三次向字节跳动公司就网络用户"葡萄没有架"上传的相关侵权视频进行了投诉,字节跳动公司据此删除了侵权视频链接。在5月10日的投诉中,新梨视公司进一步提出,鉴于网络用户"葡萄没有架"在被多次删除侵权视频后又再次上传了更多的侵权视频的情况,字节跳动公司除删除相关侵权视频外,还应对网络用户"葡萄没有架"作出封禁账号的处理。2017年7月24日,字节跳动公司封禁网络用户"葡萄没有架"账号。一审法院经审理认为,字节跳动公司存在对其网络用户侵害新梨视公司对涉案制品所享有的录音录像制作者权的帮助侵权行为,故判决字节跳动公司赔偿新梨视公司经济损失及维权合理费用共计8000元。

字节跳动公司不服一审判决,上诉至上海知识产权法院(以下简称二审法院)。二审法院经审理认为,字节跳动公司作为提供信息存储空间的网络服务提供者,在接到新梨视公司的三次投诉通知后,根据通知的内容应当知道网络用户"葡萄没有架"利用网络服务重复侵害同一权利人的信息网络传播权,但未及时采取合理、必要措施,导致侵权行为再次发生,主观上具有过错,客观上帮助网络用户"葡萄没有架"实施了侵权行为,构成帮助侵权,应当承担相应的侵权责任。据此,二审法院判决驳回上诉,维持原判。

裁判规则

1. 录像制品是指电影作品和以类似摄制电影的方法创作的作品以外的任何有伴音或者无伴音的连续相关形象、图像的录制品。涉案制品是采用简单、机械方式录制剪辑而成的连续画面,属于录像制品,受《著作权法》保护。

2. 通过网站投诉、发送邮件等方式多次针对同一用户上传的侵权视频进行投诉,投诉通知中明确了侵权用户、侵权视频链接地址、权利视频链接地址、权利人信息等内容,足以使网络服务提供者准确识别权利人并对被投诉内容作出判断的,属于相关法律和司法解释规定的有效通知。

3. 对于网络用户的重复侵权行为,如果针对每一侵权内容进行删除已不足以起到阻断新侵权行为发生、防止侵权损害结果扩大的作用,则应及时采取禁言、封号等能够快速阻断侵权行为发生的合理、必要措施。

4. 网络服务提供者未及时采取合理、必要措施,导致重复侵权者的侵权行为再次发生的,其在主观上具有过错,客观上帮助网络用户实施了侵权行为,构成帮助侵权。

图1-3-4　涉案制品截图

爱奇艺公司与全土豆公司著作权侵权案

法院:上海知识产权法院

案号:(2019)沪73民终186号

上诉人(一审原告):北京爱奇艺科技有限公司

上诉人(一审被告):上海全土豆文化传播有限公司

案由:侵害作品信息网络传播权纠纷

案情简介:《昆仑决》(以下简称涉案节目,见图1-3-5)是一档搏击类体育赛事节目,北京爱奇艺科技有限公司(以下简称爱奇艺公司)于2016年1月1日获得涉案节目信息网络传播权的授权,授权期限自首期节目首播之日起至全部授权作品上线后满三年止。涉案节目于2016年1月3日首播。爱奇艺公司发现上海全土豆文化传播有限公司(以下简称全土豆公司)在其运营的土豆网(www.tudou.com)播放涉案节目,认为全土豆公司侵犯了其对涉案节目享有的信息网络传播权,遂起诉至上海市徐汇区人民法院(以下简称一审法院),请求判令全土豆公司赔偿经济损失及维权合理费用250万元。一审法院经审理认定涉案节目为类电作品,全土豆公司作为被控侵权视频的提供者,侵犯了爱奇艺公司对涉案作品享有的信息网络传播权,故判决全土豆公司赔偿爱奇艺公司经济损失及合理费用25万元。双方当事人均不服,上诉至上海知识产权法院(以下简称二审法院)。二审法院认为,整个涉案节目的画面是通过多角度镜头摄制,并经过后期剪辑和人工编排而完成的,体现了创作者的选择与构思,具有独创性。此外,全土豆公司也未提交证据证明涉案节目属于体育赛事的现场直播,因此认定涉案节目属于《著作权法》所规定的作品。据此,二审法院判决驳回上诉,维持原判。

裁判规则

1. 网络服务提供者对涉案作品进行编辑、整理、分类、推荐等，且未提交涉案作品上传者的用户名、上传 IP 地址等注册资料及上传信息证明其仅提供储存空间服务的，可以认定网络服务提供者是涉案作品的提供者。

2. 自由搏击类赛事节目的画面通过多角度镜头摄制，并经后期剪辑和人工编排完成，体现了创作者的选择与构思，具有独创性，应当属于《著作权法》所规定的作品。

（a）　　　　　　（b）

图 1-3-5　涉案节目《昆仑决》截屏

朱某一与看榜公司著作权侵权案

法院：上海知识产权法院

案号：（2020）沪 73 民终 263 号

上诉人（一审原告）：朱某一

被上诉人（一审被告）：上海看榜信息科技有限公司

案由：侵害著作权纠纷

案情简介：朱某一创作了《大吉大利　过年吃鸡》等书法作品（以下简称涉案作品），涉案作品上均有其署名。上海看榜信息科技有限公司（以下简称看榜公司）经授权可以将涉案作品用于商业宣传。看榜公司将涉案作品用于“定制拜年祝福”的微信小程序（以下简称涉案程序）中，涉案程序的首页截取了涉案作品中的“大吉大利　过年吃鸡”，并有作者朱某一的署名，但进入定制祝福语后的作品中就不再有作者署名。朱某一认为看榜公司侵害其对涉案作品的署名权，遂起诉至上海市徐汇区人民法院（以下简称一审法院），请求判令看榜公司赔礼道歉并赔偿经济损失 1 元和精神损失 5 万元。一审法院经审理认为，看榜公司去除涉案程序除首页以外涉案作品署名的行为,并未割裂涉案作品与朱某一之间的关系,看榜公司的行为未侵害朱某一的署名权。据此,一审法院判决驳回朱某一的诉讼请求。

朱某一不服一审判决,上诉至上海知识产权法院(以下简称二审法院)。二审法院经审理认为,相关公众在使用涉案程序过程中并不能由首页的内容当然地知晓后续作品的创作者即为朱某一。不含朱某一署名的涉案作品可以独立使用、独立传播,导致涉案作品在单独使用时,相关公众无法知晓涉案作品的创作者。看榜公司明知朱某一并未放弃署名,在无技术障碍的情况下,仍然擅自去除朱某一的署名后予以使用,主观故意明显,侵害了朱某一的署名权并对朱某一造成了一定的精神损害。二审法院据此判决撤销一审判决,并判决看榜公司赔礼道歉,赔偿朱某一精神损害抚慰金5000元及合理支出16,500元。

裁判规则

未经著作权人许可,去除作品署名后对作品进行使用的,侵害著作权人对该作品享有的署名权。该行为对著作权人造成精神损害的,应当承担赔偿精神损害抚慰金的民事责任。

复娱公司与杰茜卡公司著作权侵权及不正当竞争案

法院:上海知识产权法院

原告:复娱公司

被告:广州杰茜卡信息科技有限公司

案由:侵害著作权及不正当竞争纠纷

案情简介:复娱公司经授权取得手机游戏《黑暗使者》(以下简称涉案游戏)的运营权并获得行政许可,出版物号为ISBN978－7－7979－5301－6。复娱公司认为,广州杰茜卡信息科技有限公司(以下简称杰茜卡公司)使用该出版物号及《黑暗使者》游戏名称,在多家游戏平台将其与复娱公司游戏不相同的自有游戏非法上线运营,导致涉案游戏无法上线运营,侵害了复娱公司对涉案游戏计算机软件享有的信息网络传播权,并构成不正当竞争,遂起诉至上海知识产权法院,请求判令杰茜卡公司停止侵权、赔礼道歉、消除影响并赔偿经济损失50万元。上海知识产权法院经审理认为,虽然被诉侵权游戏与涉案游戏的名称相同,但是游戏内容不同,计算机软件程序亦不相同,杰茜卡公司未在网络上提供涉案游戏,故杰茜卡公司未侵害涉案游戏计算机软件的信息网络传播权。但杰茜卡公司明知涉案游戏经审批的合法运营单位是复娱公司,仍然通过第三人取得并使用该出版物号,上线与经审批的出版物号不相对应的游戏,其行为具有明显的不正当性,违反了诚实信用原则和公认的商业道德,构成不正当竞争。据此,上海知识产权法院判决杰茜卡公司消除影响并赔偿复娱公司经济损失。

裁判规则

游戏运营者冒用他人依法获得审批的游戏出版物号及游戏名称而上线自有游戏,违反了诚实信用原则和公认的商业道德,损害了权利人的合法权益,扰乱了市场竞争秩序,具有明显的不正当性,可以依照《反不正当竞争法》第2条予以规制。

(本案判决尚未公开,裁判规则系根据法院官方报道内容归纳。)

上海市浦东新区人民法院

央视公司与上海聚力公司著作权侵权案

法院:上海市浦东新区人民法院

案号:(2017)沪0115民初88829号

原告:央视国际网络有限公司

被告:上海聚力传媒技术有限公司

案由:侵害著作权纠纷

案情简介:央视国际网络有限公司(以下简称央视公司)经欧洲足球协会联盟与中央电视台的授权,在中国大陆(内地)独占享有通过信息网络,在线播放由中央电视台制作、播出的“2016欧洲足球锦标赛”赛事电视节目的权利。央视公司认为,上海聚力传媒技术有限公司(以下简称上海聚力公司)未经许可,在其经营的网站“PPTV聚力”(www.pptv.com)中,通过信息网络向公众提供“2016欧洲足球锦标赛”“法国VS.罗马尼亚”“瑞士VS.阿尔巴尼亚”两场足球赛事节目(以下简称涉案足球赛事节目,见图1-3-6)的网络实时转播的行为,侵犯了其对涉案足球赛事节目享有的广播权或其他权利并构成不正当竞争,遂起诉至上海市浦东新区人民法院(以下简称浦东新区法院),请求判令上海聚力公司赔偿经济损失及合理支出300万元。浦东新区法院经审理认为,首先,本案应当适用《著作权法》而非《反不正当竞争法》对涉案足球赛事节目予以保护。其次,涉案足球赛事节目构成类电作品。再次,上海聚力公司通过互联网对涉案足球赛事节目进行实时转播的行为侵犯了央视公司对涉案足球赛事节目享有的“应当由著作权人享有的其他权利”，且不构成合理使用。最后，虽然根据在案证据无法精确计算实际损失与侵权获利，但可以证明已明显超过法定赔偿最高限额，故应综合全案情况，在法定最高限额以上合理确定赔偿数额。据此，浦东新区法院判决上海聚力公司赔偿央视公司经济损失200万元及合理开支15万元。

(a)

(b)

图1-3-6 涉案足球赛事节目

裁判规则

1. 对于知识产权专门法已作穷尽性规定的领域，《反不正当竞争法》原则上不再提供附加保护。无论是将涉案足球赛事节目认定为作品从而通过著作权加以保护，还是认定为录像制品或载有连续画面的信号从而通过邻接权加以保护，涉案足球赛事节目的相关纠纷均可以在也应该在著作权法框架内予以解决，不应再由《反不正当竞争法》提供附加保护。

2.《著作权法》对于作品独创性的要求应该是最低限度的，一般而言，作品只要是体现了作者的个性即满足该最低限度独创性的要求。作品独创性的高度关系到作品的保护强度，而非给予作品著作权保护的条件。涉案足球赛事节目通过多机位的设置、镜头的切换、慢动作的回放、精彩镜头的捕捉、故事的塑造，并加以导播创造性的劳动，充分体现了创作者在其意志支配下地对连续画面的选择、编辑、处理，具有独创性，而且该连续画面确定可感知，亦符合“固定性”的要求，构成类电作品。

3. 通过互联网实时直播作品的行为不属于我国《著作权法》中广播权和信息网络传播权的规制范围。但鉴于我国已于2006年批准加入《世界知识产权组织版权条约》，该条约规定了“向公众传播权”，因此通过互联网实时转播的行为亦应受到我国《著作权法》的调整，可以适用《著作权法》第10条第1款第17项“应当由著作权人享有的其他权利”的规定予以规制。

4. 以营利为目的，超出合理限度使用涉案作品，产生实质性替代的效果，并与涉案作品权利人的正常使用相冲突，不合理地损害权利人正当利益的，不构成合理使用。

5. 权利人实际损失和侵权获利均难以准确计算，但在案证据显示已明显超过法定赔偿最高限额的，可以在法定赔偿最高限额之上合理确定赔偿数额。

上海聚力公司与深圳新感易搜公司著作权侵权案

法院：上海市浦东新区人民法院

原告：上海聚力传媒技术有限公司

被告：深圳新感易搜网络科技有限公司

案由：侵害著作权纠纷

案情简介：上海聚力传媒技术有限公司（以下简称上海聚力公司）经授权获得2015/16、2016/17 赛季西班牙足球甲级联赛的同步直播、转播等权利。上海聚力公司认为，深圳新感易搜网络科技有限公司（以下简称深圳新感易搜公司）未经许可在其运营的“云图 TV”IPAD 客户端上提供 2016/17 赛季西甲联赛第二轮皇家贝蒂斯 VS. 拉科鲁尼亚、第三轮皇家社会 VS. 西班牙人，在网页端提供 2015/16 赛季西甲联赛第 36 轮毕尔巴鄂竞技 VS. 塞尔塔（以下简称涉案赛事节目，见图 1-3-7）的在线直播服务，侵害了上海聚力公司对涉案赛事节目享有的著作权并构成不正当竞争，遂起诉至上海市浦东新区人民法院（以下简称浦东新区法院），请求判令深圳新感易搜公司赔偿经济损失及合理费用 300 万元。浦东新区法院经审理认为，涉案赛事节目符合《著作权法》对类电作品“摄制在一定介质上”即固定性的要求，可作为类电作品予以保护。深圳新感易搜公司未经许可，在“云图 TV”IPAD 客户端及网页端实时直播涉案赛事节目的行为侵害了上海聚力公司对涉案赛事节目享有的“应当由著作权人享有的其他权利”。深圳新感易搜公司对涉案赛事节目进行了选择、编辑、推荐，从播放节目中获得经济利益，应当承担侵权责任。另外，在已认定深圳新感易搜公司的涉案行为构成著作权侵权的情况下，不再进行反不正当竞争法上的评价。据此，浦东新区法院判决深圳新感易搜公司赔偿经济损失及合理费用 100 万元。

裁判规则

1. 判断体育赛事节目是否构成类电作品需考虑拍摄的内容是否具有独创性以

及是否满足"摄制在一定介质上"的固定性要求。如果拍摄的比赛画面经过多镜头的采集和选择，通过画面景别的衔接和节奏的变化来表达美感和思想感情，展现了摄制者独特的智力判断与个性并达到一定的创作高度，并满足固定性要求，则构成类电作品。

2. 通过信息网络实时直播作品的行为不属于我国《著作权法》中广播权的规制范围，也不属于信息网络传播权的规制范围，但未经权利人许可而实施的该行为具备著作权侵权的基本特征及一般构成要件，应当适用《著作权法》第10条第1款第17项的规定予以规制。

3. 网络服务提供者未经许可提供涉案作品，对涉案作品进行编辑、整理、分类、推荐等，并从涉案作品中直接获得利益的，应当认定网络服务提供者构成侵权，并应当承担相应的侵权责任。

（本案判决尚未公开，裁判规则系根据法院官方报道内容归纳。）

(a)　　(b)

图1-3-7　涉案赛事节目

著作权刑事案件

上海市高级人民法院

李某鹏等侵犯著作权案

法院：上海市高级人民法院

案号：(2020)沪刑终105号

公诉机关：上海市人民检察院第三分院

被害单位：乐高公司

上诉人(一审被告人)：李某鹏、闫某军、张某、王某圳、杜某豪、吕某丰

一审被告人：王某河、余某彬、李某

罪名：侵犯著作权罪

案情简介：乐高公司创作、生产了“Great Wall of China”拼装玩具等47个系列663款产品(以下简称乐高玩具)，并在市场上销售。2015年起，李某鹏伙同闫某军、张某、王某圳、吕某丰、杜某豪、王某河、余某彬、李某等人，复刻乐高玩具的设计、开模，设计、申请“乐拼”商标，生产、销售标识有“乐拼”商标的“Great Wall of China”玩具等系列拼装玩具(以下简称乐拼玩具)。后，上海市人民检察院第三分院根据上海市公安局的侦查结果，指控李某鹏等九被告人涉嫌侵犯著作权罪，向上海市第三中级人民法院(以下简称一审法院)提起公诉。一审法院经审理认为，“Great Wall of China”玩具等乐拼玩具与乐高公司的“Great Wall of China”玩具等乐高玩具均基本相同，构成复制关系，被告人李某鹏、闫某军、张某、王某圳、吕某丰、王某河、余某彬、李某等人以营利为目的，未经著作权人许可，复制发行乐高公司享有著作权的美术作品，非法经营数额达3.3亿余元；被告人杜某豪作为经销商之一，未经著作权人许可，发行乐高公司享有著作权的美术作品，非法经营数额达621万余元，均属情节特别严重，各被告人的行为均已构成侵犯著作权罪。据此，一审法院分别判处九被告人有期徒刑三年至七年不等，并处罚金20万元至9000万元不等。被告人李某鹏、闫某军、张某、王某圳、杜某豪、吕某丰不服，上诉至上海市高级人民法院(以下简称二审法院)。二审法院就各上诉人的相关上诉理由及辩护人的相关辩护意见，经审理认为，乐高公司的拼装玩具属于美术作品，本案中侵犯著作权犯罪的非法经营数额认定正确，本案不涉及单位犯罪，杜某豪以侵犯著作权罪定罪处罚认定准确且其不具有自首情节，以及一审判决量刑并无不当。据此，二审法院认定各上诉理由及辩护意见均无事实和法律依据，不予采纳，遂驳回上诉，维持原判。

裁判规则

对于承载了独创性表达并具有审美意义的拼装立体模型，可以作为我国《著作权法》中的美术作品受到保护。未经拼装立体模型著作权人许可，复制发行其美术作品，非法经营额巨大的，属于情节特别严重的情形，应当根据罪责刑相适应原则确定刑罚。

(四)不正当竞争类

上海市浦东新区人民法院

陆金服公司等与西安陆智投公司不正当竞争纠纷案

法院:上海市浦东新区人民法院

案号:(2019)沪0115民初11133号

原告:上海陆家嘴国际金融资产交易市场股份有限公司、上海陆金所互联网金融信息服务有限公司

被告:西安陆智投软件科技有限公司

案由:不正当竞争纠纷

案情简介:上海陆家嘴国际金融资产交易市场股份有限公司(以下简称陆金服公司)与上海陆金所互联网金融信息服务有限公司(以下简称陆金所公司)均开设有金融服务网站及手机应用,该网站及应用中均设有债权转让产品的交易服务。陆金服公司与陆金所公司认为,西安陆智投软件科技有限公司(以下简称西安陆智投公司)通过代购工具提供抢购其平台债权转让产品外挂服务,构成不正当竞争,且在商业宣传中使用陆金服公司与陆金所公司的相关信息,构成虚假宣传,遂起诉至上海市浦东新区人民法院(以下简称浦东新区法院),请求判令西安陆智投公司停止侵权并赔偿经济损失及合理支出50万元。浦东新区法院经审理认为,西安陆智投公司在其提供的网络抢购服务中,利用技术手段,通过为陆金服公司与陆金所公司平台用户提供不正当抢购优势的方式,妨碍陆金服公司与陆金所公司债权转让产品抢购业务的正常开展,对陆金服公司与陆金所公司及平台用户的整体利益造成了损害,破坏了平台公平竞争的营商环境,构成不正当竞争。西安陆智投公司还通过提供抢购服务的方式套取陆金服公司与陆金所公司的会员信息,抢占两原告通过经营活动积累的客户资源,具有不正当性,构成不正当竞争。西安陆智投公司刻意规避陆金服公司与陆金所公司的监管机制,具有主观故意。西安陆智投公司以虚构"推荐返利"的方式,在奖励估算页面中直接提供了陆金服公司与陆金所公司的会员注册链接,使投资者错误地认为以西安陆智投公司为媒介向陆金服公

司与陆金所公司平台进行投资可获得额外利益，构成虚假宣传。据此，浦东新区法院判决西安陆智投公司停止不正当竞争行为并赔偿经济损失及合理开支 50 万元。

裁判规则

1. 市场主体对特定竞争利益的争夺属于商业常态，竞争行为通常会导致一方受损，故竞争利益受到损害并非《反不正当竞争法》对受损方施以民事救济的充分条件。只有当相关竞争行为具有不正当性时，才受到《反不正当竞争法》的规制。

2. 经营者利用网络从事经营活动应当遵循《反不正当竞争法》第 12 条之规定，不得利用技术手段，通过影响用户选择或者其他方式，妨碍、破坏其他经营者合法提供的网络产品或者服务的正常运行。

3. 网络抢购服务提供者利用技术手段，通过为他人所运营平台的用户提供不正当抢购优势的方式，妨碍该平台金融产品抢购业务的正常开展，对平台运营者及平台用户的整体利益造成了损害，破坏了公平竞争的营商环境，构成不正当竞争。

支付宝公司与斑马公司诉前禁令案

法院：上海市浦东新区人民法院

案号：(2020)沪 0115 行保 1 号

申请人：支付宝(中国)网络技术有限公司

被申请人：江苏斑马软件技术有限公司

案由：不正当竞争纠纷

案情简介：支付宝(中国)网络技术有限公司(以下简称支付宝公司)系"支付宝"App 的主要经营者，支付宝公司将"支付宝"App 的 URL Scheme 定义为"alipays://"或"alipay://"。第三方商家在其应用内设置该 URL Scheme 后，提交订单的用户只要选择以"支付宝支付"作为交易结账方式，即可跳转至"支付宝"App 完成支付。江苏斑马软件技术有限公司(以下简称斑马公司)开发、运营"家政加"App，其在"家政加"App 中设置与"支付宝"App 一致的 URL Scheme。用户选择以"支付宝支付"作为交易结账方式时将被引导跳转至"家政加"App。

2020 年 11 月 9 日，支付宝公司向上海市浦东新区人民法院(以下简称浦东新区法院)提出诉前行为保全申请，请求责令斑马公司立即停止对"支付宝"App 跳转进行干扰的行为。浦东新区法院审理认为，斑马公司前述干扰第三方应用向"支付宝"App 跳转的行为，阻碍了"支付宝"App 的正常跳转，支付宝公司的请求具有事实基础和法律依据；“支付宝”App 在历年“双十一”期间都产生了大量订单，在“双十一”特定期间“家政加”App 对“支付宝”App 支付功能进行干扰所造成的损害结果，不采取保全措施会对支付宝公司造成难以弥补的损害；该行为保全申请系为防止支付宝公司利益持续受损或损害结果扩大所采取的合理措施，本身并不会实质影响“家政加”App 的正常运营，不会造成当事人间利益的显著失衡；也不会损害社会公共利益，反而有利于保障用户利益并增进社会福祉。2020 年 11 月 11 日，浦东新区法院依据最高人民法院《关于审查知识产权纠纷行为保全案件适用法律若干问题的规定》第 7 条，裁定斑马公司立即停止以设置相同 URL Scheme 的方式对支付宝公司经营的“支付宝”App 正常跳转进行干扰的行为。

重庆腾讯公司、深圳腾讯公司与幻电公司等不正当竞争纠纷案

法院：上海市浦东新区人民法院

案号：(2019)沪 0115 民初 73840 号

原告：重庆腾讯信息技术有限公司、深圳市腾讯计算机系统有限公司

被告：谌某涛、上海幻电信息科技有限公司

案由：不正当竞争纠纷

案情简介：重庆腾讯信息技术有限公司（以下简称重庆腾讯公司）是网络游戏《一起来捉妖》（以下简称涉案游戏）的著作权人，并授权深圳市腾讯计算机系统有限公司（以下简称深圳腾讯公司）运营涉案游戏。重庆腾讯公司和深圳腾讯公司认为，谌某涛通过微信、新浪微博等渠道推广、销售虚拟定位插件，妨碍涉案游戏正常运行，构成不正当竞争；谌某涛将使用被诉插件的视频上传至上海幻电信息科技有限公司（以下简称幻电公司）运营的 bilibili 网站进行宣传、推广，故幻电公司扩大了被诉行为的影响范围，构成不正当竞争。两原告起诉至上海市浦东新区人民法院（以下简称浦东新区法院），请求判令两被告停止侵权、谌某涛赔偿经济损失 1000 万元及合理支出 25 万元。由于幻电公司在本案诉讼时已删除被诉视频，故两原告撤回了针对幻电公司的诉讼请求。浦东新区法院经审理认为，谌某涛的被诉行为属于利用技术手段影响他人网络产品运行的行为，该行为不仅破坏了网络游戏领域的竞争秩序，亦损害了两原告以及游戏玩家的合法权益，违反了《反不正当竞争法》第 12 条第 2 款第 4 项的规定，构成不正当竞争。浦东新区法院据此判决谌某涛停止提供、推广被诉插件，赔偿重庆腾讯公司及深圳腾讯公司经济损失及合理支出 100 万元。

裁判规则

1.《反不正当竞争法》的立法目的在于制止不正当竞争行为，维护正常的市场竞争秩序，保障经营者、消费者的合法权益。经营者间是否存在竞争关系，不属于提起不正当竞争之诉或认定不正当竞争的必要前提。只要经营者之间存在因破坏他人竞争优势而产生的竞争法律关系，即可适用《反不正当竞争法》。

2. 在适用《反不正当竞争法》第 12 条“互联网专条”的兜底性条款认定不正当竞争行为时，应评判被诉行为是否符合以下四项条件：(1)被诉行为系利用技术手段干扰他人网络产品或服务正常运行的行为；(2)被诉行为不属于该条明确列举的互联网不正当竞争行为；(3)《反不正当竞争法》保护的法益因被诉行为受到实际损害；(4)被诉行为基于互联网商业伦理而具有不正当性。

3. 被诉产品或技术不具有实质性非侵权用途，行为人具有实施不正当竞争行为的故意，违反了互联网产业的商业道德，且权利人不能通过适当技术手段消除被诉行为所带来影响的，应当认定该行为人实施的互联网领域的竞争行为具有不正当性。

（五）垄断类

上海市高级人民法院

光明贸易公司与韩泰轮胎公司垄断纠纷案

法院：上海市高级人民法院

案号：(2018)沪民终 475 号

上诉人(一审原告)：武汉市汉阳光明贸易有限责任公司

上诉人(一审被告)：上海韩泰轮胎销售有限公司

案由：纵向垄断协议、滥用市场支配地位纠纷

案情简介：武汉市汉阳光明贸易有限责任公司(以下简称光明贸易公司)认为，上海韩泰轮胎销售有限公司(以下简称韩泰轮胎公司)与交易相对人达成并实施“限定向第三人转售商品价格”的协议，滥用市场支配地位，包括垄断高价以及无正当理由地限定不合理交易条件、价格歧视、指定交易、拒绝交易等，遂起诉至上海知

识产权法院(以下简称一审法院),请求判令韩泰轮胎公司停止垄断行为,赔偿经济损失31,143,488.5元及合理支出109,898.5元。一审法院经审理认为,本案相关商品市场包括乘用车轮胎初装市场与乘用车轮胎替换市场的乘用车轮胎市场、批发市场与零售市场在内的乘用车轮胎替换市场及乘用车轮胎替换市场中的批发市场。地域市场为中国市场。韩泰轮胎公司的被诉行为没有在相关市场产生排除、限制竞争的效果。相关市场品牌间竞争充分,韩泰轮胎公司在中国轮胎替换市场不具有市场支配地位,韩泰轮胎公司确定轮胎批发的最低价格限制,并不具有很强的维持韩泰轮胎市场价格的意图,而主要是稳定经销商销售秩序,也未在相关市场产生排除、限制竞争的效果,因此韩泰轮胎公司与交易相对人达成并实施的"限定向第三人转售商品的最低价格"协议不构成垄断协议。据此,一审法院判决驳回光明贸易公司的诉讼请求。

光明贸易公司不服一审判决,上诉至上海市高级人民法院(以下简称二审法院)。二审法院经审理认为,无证据证明韩泰轮胎公司实施了滥用市场支配地位的行为,且无法认定韩轮胎公司达成并实施了构成《反垄断法》禁止的限定最低转售价格协议。据此,二审法院判决驳回上诉,维持原判。

裁判规则

1. 对于限定最低转售价格协议是否构成垄断协议的判断,应当从相关市场的竞争状况、被诉经营者在相关市场的市场力量、被诉经营者是否具有限制竞争动机以及限制转售价格行为所产生的竞争效果等方面进行综合判断。

2. 被诉经营者所面临的竞争关系是反垄断分析中界定相关市场的关键因素,交易相对人面临的竞争关系则是评价竞争效果的考量因素。在认定相关市场时,应考量被诉经营者因存在需求替代、供给替代等关系而会受到竞争约束的市场范围。一个竞争行为可能同时影响数个相关市场,其中受被诉行为影响最大,同时对消费者利益产生最大影响的相关市场,也是竞争效果评价中最应关注的相关市场。

3. 在垄断纠纷民事案件中,应由原告对其所主张的被告在相关市场内具有支配地位和存在滥用市场支配地位行为承担举证责任,由被告就其行为不具有排除、限制竞争效果承担举证责任。经销代理关系中的相对优势地位不能直接用于推定经营者在相关市场具有市场支配地位。

四、广东法院

(一)专利类

专利民事纠纷

广东省高级人民法院

格力公司与奥胜公司、晶东公司实用新型专利侵权案

法院:广东省高级人民法院

案号:(2018)粤民终1132号

上诉人(一审被告):宁波奥胜贸易有限公司

被上诉人(一审原告):珠海格力电器股份有限公司

一审被告:广州晶东贸易有限公司

案由:侵害实用新型专利权纠纷

案情简介:珠海格力电器股份有限公司(以下简称格力公司)系专利号为ZL200820047012.X、实用新型名称为“一种空调机的室内机”的实用新型专利(以下简称涉案专利)的专利权人。2017年1月,格力公司以宁波奥胜贸易有限公司(以下简称奥胜公司)制造、销售、许诺销售型号KFR－35GW/BpTYC1＋1等八款空调(以下简称被诉侵权产品)重复恶意侵害涉案专利,广州晶东贸易有限公司(以下简称晶东公司)实施相关销售行为侵害涉案专利为由,向广州知识产权法院(以下简称一审法院)提起诉讼,请求判令被告停止侵权、赔偿4000万元等。此前,格力公司2016年曾以奥胜公司生产、销售的其他型号的空调室内机侵犯涉案专利为由起诉奥胜公司,经过一审、二审、再审后,奥胜公司被判侵权。针对本次实用新型专利侵害案,一审法院认为,被诉侵权产品落入涉案专利的保护范围,奥胜公司主张的现有技术抗辩不成立,奥胜公司侵害了格力公司的专利权,故判决奥胜公司和晶东公司停止侵权,并且着重考虑到奥胜公司构成举证妨碍并且侵权恶意明显,判决其赔偿经济损失4000万元。奥胜公司不服一审判决,向广东省高级人民法院(以下

简称二审法院)提起上诉。由于二审判决时涉案专利已经期满终止,故二审法院撤销了一审判决有关停止侵权的判项。二审法院经审理认为,奥胜公司无正当理由拒绝按照法院证据披露命令提交真实、完整的账簿、资料,导致侵权获利无法直接查明,构成举证妨碍;并且,奥胜公司无视国家法律和生效判决,利用实质相同的技术方案再次侵犯同一专利权的主观意图明显,存在侵权主观恶意。据此,二审法院对一审法院认定的4000万元赔偿金额予以支持。

裁判规则

1. 适用2001年《专利法》和2002年《专利法实施细则》审理专利侵权纠纷时,对于涉案专利申请日前在国外使用公开或者以其他方式为公众所知的技术方案,不属于现有技术。

2. 在人民法院责令被诉侵权人提供其有能力提交的与被诉专利侵权行为相关的账簿、资料,但被诉侵权人无正当理由拒绝提交,从而导致侵权获利无法查明的情况下,被诉侵权人构成举证妨碍。

3. 对于被诉侵权人无视生效裁判,利用实质相同的技术方案继续实施侵权行为,反复侵犯同一专利权的,属于侵权主观恶意明显,在确定赔偿责任时应当提高赔偿数额,以有效遏制和威慑侵犯知识产权的行为。

广州知识产权法院

敦骏公司与虹联公司发明专利侵权案

法院:广州知识产权法院

案号:(2017)粤73民初4323号

原告:深圳敦骏科技有限公司

被告:广州市虹联信息技术有限公司

案由:侵害发明专利权纠纷

案情简介:深圳敦骏科技有限公司(以下简称敦骏公司)系专利号为ZL02123502.3、发明名称为"一种简易访问网络运营商门户网站的方法"的发明专利(以下简称涉案专利)的专利权人。敦骏公司于2017年11月向广州知识产权法院起诉广州市虹联信息技术有限公司(以下简称虹联公司),诉称虹联公司制造、许诺销售、销售的无线路由器(以下简称被诉侵权产品)侵犯了涉案专利,请求法院判令虹联公司停止相关侵权行为，赔偿经济损失及合理费用600万元。广州知识产权法院经审理认为，被诉侵权产品的使用过程落入涉案专利的保护范围，虹联公司制造、许诺销售、销售被诉侵权产品的行为构成专利侵权。据此，广州知识产权法院判令虹联公司停止制造、销售、许诺销售被诉侵权产品，并赔偿经济损失100万元及合理费用19,070元。

裁判规则

对于多主体实施方法专利的侵权判定，在同时具备以下条件时，应当认定侵权人制造、销售、许诺销售被诉侵权产品构成直接侵权：(1)被诉侵权方法在被诉侵权产品的制造过程中得以固化，终端用户无须借助其他特殊装置或条件，即可实现专利方法；(2)被诉侵权产品使用过程中实现专利方法所达到的功能，只能使用专利方法；(3)专利方法与侵权人从制造、许诺销售、销售被诉侵权产品的行为中获得不当利益存在密切关联。

三雅公司与瀛嘉公司等诉前禁令案

法院：广州知识产权法院

原告：广州三雅摩托车有限公司

被告：重庆瀛嘉机车有限公司、佛山市南海区中摩科技有限公司

案由：申请诉前停止侵害专利权

案情简介：广州三雅摩托车有限公司（以下简称三雅公司）系专利号为ZL201430337764.0、使用外观设计的产品名称为“摩托车整车（SY110－2）”的外观设计专利（以下简称涉案专利）的专利权人，涉案专利所涉的R50型号摩托车产品出口至摩洛哥，受到摩洛哥市场的认可。后涉案专利被提起无效宣告请求，国家知识产权局于2020年5月11日作出第44425号审查决定，宣布维持涉案专利有效。三雅公司经调查发现，重庆瀛嘉机车有限公司（以下简称瀛嘉公司）和佛山市南海区中摩科技有限公司（以下简称中摩公司）出口至摩洛哥的420台F50型号的摩托车（以下简称涉案侵权产品）涉嫌侵害涉案专利。2020年9月27日，深圳海关依据《知识产权海关保护条例》的相关规定，暂时扣留了涉案侵权产品，并向三雅公司寄送了《深圳海关扣留侵权嫌疑货物通知书》。2020年10月26日，三雅公司向广州知识产权法院提出诉前行为保全申请，请求责令瀛嘉公司、中摩公司立即停止从深圳海关向摩洛哥出口涉案侵权产品。2020年10月27日，广州知识产权法院就该

行为保全申请组织听证，瀛嘉公司和中摩公司接到通知后明确表示不发表答辩意见，亦不参与法庭询问。2020年10月28日，广州知识产权法院依据最高人民法院《关于审查知识产权纠纷行为保全案件适用法律若干问题的规定》的相关规定，考虑申请人的请求是否具有事实基础和法律依据，请求保护的知识产权效力是否稳定，不采取行为保全措施是否会使申请人的合法权益受到难以弥补的损害或者造成案件裁决难以执行等损害，以及不采取行为保全措施对申请人造成的损害是否超过采取行为保全措施对被申请人造成的损害等因素，裁定瀛嘉公司和中摩公司立即停止出口已被深圳海关扣留的涉案侵权产品，并将裁定函送深圳海关配合查扣涉案侵权产品。

（本案裁定尚未公开，相关内容系根据法院官方报道内容整理。）

深圳市中级人民法院

大疆公司与飞米公司、九天纵横公司外观设计专利侵权案

法院：广东省深圳市中级人民法院

案号：（2020）粤03民初1668号、（2020）粤03民初1668号之二

原告：深圳市大疆创新科技有限公司

被告：北京飞米科技有限公司、九天纵横科技（深圳）有限公司

案由：侵害外观设计专利权纠纷

案情简介：深圳市大疆创新科技有限公司（以下简称大疆公司）系专利号为ZL201830345094.5、使用外观设计的产品名称为“云台相机”的外观设计专利（以下简称涉案专利）的专利权人，涉案外观设计产品获得第二十一届中国外观设计金奖。大疆公司于2020年4月13日在深圳市中级人民法院（以下简称深圳中院）对北京飞米科技有限公司（以下简称飞米公司）、九天纵横科技（深圳）有限公司（以下简称九天纵横公司）提起诉讼，诉称飞米公司制造、飞米公司及九天纵横公司销售、许诺销售的“PALM Gimbal Camera 掌上云台相机”（以下简称被诉侵权产品）落入涉案专利的保护范围，请求法院判令飞米公司及九天纵横公司停止上述侵权行为并赔偿经济损失及合理开支共计500万元。深圳中院经审理认为，被诉侵权产品采用的与涉案专利近似的外观设计落入涉案专利的保护范围，但与赔偿相关的事实仍需进一步审理查明。为了避免在一审判决尚未生效的情形下专利权人遭受市场销售份额下降等难以弥补的损害，深圳中院根据大疆公司的行为保全申请，于2020

年11月17日作出行为保全裁定，裁定飞米公司及九天纵横公司停止相关侵权行为。2020年11月19日，鉴于飞米公司、九天纵横公司侵犯大疆公司涉案专利的事实已经查清，深圳中院对停止侵权的部分作出先行判决，判令飞米公司及九天纵横公司立即停止相关侵权行为，对赔偿损失的诉讼请求继续审理，另行制作裁判文书。

OPPO公司等与夏普株式会社等标准必要专利许可纠纷管辖权异议案

法院：广东省深圳市中级人民法院

案号：（2020）粤03民初689号

原告：OPPO广东移动通信有限公司、OPPO广东移动通信有限公司深圳分公司

被告：夏普株式会社、赛恩倍吉日本株式会社

案由：标准必要专利许可纠纷

案情简介：OPPO广东移动通信有限公司（以下简称OPPO公司）系全球性智能终端制造商和移动互联网服务提供商，OPPO广东移动通信有限公司深圳分公司（以下简称OPPO深圳公司）负责OPPO公司包括知识产权许可、运营等在内的知识产权管理工作。2018年10月起，赛恩倍吉日本株式会社（以下简称赛恩倍吉）代表夏普株式会社与OPPO深圳公司就3G、4G及WiFi标准相关的标准必要专利进行许可谈判，双方曾于2019年2月19日在OPPO深圳公司的深圳办公室见面洽谈许可。后夏普株式会社于2020年1月，在日本针对OPPO公司提起专利侵权诉讼并要求司法禁令，于2020年3月在德国提起专利侵权诉讼。2020年3月25日，OPPO公司和OPPO深圳公司就上述标准必要专利许可纠纷起诉至深圳市中级人民法院（以下简称深圳中院），赛恩倍吉和夏普株式会社提出管辖权异议。深圳中院经审理认为，本案系标准必要专利许可纠纷，与中国存在适当联系，中国法院对于本案具有管辖权，深圳是涉案标准必要专利的实施地和双方谈判行为发生地，深圳中院系审理本案标准必要专利许可纠纷的更便利法院，且法院裁判标准必要专利的全球许可费率有助于整体效率提升。据此，深圳中院裁定该院具有管辖权，可以裁判涉案标准必要专利的全球许可费率，遂驳回该管辖权异议。

裁判规则

1. 由法院裁判标准必要专利的全球许可费率有助于整体效率提升，从本质上解决标准必要专利许可纠纷，有效避免双方当事人在不同国家多次诉讼，更符合

FRAND原则的本意。故中国法院对于标准必要专利许可纠纷具有管辖权时,可以裁判该标准必要专利的全球许可费率。

2. 若标准必要专利权人在相关标准组织作出FRAND/RAND声明,则潜在的被许可人即因此产生信赖利益,标准必要专利权人有义务按照FRAND/RAND声明的内容与被许可人进行标准必要专利的许可谈判,该义务应被视为合同法上的先合同义务。基于谈判双方实际接触和磋商关系以及对FRAND/RAND声明的特殊信赖关系,当标准必要专利权人违反FRAND/RAND原则和诚实信用原则,给标准必要专利实施者造成经济损失时,标准必要专利实施者可以请求标准必要专利权人承担缔约过失责任。

(二)商标类

商标民事纠纷

广东省高级人民法院

宝格丽公司等与德思勤公司等商标侵权与不正当竞争案

法院:广东省高级人民法院

案号:(2018)粤民终1425号

上诉人(一审原告):宝格丽股份有限公司(BVLGARIS. P. A.)、宝格丽商业(上海)有限公司

上诉人(一审被告):湖南德思勤投资有限公司、深圳市德思勤置业有限公司、深圳市德思勤实业有限公司

案由:侵害注册商标专用权及不正当竞争纠纷

案情简介:宝格丽股份有限公司(以下简称宝格丽公司)为一家经营珠宝首饰的意大利公司,迄今已逾百年。1988年2月10日,宝格丽公司申请注册第332078号、第334038号、第340247号"BVLGARI"商标,并分别于1988年12月10日、20日及1989年2月20日核准注册,核定使用在第14类"表、珠宝饰物"等商品上,目前处于有效状态。2003年11月24日,宝格丽公司申请注册第3811212号"BVL-

GARI 宝格丽”商标[见图 1－4－1(a)],于 2005 年 12 月 28 日核准注册,核定使用在第 14 类装饰品(珠宝)等商品上,目前处于有效状态。自 2001 年始,宝格丽公司陆续在全球开设多家高档“宝格丽酒店”。2006 年 1 月 26 日,宝格丽公司的独资子公司宝格丽商业(上海)有限公司(以下简称宝格丽上海公司)成立。2016 年 7 月,上海宝格丽公寓全球公开发售。

深圳市德思勤实业有限公司(以下简称德思勤实业公司)分别于 2010 年 12 月 30 日、31 日申请注册第 9008821 号、第 9013375 号、第 9013166 号“宝格丽”商标[见图 1－4－1(c)],并分别于 2012 年 1 月 28 日、3 月 7 日、8 月 28 日核准注册,核定使用在第 36 类“受托管理”服务、第 42 类“测量”服务、第 37 类“车辆保养和修理”服务上,目前均处于有效状态。

2014 年,宝格丽公司发现湖南德思勤投资有限公司(以下简称德思勤公司)在其开发的“宝格丽公寓”房地产项目的楼盘外墙面、车库、宣传册等位置,突出使用“宝格丽”“宝格丽公寓”等标志。深圳市德思勤置业有限公司(以下简称德思勤置业公司)在其官网主页中,突出使用“宝格丽”用以宣传、推广以“宝格丽”冠名的楼盘,并以高档珠宝饰品作为配图。在涉案楼盘公开发售活动现场,也摆放了数百件宝格丽香水。原告宝格丽公司、宝格丽上海公司认为,德思勤公司等三被告的上述行为侵害了其注册商标专用权与企业名称权,遂起诉至深圳市中级人民法院(以下简称一审法院),请求判令三被告停止侵权、刊登声明致歉并连带赔偿经济损失 2000 万元及合理开支 50 万余元。原告同时请求一审法院认定第 332078 号、第 334038 号、第 340247 号“BVLGARI”商标、第 3811212 号“BVLGARI 宝格丽”商标构成在第 14 类“珠宝、手表商品”上的驰名商标。一审诉讼期间,宝格丽公司申请注册第 15171023 号、第 14898598A 号“BVLGARI 宝格丽”商标、第 15171024 号、第 14898600A 号“宝格丽”商标[见图 1－4－1(b)],于 2015 年 11 月 28 日、2016 年 1 月 21 日核准注册,核定使用在第 36 类“商品房销售、不动产管理”等服务上,目前均处于有效状态。一审法院认为,三被告为关联公司,分工合作实施了侵犯原告注册商标专用权及企业名称权的行为,构成共同侵权。因已经可以根据宝格丽公司第 36 类“不动产服务”上的商标进行保护,因此无须跨类保护,无认定驰名商标的必要。据此,一审法院判决三被告立即停止侵权、刊登声明致歉,并赔偿原告经济损失及合理开支共计 100 万元。

各方当事人均不服,上诉至广东省高级人民法院(以下简称二审法院)。二审法院认为,宝格丽公司的 4 个第 36 类不动产服务上的“宝格丽”注册商标是于一审诉讼期间核准注册,故一审三被告在该案诉讼前实施的侵权行为并未侵犯宝格丽公司诉讼期间注册的上述四商标。但是,由于宝格丽公司在一审中既主张认定驰名商标进行跨类保护,又主张被诉侵权行为构成对相同或类似商品上注册商标的侵犯,故仍有必要对所涉商标是否驰名作出认定。宝格丽公司注册在第 14 类“装饰品(珠宝)、表”商品上的第 3811212 号“BVLGARI 宝格丽”商标,经过一审原告长期使用,具有较高的知名度,已经达到了驰名的程度,一审三被告侵犯了宝格丽公司注册商标专用权并构成不正当竞争。此外,二审法院在综合考虑涉案商标的商誉、被诉侵权行为的性质、侵权人主观恶意、权利人维权合理费用等因素的基础上,提升判赔金额至 310 万元。

裁判规则

1. 商标权人既以相同或类似商品或服务上的商标主张保护,又主张驰名商标跨类保护的,如果该相同或类似商品或服务上的商标不足以规制侵权行为时,有必要对商标权人主张的商标是否构成中国境内的驰名商标进行认定。

2. 确定赔偿数额时应当综合考虑侵权行为的性质、期间、后果以及涉案商标的声誉、侵权标识对被告获利的贡献率等,对商标权人给予充分保护。

BVLGARI
宝 格 丽

(a)宝格丽公司在第 14 类商品上的注册商标

宝格丽

(b)宝格丽公司在第 36 类服务上的注册商标

宝格丽

(c)被告使用的标识

图 1-4-1 商标对比

广州红日公司与广东智美公司等商标权侵权及不正当竞争案

法院:广东省高级人民法院

案号:(2019)粤民终 477 号

上诉人(一审被告):广东智美电器股份有限公司、江西省红日家电有限公司、河北广诺商贸有限公司、陕西爱博贸易有限责任公司、郑州凯圣瑞商贸有限公司

被上诉人(一审原告):广州市红日燃具有限公司

一审被告:中山市喜玛拉雅电器有限公司、中山市千代电器有限公司、石某文、

祝某

案由:侵害注册商标专用权及不正当竞争纠纷

案情简介:广州市红日燃具有限公司(以下简称广州红日公司)拥有第950873号“红日 RedSun 及图”注册商标[以下简称涉案商标,见图1-4-2(a)],核定使用在第11类“燃气炉具、消毒碗柜”等商品上。涉案商标于2014年、2015年两次被商标局认定为使用在燃气炉具、消毒碗柜等商品上的驰名商标。

广州红日公司前员工石某文离职后与其配偶祝某于2016年8月18日成立广东智美电器股份有限公司(以下简称广东智美公司)。广东智美公司受让多个与涉案商标近似的商标,并申请注册了第24461731号“红日 E 家”商标[以下简称被诉商标,见图1-4-2(b)],但该商标核定使用商品不包括洗碗机。广州红日公司认为,广东智美公司在洗碗机上使用被诉商标侵害了其商标权,使用 redsun-gd.com(以下简称被诉域名)及发布虚假宣传文章构成不正当竞争,广东智美公司的省级经销商江西省红日家电有限公司(以下简称江西红日公司)、河北广诺商贸有限公司(以下简称河北广诺公司)、陕西爱博贸易有限责任公司(以下简称陕西爱博公司)、郑州凯圣瑞商贸有限公司(以下简称郑州凯圣瑞公司)销售被诉产品并在店面使用“红日 E 家”字样与广东智美公司构成共同侵权,中山市喜玛拉雅电器有限公司(以下简称喜玛拉雅公司)、中山市千代电器有限公司(以下简称千代公司)制造被诉产品的行为侵害了广州红日公司的字号权,故上述被告构成共同侵权,遂起诉至广州知识产权法院(以下简称一审法院),请求判令停止侵权赔偿经济损失5000万元及合理支出45万元。广州红日公司同时提出行为保全申请,一审法院予以支持,裁定广东智美公司停止在燃气灶、消毒柜等商品上使用被诉商标。一审法院经审理认为,广东智美公司、江西红日公司、河北广诺公司、陕西爱博公司、郑州凯圣瑞公司明知广州红日公司字号及涉案商标的知名度,仍合作实施一系列混淆行为,构成共同侵权,且侵权规模较大,主观恶意较重。喜玛拉雅公司与千代公司尽到了合理注意义务,不构成共同侵权。没有证据显示石某文、祝某以个人名义实施了侵权行为,不构成共同侵权。一审法院判决广东智美公司赔偿广州红日公司经济损失5000万元及合理支出45万元,江西红日公司、河北广诺公司、陕西爱博公司、郑州凯圣瑞公司各自在一定范围内承担连带赔偿责任。

广东智美公司、江西红日公司、河北广诺公司、陕西爱博公司、郑州凯圣瑞公司不服一审判决,上诉至广东省高级人民法院(以下简称二审法院)。二审法院经审理判决驳回上诉,维持原判。

裁判规则

1.《类似商品和服务区分表》仅是判断类似商品的参考而非直接依据。《商标法》意义上的类似商品是指在功能、用途、生产部门、销售渠道、消费对象等方面相同,或者相关公众一般认为其存在特定联系、容易造成混淆的商品。

2. 经营者在合作关系结束后,对合作者具有知名度的字号及注册商标不仅不进行合理避让,反而受让或申请注册与之近似的商标,并擅自在相同或类似商品上使用,容易导致消费者混淆误认的,构成侵害注册商标专用权及不正当竞争。

3. 与商标权人有过合作的经营者,明知权利人注册商标及字号的知名度,却违反避让义务,有组织有计划地实施一系列混淆行为,且各经营者行动具有一致性,应当认定构成共同侵权。

4. 侵权人无正当理由拒不提供与侵权获利相关证据,法院可以参考权利人销售额减量、侵权规模、侵权人恶意、行业利润率等证据确定赔偿金额。

(a)广州红日注册商标　　　　(b)被诉商标

图1-4-2　商标对比

精英商标事务所与猪八戒公司等商标权侵权及不正当竞争案

法院:广东省高级人民法院

案号:(2018)粤民终2352号

上诉人(原审原告):深圳市精英商标事务所

上诉人(原审被告):重庆猪八戒网络有限公司

被上诉人(原审被告):北京百度网讯科技有限公司

案由:侵害注册商标专用权及不正当竞争纠纷

案情简介:深圳市精英商标事务所(以下简称精英商标事务所)是第3279034号"精英"、第8477140号"精英"注册商标(以下统称涉案商标,见图1-4-3)权利人,上述两商标分别核定使用在第42类"知识产权咨询"等服务及第45类"国内外商标代理"等服务上。精英商标事务所认为重庆猪八戒网络有限公司(以下简称猪八戒公司）在北京百度网讯科技有限公司（以下简称百度公司）经营的 baidu. com 网站上将“精英商标”作为关键词进行推广，侵害了涉案商标权。此外，猪八戒公司还设置了“精英商标事务所”“深圳精英商标”等关键词（以下简称被诉关键词），构成不正当竞争。百度公司收到精英商标事务所投诉后未及时删除被诉关键词，构成帮助侵权。精英商标事务所起诉至深圳市中级人民法院（以下简称一审法院），请求判令猪八戒公司及百度公司停止侵权、赔偿损失等。一审法院经审理认为，涉案商标固有显著性不高，也无证据证明其经过使用显著性获得提升，猪八戒公司在 baidu. com 网站上设置“精英商标”关键词的行为不会导致消费者产生混淆。因此，猪八戒公司未侵害涉案商标权。但猪八戒公司擅自使用被诉关键词足以使消费者误认其与精英商标事务所有特定联系，构成不正当竞争。百度公司履行了合理注意义务，不构成帮助侵权。据此，一审法院判决猪八戒公司赔偿经济损失及合理费用 40 万元。精英商标事务所与猪八戒公司均不服一审判决，上诉至广东省高级人民法院（以下简称二审法院）。

二审法院经审理认为，涉案商标经过近十年的使用，其显著性获得提升，并在知识产权服务上具有一定的知名度。猪八戒公司使用被诉关键词，在搜索结果中与“八戒知识产权”连用，通过点击搜索结果进入猪八戒公司网站的行为属于在同一种服务上使用与涉案商标近似的标识，容易导致混淆，构成商标侵权。猪八戒公司擅自使用精英商标事务所企业名称的行为构成不正当竞争。百度公司在收到有效通知后未及时删除“精英商标”等关键词，应当对扩大的损失部分承担连带赔偿责任。据此，二审法院改判猪八戒公司赔偿经济损失及合理费用 50 万元，百度公司对其中的 10 万元承担连带责任。

裁判规则

1. 经营者擅自将与其他经营者注册商标近似的标识设置为搜索引擎中的关键词，通过点击搜索结果，达到指引消费者与其交易的目的，属于在同一种商品或服务上使用与该注册商标相近似的商标，并容易导致消费者对服务来源产生混淆，构成商标侵权。

2. 经营者擅自将其他经营者具有一定知名度的字号或企业名称设置为搜索引擎中的关键词，使消费者误认为其与该经营者具有特定联系，损害了其他经营者的交易机会，构成不正当竞争。

3. 投诉人为促使网络服务提供者采取必要措施而发送投诉通知，如果其中已经清楚表达相关侵权事实及被侵权人的权利信息，并提供了权利证明，即构成有效通知。网络服务提供者以投诉人投诉路径错误或不符合其内部处理流程为由主张该通知为无效通知的,不予支持。

4. 网络服务提供者应当设置便捷、清晰、快速的投诉方式和途径,对于侵权事实较为明显的行为,在根据相关通知足以判断侵权可能性较大的情况下,网络服务提供者应当及时采取必要措施防止损害后果进一步扩大。网络服务提供者接到投诉通知后未及时采取必要措施的,应当对损害的扩大部分与实施侵权行为的网络用户承担连带责任。

(a)　　(b)

图1-4-3　涉案商标

广州知识产权法院

网易杭州公司等与北京泰奇公司等商标权侵权案

法院:广州知识产权法院

上诉人(一审被告):北京神州泰奇互动科技有限公司等

被上诉人(一审原告):网易(杭州)网络有限公司、杭州网易雷火科技有限公司

案由:侵害注册商标专用权纠纷

案情简介:2009年,网易(杭州)网络有限公司(以下简称网易杭州公司)开发制作了《倩女幽魂online》网络游戏,并经核准注册了"倩女幽魂online"商标(以下简称涉案商标,见图1-4-4),核定使用商品及服务包括计算机游戏软件、提供全球计算机网络用户接入服务(服务商)等。2015年,网易杭州公司认为北京神州泰奇互动科技有限公司(以下简称北京泰奇公司)委托运营的一款名为《倩女幽魂3D》的手机游戏侵犯了其商标权,遂起诉至广州市天河区人民法院(以下简称一审法院)。北京泰奇公司等辩称,其有1987年版《倩女幽魂》电影权利方授权开发、运营游戏,《倩女幽魂3D》是用于说明该游戏来源于同名电影,并非作为商标使用且"倩女幽魂"一词已经演变成特指神鬼故事的通用名称,公众有正当使用该词的权利。一审法院经审理认定北京泰奇公司等侵害了涉案商标的专用权,判决北京泰

奇公司等停止侵权,并赔偿经济损失 54 万元。北京泰奇公司等不服,上诉至广州知识产权法院(以下简称二审法院)。二审法院认为,北京泰奇公司将"倩女幽魂 3D"作为网络游戏名称,足以发挥识别商品来源的功能,属于《商标法》意义上的使用。北京泰奇公司获得电影著作权人的授权许可,不能证明其有权将该电影作品名称"倩女幽魂"作为网络游戏名称使用。据此,二审法院判决驳回上诉,维持原判。

裁判规则

1. 商标权属于一种"注册宣示权利产生、使用决定保护范围"的弹性权利。商标因商业使用所产生的知名度决定着商标的价值、禁用权的范围等。

2. 在涉案商标文字与特定电影名称相同,且经过长期商业使用已经在计算机游戏软件等商品上具有较高的并有别于该同名电影知名度的情况下,他人即使获得了该同名电影著作权人的相关授权,但未经许可将与涉案商标近似的名称作为网络游戏名称使用,仍然构成对涉案商标的侵犯。

(本案判决尚未公开,裁判规则系根据法院官方报道内容归纳。)

倩女幽魂 online

图 1-4-4　涉案商标

欧宝公司与施富公司商标权侵权及不正当竞争案

法院:广州知识产权法院

案号:(2019)粤 73 民终 6976 号、(2019)粤 73 民终 6944 号、(2019)粤 73 民终 6975 号

上诉人(一审原告):欧宝电气(深圳)有限公司

被上诉人(一审被告):广东施富电气实业有限公司

案由:侵害注册商标专用权及不正当竞争纠纷

案情简介:欧宝电气(深圳)有限公司(以下简称欧宝公司)与德国 OBO 公司签订关于第 3214870 号与第 G663678 号注册商标(以下简称涉案商标,见图 1-4-5)许可协议,约定欧宝公司在中国拥有涉案商标的排他性许可权。涉案商标核定使用商品类别为第 9 类"避雷器"等,以及第 6 类"避雷装置元件"等。欧宝公司认为广东施富电气实业有限公司(以下简称施富公司)销售的配电箱中所含的带有涉案

商标的元器件(以下简称被诉侵权产品)侵害了其注册商标权,并认为施富公司的行为打破了原有的商业销售模式导致欧宝公司利益受损,遂起诉至广州市南沙区人民法院(以下简称一审法院)。一审法院经审理认为,施富公司所售被诉侵权产品是从德国OBO公司在新加坡的经销商的下级分销商处合法进口的正品,其行为属于平行进口,未侵害欧宝公司商标权,亦不构成不正当竞争。据此,一审法院判决驳回欧宝公司的诉讼请求。欧宝公司不服,上诉至广州知识产权法院(以下简称二审法院)。二审法院认为,被诉侵权产品是合法来源于德国OBO公司的正品,施富公司未损毁、遮盖商标标识,未变更产品质量和包装,未侵害涉案商标权。同时,施富公司寻求低价产品以降低经营成本、追求商业利润的行为不具有《反不正当竞争法》上的可责性,行为过程未违反诚实信用原则和公认商业道德,不构成不正当竞争。据此,二审法院判决维持原判,驳回上诉。

裁判规则

1. 平行进口商标侵权和不正当竞争纠纷产生于国际自由贸易发展的大背景下,与国家外贸政策、商标权人市场布局和消费者利益密不可分,需要回归《商标法》和《反不正当竞争法》的立法本意,秉持民事法律领域谦抑、自治的基本理念,准确判断产品来源是否正当、核心要素是否更改,在此基础上衡量产品对商标基本功能的影响,评判行为在反不正当竞争法上的可责性,公平合理地解决纠纷。

2. 平行进口产品来源正当,产品品质相同,平行进口商未改变产品包装与标识,平行进口行为未损害注册商标的基本功能,未导致消费者混淆,不应认定为侵害商标权行为。

3. 平行进口商向其他销售区域寻求低价产品以在本区域内销售,降低经营成本,追求利润最大化,不具有以低价手段破坏市场竞争秩序的恶意,未违反诚实信用及商业道德原则,不应认定为不正当竞争行为。

OBO　　　　OBO

(a)　　　　(b)

图1-4-5　涉案商标

OPPO公司与中美丽臣公司等商标权侵权及不正当竞争案

法院:广州知识产权法院

原告:OPPO广东移动通信有限公司

被告:佛山市顺德区中美丽臣电器有限公司、中山市中超橡塑制品有限公司

案由:侵害商标权及不正当竞争纠纷

案情简介:OPPO广东移动通信有限公司(以下简称OPPO公司)是第4571222号"OPPO"商标[以下简称涉案商标,见图1-4-6(a)]的商标权人。涉案商标核定使用在第9类"手提无线电话机"等商品上。OPPO公司认为,佛山市顺德区中美丽臣电器有限公司(以下简称中美丽臣公司)在智能热水器商品及宣传中使用第4837942号、第22579303号及第16431780号"OPPO"商标[以下简称被诉商标,见图1-4-6(b)]的行为侵害了已构成驰名的涉案商标,且中美丽臣公司的"泉天下力邀OPPO跨界联合"等宣传语构成虚假宣传,中山市中超橡塑制品有限公司(以下简称中超橡塑公司)许可中美丽臣公司使用被诉商标的行为构成共同侵权,遂起诉至广州知识产权法院。广州知识产权法院经审理认为,涉案商标在被诉侵权行为发生时已经驰名,构成使用在智能手机商品上的驰名商标。第4837942号被诉商标核定使用在沐浴用设备等商品上,但中美丽臣公司超出该核定商品范围,将第4837942号被诉商标使用在热水器上,不符合规范使用注册商标的要求。涉案商标核定使用的智能手机与热水器都是生活必需品,二者的相关受众基本重合,故中美丽臣公司在热水器上使用第4837942号被诉商标容易使相关公众产生混淆误认。中美丽臣公司虽然规范使用了第22579303号及第16431780号被诉商标,但这两个被诉商标已被商评委宣告无效,无效理由之一是其侵害了OPPO公司在先的涉案商标权。因此,中美丽臣公司在热水器上使用第22579303号及第16431780号被诉商标的行为足以使相关公众认为其与涉案商标或OPPO公司存在特定联系,侵害了涉案商标权。中美丽臣公司在宣传语中使用涉案商标的行为同样侵害了涉案商标权,其应当承担停止侵权的责任中已包括了停止使用该宣传语,因此已无必要认定中美丽臣公司使用该宣传语的行为构成虚假宣传。中超橡塑公司明知第4837942号被诉商标在热水器等商品上的申请被驳回,仍然将该被诉商标许可中美丽臣公司在热水器上使用,并在网站中对被诉产品进行展示和招商加盟宣传,客观上促使了侵权行为发生,主观上具有明显恶意,构成共同侵权。据此,广州知识产权法院判决中美丽臣公司及中超橡塑公司停止侵权并连带赔偿经济损失及合理费用100万元。

裁判规则

1. 经营者超出注册商标核定商品范围使用注册商标标识的，属于不规范使用注册商标的行为，可以构成对他人注册商标专用权的侵害。

2. 注册商标权利人明知其申请注册的商标可能与他人在先权利产生冲突，仍许可侵权方使用该注册商标，在主观上具有恶意，客观上促使了侵权行为发生，应与侵权方承担共同侵权责任。

（本案判决尚未公开，裁判规则系根据法院官方报道内容归纳。）

oppo　　OPPO

（a）涉案商标　　（b）被诉商标

图1-4-6　涉案商标与被诉商标

本田公司与理力公司等商标侵权及不正当竞争案

法院：广州知识产权法院

案号：（2019）粤73民终5651号

上诉人（一审原告）：本田技研工业株式会社

上诉人（一审被告）：佛山市南海理力机械有限公司、广州市泽藤机械设备有限公司

案由：侵害注册商标专用权及不正当竞争纠纷

案情简介：本田技研工业株式会社（以下简称本田公司）是第156862号"HONDA"商标的商标权人，该商标于1979年4月19日申请注册，于1982年4月30日核准注册，核定使用在第7类电发动机等商品上。本田公司同时是第5958568号"GX"商标的商标权人，该商标于2007年3月23日申请注册，于2012年7月28日核准注册，核定使用在第7类非陆地车辆发动机等商品上（两商标以下统称涉案商标，见图1-4-7）。本田公司认为，佛山市南海理力机械有限公司（以下简称理力公司）在其生产的汽油机产品及其广告中使用"HONDA GX160"标识，并使用与本田公司"GX160"汽油机近似的红、白、黑三种颜色组合的产品外观装潢（以下简称涉案装潢），侵害了本田公司的商标权并构成不正当竞争；广州市泽藤机械设备有限公司（以下简称泽藤公司）销售带有"HONDA GX160 LILI 理力"标识及

涉案装潢的汽油机产品等，侵害了本田公司的商标权并构成不正当竞争。本田公司起诉至广东省广州市越秀区人民法院（以下简称越秀法院），请求判令两被告停止侵权、赔礼道歉、消除影响并赔偿经济损失及合理支出200万元。越秀法院经审理认为，理力公司及泽藤公司在类似商品上使用了与涉案商标近似的标识，容易导致相关公众的混淆，侵害了本田公司的商标权。从本田公司举证的销售时间、销售区域、销售数量来看，“HONDA GX160”汽油发动机不构成知名商品，该型号发动机使用的涉案装潢也不构成特有装潢，因此，两被告不构成不正当竞争。越秀法院据此判决两被告停止侵权、刊登致歉声明并连带赔偿经济100万元及合理支出55,514元。

本田公司、理力公司及泽藤公司均不服一审判决，上诉至广州知识产权法院。广州知识产权法院经审理认为，两被告在类似商品上使用与涉案商标近似的标识，容易导致相关公众混淆，构成商标侵权。本田公司用于汽油机的涉案装潢的显著性在不依附涉案商标时，本身尚未达到足以识别商品来源的程度，涉案装潢不构成知名商品特有装潢，因此两被告不构成不正当竞争。广州知识产权法院据此判决驳回上诉，维持原判。

裁判规则

1. 主张合法来源抗辩应当举证证明合法取得被诉侵权产品、复制品的事实，包括合法的购货渠道、合理的价格和直接的供货方等。在提供的被诉侵权产品、复制品来源证据与其合理注意义务程度相当的情况下，可以认定完成了举证责任，合法来源抗辩成立。

2.《反不正当竞争法》补充保护作用的发挥不得与知识产权专门法的立法宗旨相抵触，凡是知识产权专门法已作穷尽性规定的领域，《反不正当竞争法》原则上不再提供附加保护，允许自由竞争。但是，在与知识产权专门法的立法宗旨相兼容的范围内，仍可以从制止不正当竞争的角度提供保护。

3.《反不正当竞争法》保护商品装潢是为了弥补注册商标保护的不足，是对尚未达到驰名程度但具有显著性并能发挥识别功能的未注册商标所进行的有限补充保护，只能在与《商标法》的立法宗旨相兼容的范围内进行。对于无须依附商品上的注册商标即足以达到识别商品来源程度的商品装潢，具有应受保护的独立法益，可以同时受到《商标法》及《反不正当竞争法》的保护。

被诉侵权标识	POWERED by HONDA	HONDA GX160 GX160 LILI 理力
	(a)	(b)
涉案商标	HONDA	GX
	(a)	(b)

图1－4－7　商标对比

深圳市中级人民法院

广州钧易公司与深圳荷包公司商标权侵权案

法院：广东省深圳市中级人民法院

案号：(2019)粤03民终31635号

上诉人(原审原告)：广州钧易信息技术有限公司

被上诉人(原审被告)：深圳荷包金融信息咨询有限公司

案由：侵害注册商标专用权纠纷

案情简介：广州钧易信息技术有限公司(以下简称广州钧易公司)是第13773587号"荷包"商标(以下简称涉案商标,见图1－4－8)的商标权人。涉案商标核定使用在第9类"计算机程序(可下载软件)"等商品上。钧易公司认为,深圳荷包金融信息咨询有限公司(以下简称深圳荷包公司)在苹果iOS系统和安卓系统手机应用以及微信公众号上使用"荷包"标识,侵害了钧易公司的商标权,遂起诉至深圳市南山区人民法院(以下简称一审法院),请求判令深圳荷包公司停止侵权并赔偿经济损失50万元人民币。一审法院经审理认为,深圳荷包公司的被诉行为不构成商标侵权,故判决驳回广州钧易公司的诉讼请求。

广州钧易公司不服一审判决,上诉至深圳市中级人民法院(以下简称二审法院)。二审法院经审理认为,深圳荷包公司"荷包"App的主要功能是提供金融理财服务,虽然要求客户在智能手机上安装使用App程序,但是其服务类内容并未发生实质性变化,而只是将为客户服务的场所转移到互联网平台。金融理财服务与涉案商标核定使用的计算机软件不属于类似的商品和服务,因此,深圳荷包公司在手机应用上使用"荷包"标识不构成在类似商品和服务上使用相同或近似商标的行为,不构成商标侵权。深圳荷包公司未在微信公众号提供软件产品,其在微信公众号上使用“荷包”标识也不构成商标侵权。据此,二审法院判决驳回上诉,维持原判。

裁判规则

界定“互联网+”新型业态下的类似商品和服务时,不能仅以其载体作为区分商品或服务类别的依据,而应根据所涉商品或服务自身的目的、功能、内容等做出更符合行业实际的判断。

荷包

图1-4-8 涉案商标

广东小天才公司与深圳市小天才公司商标权侵权及不正当竞争案

法院:广东省深圳市中级人民法院

案号:(2020)粤03民初20号

原告:广东小天才科技有限公司

被告:深圳市小天才电子有限公司

案由:侵害注册商标专用权及不正当竞争纠纷

案情简介:广东小天才科技有限公司(以下简称广东小天才公司)成立于2010年3月30日,住所地位于东莞市,其在第9类“计算机、电视机、平板电脑、学习机”等商品上拥有多个“小天才”及“小天才儿童平板”商标(以下简称涉案商标,见图1-4-9)。其中,广东小天才公司最早于1991年8月27日申请注册第646497号“小天才”商标,该商标于1993年6月21日核准注册,核定使用在第9类“与电视机连用的游戏机、计算机、电视机”等商品上。深圳市小天才电子有限公司(以下简称深圳市小天才公司)成立于2012年12月3日,住所地位于深圳市。广东小天才公司认为,深圳市小天才公司在其经营的学习机等商品的新品发布会的展台上使用“小天才”标识,突出使用“小天才科技”等字样,在其官网上突出使用“深圳小天才电子有限公司”字样等,侵害了其对涉案商标享有的商标权,且深圳市小天才公司在企业名称中使用“小天才”字号,构成不正当竞争,遂起诉至广东省深圳市中级人民法院(以下简称深圳中院),请求判令深圳市小天才公司停止侵害涉案商标,停止在企业名称中使用“小天才”字样，消除影响并赔偿经济损失400万元及合理支出411,619元。

深圳中院经审理认为，深圳市小天才公司在新品发布会展台、柜台上单独使用“小天才”标识，属于将该标识用于学习机的广告宣传、展览的商业活动中，已起到识别商品来源的作用，属于商标性使用。学习机与部分涉案商标核定使用商品为同一种商品，与部分涉案商标核定使用商品为类似商品，因此，深圳市小天才公司未经许可，在同一种或类似商品上使用与涉案商标近似的商标，容易导致混淆，构成侵害商标权。深圳市小天才公司在新品发布会展台正中央使用“深圳市小天才电子有限公司”字样，虽然每个字的大小、字体均一致，但作为同是广东地区生产青少年儿童教育电子类产品的企业，深圳市小天才公司理应知道广东小天才公司字号及涉案商标的知名度，其将企业名称放置在展台广告正中央醒目位置，实际已使其企业名称起到了识别商品来源的作用，属于商标性使用，深圳市小天才公司注册商标的指示功能此时已被弱化或者被“小天才”字样覆盖，进而误导消费者以为该展台所销售的学习机产品来源于广东小天才公司。深圳市小天才公司此种在特定场所、特定时间、特定方式使用公司全称或“小天才科技”字样的行为，攀附意图明显，构成突出使用企业字号，易使相关公众产生误认，侵害了广东小天才公司的商标权。

深圳市小天才公司与广东小天才公司同在广东地区，经营范围相同，消费者习惯以“小天才”指代广东小天才公司或其产品，深圳市小天才公司在明知或应知广东小天才公司知名度的情况下，使用“小天才”字号，在淘宝店铺、官网、微信公众号上销售学习机等产品，意图使相关公众对商品来源产生混淆，或误认其与广东小天才公司存在特定联系。因此，深圳市小天才公司上述擅自使用“小天才”字号的行为构成不正当竞争。

深圳中院认为，本案无法查清深圳市小天才公司的侵权获利，广东小天才公司亦未提交涉案商标的许可使用费等证据，无法确定权利人的损失，因而惩罚性赔偿的基数无法确定，故对广东小天才公司适用惩罚性赔偿的主张不予支持。深圳中院综合考虑涉案商标及“小天才”字号的知名度、深圳市小天才公司的主观恶意、侵权行为的性质、情节等因素，判决深圳市小天才公司立即停止侵权，变更企业名称且变更后的企业名称中不得含有“小天才”字样，赔偿经济损失400万元及合理维权费用411,619元。

裁判规则

1. 将与他人注册商标相同或近似的文字作为企业名称中的字号，在明知或应知他人注册商标具有较高知名度的情况下，在相同或类似商品的宣传、销售活动以醒目方式使用企业全称，即使并未突出使用其中的字号，但客观上已经起到识别商品来源的作用，容易误导相关公众对商品来源产生混淆，或误认为二者之间存在特定联系，应当认定为构成对他人注册商标专用权的侵害。

2. 商标权人因侵权行为所受到的损失、侵权人因侵权行为所获得的利益以及商标许可使用费均难以确定的，无法确定适用惩罚性赔偿的基数，对于商标权人有关适用惩罚性赔偿的主张不予支持。

(a)　　　　(b)

图1-4-9　涉案商标

维沃公司与某通公司等商标权侵权案

法院：广东省深圳市中级人民法院

原告：维沃移动通信有限公司

被告：深圳市某通电子科技有限公司、深圳市某讯科技有限公司

案由：侵害注册商标专用权纠纷

案情简介：维沃移动通信有限公司（以下简称维沃公司）于2011年7月27日申请注册第9773708号"vivo"商标[以下简称涉案商标，见图1-4-10(a)]，涉案商标于2012年9月21日核准注册，核定使用在第9类"手提电话"等商品上。维沃公司认为，深圳市某讯科技有限公司（以下简称某讯公司）在电商平台销售深圳市某通电子科技有限公司（以下简称某通公司）生产的使用"vivi"标识[以下简称被诉侵权标识，见图1-4-2(b)(c)]的手机，某通公司注册域名为"vivi-china. com"的网站，并在该网站宣传被诉侵权产品，侵害了其对涉案商标享有的商标权。维沃公司起诉至深圳市福田区人民法院（以下简称一审法院），请求判令两被告停止侵权并连带赔偿经济损失500万元及合理费用。一审法院经审理认为，某通公司未经许可，在手机商品上使用与涉案商标近似的被诉侵权标识，侵害了维沃公司的商标

权。某讯公司未经许可,销售了使用被诉侵权标识的手机商品,亦侵害了维沃公司的商标权。由于现有证据不足以证明某讯公司销售的侵权产品来源于被告某通公司,因此一审法院未支持维沃公司关于两被告承担连带赔偿责任的诉讼请求。某通公司在其官网域名中使用的“vivi”字母为普通的英文字体,与涉案商标不完全相同,而与其自有的第 23108311 号商标字母相同,是对其自有商标的合理使用,因此某通公司使用“vivi - china. com”域名不构成商标侵权。

经查明,某通公司生产、销售被诉侵权产品的获利金额为 34.5 万元。一审法院综合考虑到涉案商标的知名度较高、某通公司侵权情节严重、主观恶意明显以及酌定赔偿偏低等因素,按照侵权获利金额的三倍确定某通公司的赔偿数额为 103.5 万元。据此,一审法院判决两被告停止侵权、某通公司赔偿维沃公司经济损失及合理费用 113.5 万元、某讯公司赔偿经济损失及合理费用 22.6 万元。

某通公司不服一审判决,向深圳市中级人民法院(以下简称二审法院)提出上诉。二审法院经审理判决驳回上诉,维持原判。

(本案裁定尚未公开,相关内容系根据法院官方报道内容整理。)

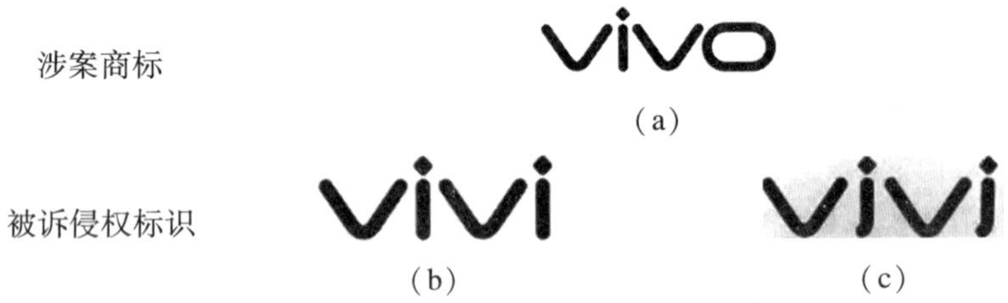

图 1 - 4 - 10　商标对比

(三)著作权类

广东省高级人民法院

轩尼诗公司与卡拉尔公司等著作权侵权案

法院:广东省高级人民法院

案号:(2019)粤民终 1665 号

上诉人(一审原告):雅斯·埃内西有限公司(法国轩尼诗公司)

被上诉人(一审被告):广东卡拉尔酒业有限公司、梅州中法白兰地有限公司、广州李氏兄弟贸易有限公司、佛山市南海区大沥欧晓涛酒类批发部

案由:侵害著作权纠纷

案情简介:法国轩尼诗公司(以下简称轩尼诗公司)于2015年1月15日获得国家版权局颁发的“Paradis酒瓶”美术作品[以下简称涉案作品,见图1-4-11(a)]的著作权登记证书。轩尼诗公司认为广东卡拉尔酒业有限公司(以下简称卡拉尔公司)生产、销售,广州李氏兄弟贸易有限公司(以下简称李氏兄弟公司)、佛山市南海区大沥欧晓涛酒类批发部(以下简称晓涛批发部)销售的“JOHNNYSBLUE尊尼蓝牌-卡爵XO白兰地”[见图1-4-11(b)]采用了与涉案作品高度近似的酒瓶设计,侵害了轩尼诗公司对涉案作品享有的著作权,同时梅州中法白兰地有限公司(以下简称梅州中法公司)灌装行为构成帮助侵权。轩尼诗公司将四被告起诉至广州知识产权法院(以下简称一审法院),请求判令四被告停止侵权并赔偿经济损失及合理费用50万元。一审法院经审理认为,涉案作品是实用艺术品,其立体造型具有独创性及美感,且其艺术美感能够与实用功能在观念上分离,构成美术作品。但轩尼诗公司未提供证据证明涉案作品是由公司组织设计,体现了公司意志,不能证明涉案作品为法人作品。轩尼诗公司虽然提交了涉案作品作者的《转让证书》,但形式上未进行公证认证,内容上未记载具体作品及著作权的具体权利内容、期限等。因此,轩尼诗公司主张对涉案作品享有著作权的依据不足。据此,一审法院判决驳回轩尼诗公司的诉讼请求。

轩尼诗公司不服一审判决,上诉至广东省高级人民法院(以下简称二审法院)。二审法院经审理认为,涉案作品的立体造型具备美术作品的艺术创作高度,且实用性与艺术性在观念上可相互分离,可以作为美术作品受《著作权法》保护。轩尼诗公司在二审中提交了涉案作品作者出具的著作权权属声明及翻译件并履行了公证认证手续,结合其他在案证据可以证明轩尼诗公司对涉案作品享有著作权。卡拉尔公司、李氏兄弟公司及梅州中法公司主观上具有意思联络,客观上采取分工合作,共同侵害了涉案作品的复制权、发行权和信息网络传播权,应当承担连带责任。但晓涛批发部仅在网络上展示被诉产品,侵害了涉案作品的信息网络传播权,与其余三被告无意思联络,与其余三被告不构成共同侵权。据此,二审法院判决撤销一审判决,改判四被告停止侵权,卡拉尔公司、李氏兄弟公司及梅州中法公司连带赔偿轩尼诗公司经济损失及合理费用49万元,晓涛批发部赔偿经济损失及合理费用1万元。

裁判规则

实用艺术品作为美术作品受到《著作权法》保护的仅仅是其具有艺术性的部分。因此,实用艺术品除需满足作品的一般构成要件及美术作品的特殊构成要件外,还应满足具备实用功能的实用性与体现艺术美感的艺术性在物理上或观念上可相互分离。

(a)涉案作品　　(b)被诉侵权产品

图1-4-11　商标对比

声影公司与红馆公司著作权侵权案

法院:广东省高级人民法院

案号:(2019)粤民再277号

再审申请人(一审原告、二审被上诉人):深圳市声影网络科技有限公司

被申请人(一审被告、二审上诉人):珠海市红馆娱乐有限公司

案由:侵害著作权纠纷

案情简介:深圳市声影网络科技有限公司(以下简称声影公司)是《心雨》等41首MV音乐作品(以下简称涉案作品)的著作权人。声影公司认为,珠海市红馆娱乐有限公司(以下简称红馆公司)未经许可,在其卡拉OK点唱系统中复制存储涉案作品,并以营利为目的向不特定消费者提供有偿点唱服务,侵害了声影公司对涉案作品享有的放映权,遂起诉至广东省珠海市香洲区人民法院(以下简称一审法院),请求判令红馆公司停止侵权并赔偿经济损失及合理费用25,500元。一审法院经审理认为,涉案作品是摄制在一定媒介上,由一系列通过情景设计的有伴音或无伴音的画面组成,并且借助适当装置放映或者以其他方式传播的作品,且其在情节摄制、演员表演、灯光等方面体现了一定的独创性,构成类电作品。红馆公司作为KTV经营者虽向中国音像著作权集体管理协会(以下简称音集协)交纳版权使用费,但红馆公司应审查音集协对涉案作品是否享有管理权,红馆公司既未提供其播

放涉案作品的合法来源，又未能证明涉案作品的权利由音集协管理，因此，红馆公司在其经营的场所内通过技术设备公开再现涉案作品的行为侵害了声影公司的放映权。一审法院综合考虑涉案作品的类型及知名度、合理使用费、侵权情节、该市发展状况等因素，判决红馆公司停止侵权、删除涉案作品并赔偿经济损失及合理费用16,000元。

红馆公司不服一审判决，上诉至广东省珠海市中级人民法院（以下简称二审法院）。二审法院经审理认为，红馆公司已向音集协交纳了曲库的版权使用费，尽到了合理注意义务，其对被诉行为的发生没有主观过错，只需承担停止侵权的责任，无须承担赔偿责任。据此，二审法院判决撤销了一审法院赔偿经济损失及合理费用的判项。

声影公司认为二审判决确有错误，向广东省高级人民法院（以下简称再审法院）申请再审。再审法院经审理认为，红馆公司未证明其放映的涉案作品有合法来源，因此不能据此认定红馆公司无须承担赔偿责任，但对于已向著作权集体管理组织交纳版权使用费的使用者，其承担的赔偿责任可根据具体案情予以酌减，本案确定每首 MV 音乐作品的平均赔偿数额不超过 200 元。再审法院综合考虑涉案作品权利情况、侵权情况、维权开支以及已向著作权集体管理组织交纳版权使用费等因素，判决撤销二审判决，同时变更一审判决确定的赔偿数额，判令红馆公司赔偿经济损失及合理费用 9000 元。

裁判规则

对于已向著作权集体管理组织交纳版权使用费的使用者，如果未经许可使用了未加入著作权集体管理组织的著作权人的相关作品，仍然构成对相关著作权的侵犯，应当承担赔偿责任，但该赔偿责任可以根据已向著作权集体管理组织交纳版权使用费等情形予以酌减。

广州知识产权法院

东方传播公司与百度公司著作权侵权案

法院：广州知识产权法院

案号：（2019）粤 73 民终 3881 号

上诉人（一审原告）：上海翡翠东方传播有限公司广州分公司

被上诉人(一审被告):北京百度网讯科技有限公司

案由:侵害作品信息网络传播权纠纷

案情简介:上海翡翠东方传播有限公司广州分公司(以下简称东方传播公司)经授权取得影视作品《食为奴》(以下简称涉案影视作品)的信息网络传播权。东方传播公司认为,北京百度网讯科技有限公司(以下简称百度公司)通过百度网盘以离线下载、秒传、分享形式传播涉案影视作品,并向用户提供涉案影视作品的在线播放服务,侵害了其对涉案影视作品享有的信息网络传播权,构成直接侵权;百度公司收到东方传播公司的书面通知后未删除侵权文件,构成间接侵权,遂起诉至广州市天河区人民法院(以下简称一审法院),请求判令百度公司停止侵权并赔偿经济损失及合理费用215万元。一审法院经审理认为,在案证据不足以证明东方传播公司是从百度网盘服务器已上传的文件中直接获取的涉案影视作品,东方传播公司也未提供证据证明百度网盘中存在的与涉案影视作品相同的文件是由百度公司上传,故百度公司不构成直接侵权。东方传播公司向百度公司发送的《告知函》未提供涉案影视作品的具体链接地址,不构成有效通知,因此百度公司不构成间接侵权。据此,一审法院判决驳回了东方传播公司的诉讼请求。

东方传播公司不服一审判决,上诉至广州知识产权法院(以下简称二审法院)。二审法院经审理认为,百度公司作为信息储存空间的提供者而非涉案影视作品的提供者,不构成直接侵权。离线下载功能是用户提供相应的下载链接并使用百度网盘进行离线下载的功能,百度公司将他人存储于百度网盘并由百度公司控制的涉案影视作品提供给用户,使用户可以在其选定的时间和地点获得涉案影视作品,侵害了东方传播公司的信息网络传播权。百度公司为百度网盘用户提供文件分享技术支持,且明知百度网盘中存储有涉案影视作品,仍提供分享服务,构成帮助侵权。据此,二审法院撤销一审判决,判决百度公司赔偿东方传播公司经济损失及合理费用50万元。

裁判规则

1. 信息存储空间服务提供者虽然提供针对涉案作品的上传或下载,但如果其行为本质仅是提供信息存储空间服务,而没有提供涉案作品,则不宜认定其实施了直接侵权行为。

2. 信息存储空间服务提供者提供的文件分享等技术支持如果超出了信息存储服务的范畴,则其应负有更高的注意义务,并采取必要的防范措施和进行必要的审查,否则可能会因存在主观过错而构成帮助侵权。

网易公司与多益公司著作权侵权及不正当竞争案

法院:广州知识产权法院

案号:(2018)粤73民初684号

原告:广州网易计算机系统有限公司

被告:广州多益网络股份有限公司

第三人:徐某

案由:侵害著作权及不正当竞争纠纷

案情简介:广州网易计算机系统有限公司(以下简称网易公司)是网络游戏《梦幻西游》软件的著作权人,并获得《梦幻西游2》软件的独占许可[《梦幻西游》与《梦幻西游2》以下简称涉案游戏,见图1-4-12(a)]。网易公司认为,广州多益网络股份有限公司(以下简称多益公司)运营的网络游戏《神武》[以下简称被诉侵权游戏,见图1-4-12(b)]侵害了涉案游戏的计算机软件著作权、文字作品著作权,并构成不正当竞争,遂起诉至广州知识产权法院,请求判令多益公司停止侵权、消除影响并赔偿经济损失及合理支出1亿元。广州知识产权法院经审理认为,因网易公司未提交涉案游戏及被诉侵权游戏的源程序代码、目标程序代码等作为检材,无法比对二者是否相同或实质性相似,因此,对于网易公司主张多益公司侵害涉案游戏软件的复制权、发行权、信息网络传播权,不予支持。涉案游戏文字作品属于网易公司法人作品,多益公司未经许可,在开发、运营的被诉侵权游戏中使用与涉案文字作品实质性相似的文字,侵犯了网易公司对涉案文字作品享有的复制权和信息网络传播权。对于网易公司有关被诉侵权游戏在门派、技能、法术、装备、特技、玩法、阵法、宠物、宠物技能等游戏元素的选取、编排、优化和设定与涉案游戏高度近似,构成不正当竞争的主张,广州知识产权法院认为,上述行为未违反诚实信用原则和商业道德,也未损害市场竞争机制,不构成不正当竞争。广州知识产权法院在综合评估多益公司侵权获利、营销策略的贡献比重等因素后,判决多益公司停止侵权并赔偿经济损失及合理维权费用1000万元。

裁判规则

1. 对于软件程序的同一性判断,如果两个计算机软件的源程序相同或实质性相似,应当认定二者具有同一性。如果目标程序相同或实质性相似,尚无法直接认定二者具有同一性,还必须结合其他证据予以印证。

2. 在涉案游戏由法人团队创作完成的情况下,作为与该涉案游戏同期创作并存在相互配合关系的涉案文字作品通常体现的亦应是创作团队的意志,在无充分证据推翻的情况下,该文字作品应当认定为法人作品。

3. 在高速发展的网络游戏领域,是否具有公认的商业道德以及该商业道德的具体内涵应由负有证明义务的原告举证说明。

4.《反不正当竞争法》具有行为法属性,以竞争行为为调整对象,市场经济下的"搭便车"行为并不当然违反诚实信用原则和公认的商业道德,不必然构成不正当竞争,仍需根据法律规定的行为正当性标准进行判断。

5. 造成损害是不正当竞争构成中的基本要素,但该损害并非简单地损害竞争优势、商业机会等竞争利益,而需与《反不正当竞争法》的立法目的相协调,构成竞争性损害,尤其是构成对市场竞争机制的损害。市场竞争中的相互争夺性损害是允许的常态性竞争损害,在适用《反不正当竞争法》一般条款时应当秉持谦抑的司法态度,对竞争行为保持有限干预和司法克制。

(a)涉案游戏

(b)被诉侵权游戏

图1-4-12　游戏画面对比

深圳市中级人民法院

菁优公司与豆丁公司著作权侵权案

法院:广东省深圳市中级人民法院

案号:(2019)粤03民再171号

再审申请人(一审原告、二审被上诉人):深圳市菁优智慧教育股份有限公司

被申请人(一审被告、二审上诉人):豆丁世纪(北京)网络技术有限公司

案由:侵害作品信息网络传播权纠纷

案情简介:深圳市菁优智慧教育股份有限公司(以下简称菁优公司)享有《2017年全国统一高考数学试卷(文科)(新课标Ⅰ)》高考试卷解析(以下简称涉案作品)的著作权。涉案作品包括试题、考点、专题、分析、解答以及点评等内容。菁优公司

认为,豆丁世纪(北京)网络技术有限公司(以下简称豆丁公司)未经许可在其经营管理的 www. docin. com 网站上提供涉案作品的下载服务,侵害了菁优公司对涉案作品享有的信息网络传播权,遂起诉至深圳市南山区人民法院(以下简称一审法院),请求判令豆丁公司停止侵权,赔偿经济损失及合理费用 1. 1 万元。一审法院经审理认为,涉案作品凝聚了创作人对高考试卷的理解、考点归纳、分析、解答及点评,具有独创性,是文学、艺术和科学领域内具有独创性并能以某种有形形式复制的智力成果,构成《著作权法》规定的作品。豆丁公司未经许可在其经营管理的 www. docin. com 网站上提供涉案作品的下载服务,使公众可以在其个人选定的时间和地点获得涉案作品,侵害了菁优公司享有的信息网络传播权。豆丁公司未审核上传者的真实身份信息,且从涉案作品中直接获取经济利益,应当承担侵权责任。据此,一审法院判决豆丁公司停止侵权并赔偿经济损失及合理费用 3000 元。

豆丁公司不服一审判决,上诉至深圳市中级人民法院(以下简称二审法院或深圳中院)。二审法院经审理认为,菁优公司对高考数学试题不享有著作权,而考点、专题、分析、解答、点评的内容极为简单,属于对思想的有限表达,因此涉案作品不构成《著作权法》规定的作品。深圳中院据此判决撤销一审判决,驳回菁优公司诉讼请求。

菁优公司认为二审判决适用法律错误,向广东省高级人民法院(以下简称广东高院)申请再审,广东高院指令深圳中院再审。深圳中院再审认为,高考数学试题是公有领域的内容,菁优公司不能主张对此享有著作权。对数学试题的解答,大部分仅是文字、数字、字母、符号的结合,受到表达形式本身的限制,是唯一或有限表达,不受《著作权法》保护。但对解题思路的分析,对试题难度、注意事项等的点评,在表达上并非唯一或有限的,具有独创性,受《著作权法》保护,二审判决对此认定有误。涉案作品为网络用户上传,豆丁公司作为网络服务提供者未对涉案作品进行修改,编辑或推荐,菁优公司在起诉前未通知豆丁公司删除涉案作品,豆丁公司不具有主观过错,其也未从涉案作品的传播中直接获利,因此豆丁公司符合网络服务提供者免于承担赔偿责任的条件。深圳中院纠正了二审判决中的错误后,判决维持了二审判决。

裁判规则

1. 高考数学试题题干属于公有领域的内容,任何人不能主张对此享有著作权。对高考数学试题的解答大部分仅是文字、数字、字母、符号的结合,受到表达形式本身的限制,是对思想的唯一或有限表达,不受《著作权法》保护。但对解题思路的分析及对试题考查目标、题型难度、注意事项的点评等内容,其表达形式并非唯一或有限的，能够体现出不同创作者的智力判断与选择、展示不同的个性，一般应作为作品受到《著作权法》保护。

2. 网络服务提供者提供了上传用户的基本信息，未对被上传作品进行修改、编辑、推荐，不知道也无合理理由应当知道用户上传作品侵犯他人著作权，且未从被上传作品中直接获利，在接到权利人通知后亦及时删除作品的，该网络服务提供者免于承担赔偿责任。

网易公司等与迷你玩公司著作权侵权案

法院：广东省深圳市中级人民法院

案号：（2019）粤03民初2157号

原告：广州网易计算机系统有限公司、上海网之易吾世界网络科技有限公司

被告：深圳市迷你玩科技有限公司

案由：侵害著作权及不正当竞争纠纷

案情简介：广州网易计算机系统有限公司（以下简称网易公司）与上海网之易吾世界网络科技有限公司（以下简称网之易公司）经授权取得《我的世界》（以下简称涉案游戏）中国大陆（内地）的运营权。网易公司与网之易公司认为，深圳市迷你玩科技有限公司（以下简称迷你玩公司）运营的《迷你世界》（以下简称被诉游戏）将涉案游戏包括的自然元素方块、合成元素方块、动物等道具、各游戏交互设计的外观、功能、组合规则等内容整体移植到被诉游戏中，以致游戏呈现的整体画面高度近似。网易公司与网之易公司认为，被诉游戏侵害了涉案游戏整体画面的改编权及信息网络传播权，同时，被诉游戏整体抄袭涉案游戏的核心元素构成不正当竞争，起诉至广东省深圳市中级人民法院（以下简称深圳中院），请求判令迷你玩公司停止侵权及不正当竞争行为、消除影响、赔偿经济损失及合理支出5000万元。深圳中院经审理认为，涉案游戏画面是由元素名称文字、场景图案、动态影像、配乐等组合而成的连续动态画面，具有独创性，也可以有形形式复制，属于《著作权法》规定的作品。该游戏动态画面是游戏开发者将游戏规则设计、数值设定、场景转换等设计编写成计算机代码，通过游戏用户发出的操作指令调动游戏素材，在终端屏幕上呈现出可供感知的视听表达，相当于游戏开发者将游戏素材"摄制"成了动态画面，因此，涉案游戏动态画面构成类电作品。被诉游戏与涉案游戏的整体画面构成实质性相似。迷你玩公司对涉案游戏的元素名称、数值比例等基础内容进行了直接套用或简单替换，仍使玩家能够直接感受到上述元素来源于涉案游戏，侵害了网易

公司与网之易公司的改编权。迷你玩公司通过互联网发布运营被诉游戏，同时侵害了网易公司与网之易公司的信息网络传播权。被诉游戏与涉案游戏的核心基础元素构成实质性相似，足以造成游戏用户的混淆，或认为两款游戏之间存在特定关联，因此，迷你玩公司的被诉行为构成不正当竞争，但深圳中院在已支持网易公司与网之易公司有关著作权保护主张的前提下，不再适用《反不正当竞争法》对被诉行为进行重复评判。深圳中院参考生效判决中有关 iOS 渠道及 Android 渠道的利润计算方法计算迷你玩公司的侵权获利，并扣除渠道成本、收入分成、服务器成本，再根据涉案基础核心元素在被诉游戏中的占比，确定迷你玩公司的侵权获利为2110.77 万元。网易公司与网之易公司未举证证明其因被诉行为遭受商誉贬损，故深圳中院未支持网易公司与网之易公司消除影响的诉讼请求。深圳中院据此判决迷你玩公司停止侵权、删除被诉游戏中的 267 个核心基础元素并赔偿经济损失2110.77 万元及合理支出 24,700 元。

裁判规则

1. 电子游戏动态画面是指随着游戏用户操作而由电子设备呈现的包括文字、美术、音乐等要素连续动态画面的集合，是电子游戏的外在表现形式。电子游戏动态画面关于游戏核心玩法和实质内容的综合表达是游戏开发者独立创作且不属于公有领域或司空见惯的表达，且游戏画面在游戏中生成时相对固定，可以以有形形式复制，属于我国《著作权法》所保护的作品。

2. 电子游戏动态画面是游戏开发者将游戏规则设计、数值设定、场景转换等设计编写成计算机代码，通过游戏用户在运行游戏时发出的不同操作指令，调动游戏素材进行有机组合，在终端屏幕上呈现出的可供感知的综合视听表达。该表达在游戏开发者的预设范围之内，相当于游戏开发者将游戏素材"摄制"成可视动态画面，构成类电作品。

广州互联网法院

腾讯公司与某文化公司等著作权侵权及不正当竞争案

法院：广州互联网法院

案号：(2019)粤 0192 民初 1092－1102、1121－1125 号

原告：深圳市腾讯计算机系统有限公司

被告:某文化公司、某网络公司

案由:侵害作品信息网络传播权及不正当竞争纠纷

案情简介:《王者荣耀》(见图1-4-13)是一款多人在线战术竞技游戏(Multiplayer Online Battle Arena,MOBA)。某文化公司在其运营的某视频平台游戏专栏开设《王者荣耀》专区,通过显著位置主动推荐《王者荣耀》游戏短视频,并与数名游戏用户签订《游戏类视频节目合作协议》共享收益。某网络公司运营的某应用助手提供此视频平台的下载服务。深圳市腾讯计算机系统有限公司(以下简称腾讯公司)认为某文化公司的行为侵害了其对《王者荣耀》游戏所享有的信息网络传播权并构成不正当竞争,某网络公司构成共同侵权,遂起诉至广州互联网法院,并主张480万元经济损失及16万元合理维权费用。广州互联网法院受理本案后,根据腾讯公司的行为保全申请作出裁定,责令某文化公司删除某视频平台上存有的包含《王者荣耀》游戏画面的视频共329,832条。广州互联网法院经审理认为,《王者荣耀》游戏的整体画面符合类似摄制电影的方法创作的作品的特征,属于类电作品。某文化公司构成对腾讯公司《王者荣耀》作品的信息网络传播权的侵害,并构成不正当竞争。某网络公司仅被动提供App分发服务,未侵害腾讯公司对《王者荣耀》所享有的作品信息网络传播权,亦不构成不正当竞争。据此,广州互联网法院全额支持了腾讯公司有关损害赔偿及合理维权费用的诉讼请求。

裁判规则

1. 游戏整体画面是开发者思想或情感的表达,并非实用性的物品或解决技术问题的技术方案,具有独创性与可复制性,属于受《著作权法》保护的作品。

2. 游戏整体画面不是通过摄制方法固定在一定介质上,与传统类电作品存在差别,但由于类电作品强调的是表现形式而非创作方法,故在其符合一系列有伴音或者无伴音的画面组成的特征,并且可以由用户通过游戏引擎调动游戏资源库呈现出相关画面时,游戏整体画面宜认定为类电作品。

3. 游戏用户操作游戏时不具有创作意图,只是在游戏创作者设定的逻辑框架内进行操作,没有付出创造性劳动,故对操作游戏时形成的整体画面不享有著作权。

4. 被告行为同时构成对原告著作权的侵害和不正当竞争,原告要求被告就其同一侵权行为重复承担责任的,不予支持。

(本案判决尚未公开,裁判规则系根据法院官方报道内容归纳。)

(a)

(b)

图 1－4－13 《王者荣耀》游戏截图

腾讯公司与某云平台等诉中行为保全案

法院:广州互联网法院

申请人:深圳市腾讯计算机系统有限公司

被申请人:某云平台、某视公司

案由:侵害著作权及不正当竞争纠纷

案情简介:深圳市腾讯计算机系统有限公司(以下简称腾讯公司)经授权享有《英雄联盟》(以下简称涉案游戏,见图 1－4－14)游戏计算机软件及游戏元素作品著作权的独占许可使用权。腾讯公司认为某云公司未经授权,通过云平台(以下简称涉案平台)终端实时传输涉案游戏的美术作品及连续动态游戏画面至不特定用户,侵害了其著作权。某云公司借助涉案游戏进行宣传同时获取了腾讯公司游戏用户的大量数据,构成不正当竞争。某视公司运营的某应用助手提供了涉案平台终端的分发下载服务且下载量巨大,对腾讯公司造成巨额损失。腾讯公司起诉至广州互联网法院,在诉讼过程中提出行为保全申请,同时提供了担保。广州互联网法院认为,某云公司未经许可,通过涉案平台提供涉案游戏,使游戏用户在其选定的时间地点获取相应的涉案游戏动态画面,涉嫌侵犯涉案游戏的信息网络传播权,若不采取行为保全措施,将对腾讯公司造成难以弥补的损害。据此,广州互联网法院裁定某云公司立即删除涉案平台内有关涉案游戏的全部内容,并停止借助涉案游戏推广涉案平台。某视公司运营的某应用助手仅提供下载涉案平台的服务,无证据显示其共同参与涉案平台的运营,其构成侵权的可能性较低,故驳回了对某视公司的行为保全申请。

裁判规则

被申请人实施的被诉侵权行为成立侵权的可能性较大,且不立即采取措施可能使申请人的合法权益受到难以弥补的损害，在申请人提供足额担保的情况下，对申请人的诉中行为保全申请应予支持。

（本案判决尚未公开，裁判规则系根据法院官方报道内容归纳。）

图 1-4-14　涉案游戏

谢某与衣溪服装厂等著作权侵权案

法院：广州互联网法院

原告：谢某

被告：衣溪服装厂、张某

案由：侵害著作权纠纷

案情简介：谢某是美术作品“十八”（以下简称涉案作品）的著作权人，其于2018年向A省版权局申请了著作权登记，涉案作品用于谢某自营淘宝店所卖汉服服饰图案。谢某认为，衣溪服装厂生产、销售的手提包未经许可使用了涉案作品，侵害了谢某对涉案作品享有的信息网络传播权、复制权、发行权，遂将衣溪服装厂及其经营者张某起诉至广州互联网法院，请求判令两被告赔偿经济损失67,408元及合理费用2484元，衣溪服装厂刊登赔礼道歉声明。广州互联网法院经审理认为，谢某提交了涉案作品登记证书、查看作品AI格式底稿的视频，以及2016年1月23日首次交易载有涉案作品的商品的证据。虽然涉案作品登记证书记载的涉案作品创作完成时间和发表时间与谢某提交的上述证据显示时间有些许出入，但鉴于版权登记仅进行形式审查，该瑕疵不影响著作权权属的判断。张某抗辩其对涉案作品享有著作权，亦提交了涉案作品登记证书，但登记的作品样图为实物照片而非设计稿，也未提交涉案作品底稿、公开发表等证据，并且张某在登记申请材料中的保证与其当庭所作当事人陈述前后矛盾。张某将涉案作品登记时未单独命名，却将侵权商品命名为“十八”，而“十八”并不是相关图案的通用、常见名称。张某自认的首次销售侵权商品时间及申请版权登记时间晚于谢某首次销售商品的时间。综合考虑以上因素,应确认谢某对涉案作品享有著作权。衣溪服装厂未经许可生产印有涉案作品的手提包等并通过网店展示,侵害了谢某对涉案作品享有的复制权、发行权及信息网络传播权。张某套取版权,衣溪服装厂对侵权行为拒不承认,侵权恶意明显,侵权商品销量较大。据此,广州互联网法院判决衣溪服装厂、张某赔偿谢某经济损失67,408元、合理费用2484元,并判决衣溪服装厂刊登声明,赔礼道歉。

(本案判决尚未公开,相关内容系根据法院官方报道内容整理。)

云朵公司与小鱼玩具厂著作权侵权案

法院:广州互联网法院

原告:云朵公司

被告:小鱼玩具厂

案由:侵害著作权纠纷

案情简介:云朵公司是某公仔娃娃平面底稿的著作权人,并在该平面底稿的基础上制作出娃娃的立体造型(以下简称涉案娃娃,见图1-4-15)。云朵公司认为,小鱼玩具厂在淘宝店铺使用并销售与涉案娃娃外观高度近似的娃娃,侵害了其对涉案娃娃享有的复制权及信息网络传播权,遂起诉至广州互联网法院,请求判令小鱼玩具厂停止侵权并赔偿经济损失及合理维权费用15万元。广州互联网法院经审理认为,某公仔娃娃的平面底稿是由作者以绘画方式独立创作的平面艺术作品,具有一定的审美意义和创造性,属于《著作权法》规定的美术作品,但其独创性在于选取绘制婴儿的视角、构图、线条、阴影、神情、动作、风格的独特组合,不能延及作为事实的五官形象。云朵公司生产的涉案娃娃主要是参照了婴儿的五官和肢体,而非对该平面底稿独创性表达部分的复制。因此,涉案娃娃与平面底稿并非同一美术作品。云朵公司主张涉案娃娃手臂可以弯曲、脚趾形状有利于婴儿保持平衡不易摔跤、脸型鼻子等五官适合中外婴儿等属于功能性设计或有限表达,不具有独创性,故涉案娃娃不属于受《著作权法》保护的作品。小鱼玩具厂销售的产品虽然与涉案娃娃构成高度相似,但其对云朵公司平面底稿美术作品的利用不属于《著作权法》意义上的"从平面到立体"的复制,故小鱼玩具厂未侵害云朵公司的著作权。据此,广州互联网法院判决驳回云朵公司的诉讼请求。

裁判规则

1. 实用艺术品的平面底稿系由作者以绘画方式独立创作完成,具有一定的审美意义，符合《著作权法》对于作品的一般要求，构成《著作权法》规定的美术作品。

2.《著作权法》保护的是文学、艺术、科学领域内具有独创性的表达，不保护事实、操作技巧、实用功能等。根据平面底稿制作的立体工艺品如果不是对该平面底稿中具有独创性表达的复制，而只是不具有独创性的功能性设计或有限表达，或其艺术表达无法与实用功能在物理上或观念上相分离，则该立体工艺品不属于受《著作权法》保护的作品。

3. 工业产品的外观设计是由产品的外形、图案、色彩组合而成，可以申请外观设计专利权而受《专利法》的保护，同时可能获得《著作权法》的保护。在外观设计专利权被宣告无效后，对于其中源于作者的独立创作且能体现作者个性的独创性表达，仍有可能作为《著作权法》所保护的作品而享有著作权保护。

（本案判决尚未公开，裁判规则系根据法院官方报道内容归纳。）

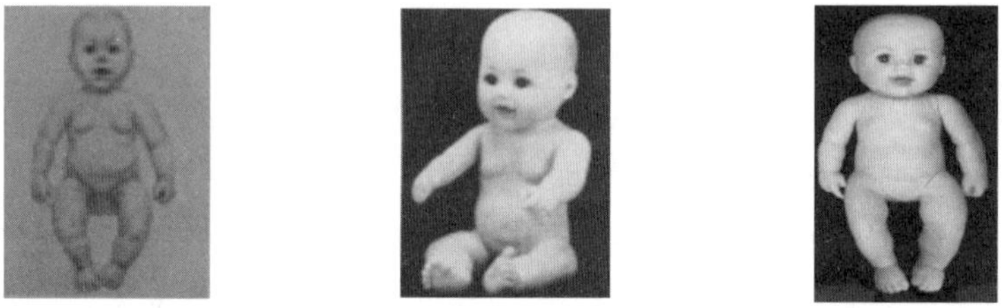

（a）涉案娃娃平面底稿　（b）涉案娃娃　（c）被诉侵权产品

图1－4－15　产品对比

华某与麦公司著作权侵权案

法院：广州互联网法院

原告：华某

被告：麦公司

案由：侵害著作权纠纷

案情简介：华某于2017年3月24日创作完成作品“Y卡通形象”（以下简称涉案作品），并首次公开发表在“微信表情商店”。华某发现麦公司未经许可在网店“麦旗舰店”内销售使用了涉案作品的手机壳，遂诉至广州互联网法院，请求法院判令麦公司停止侵权、赔偿经济损失3万元。麦公司提交了使用VPN访问境外网站得到的截图、录屏等证据，辩称在华某登记案涉作品之前，与涉案作品近似的作品已于境外网站公开，另提交了华某上传到“微信表情商城”的表情包被强制下架的图片,以证明涉案作品与他人已发布的作品相似度较高。广州互联网法院结合现有证据以及双方的举证义务、能力及目的等各方面因素,认为涉案作品不具备独创性,华某对其不享有著作权,故判决驳回了华某的全部诉讼请求。

裁判规则

通过“翻墙”方式以非正常渠道突破网络管制措施,对在我国大陆(内地)不能自由访问的网站进行访问,违反了相关行政性管理规定,但由此所取得的证据不宜直接作为非法证据予以排除,不过其证明力通常还需结合其他证据予以补强。

(本案判决尚未公开,相关内容系根据法院官方报道内容整理。)

深圳市南山区人民法院

腾讯公司与某网络公司著作权侵权及不正当竞争案

法院:广东省深圳市南山区人民法院

原告:腾讯科技(深圳)有限公司、深圳市腾讯计算机系统有限公司

被告:深圳市某网络科技有限公司

案由:侵害著作权及不正当竞争纠纷

案情简介:深圳市某网络科技有限公司(以下简称某网络公司)运营的“某截图”网站(www. *** jietu. com)(以下简称涉案网站)以及“某截图”“某对话生成器”等9款手机应用软件,可以使用户自行编辑生成与腾讯科技(深圳)有限公司、深圳市腾讯计算机系统有限公司(以下统称腾讯公司)的微信软件相关的包括微信首页、微信对话、微信红包、微信转账、微信钱包、好友申请等一系列与微信场景界面相同或相似的界面截图。某网络公司在涉案网站和应用软件中宣称“微商都在用的营销神器”“聊天转账效果100%一致”,并发布制作虚假截图的教学视频及指南。腾讯公司认为某网络公司侵犯了其著作权并构成不正当竞争,遂起诉至深圳市南山区人民法院(以下简称南山区法院),请求判令某网络公司立即停止侵权、消除影响并赔偿损失。南山区法院认为,首先,涉案“微信表情、微信支付图标、微信红包详情页、微信红包气泡、微信图标”在颜色与线条的搭配、比例、图形与文字的排列组合等方面均体现出一定的个性化选择和独创性表达,具有审美意义,构成美术作品。其次,某网络公司在“某截图”网站及涉案9款应用软件中提供了与腾讯公司涉案美术作品完全相同或仅有细微差别的图案,使用户可以在其选定的时间和地

点获取与涉案美术作品相同或实质性相似的页面，侵害了腾讯公司对涉案美术作品享有的信息网络传播权。最后，某网络公司作为软件的开发、运营者，利用了腾讯公司的竞争优势和智力成果，向消费者提供了一款虚假截图的制作工具，违反了诚实信用原则和公认的商业道德，长此以往将降低微信软件的社会评价，导致微信用户流失，亦损害了消费者的合法利益和正常的市场竞争秩序，构成不正当竞争。据此，南山区法院判决某网络公司停止侵权及不正当竞争，并赔偿腾讯公司经济损失及合理支出共计75万元。

裁判规则

1. 体现了独创性表达并具有审美意义的微信表情、微信支付图标、微信红包详情页、微信红包气泡、微信图标，构成受我国《著作权法》保护的美术作品。

2. 在网站和应用软件中提供与他人美术作品相同或实质性相似的图案，使该软件用户可以在其选定的时间和地点获得与他人美术作品相同或实质性相似的页面，构成对美术作品权利人所享有的信息网络传播权的侵犯。

3. 软件开发者利用权利人的竞争优势和智力成果，向消费者提供相关虚假内容制作工具，违反了诚实信用原则和公认的商业道德，具有不正当性。该不正当行为还会降低权利人产品的社会评价，导致用户流失，亦损害消费者的合法利益和正常的市场竞争秩序，构成不正当竞争。

（本案判决尚未公开，裁判规则系根据法院官方报道内容归纳。）

腾讯深圳公司等与盈讯公司著作权侵权及不正当竞争纠纷案

法院：广东省深圳市南山区人民法院

案号：（2019）粤0305民初14010号

原告：深圳市腾讯计算机系统有限公司

被告：上海盈讯科技有限公司

案由：侵害著作权及不正当竞争纠纷

案情简介：Dreamwriter计算机软件（以下简称涉案软件）系腾讯科技（北京）有限公司（以下简称腾讯北京公司）自主开发的智能写作辅助系统，于2015年8月20日开发完成，于2019年5月9日完成计算机软件著作权登记。腾讯北京公司与深圳市腾讯计算机系统有限公司（以下简称腾讯深圳公司）就涉案软件签订许可协议，腾讯北京公司许可腾讯深圳公司安装使用涉案软件，以及就涉案软件所涉侵权行为有权采取维权法律措施，并约定腾讯深圳公司拥有其使用涉案软件所创作的作品的著作权。腾讯深圳公司利用涉案软件，生成标题为《午评：沪指小幅上涨0.11%报2671.93点　通信运营、石油开采等板块领涨》的文章（以下简称涉案文章），2018年8月20日首次发表于腾讯证券网。后腾讯深圳公司在上海盈讯科技有限公司（以下简称盈讯公司）经营的"网贷之家"网站上发现与涉案文章相同标题及内容的文章（以下简称被诉侵权文章），遂起诉至深圳市南山区人民法院（以下简称南山区法院），诉称盈讯公司侵犯其对于涉案文章享有的著作权，同时构成不正当竞争，请求法院判令盈讯公司立即停止侵权、消除影响，并赔偿经济损失及合理费用共计人民币19,000元。南山区法院经审理认为，涉案文章的外在表现符合文字作品的形式要求，其利用涉案软件在技术上"生成"的创作过程体现了创造性的个性化选择、判断及技巧，且涉案文章具备可复制性，故属于我国《著作权法》所保护的文字作品。涉案文章系由腾讯深圳公司整体智力创作完成，并由腾讯深圳公司对外承担责任，故涉案文章系腾讯深圳公司主持创作的法人作品。被诉侵权文章与涉案文章的标题及内容完全一致，盈讯公司将其在互联网上传播侵害了腾讯深圳公司对于涉案文章享有的信息网络传播权。在已经对盈讯公司的上述侵权行为适用《著作权法》进行规制的情况下，不再重复适用《反不正当竞争法》进行保护。鉴于被诉侵权文章在诉讼中已经被删除，南山区法院最终判决盈讯公司赔偿腾讯深圳公司经济损失及合理费用共计人民币1500元。

裁判规则

1. 在判断由人工智能生成的文章是否构成文字作品时，应当判断其是否具备可复制性和独创性。其中，对独创性的审查应当考虑以下两点：(1)涉案文章是否系独立创作及外在表现上是否与已有作品存在一定程度的差异，或具备最低程度的创造性；(2)涉案文章在生成过程中是否体现了创作者的个性化选择、判断及技巧等因素。

2. 在具体认定由人工智能生成涉案文章的行为是否能够认定为《著作权法》所称的创作行为时，应当考虑该行为是否属于一种智力活动以及该行为与作品的特定表现形式之间是否具有直接的联系。如果涉案文章的生成体现了相关人员的个性化安排与选择，其表现形式亦非唯一，则由人工智能生成的文章具有一定的独创性。

（四）不正当竞争类

广东省高级人民法院

微源码公司等与腾讯科技公司等不正当竞争纠纷案

法院：广东省高级人民法院

案号：（2019）粤民终 2093 号

上诉人（一审被告）：深圳微源码软件开发有限公司、商圈（深圳）联合发展有限公司、侯某增

被上诉人（一审原告）：腾讯科技（深圳）有限公司、深圳市腾讯计算机系统有限公司

案由：不正当竞争纠纷

案情简介：腾讯科技（深圳）有限公司（以下简称腾讯科技公司）开发、腾讯科技公司与深圳市腾讯计算机系统有限公司（以下简称腾讯计算机公司）共同运营微信软件。深圳微源码软件开发有限公司（以下简称微源码公司）、商圈（深圳）联合发展有限公司（以下简称商圈公司）、侯某增共同实施数据精灵软件（以下简称涉案软件）的宣传、运营等经营行为。涉案软件在安装后可以对微信软件植入 13 项新功能，利用微信软件进行规模化、自动化营销活动。腾讯公司以三被告共同运营涉案软件构成不正当竞争为由向深圳市中级人民法院（以下简称深圳中院）提起诉讼，请求判令三被告停止不正当竞争行为、消除影响并赔偿经济损失及合理支出共计 500 万元。深圳中院经审理认为，三被告共同运营涉案软件的行为构成不正当竞争，判决三被告停止不正当竞争行为、消除影响并赔偿腾讯公司经济损失及合理支出 500 万元。三被告不服深圳中院一审判决，向广东省高级人民法院（以下简称广东高院）提起上诉。广东高院经审理认为，三上诉人的经营领域与腾讯公司相同，具有市场竞争关系；三上诉人利用了网络和技术手段对微信软件正常运行造成影响；涉案软件损害了腾讯公司的商业模式、市场利益和竞争利益，其通过涉案软件实施的网络干扰行为对网络秩序和公众生活秩序造成影响，损害消费者的利益，且通过技术手段“搭便车”窃夺了腾讯公司的商业机会和竞争优势，破坏了竞争机制，

扰乱了市场秩序;三上诉人运营涉案软件针对微信软件植入特定功能进行批量营销,不尊重其他经营者和消费者合法权益,也不尊重社会公共利益,违背了诚信原则和商业道德。因此,三上诉人共同运营涉案软件的行为构成不正当竞争,广东高院据此判决驳回上诉,维持原判。

裁判规则

适用《反不正当竞争法》第12条第2款中的兜底条款,需要结合该法第2条一般性条款的构成元素和判断范式进行。基于此,《反不正当竞争法》第12条第2款中兜底条款所规制的不正当竞争行为应当符合四个要素:(1)经营者利用网络从事生产经营活动,与其他经营者存在竞争关系;(2)经营者利用技术手段,通过影响用户选择或者其他方式,实施了妨碍、破坏其他经营者合法提供的网络产品或者服务正常运行的行为;(3)该行为扰乱了市场竞争秩序,损害其他经营者或者消费者的合法权益;(4)经营者有违自愿、平等、公平、诚信原则以及商业道德。

广州知识产权法院

衍生集团与王老吉公司不正当竞争纠纷案

法院:广州知识产权法院

原告:衍生控股集团(深圳)有限公司

被告:广州王老吉药业股份有限公司

案由:商业诋毁及虚假宣传纠纷

案情简介:衍生控股集团(深圳)有限公司(以下简称衍生集团)的全资子公司委托生产的"衍生小儿七星茶TM固体饮料"在产品包装上注明其产品名称为草本固体饮料。原国家食药监总局在其官方网站明确"小儿七星茶颗粒"属于中药药品。2015年9月,广州王老吉药业股份有限公司(以下简称王老吉公司)向广东省食药监局投诉,称衍生小儿七星茶擅自使用药品名称命名生产食品属违法行为。2015年11月,深圳罗湖食药监部门对该投诉作出复函,称该产品名称上注明了"固体饮料"字样,已明确该食品的属性,不会对消费者造成误导。"小儿七星茶"是衍生集团申请注册的商标,不属于使用药品名称命名生产食品。2017年9月,王老吉公司再次向广东省食药监局以相同理由投诉衍生小儿七星茶。2017年10月、12月,深圳罗湖有关部门分别作出公开答复书,对上述投诉不予立案。衍生集团认为,王老吉公司至少三次就相同事由进行重复投诉,构成商业诋毁行为,且王老吉公司在其官网对王老吉龟苓膏等产品的广告宣传涉嫌虚假宣传,遂起诉至广州市白云区人民法院(以下简称一审法院),请求判令王老吉公司停止不正当竞争行为、刊登致歉声明并赔偿经济损失及合理支出共200万元。一审法院经审理,判决驳回了衍生集团全部诉讼请求。衍生集团不服,上诉至广州知识产权法院(以下简称二审法院)。二审法院认为,首先,王老吉公司客观上未对投诉的相关信息进行编造、传播,主观上无诋毁衍生集团的故意,也无证据证明其重复投诉行为损害了衍生集团商品声誉及商业信誉,因此不构成商业诋毁。其次,王老吉公司在其相关商品上使用的宣传用语,虽有不准确或夸大之处,但不足以导致欺骗、误导消费者的后果,因此不构成虚假宣传。据此,二审法院判决驳回上诉,维持原判。

裁判规则

1.《反不正当竞争法》所调整的竞争关系不限于经营同类商品(服务)或替代商品(服务)的经营者,在竞争中存在联系的市场主体及不正当地干扰他人正当经营活动的主体均可能构成《反不正当竞争法》所调整的竞争关系。

2.经营者主观上具有削弱竞争对手竞争力和声誉的故意,客观上采用了不正当的、违反公认商业道德的方式,产生了贬损竞争对手商品声誉及商业信誉的效果,直接造成竞争对手市场份额降低的损害后果或直接影响竞争对手的正常运营,构成商业诋毁。

3.经营者的相关宣传用语虽有不准确或夸大之处,但不足以欺骗、误导消费者的,不构成虚假宣传。

(本案判决尚未公开,裁判规则系根据法院官方报道内容归纳。)

图1-4-16 “衍生小儿七星茶TM固体饮料”包装

深圳市中级人民法院

腾讯公司与微时空公司等不正当竞争纠纷案

法院:广东省深圳市中级人民法院

案号:(2019)粤03民初594号

原告:深圳市腾讯计算机系统有限公司、腾讯科技(深圳)有限公司

被告:深圳微时空信息技术有限公司、赵某

案由:不正当竞争纠纷

案情简介:深圳市腾讯计算机系统有限公司是微信软件的著作权人和实际运营人,腾讯科技(深圳)有限公司是微信软件的著作权人和商标权人(以下统称腾讯公司)。腾讯公司认为,深圳微时空信息技术有限公司、赵某(以下统称两被告)运营的"宝信"平台(以下简称被诉平台)从事为微信公众号刷阅读量、粉丝、评论和投票,为微信小程序刷关注量等经营活动,构成不正当竞争,遂起诉至广东省深圳市中级人民法院(以下简称深圳中院),请求判令两被告消除影响并赔偿经济损失及合理费用6000万元等。深圳中院经审理认为,两被告接受他人委托,为他人提供刷阅读量、评论量、点赞量、粉丝量、投票数等服务,主观上明知该服务后果是帮助他人虚高公开展示的数据,客观上通过虚高数据抬高了接受刷量服务者的受关注度,间接降低了未接受该服务者的数据相对参照地位,导致公众对相应数据产生了虚假认知,构成"帮助他人虚假宣传"的不正当竞争行为。同时,两被告利用技术手段,使大量第三方微信账号被用于批量化模拟用户真实操作行为,导致原告无法正常收集、统计用户真实行为数据,妨碍了原告正常管理微信软件并为用户提供正常服务,降低了用户对微信平台的信任,损害了原告的正当利益,构成"妨碍、破坏网络产品或者服务正常运行"的不正当竞争行为。深圳中院综合考虑两被告隐瞒收款账户、隐瞒持续侵权周期、被诉行为损害后果、两被告主观恶意、违反诉讼诚信等因素,按照被告收取客户款项金额的三倍确定赔偿数额,判决两被告连带赔偿原告经济损失及合理费用23,745,080元。

裁判规则

1. 经营者接受他人委托,提供针对微信公众号等平台的刷量服务,导致公众对相关公开数据产生虚假认知,不利于消费者合法利益和社会整体福祉的增加,属于

《反不正当竞争法》第8条第2款所规制地帮助其他经营者进行虚假或者引人误解的商业宣传的不正当竞争行为。

2. 经营者接受他人委托，利用技术手段提供针对微信公众号等平台的刷量服务，致使微信软件的权利人无法正常收集、统计用户真实行为数据，妨碍了对微信软件的正常运营管理和服务，构成《反不正当竞争法》第12条第2款第4项所规制的不正当竞争行为。

3. 在当事人已经完成"谁主张，谁举证"的举证义务的情况下，控制证据的另一方当事人无正当理由拒绝提交证据，在主观上具有妨碍法院查明事实的故意，客观上实际妨碍案件事实查明，违反诚实信用原则，应该承担"不利推定规则"的后果。

腾讯科技公司等与通路公司等不正当竞争纠纷案

法院：广东省深圳市中级人民法院

案号：(2019)粤03民初1912号

原告：腾讯科技(深圳)有限公司、深圳市腾讯计算机系统有限公司

被告：烟台通路网络科技有限公司、烟台通六路软件技术有限公司、深圳市力普森科技有限公司

案由：不正当竞争纠纷

案情简介：腾讯科技(深圳)有限公司(以下简称腾讯科技公司)开发、腾讯科技公司与深圳市腾讯计算机系统有限公司(以下简称腾讯计算机公司)共同运营微信软件。烟台通路网络科技有限公司(以下简称通路公司)、烟台通六路软件技术有限公司(以下简称通六路公司)共同研发、销售、运营通路云手机群控系统(以下简称涉案系统)，深圳市力普森科技有限公司(以下简称力普森公司)为涉案系统提供通用规格的元器件，涉案系统是利用群控技术手段，在微信软件上进行规模化、自动化营销活动的微信群控产品。腾讯科技公司、腾讯计算机公司以三被告共同开发运营的涉案系统构成不正当竞争为由向深圳市中级人民法院(以下简称深圳中院)提起诉讼，请求判令三被告停止不正当竞争行为、消除影响并赔偿经济损失、商誉损失、合理支出共计5000万元。深圳中院审理认为，涉案系统使二原告丧失了可能获得的增值收益的机会和竞争优势，严重损害了二原告基于微信社交生态享有的竞争性权益；涉案系统使微信用户处于群发信息轰炸中，降低微信用户的用户体验，对微信用户个人数据权利也会造成严重威胁，严重损害微信用户自主选择权、知情权、隐私权等消费者权利；涉案系统违反微信使用协议，未经原告同意为获取

自身商业利益,规模化批量操作,制造虚假流量,损害微信平台竞争利益和微信用户权益,危害互联网流量经济的商业模式,最终导致微信本身难以维持经营,既有违诚信原则也不符合商业道德;涉案系统对微信软件正常功能进行干扰、修改,属于妨碍、破坏其他经营者合法提供的网络产品或者服务正常运行的行为。因此,通路公司、通六路公司共同开发运营的涉案系统构成不正当竞争,力普森公司为涉案系统提供的元器件为通用规格,未参与涉案系统的研发、运营,不构成不正当竞争。深圳中院根据已查明的涉案系统销售套数、涉案系统每套售价、产品利润率,并结合考虑涉案系统中的微信群控功能对侵权获益的贡献程度,计算得到赔偿数额为3,609,875.97 元。据此,深圳中院判令通路公司、通六路公司停止不正当竞争行为,消除影响并赔偿经济损失 32,609,875.97 元。

裁判规则

适用《反不正当竞争法》第 12 条第 2 款中的兜底条款,需要结合该法第 2 条一般性条款的构成元素和判断范式进行。基于此,《反不正当竞争法》第 12 条第 2 款中兜底条款所规制的不正当竞争行为应当符合四个要素:(1)属于经营者在生产经营活动中发生的行为,其他经营者的合法权益因该竞争行为受到了实际损害;(2)该竞争行为所采用的技术手段损害了消费者的利益,如自主选择权、知情权、隐私权等;(3)该竞争行为违反了诚信原则和商业道德而具有不正当性;(4)该竞争行为属于妨碍、破坏其他经营者合法提供的网络产品或者服务正常运行的行为,破坏了互联网环境中的公平竞争的市场秩序。

深圳市南山区人民法院

腾讯公司与陈某不正当竞争纠纷案

法院:广东省深圳市南山区人民法院

案号:(2019)粤 0305 民初 15313 号

原告:重庆腾讯信息技术有限公司、深圳市腾讯计算机系统有限公司

被告:陈某

案由:不正当竞争纠纷

案情简介:重庆腾讯信息技术有限公司、深圳市腾讯计算机系统有限公司(以下统称腾讯公司)是《一起来捉妖》游戏(以下简称涉案游戏,见图 1-4-17)的经营者。

腾讯公司认为，陈某在虎牙平台直播涉案游戏的活动中使用、宣传“捉妖定位助手”软件（以下简称被诉软件），自行及招募代理宣传、销售被诉软件及软件售后更新服务，构成不正当竞争，遂起诉至深圳市南山区人民法院（以下简称南山区法院），请求判令陈某停止不正当竞争行为、消除影响、赔偿经济损失及合理支出450万元。南山区法院经审理认为，被诉软件从技术上改变了涉案游戏对于地理位置的设定，在用户一次付费之后便可无限制地无视地理位置的限制。客观上，陈某的经营行为寄生于涉案游戏，以较低的成本与游戏经营者抢夺增值服务的交易机会并从中获利，直接影响原告的经济利益；主观上，陈某明知被诉软件的功能及涉案游戏禁止用挂、卖挂。陈某的被诉行为有违诚实信用原则和网络游戏行业公认的商业道德，构成不正当竞争。据此，南山区法院判决陈某停止不正当竞争行为，消除影响并赔偿经济损失及合理支出10万元。

裁判规则

1. 销售游戏外挂软件并从中获取经济利益的游戏主播属于《反不正当竞争法》规定的“经营者”，游戏经营者有权对其提起不正当竞争诉讼。

2. 游戏外挂与游戏之间存在“寄生”关系，通常以较低成本与游戏经营者抢夺交易机会并从中获利，而且游戏外挂经营者的经营行为往往会破坏游戏规则，影响游戏的公平性、安全性和娱乐性，改变游戏正常运行的生态环境，有违诚实信用原则和网络游戏行业公认的商业道德，构成不正当竞争。

图1-4-17 涉案游戏

广州市天河区人民法院

腾讯公司与登堂公司等不正当竞争纠纷案

法院：广东省广州市天河区人民法院

案号：（2019）粤0106民初38290号

原告:腾讯科技(深圳)有限公司、深圳市腾讯计算机系统有限公司

被告:广州登堂通信科技有限公司、厦门联络易科技有限公司

案由:不正当竞争纠纷

案情简介:微信软件是腾讯科技(深圳)有限公司(以下简称腾讯科技公司)开发、腾讯科技公司与深圳市腾讯计算机系统有限公司(以下统称腾讯公司)共同运营的即时通信软件。腾讯公司认为,广州登堂通信科技有限公司(以下简称登堂公司)与厦门联络易科技有限公司(以下简称联络易公司)在其运营的联络易微信管理系统软件(以下简称被诉软件)及OK微信管家网站(以下简称被诉网站)中使用含有"微信"的文字组合作为软件名称及网站名称,在域名中使用"weixin"字母组合;被诉软件实施的技术与微信软件网页端及PC端软件相互排斥;两被告从微信软件的服务器中窃取用户信息;两被告监测、抓取微信用户数据,查看微信软件中隐私信息等行为构成不正当竞争。腾讯公司起诉至广东省广州市天河区人民法院(以下简称天河区法院),请求判令两被告停止侵权、消除影响并赔偿经济损失1000万元及合理支出450,567元。天河区法院经审理认为,"微信"及其拼音"weixin"属于有一定影响的商品名称,两被告在被诉网站名称及域名中擅自使用"微信"及"weixin",极易引起相关公众的混淆,构成不正当竞争。但被诉软件名称"联络易微信管理系统软件"中,"联络易"起到了标识作用,"微信管理系统软件"用于表示软件性质和用途,不具有标识作用,因此,被告在被诉软件名称中使用"微信"不构成不正当竞争。被诉软件实施的技术与微信软件网页端及PC端相互排斥,妨碍了微信软件的正常运行秩序,违反了《反不正当竞争法》第12条第2款第3项、第4项的规定,构成不正当竞争。被诉软件伪造微信iPad客户端实现多个微信账号的登录及使用,干扰了微信软件的正常运行,增加了微信软件的运营压力和困难,违反了《反不正当竞争法》第12条第2款第4项的规定,构成不正当竞争。两被告监测、抓取微信用户数据并查看微信软件中的隐私信息,构成不正当竞争,但该类用户数据属于未经加工的用户个人原始数据,并非腾讯公司在运行微信过程中进行收集或再加工的成果,腾讯公司对该类数据不享有权利,但有责任保护此类数据的安全,可以禁止两被告实施相应行为,但无权就该行为主张经济赔偿。天河区法院综合考虑了微信软件的知名度、两被告主观故意、侵权行为的性质等,判决两被告停止侵权、消除影响,并判决登堂公司赔偿经济损失及合理支出10万元、联络易公司赔偿经济损失及合理支出350万元,且登堂公司就其中的200万元承担连带责任。

（五）垄断类

广东省高级人民法院

华多公司与网易公司滥用市场支配地位及不正当竞争纠纷案

法院：广东省高级人民法院

案号：（2018）粤民终552号

上诉人（一审原告）：广州华多网络科技有限公司

被上诉人（一审被告）：广州网易计算机系统有限公司

案由：滥用市场支配地位及不正当竞争纠纷

案情简介：广州华多网络科技有限公司（以下简称华多公司）认为，广州网易计算机系统有限公司（以下简称网易公司）禁止游戏用户在华多公司运营的平台直播《梦幻西游2》（以下简称涉案游戏），并将直播软件（CC软件）（以下简称被诉软件）与涉案游戏相捆绑，构成滥用市场支配地位；被诉软件模仿华多公司的YY语音软件（以下简称涉案软件）的整体设计、页面布局等构成不正当竞争。华多公司起诉至广州知识产权法院（以下简称一审法院），请求判令网易公司停止滥用市场支配地位及不正当竞争行为，赔偿经济损失及合理费用1030万元等。一审法院经审理认为，网易公司对涉案游戏运行画面享有著作权，有权禁止他人未经授权传播涉案游戏，故无须认定相关市场，网易公司的相关行为不构成滥用市场支配地位的行为。用户在下载并安装捆绑了被诉软件的涉案游戏过程中不需要支付费用，也可自行选择是否使用被诉软件，并具有一定的正当理由，因此不构成没有正当理由搭售商品的行为。现有证据也不足以证明涉案软件在市场上具有很高的识别度且具备《反不正当竞争法》所保护的权益。据此，一审法院判决驳回华多公司的诉讼请求。

华多公司不服一审判决，上诉至广东省高级人民法院（以下简称二审法院）。二审法院经审理认为，涉案游戏画面属于类电作品，网易公司对此享有著作权。但一审法院没有审查网易公司是否滥用知识产权以排除、限制竞争，对相关市场未做分析判断不当。本案的相关商品市场为网络游戏服务市场，涉案游戏并未形成区别于其他网络游戏的独立市场，不同类型的网络游戏之间具有紧密替代关系，故在案证据不足以证明网易公司具有市场支配地位。由于网易公司在相关市场不具有市场支配地位，其将涉案游戏与被诉软件打包安装等行为并未违背交易惯例、消费习惯等，更未产生排除、限制其他经营者竞争的后果，故其行为不构成滥用市场支配地位的行为。华多公司未能证明涉案软件已经具有一定知名度并能够使相关公众将之与其建立起对应关系，故网易公司的被诉行为也不构成不正当竞争。据此，二审法院判决驳回上诉，维持原判。

裁判规则

1. 权利人滥用其知识产权排除限制竞争的，受《反垄断法》的规制，需要根据案件事实情况对相关行为进行反垄断分析，进而判断其行为是否构成滥用市场支配地位等受《反垄断法》规制的行为。

2. 经营者拥有知识产权可以作为评估其市场支配地位的一个因素，但不能仅根据经营者拥有知识产权就推定其具有市场支配地位。对于涉及知识产权的垄断分析，一般也要界定相关市场，结合相关创新市场、技术市场、创新或技术所涉及的商品或服务市场及其地域市场来认定。

3. 相关商品市场范围主要取决于商品的可替代程度。在市场竞争中对经营者行为构成直接和有效竞争约束的，是市场存在需求者认为具有较强替代关系的商品，故界定相关商品市场主要从需求者角度进行需求替代分析，辅之以从经营者角度进行供给替代分析。在经营者竞争的市场范围不够清晰或不易确定时，还可按照假定垄断者测试的分析思路来界定相关市场。

4. 相关地域市场可以从因地域造成商品竞争力变化的相关因素来予以界定。由于进入中国大陆（内地）游戏市场的网络游戏都需经过前置审批，未经前置审批的境外网络游戏难以合法存续于市场，即行政审批程序对网络游戏构成强有力的地域间壁垒，未经审批的境外网络游戏难以对境内审批上市的游戏形成竞争约束，故中国大陆（内地）的网络游戏市场构成独立的相关市场。

5. 对经营者是否具有市场支配地位的分析，应充分考虑《反垄断法》所关注的各项判断因素，并按照定性和定量相结合的方法，对经营者在相关市场内是否具备控制交易条件和阻碍进入能力予以综合评估。

6. 不正当竞争行为所侵犯的客体是经营者的合法权益、消费者权益、公共利益，而损害其他经营者的合法权益应以存在受《反不正当竞争法》保护的权益为前提。《反不正当竞争法》不是赋予权利，而是规制行为，对行为的规制应恪守谦抑,未形成竞争优势的市场资源不具备《反不正当竞争法》干预的条件,应当交给市场检验,需要干预时《反不正当竞争法》再予介入,以此确保竞争的公平和有序。

五、浙江法院

（一）专利类

专利民事纠纷

宁波市中级人民法院

广东公司与宁波公司等反向行为保全案

法院：浙江省宁波市中级人民法院

原告：广东某电器有限公司

被告：宁波某电器公司、义乌某电子商务公司

案由：侵害外观设计专利权纠纷

案情简介：2020年7月，广东某电器有限公司（以下简称广东公司）向淘宝网投诉，称宁波某电器公司（以下简称宁波公司）、义乌某电子商务公司（以下简称义乌公司）等在电商平台上销售的洗碗机（以下简称被诉侵权产品）侵害其外观设计专利权（以下简称涉案专利），淘宝网据此对被诉侵权产品进行了下架处理并删除了产品链接。广东公司随后以其外观设计专利权被侵害为由，将宁波公司、义乌公司等起诉至宁波市中级人民法院（以下简称宁波中院），请求判令上述公司停止侵权并赔偿经济损失。2020年11月18日，宁波公司和义乌公司于庭审中向法院申请恢复被诉侵权产品的产品链接。宁波中院经审理认为，从平衡专利权人、平台经营者和电商平台的三方利益角度出发，并考虑保证平台经营者能够在"双十二"等特定销售时机正常上线经营，避免其利益受到不可弥补的损失以及权利人一旦败诉将产生的损害赔偿纠纷，在要求平台经营者提供足额担保的情况下，也有助于降低因恢复链接给权利人造成损失的可能性。据此，宁波中院作出行为保全裁定，要求淘宝网恢复被诉侵权产品的产品链接。

（本案裁定尚未公开，相关内容系根据法院官方报道内容整理。）

(二)商标类

商标民事纠纷

浙江省高级人民法院

西湖龙井协会与鸿渐茶叶合作社商标权侵权案

法院:浙江省高级人民法院

案号:(2019)浙民终1792号

上诉人(一审被告):嵊州市鸿渐茶叶专业合作社

被上诉人(一审原告):杭州市西湖区龙井茶产业协会

案由:侵害注册商标专用权及不正当竞争纠纷

案情简介:第9129815号“西湖龙井”商标(以下简称涉案商标,见图1-5-1)是地理标志证明商标,核定使用商品(第30类)为茶叶,注册人是杭州市西湖区龙井茶产业协会(以下简称西湖龙井协会),注册有效期限自2011年6月28日起至2021年6月27日止,2012年被原国家工商行政管理总局认定为驰名商标。嵊州市鸿渐茶叶专业合作社(以下简称鸿渐茶叶合作社)在其经营的网店内出售茶叶,被诉侵权商品的商品标题中显示“赛西湖龙井”。西湖龙井协会认为,鸿渐茶叶合作社在商品标题中使用“赛西湖龙井”的行为侵犯了涉案商标权并构成不正当竞争,遂起诉至浙江省绍兴市中级人民法院(以下简称一审法院)。一审法院经审理认定鸿渐茶叶合作社侵犯了西湖龙井协会的涉案商标权,故判决鸿渐茶叶合作社赔偿经济损失及合理支出共计2万元。鸿渐茶叶合作社不服一审判决,上诉至浙江省高级人民法院(以下简称二审法院)。二审法院经审理认为,鸿渐茶叶合作社在网店商品标题中使用“赛西湖龙井”字样,并与商品标题其他内容相对分离,容易使相关公众认为是一种茶叶品牌,具有识别商品来源的功能,属于商标性使用,而非描述性使用。此外,鸿渐茶叶合作社无证据证明其茶叶产品赛过或好于“西湖龙井”茶叶产品,其使用“赛西湖龙井”进行宣传的行为容易误导消费者且贬损了“西湖龙井”茶叶品质,构成虚假宣传的不正当竞争行为。因为被诉行为是同一行为触犯不同法律，故一审法院判决鸿渐茶叶合作社停止侵犯涉案商标权足以规制被诉侵权行为并无不当。据此，二审法院判决驳回上诉，维持原判。

裁判规则

1.《商标法》意义上的描述性使用是指为了描述或说明自己商品的名称或其他事项，合理使用他人的注册商标，并应明确排除标识具有识别商品来源功能的情形。

2. 未经地理标志证明商标权利人许可，在相同商品上使用与该地理标志证明商标相近似的标识，用以识别商品来源的，构成商标性使用。

西湖龙井

图 1－5－1　涉案商标

百威公司与古龙公司商标权侵权案

法院：浙江省高级人民法院

案号：（2020）浙民终 326 号

上诉人（一审原告）：百威投资（中国）有限公司

上诉人（一审被告）：厦门古龙进出口有限公司

案由：侵害注册商标专用权纠纷

案情简介：百威投资（中国）有限公司（以下简称百威公司）经授权取得第1059038 号“科罗娜”商标、第 903215 号“卡罗娜 · 爱科拉”商标及第 5922443 号“Coronita Extra 及图形”商标（以上商标统称涉案商标）的专用权。涉案商标核定使用在第 32 类“啤酒”等商品上。但百威公司近三年未对“卡罗娜 · 爱科拉”商标进行使用，在宣传时只使用了“Coronita Extra 及图形”［见图 1－5－2（a）］与“科罗娜”商标［见图 1－5－2（b）］。百威公司认为，厦门古龙进出口有限公司（以下简称古龙公司）未经许可，在进口啤酒的瓶身上使用了“Coronita Extra 及图形”标识，并在报关单和涉案商品的中文标签上使用了“卡罗娜”标识［见图 1－5－2（c）］，侵害了百威公司的商标权，遂起诉至浙江省宁波市中级人民法院（以下简称一审法院），请求判令古龙公司停止侵权并赔偿经济损失及合理支出 820 万元。一审法院经审理认为，涉案商品来源于涉案商标权利人，古龙公司通过合法途径进口了涉案商品，其行为属平行进口，因此，古龙公司在涉案商品瓶身及包装中使用“Coronita Extra 及图形”标识的行为不构成侵害商标权。古龙公司在进口报关、检验检疫的文件中使用“卡罗娜”作为产品名称,虽未割裂商品与百威公司的对应关系,但影响了百威公司的商标使用策略,应认定为属于《商标法》第57条第7项规定的给他人的注册商标专用权造成其他损害的情形,构成商标侵权。据此,一审法院判决古龙公司停止侵权并赔偿经济损失及合理费用10万元。

古龙公司不服一审判决,上诉至浙江省高级人民法院(以下简称二审法院)。二审法院经审理认为,我国现行法律法规并没有经营者需对进口商品的外文商标进行中文翻译的强制性规定,古龙公司缺乏在涉案商品上使用“卡罗娜”标识的合理理由,且该种使用方式破坏了涉案商标“科罗娜”与英文“Coronita Extra及图形”商标之间的对应性,削弱了涉案商标“科罗娜”的来源识别作用。因此,古龙公司在报关、报检以及涉案商品的中文标签中使用“卡罗娜”标识的行为侵害了百威公司的商标权。据此,二审法院判决驳回上诉,维持原判。

裁判规则

1. 进口货物报关单与入境货物检验检疫证明与货物进关之后的销售密切相关,消费者或经销商会接触到相关信息,并可据此识别商品来源,故进口商在进口货物报关单和入境货物检验检疫证明中使用商品标识的行为属于商标使用行为。

2. 进口商在平行进口商品上的中文标签、报关单以及检验检疫证明中使用的标识应当与权利人在我国境内注册并使用的中文商标一致,否则有可能破坏权利人中文商标与其英文商标之间的对应性,削弱其中文商标的商品来源识别作用,构成《商标法》第57条第7项规定的给他人的注册商标专用权造成其他损害的情形。

3. 在被诉侵权商品是平行进口商品的情况下,由于该商品在进口国已经支付了相应对价,商标权人已经通过销售实现了经济利益,其所遭受的损失有限,该因素应当在确定赔偿数额时予以考虑。

(a)涉案商标

科罗娜

(b)涉案商标

卡罗娜

(c)被诉侵权标识

图1-5-2 商标对比

尖可公司与雀巢公司等商标权侵权案

法院：浙江省高级人民法院

案号：(2020)浙民终328号

上诉人(一审原告)：台州市尖可食品有限公司

上诉人(一审被告)：湖北银鹭食品有限公司、雀巢(中国)有限公司

一审被告：台州市黄岩大润发商业有限公司

案由：侵害注册商标专用权纠纷

案情简介：台州市尖可食品有限公司(以下简称尖可公司)是第12845320号"摇8下"商标[以下简称涉案商标,见图1-5-3(a)]的商标权人,涉案商标于2013年7月1日申请注册,并于2014年12月28日核准注册,核定使用在第32类"无酒精饮料、果汁、植物饮料"等商品上。尖可公司认为,湖北银鹭食品有限公司(以下简称银鹭公司)及雀巢(中国)有限公司(以下简称雀巢公司)在咖啡饮料上使用"喝前摇8下""摇一摇×8"和"上下摇8下,尽享泡沫般的咖啡新口感"等字样[以下简称被诉侵权标识,见图1-5-3(b)],台州市黄岩大润发商业有限公司(以下简称大润发公司)销售侵权产品,侵害了尖可公司对涉案商标享有的商标权,遂起诉至浙江省台州市中级人民法院(以下简称一审法院),请求判令三被告停止侵权,银鹭公司及雀巢公司赔偿经济损失500万元、大润发公司赔偿经济损失10万元。一审法院经审理认为,涉案商标具有独特设计感及固有显著性,并经过尖可公司多年使用和宣传,已与尖可公司建立起较紧密联系。被诉侵权产品瓶盖上以特大艺术字体突出标注被诉侵权标识,属于商标意义上的使用。被诉侵权标识的读音、含义、组合方式与涉案商标均相同,字形上也高度相似,两者构成近似商标。被诉侵权产品属于咖啡饮料,与涉案商标核定使用的植物饮料在生产部门、销售渠道、受众范围等方面基本相同,构成类似商品。被诉侵权产品上虽然一并使用雀巢公司"NESCAFE SHAKISSIMO雪咖慕思"注册商标,但并不能避免普通消费者产生混淆误认。因此,银鹭公司及雀巢公司在被诉侵权产品瓶盖及宣传海报上单独使用与涉案商标近似的标识,足以造成相关公众对商品来源产生误认或混淆,侵害了尖可公司的商标权。大润发公司能够指明被诉侵权产品的具体提供者,主观上并不知道被诉侵权产品构成商标侵权,因此其合法来源抗辩成立,不承担赔偿责任。据此,一审法院判决三被告停止侵权、银鹭公司及雀巢公司赔偿尖可公司经济损失及合理支出30万元。

尖可公司、银鹭公司及雀巢公司均不服一审判决,上诉至浙江省高级人民法院

（以下简称二审法院）。二审法院经审理认为，银鹭公司、雀巢公司将与涉案商标相近似的被诉标识使用在类似商品上易使相关公众产生混淆误认，侵害了尖可公司的商标权。一审法院根据侵权行为的性质、期间、后果、商标的声誉、使用范围、对涉案商标发展空间产生影响等因素，确定赔偿金额为 30 万元并无不当。据此，二审法院判决驳回上诉，维持原判。

裁判规则

1. 相关公众对商品的来源产生误认或混淆的判断，既包括现实的误认，也包括误认的可能性；既包括相关公众误认为使用被诉侵权标识的商品为商标权人的商品或者与商标权人有某种联系，也包括相关公众误认商标权人的商品为被诉侵权人的商品或者与被诉侵权人有某种联系。行为人在被诉侵权商品上同时标注自有的知名度较高的商标，并不影响被诉侵权标识发挥其识别商品来源的作用，在被诉侵权标识与涉案商标构成使用在类似商品上的近似商标，且涉案商标的显著性较高、具有一定知名度的情况下，容易导致相关公众的混淆误认，仍应认定构成对涉案商标的侵害。

2. 在计算侵害注册商标专用权的赔偿数额时，应当注重侵权人的产品利润总额与侵权行为之间的直接因果关系。对侵权人因自身商标商誉或者其商品固有的价值而获取的利润，权利人无权主张索赔。

（a）涉案商标

（b）被诉侵权标识

图 1－5－3　商标对比

玫琳凯公司与马某仙商标权侵权及不正当竞争案

法院：浙江省高级人民法院

案号：（2020）浙民终 479 号

上诉人（一审被告）：马某仙

被上诉人（一审原告）：玫琳凯公司

案由：侵害注册商标专用权及不正当竞争纠纷

案情简介：玫琳凯公司是第 594710 号商标“玫琳凯”及第 1275186 号商标

"Mary Kay"(以下统称涉案商标,见图 1－5－4)的商标权人。涉案商标分别于1991 年5 月27 日及1998 年2 月5 日申请注册,并于1992 年5 月20 日及1999 年5 月21 日核准注册,核定使用在第3 类"化妆品"等商品上。玫琳凯公司提供的洗面霜等产品包装上印有涉案商标及二维码,扫描该二维码后,可以显示商品名称、规格、价格等信息。玫琳凯公司认为,马某仙在淘宝店铺销售被刮去批号及二维码的产品,侵害了其对涉案商标享有的专用权并构成不正当竞争,遂起诉至杭州市中级人民法院(以下简称一审法院),请求判令马某仙停止侵权并赔偿经济损失及合理支出50 万元。一审法院经审理认为,马某仙销售刮码产品,破坏了注册商标识别商品来源、品质保证及信誉承载的功能,侵害了玫琳凯公司的商标权。马某仙不正当地利用玫琳凯公司多年经营所形成的竞争优势以谋取自身的交易机会,构成不正当竞争。据此,一审法院判决马某仙停止侵权并赔偿经济损失及合理支出50 万元。

马某仙不服一审判决,上诉至浙江省高级人民法院(以下简称二审法院)。二审法院经审理认为,刮码产品来源于玫琳凯公司,涉案商标区分商品来源的功能并未受影响,涉案商标的品质保障功能也并不因二维码、生产批号等信息的缺失而受到影响。马某仙的被诉行为未侵害玫琳凯公司的商标权。玫琳凯公司并未提交充分证据证明马某仙实施了刮码行为,二审法院综合考虑经营者、消费者和社会公众的利益,认定马某仙销售刮码产品的行为不构成不正当竞争。据此,二审法院判决撤销一审判决,驳回玫琳凯公司的诉讼请求。

裁判规则

1. 商标专用权人或经其授权的人所制造的商品在被第一次投放到市场后,权利人即丧失在一定地域范围内对其进一步控制的权利,构成商标权权利用尽。合法取得该商品的主体均可对该商品进行自由处分,只要该处分行为未破坏商标的产源识别功能和品质保证功能,即无须予以禁止。

2. 竞争产生竞争性损害是市场经济的常态,经营者在市场竞争中不负有维护其他经营者商业模式的义务,故经营者商业模式受到影响或利益受损并非推断相关竞争行为具有不正当性的当然依据,需要运用比例原则,在充分权衡经营者、消费者以及其他市场竞争者的利益后,再对经营者竞争利益是否受损作出认定。只有当经营者不遵循诚实信用原则和违反公认的商业道德,通过不正当手段攫取他人可以合理预期获得的商业机会时,才应受《反不正当竞争法》的规制。

玫 琳 凯　　　　MARY KAY

(a)　　　　(b)

图1-5-4　涉案商标

联安公司与小米通讯公司等商标侵权案

法院:浙江省高级人民法院

案号:(2020)浙民终264号

上诉人(一审被告):小米通讯技术有限公司、小米科技有限责任公司

被上诉人(一审原告):杭州联安安防工程有限公司

一审被告:北京京东叁佰陆拾度电子商务有限公司、杭州京东惠景贸易有限公司、昆山京东尚信贸易有限公司、北京京东世纪贸易有限公司、上海圆迈贸易有限公司

案由:侵害注册商标专用权纠纷

案情简介:杭州联安安防工程有限公司(以下简称联安公司)于2012年12月7日核准注册第10054096号"MIKA米家"商标(以下简称涉案商标,见图1-5-5),核定使用在第9类报警器、摄像机、网络通信设备等商品上。联安公司认为,小米通讯技术有限公司(以下简称小米通讯公司)、小米科技有限责任公司(以下简称小米科技公司)在摄像机、智能摄像机云台版烟雾报警器等商品上使用"米家"标识(以下简称被诉侵权标识),侵害了联安公司对涉案商标享有的商标权。北京京东世纪贸易有限公司(以下简称京东世纪贸易公司)、杭州京东惠景贸易有限公司(以下简称杭州京东公司)、昆山京东尚信贸易有限公司(以下简称昆山京东公司)、上海圆迈贸易有限公司(以下简称上海圆迈公司)在北京京东叁佰陆拾度电子商务有限公司(以下简称京东电子商务公司)运营的网站上销售侵权商品,侵害了涉案商标权。联安公司向浙江省杭州市中级人民法院(以下简称杭州中院)提起诉讼,请求判令七被告停止侵权;小米通讯公司、小米科技公司及京东电子商务公司刊登致歉声明,消除影响;小米通讯公司、小米科技公司连带赔偿经济损失7780万元,京东电子商务公司、杭州京东公司、昆山京东公司、上海圆迈公司、京东世纪贸易公司就其中的2500万元承担连带赔偿责任;七被告连带赔偿合理支出20万元。杭州中院经审理认为,小米通讯公司在其制造、销售的相同或类似商品上使用与涉案商标近似的标识,容易导致相关公众产生混淆、误认,侵害了涉案商标权。京东世纪贸易公司、杭州京东公司、昆山京东公司、上海圆迈公司销售侵权商品侵害了涉案商标权,但

该四公司的合法来源抗辩成立，只承担停止侵权的责任。在案证据无法证明京东电子商务公司作为网络服务提供者，主观上明知或应知平台上存在侵权商品而未采取必要措施，因此，京东电子商务公司不构成侵害商标权。杭州中院参考小米通讯公司及小米科技公司的侵权商品销售额、30%利润率及被诉侵权标识对侵权获利的贡献率，确定损害赔偿额为1200万元。联安公司未举证证明其法人人格权受到损害，因此对于其要求致歉的诉讼请求不予支持。杭州中院据此判决小米通讯公司、小米科技公司、京东世纪贸易公司、杭州京东公司、昆山京东公司、上海圆迈公司停止侵权；小米通讯公司、小米科技公司刊登声明，消除影响；小米通讯公司赔偿经济损失1200万元及合理支出103,767元，小米科技公司对其中的6,803,767元承担连带赔偿责任。

小米通讯公司、小米科技公司不服一审判决，上诉至浙江省高级人民法院（以下简称浙江高院）。浙江高院经审理认为，被诉侵权的米家多功能网关、米家无线开关、米家门窗传感器与涉案商标核定使用的“网络通讯设备”构成相同或类似商品，被诉侵权标识“米家”与涉案商标构成近似商标，二者并存容易使相关公众对商品来源产生混淆误认，构成对涉案商标的侵害，小米通讯公司、小米科技公司构成共同侵权。关于赔偿数额，浙江高院认为杭州中院采用了不同计价标准的销售价（含税）和进货价（不含税），使计算出的毛利润率明显偏高。侵权人因侵权所获得的利益一般应按照侵权人的营业利润计算，对于完全以侵权为业的侵权人，可以按照销售利润计算。小米通讯公司、小米科技公司显然不属于以侵权为业的情形，因此杭州中院以毛利润率计算侵权获利缺乏依据。小米通讯公司、小米科技公司的侵权商品的销售利润来源于多种因素，包括自身的企业声誉、技术力量、销售渠道等，尤其是侵权商品上同时使用了小米科技公司的注册商标，该部分商品利润与被诉侵权行为之间欠缺直接因果关系。浙江高院综合考虑涉案商标的显著性和知名度、侵权情节、侵权人主观恶意等因素，适用法定赔偿确定本案赔偿金额为300万元。浙江高院据此改判小米通讯公司赔偿经济损失300万元及合理开支103,767元，小米科技公司对全部赔偿金额承担连带责任。

裁判规则

1.《商标法》意义上的混淆包括正向混淆与反向混淆。正向混淆是指在后被诉标识的使用使相关公众误认为该标识使用人的商品或服务来源于在先商标权人；反向混淆是指由于在后被诉标识的使用，使相关公众误认为在先商标权人的商品或服务来源于在后被诉标识的使用者，或两者之间存在某种特定的联系。在认定混淆可能性时应秉承基本相同的裁量标准，考虑涉案商标的显著性与知名度、被诉侵权标识的使用强度等因素，给予其相匹配的保护强度。

2. 以侵权人的获利计算赔偿数额时，应当注意被诉侵权商品销售利润与侵权行为之间的因果关系。在反向混淆的情况下，侵权人的经营能力、品牌知名度、营销推广能力明显强于商标权人，特别在商标权人对注册商标的使用和宣传有限的情况下，侵权人的销售利润往往远高于商标权人的损失，但对于侵权人基于自身的商标商誉或者商品固有价值获得的利润，由于其与被诉侵权行为之间欠缺直接因果关系，故商标权人无权对此部分利润主张赔偿。

MIKA 米家

图1-5-5 涉案商标

浙江省杭州市中级人民法院

惠氏公司等与广州惠氏公司等商标侵权案

法院：浙江省杭州市中级人民法院

案号：（2019）浙01民初412号

原告：惠氏有限责任公司、惠氏（上海）贸易有限公司

被告：广州惠氏宝贝母婴用品有限公司、广州正爱日用品有限公司、杭州单恒母婴用品有限公司、青岛惠氏宝贝母婴用品有限公司、陈某英、管某坤

案由：侵害注册商标专用权及不正当竞争纠纷

案情简介：惠氏有限责任公司（以下简称惠氏公司）自1979年起，申请注册了多个"WYETH"及"惠氏"商标（以下简称惠氏系列商标，见图1-5-6），核定使用在第5类药剂、医用药物、婴儿食品、婴儿奶粉等商品上。惠氏（上海）贸易有限公司（以下简称惠氏上海公司）经许可享有惠氏系列商标的非独占使用权。惠氏公司与惠氏上海公司认为，广州惠氏宝贝母婴用品有限公司（以下简称广州惠氏公司）、广州正爱日用品有限公司（以下简称正爱公司）、杭州单恒母婴用品有限公司（以下简称单恒公司）、青岛惠氏宝贝母婴用品有限公司（以下简称青岛惠氏公司）、陈某英及管某坤在生产、销售的沐浴露、湿巾、护唇膏、纸尿裤、洗衣液等商品上使用"Wyeth""惠氏""惠氏小狮子"标识；广州惠氏公司、陈某英及管某坤在宣传活动中

使用“Wyeth”“惠氏”“惠氏小狮子”标识，侵害了惠氏公司对惠氏系列商标享有的商标权；青岛惠氏公司在企业名称中使用“惠氏”字样，构成不正当竞争。惠氏公司与惠氏上海公司起诉至浙江省杭州市中级人民法院（以下简称杭州中院），请求判令青岛惠氏公司停止使用含有“惠氏”字样的企业名称、六被告停止侵害商标权并连带赔偿经济损失3000万元及合理支出55万元。杭州中院经审理认为，广州惠氏公司、正爱公司、单恒公司、青岛惠氏公司在类似商品上使用与惠氏系列商标相同或近似的标识，容易使相关公众对商品来源产生混淆，侵害了惠氏公司的商标权。陈某英及管某坤与前述四被告存在攀附惠氏公司商誉的意思联络，有计划、有目的地共同实施侵权行为，与前述四被告构成共同侵权。青岛惠氏公司在企业名称中使用“惠氏”字样，违反了诚实信用原则及公认的商业道德，容易引起相关公众的混淆，损害了惠氏公司与惠氏上海公司的竞争利益，构成不正当竞争。惠氏公司与惠氏上海公司主张按广州惠氏公司侵权获利的三倍计算惩罚性赔偿金额。杭州中院经审理认为，六被告侵权主观恶意明显、侵权情节严重，对赔偿金额采用惩罚性赔偿的方式进行计算，以广州惠氏公司至少1000万元的侵权获利作为惩罚性赔偿的基数，并在此基础上以三倍计算赔偿金额。杭州中院据此判决六被告停止侵害惠氏公司的商标权；青岛惠氏公司停止在企业名称中使用“惠氏”字样并变更企业名称，变更后的企业名称不得包含“惠氏”字样；广州惠氏公司、陈某英及管某坤赔偿经济损失3000万元及合理支出55万元，单恒公司、正爱公司、青岛惠氏公司分别就其中的1500万元、10万元、60万元承担连带赔偿责任，

裁判规则

1. 明知他人注册商标具有较高知名度，仍将他人注册商标作为企业字号使用，从事与他人相同或类似的商品或服务经营，容易导致相关公众对商品或服务来源产生混淆、误认，或误认为二者存在特定联系的，构成不正当竞争，并可就此判决变更企业名称。

2. 对于主观恶意明显、侵权情节严重的侵害商标权行为，可以适用惩罚性赔偿予以规制，并在确定惩罚性赔偿基数的基础上，在《商标法》规定的合理倍数范围内确定赔偿数额。

WYETH	惠 氏	WYETH	惠氏
(a)	(b)	(c)	(d)

图1-5-6　惠氏系列商标

章节四公司与皎奢公司等商标侵权及不正当竞争纠纷案

法院:浙江省杭州市中级人民法院

案号:(2019)浙01民初4193号

原告:章节四公司

被告:上海皎奢国际贸易有限公司、复品实业(上海)有限公司、浙江奥特莱斯广场有限公司

案由:侵害注册商标专用权及不正当竞争纠纷

案情简介:章节四公司认为,其使用在服装、帽子等商品上的"Supreme""Supreme"标识(以下简称涉案标识)经过长期持续的使用和宣传,在中国的相关公众中已经具有较高的知名度和影响力。章节四公司于2014年3月4日申请注册第14108746号"Supreme"商标[以下简称涉案商标,见图1-5-7(a)],涉案商标于2020年3月10日核准注册,核定使用在服装、帽子等商品上。章节四公司认为,上海皎奢国际贸易有限公司(以下简称皎奢公司)、复品实业(上海)有限公司(以下简称复品公司)、浙江奥特莱斯广场有限公司(以下简称奥特莱斯公司)在服装、帽子等商品上使用与涉案商标相同或近似的标识[以下简称被诉侵权标识,见图1-5-7(b)],侵害了章节四公司对涉案商标享有的商标权,并构成不正当竞争。章节四公司起诉至浙江省杭州市中级人民法院(以下简称杭州中院),请求判令三被告停止侵权、消除影响并赔偿经济损失及合理支出850万元。杭州中院经审理认为,在被诉行为发生前,涉案标识已构成《反不正当竞争法》规定的"有一定影响的商业标识"。皎奢公司在相同商品上使用与涉案标识及涉案商标相同或近似的标识,容易引起相关公众的混淆、误认,构成商标侵权及不正当竞争。在案证据尚不足以证明皎奢公司及复品公司构成共同侵权。复品公司及奥特莱斯公司销售侵权商品构成商标侵权,但奥特莱斯公司的合法来源抗辩成立,只承担停止侵权的责任。杭州中院据此判决复品公司及奥特莱斯公司停止侵害涉案商标权;皎奢公司停止在服装、帽子商品上使用被诉标识,并就其不正当竞争及商标侵权行为消除影响并赔偿经济损失800万元及合理支出50万元。

裁判规则

1. 判断是否构成《反不正当竞争法》中有一定影响的商业标识,关键在于判断在相关公众中,该商业标识与其权益主张者之间是否已经产生稳定联系,是否以该商业标识作为识别相应商品或服务来源于其权益主张者的依据。在经济和信息全

球化、资讯和互通极为发达、不同商业模式层出不穷的今天，判断此种联系是否已经建立，不能固守传统市场环境中的考量要素，机械地要求以主动进入某一地域市场、在该地域市场内持续经营或宣传达一定时间、经营规模达一定量级为衡量标准，相反，“地毯式铺店”与“饥饿营销”、独立经营与联名经营、线下销售与网络销售等商业模式均可能产生此种联系，各类媒体主动通过纸质、网络等媒介所作的报道、宣传均可作为此种联系已经形成的证据。

2. 同一标识在不同国家可能有不同权利主体，各该权利主体对该标识在国际上或第三国的知名度与影响力可能均有贡献。对于该标识在第三国的权益归属，需要考虑不同主体所使用商业标识为该第三国相关公众所知的时间早晚、在第三国对该品牌知名度与影响力的贡献大小、对该标识的使用本身合法与否等因素，以判断在该第三国相关公众将该商业标识与哪一方主体形成稳定联系。一方已经在先建立稳定联系的应享有相应权益，在后进入市场者理应避让。

(a)涉案商标　　(b)被诉侵权标识

图1－5－7　商标对比

杭州铁路运输法院

微播视界公司等与杭州抖友公司等科技商标权侵权及不正当竞争案

法院：杭州铁路运输法院

案号：(2019)浙8601民初1611号

原告：北京字节跳动科技有限公司、北京微播视界科技有限公司

被告：杭州抖商科技有限公司、杭州抖友文化创意有限公司、真之棒科技有限公司、杨某争

案由:侵害注册商标专用权及不正当竞争纠纷

案情简介:北京字节跳动科技有限公司(以下简称字节跳动公司)是第21879936号、第21880760号、第24282117号"抖音"中文及图形商标、第13563629号"头条"商标(以下简称涉案商标,见图1-5-8)的商标权人,核定使用在广告宣传、教育、安排和组织大会等服务上。北京微播视界科技有限公司(以下简称微播视界公司)是抖音App的运营商。

字节跳动公司等认为本案四被告在"抖商万人联盟启动大会"(以下简称涉案大会)中使用涉案商标,在会场进行虚假宣传,分别在微信公众号、微博账号及QQ空间说说中使用涉案商标并进行虚假宣传的行为侵害了其商标权并构成不正当竞争,遂起诉至杭州铁路运输法院,请求判令四被告停止侵权并赔偿经济损失及合理支出300万元。杭州铁路运输法院认为,杭州抖友文化创意有限公司(以下简称杭州抖友公司)未参与涉案大会的组织、策划等,不构成共同侵权。杭州抖商科技有限公司(以下简称杭州抖商公司)、真之棒科技有限公司(以下简称真之棒公司)、杨某争在相同服务上擅自使用与涉案商标相同或近似的标识容易造成消费者的误认与混淆,侵犯了涉案商标权,并在明知未获得授权代理的情况下,仍使用引人误解的宣传语,客观上欺骗、误导消费者,构成不正当竞争,且其分工合作,构成共同侵权。考虑到部分侵权行为持续时间较长、三被告主观恶意较大、涉案商标许可费高达1940万元、涉案商标具有较高知名度及市场影响力、"抖音"文字商标曾被认定为驰名商标等因素,杭州铁路运输法院认为应当按照法定赔偿标准同时考虑惩罚性因素来确定本案赔偿数额,即在确定法定赔偿数额时体现一定的惩罚性,故判决杭州抖商公司、真之棒公司、杨某争停止侵权,并连带赔偿字节跳动公司及微播视界公司200万元。

裁判规则

1. 在微信公众号、微博号、个人QQ空间等社交平台进行的商业活动中使用相关标识,能够起到标识商品或服务来源作用的,应当认定为商标意义上的使用。

2. 在反不正当竞争诉讼中,通常只要求权利或权益合法,而不要求权利或权益具有完整性、独占性、排他性。如果某一经营者的行为破坏竞争秩序,致使其他经营者的竞争利益可能受到损害,则该可能受损的经营者即可产生诉权。

3. 损害赔偿数额的确定要以商标的市场价值为指引,并可在综合考虑侵权行为持续时间、侵权人主观情况、涉案商标知名度及市场价值等因素的情况下,在确定法定赔偿数额时体现一定的惩罚性。

4. 公司实施侵害商标权及不正当竞争的行为，同时其法定代表人、股东利用个人社交平台，以个人名义实施侵权行为，两者在侵权对象、目的、侵权行为方式、造成的损害后果等方面均具有同一性的情况下，应当认定其构成共同侵权。

抖音

(a)　　(b)　　(c)

图1－5－8　涉案商标

（三）著作权类

浙江省高级人民法院

盛和公司等与仙峰公司著作权侵权案

法院：浙江省高级人民法院

案号：(2019)浙民终709号

上诉人(一审被告)：苏州仙峰网络科技股份有限公司

被上诉人(一审原告)：浙江盛和网络科技有限公司、上海恺英网络科技有限公司

案由：侵害著作权纠纷

案情简介：浙江盛和网络科技有限公司(以下简称盛和公司)是游戏《蓝月传奇》[以下简称涉案游戏，见图1－5－9(a)]的著作权人，上海恺英网络科技有限公司(以下简称恺英公司)经授权取得涉案游戏的复制权及信息网络传播权。盛和公司和恺英公司认为，苏州仙峰网络科技股份有限公司(以下简称仙峰公司)运营的游戏《烈焰武尊》[以下简称被诉游戏，见图1－5－9(b)]侵害了其对涉案游戏享有的著作权，遂起诉至杭州市中级人民法院(以下简称一审法院)，请求判令仙峰公司停止侵权并赔偿经济损失3000万元及合理支出65万元，并申请一审法院就停止侵权的诉讼请求先行作出判决。一审法院经审理认为，被诉游戏包含了涉案游戏中的独创性表达，同时增加了新的独创性表达，仙峰公司在线提供被诉游戏的下载，开设服务器提供被诉游戏，使公众可以在自己选定的时间与地点获得该游戏，侵害

了涉案游戏的改编权、复制权及信息网络传播权。据此,一审法院先行判决仙峰公司停止侵权。仙峰公司不服一审判决,上诉至浙江省高级人民法院(以下简称二审法院)。二审法院经审理认为,涉案游戏与被诉游戏均由三大系统架构组成,两者在角色养成系统的17个子系统、消费奖励系统的10个子系统、场景(副本)段落的6个子系统的设置上存在对应关系。两者的单个子系统的特定呈现方式以及整体游戏架构中对于单个子系统的选择、安排、组合均构成实质性相似。被诉游戏对涉案游戏特定玩法规则的独创性表达进行了照搬和复制,侵害了涉案游戏的著作权。据此,二审法院判决驳回上诉,维持原判。

裁判规则

1. 大型网络游戏开发和运营成本较大,但生命周期较短,侵权方及时停止侵权行为是网络游戏权利人最普遍的诉求。由于赔偿金额的计算耗时较长,在查明侵权事实的基础上并根据权利人的申请,法院可以先行判决侵权方停止侵权。

2. 网络游戏的核心是特定玩法规则和情节,通过游戏界面或连续动态画面呈现的具体表达也是玩家所感知的游戏主要内容,将玩法规则及情节的具体表达作为核心组成部分并适用类电作品规则对游戏整体予以保护,有利于实现对网络游戏著作权的充分保护和实质保护。

(a)涉案游戏

(b)被诉游戏

图1-5-9 游戏画面对比

百慕公司与宋城公司等著作权侵权案

法院:浙江省高级人民法院

案号:(2020)浙民终301号

上诉人(一审原告):北京百慕文化发展有限公司

被上诉人(一审被告):宋城演艺发展股份有限公司、丽江茶马古城旅游发展有限公司

案由:侵害著作权纠纷

案情简介:北京百慕文化发展有限公司(以下简称百慕公司)经授权取得歌曲《纳西情歌》(以下简称涉案歌曲)的著作权。百慕公司认为,宋城演艺发展股份有限公司(以下简称宋城公司)、丽江茶马古城旅游发展有限公司(以下简称茶马公司)于2014年开始在《丽江千古情》大型歌舞演出中及景区内使用涉案歌曲,侵害了其对涉案歌曲享有的表演权,遂起诉至浙江省杭州市中级人民法院(以下简称一审法院),请求判令二被告停止侵权并赔偿经济损失及合理支出2064万元。一审法院经审理认为,涉案歌曲的词曲符合独创性的要件,构成音乐作品。二被告未经许可,在"丽江千古情"景区播放涉案歌曲,并在表演项目《丽江千古情》中使用涉案歌曲,属于对涉案歌曲进行机械表演和现场表演,侵害了百慕公司对涉案歌曲享有的表演权。一审法院参考宋城公司或其关联方实际缴纳的平均许可费金额,以此为基数进行加倍,同时考虑了涉案歌曲在"丽江千古情"景区营业收入中的贡献率以确定侵权赔偿金额。据此,一审法院判决二被告停止侵权,并连带赔偿百慕公司经济损失25万元及合理支出5万元。

百慕公司不服一审判决,上诉至浙江省高级人民法院(以下简称二审法院)。二审法院经审理认为,本案侵权赔偿金额的计算区间应自2014年起至2019年止,《丽江千古情》演出是景区主要收入来源,涉案歌曲作为背景音乐亦是主题公园的重要组成部分。因此,二审法院将茶马公司2014~2019年的主营业务利润总额作为计算侵权获利的基数,综合考虑利润率、二被告使用音乐作品对利润的贡献率、涉案歌曲对利润的贡献率、侵权情节、二被告主观恶意等因素,确定二被告使用涉案歌曲的侵权获利为70万元。据此,二审法院判决撤销一审判决,由二被告连带赔偿百慕公司70万元及合理维权费用11万元。

裁判规则

1. 基于企业营业利润影响因素的复杂性以及知识产权价值的无形性,在著作权案件中以侵权获利方式计算赔偿数额时,应当主要依据权利人提交的侵权方获利证据,从侵权行为的具体样态出发,区分涉案知识产权要素创造的价值和不可归因于该要素的其他价值,在利润中析出专属于涉案作品所贡献的专有价值。

2. 在著作权案件中,侵权获利的计算不仅仅是单纯的事实认定,也需要对难以量化的作品价值等因素进行评估确定,因此可在着重考虑给予权利人充分救济的情况下,从有利于维权、制止侵权等损害赔偿的预防功能角度,合理确定利润总额和利润贡献率。

杭州市中级人民法院

盛和公司等与仙峰公司著作权侵权案

法院:浙江省杭州市中级人民法院

案号:(2018)浙01民初3728号

原告:浙江盛和网络科技有限公司、上海恺英网络科技有限公司

被告:苏州仙峰网络科技股份有限公司

案由:侵害著作权纠纷

案情简介:浙江盛和网络科技有限公司(以下简称盛和公司)是游戏《蓝月传奇》[以下简称涉案游戏,见图1-5-10(a)]的著作权人,上海恺英网络科技有限公司(以下简称恺英公司)经授权取得涉案游戏的复制权及信息网络传播权。盛和公司和恺英公司认为,苏州仙峰网络科技股份有限公司(以下简称仙峰公司)运营的《烈焰武尊》[以下简称被诉游戏,见图1-5-10(b)]侵害了其对涉案游戏享有的著作权,遂起诉至杭州市中级人民法院(以下简称一审法院),请求判令仙峰公司停止侵权并赔偿经济损失3000万元及合理支出65万元,并申请一审法院先行就停止侵权的诉讼请求作出判决。一审法院经审理认为,被诉游戏侵害了涉案游戏的改编权、复制权及信息网络传播权。据此,一审法院作出先行判决,判令仙峰公司停止侵权,该判决随后得到浙江省高级人民法院(以下简称二审法院)维持,届时已生效。一审法院作出先行判决的同时,还作出诉中行为保全裁定,责令仙峰公司立即停止侵权行为。但在收悉上述裁定后,仙峰公司并未立即停止侵权行为,故一审法院对其罚款100万元。之后,一审法院继续对本案的损害赔偿部分进行审理,多次发出调查令调取被诉游戏的流水数据,并作出裁定责令仙峰公司提交相关财务数据。最终,一审法院综合考虑仙峰公司开发运营被诉游戏所支出的授权成本、推广成本、人工成本、维护成本等,并结合涉案游戏的独创性表达在被诉游戏中所占比例及其对仙峰公司利润的贡献率等因素,判决仙峰公司赔偿经济损失及合理开支11,148,739.5元。

仙峰公司不服一审判决,上诉至二审法院。二审法院经审理认为涉案游戏可以作为《著作权法》规定的类似摄制电影的方法创作的作品予以保护。游戏特定玩法规则和情节是构成游戏的核心,其通过游戏界面或连续动态画面呈现的具体表达也是玩家所感知的游戏主要内容,将该部分内容作为核心组成部分并对游戏整

体适用类电作品法律规则予以保护，有利于实现对网络游戏著作权的充分保护和实质保护，故一审法院认定涉案游戏特定玩法规则和情节的具体表达属于《著作权法》保护的客体具有事实和法律依据。尽管被诉游戏进行了美术、动画、音乐等内容的再创作，但其在玩法规则的特定呈现方式上利用了涉案游戏的独创性表达，对于普通游戏玩家而言，其所感知到的游戏整体情节相似度极高，故两者整体上构成实质性相似，仙峰公司系在利用涉案游戏独创性表达的基础上进行再创作，侵害了涉案游戏的改编权。仙峰公司开设多个服务器并将被诉游戏拷贝至服务器中，供玩家下载获得该游戏，侵害了涉案游戏的复制权和信息网络传播权。一审法院认定事实清楚，适用法律正确，二审法院据此判决驳回上诉，维持原判。

裁判规则

人民法院在审理案件的过程中，可以对事实清楚的部分作出先行判决，并可在作出该先行判决的同时作出诉中行为保全裁定，责令被告立即停止相关行为。

(a)涉案游戏

(b)被诉游戏

图1－5－10 游戏画面对比

杭州互联网法院

浙广集团与A公司等著作权侵权案

法院：杭州互联网法院

原告：浙江广播电视集团

被告：A公司、B公司、C公司、D公司、E公司

案由：侵害著作权纠纷

案情简介：浙江广播电视集团（以下简称浙广集团）认为某视频App未经授权，即对其首播的电视节目《奔跑吧（第二季）》（以下简称涉案节目，见图1－5－11）进

行同步转播，侵犯了其对涉案节目享有的的广播权，遂起诉至杭州互联网法院，请求五被告连带赔偿经济损失660万元及合理费用40万元。杭州互联网法院经审理查明，在2018年4月至6月，某视频App在固定时间段同步播放的内容，在嘉宾阵容、服饰衣着、情节设置、游戏环节、滚标、角标等方面均分别与涉案节目第3～11期共9期节目一致，且时间段重合，部分期数的节目内容直接显示正在播放的节目为涉案节目，即某视频App在涉案节目于浙江卫视首播期间也同步播放了涉案节目。杭州互联网法院认为，我国《著作权法》规定的“广播权”所控制的行为是指以无线方式公开广播或者传播作品，以及以有线传播或转播的方式向公众传播广播作品的行为。网络同步转播行为是将正在直播的电视节目通过互联网转码技术同步向公众进行转播的行为，属于通过互联网同步转播作品的行为，不属于广播权的控制范围。在《著作权法》未作出修改且《著作权法》第10条第1款第17项已为著作权人设置了兜底权利条款的情形下，不宜扩大现行《著作权法》中“广播权”的控制范围。但我国已于2006年批准加入《世界知识产权组织版权条约》，该条约第8条规定，文学和艺术作品的作者享有“向公众传播权”之专有权，著作权人可以控制以任何技术手段进行的转播。因此，我国负有对传播权提供司法保护的义务。被诉侵权行为后果具备了著作权侵权的基本特征及一般构成要件，故应适用《著作权法》第10条第1款第17项“应当由著作权人享有的其他权利”的规定。在案证据不能证明D、E公司参与了共同运营。据此，杭州互联网法院判决A、B、C公司连带赔偿浙广集团经济损失及合理支出共计200万元。

裁判规则

通过互联网同步转播作品的行为不属于我国《著作权法》中广播权的规制范围，但未经权利人许可而实施的该行为具备著作权侵权的基本特征及一般构成要件，应当适用《著作权法》第10条第1款第17项的规定予以规制。

（本案判决尚未公开，裁判规则系根据法院官方报道内容归纳。）

(a)

(b)

图 1 -5 -11　涉案节目截屏

苏宁体育公司与某新媒体公司等著作权侵权案

法院:杭州互联网法院

原告:苏宁体育公司

被告:某公司浙江分公司、某公司杭州分公司、某新媒体公司

案由:侵害作品信息网络传播权纠纷

案情简介:苏宁体育公司经授权取得 2019 赛季中超联赛节目的信息网络传播权,其认为三被告未经授权在其运营的 IPTV 平台向公众提供 2019 赛季中超联赛“2019 赛季中超联赛—第八轮—广州恒大 VS 北京国安”比赛(以下简称涉案赛事节目,见图 1 -5 -12)的点播服务,侵害了苏宁体育公司对涉案赛事节目享有的信息网络传播权,同时构成不正当竞争,遂起诉至杭州互联网法院,请求判令三被告停止侵权并赔偿经济损失及合理费用 502 万元。杭州互联网法院经审理认为,涉案赛事节目以多机位设置采集、选择镜头,以镜头切换、回放,捕捉精彩瞬间方式呈现比赛画面,已达到类电作品的独创性要求,同时符合“摄制在一定介质上”即固定性的要求,构成类电作品。三被告未经许可在合作经营的 IPTV 平台提供涉案赛事节目在线点播服务,分配经济利益,共同侵害了苏宁体育公司的信息网络传播权。涉案赛事节目具有较高的知名度和商业价值,涉案赛事节目于 2019 年 5 月 4 日直播,三被告共同经营的 IPTV 平台于 2019 年 5 月 5 日即提供涉案赛事节目的点播服务,侵权起始时间早,持续时间长,且三被告在签收律师函后仍未采取必要措施,主观过错明显。苏宁体育公司主张的不正当竞争行为与侵害涉案赛事节目信息网络传播权的行为一致,不再适用《反不正当竞争法》重复保护。杭州互联网法院据此判

决三被告连带赔偿苏宁体育公司经济损失及合理费用50万元。

裁判规则

判断体育赛事节目是否构成类电作品需考虑拍摄的内容是否具有独创性。如果拍摄的比赛画面仅具有少量镜头和简单切换，虽然也体现了拍摄者的智力投入和选择，但仍以客观记录和还原内容为目的，则属于录像制品。如果拍摄的比赛画面经过多镜头的采集和选择，通过画面景别的衔接和节奏的变化来表达美感和思想感情，展现了摄制者独特的智力判断与个性并达到一定的创作高度，区别于按照既定规则的机械获得或微不足道的智力创造性，则构成类电作品。

（本案判决尚未公开，裁判规则系根据法院官方报道内容归纳。）

图1-5-12　涉案赛事节目

腾讯计算机公司等与某科技公司著作权侵权及不正当竞争案

法院：杭州互联网法院

原告：深圳市腾讯计算机系统有限公司、腾讯科技（深圳）有限公司

被告：广州某科技有限公司

案由：侵害作品信息网络传播权及不正当竞争纠纷

案情简介：深圳市腾讯计算机系统有限公司（以下简称腾讯计算机公司）经授权取得游戏《英雄联盟》《地下城与勇士》《穿越火线》的信息网络传播权。腾讯科技（深圳）有限公司（以下简称腾讯科技公司）享有游戏《逆战》《QQ飞车》的著作权（该五款游戏以下统称涉案游戏，见图1-5-13）。腾讯计算机公司和腾讯科技公司认为，广州某科技有限公司（以下简称某科技公司）未经授权将涉案游戏置于其云服务器中供公众在网页版、移动端以及PC端使用“菜鸡”云游戏平台获得涉案游戏，侵害了腾讯计算机公司和腾讯科技公司对涉案游戏享有的信息网络传播权。同时，某科技公司利用涉案游戏为“菜鸡”云游戏平台做引流宣传，通过销售“秒进卡”“加时卡”提供云游

戏排队加速、加时的有偿服务，提供“上号助手”的无偿服务，限制涉案游戏画质、功能及信息链接等行为，挤压了腾讯计算机公司和腾讯科技公司的盈利空间及商业机会，威胁用户数据安全，构成不正当竞争。腾讯计算机公司和腾讯科技公司起诉至杭州互联网法院，请求判令某科技公司停止侵权并赔偿经济损失及合理支出 960 万元。

杭州互联网法院经审理认为，涉案游戏构成类电作品，涉案游戏的画面与声音在互联网环境下通过信息网络在云服务器和不同用户终端之间相互传输，通过云游戏软件的在线运行使用户可以在其选定的时间和地点获得涉案游戏，某科技公司未经许可实施该行为，侵害了腾讯计算机公司和腾讯科技公司对涉案游戏享有的信息网络传播权。某科技公司复制流量、引流宣传等行为不构成不正当竞争，但未经许可，直接采用技术手段对腾讯计算机公司和腾讯科技公司提供的产品和服务进行干预和限制，包括限制营销宣传、资讯广告、周边商品交易等，此举未有用户知情并主动选择，具有不正当性和可责性，会对腾讯平台普遍使用的游戏运营模式和盈利方式造成干扰和影响，构成不正当竞争。据此，杭州互联网法院判决某科技公司停止侵权并赔偿经济损失及合理支出 258 万元。

裁判规则

1. 云服务器属于广义的“网络服务器”，其可作为作品存储的载体。将作品“上传”至或放置在云服务器中，并通过上传行为和开放行为，以通过不同终端的云游戏平台提供作品的，均属于信息网络传播权所规制的“提供”作品的行为。

2. 经营者未经许可，采用技术手段对他人提供的互联网游戏产品和服务进行干预和限制，影响他人的游戏运营模式和盈利方式，挤压他人商业机会和盈利空间，构成《反不正当竞争法》第 12 条第 2 款第 4 项所规制的不正当竞争行为。

（本案判决尚未公开，裁判规则系根据法院官方报道内容归纳。）

图 1－5－13　涉案游戏

某影业公司与杭州某网络公司等不正当竞争纠纷案

法院:杭州互联网法院

原告:北京某影业公司

被告:杭州某网络公司、北京某网络公司、某科技公司

案由:侵害著作权及不正当竞争纠纷

案情简介:北京某影业公司(以下简称某影业公司)享有电影作品《哪吒之魔童降世》(以下简称涉案电影)及电影中"哪吒""敖丙"等(以下简称涉案角色,见图1-5-14)美术作品的著作权。某影业公司认为,杭州某网络公司、北京某网络公司、某科技公司在涉案电影公映下档后不久,在游戏《梦塔防》(以下简称被诉侵权游戏)中使用涉案角色皮肤,侵害了某影业公司对涉案电影的改编权,并侵害了对涉案角色享有的复制权、发行权、信息网络传播权、改编权等著作权;杭州某网络公司、北京某网络公司、某科技公司使用电影剧情设定宣传该皮肤,构成不正当竞争。某影业公司起诉至杭州互联网法院,请求判令三被告停止侵权、消除影响并赔偿损失。杭州互联网法院经审理认为,涉案角色形象构成美术作品,被诉侵权游戏皮肤中使用的美术形象与涉案角色形象构成实质性相似,杭州某网络公司、北京某网络公司、某科技公司侵害了涉案角色的信息网络传播权。但杭州某网络公司、北京某网络公司、某科技公司使用的宣传文案及游戏角色介绍不构成对涉案电影改编权的侵害。涉案角色形象与涉案电影之间已经建立了稳定的联系,具备了特定的指代与识别功能。涉案角色设定与涉案电影情节也具有极高知名度。杭州某网络公司、北京某网络公司、某科技公司使用的宣传文案及游戏角色介绍易使相关公众产生混淆、误认,构成不正当竞争。杭州互联网法院据此判决杭州某网络公司、北京某网络公司停止对涉案角色著作权的侵害及不正当竞争行为并赔偿经济损失100万元,判决杭州某网络公司公开刊登道歉声明、消除影响。

裁判规则

对电影作品的保护是保护其在连续图像形成中的独创性表达,对电影情节的保护应该从电影画面中剥离出来,还原为对文字作品的保护。仅在宣传文案中使用他人电影作品的情节,不构成对该电影作品改编权的侵害。

(本案判决尚未公开,相关规则系根据法院官方报道内容归纳。)

被诉角色

(a)

(b)

涉案角色

(a)

(b)

图 1－5－14　角色对比

（四）不正当竞争类

浙江省高级人民法院

开迅公司与虎牙公司等不正当竞争纠纷案

法院：浙江省高级人民法院

案号：(2020)浙民终 515 号

上诉人(一审原告)：杭州开迅科技有限公司

被上诉人(一审被告)：李某、广州虎牙信息科技有限公司

案由：不正当竞争纠纷

案情简介：杭州开迅科技有限公司(以下简称开迅公司)为在线游戏解说“触手平台”及移动客户端“触手直播”的运营者，李某为其签约游戏主播。开迅公司认为，广州虎牙信息科技有限公司(以下简称虎牙公司)在明知李某与开迅公司合作

期限尚未届满的情况下，仍引诱李某违约至虎牙公司经营的“虎牙平台”进行游戏直播。李某与虎牙公司签约，使用原昵称、头像，并通过微信、QQ、论坛等对用户进行导流，故虎牙公司与李某共同实施了不正当竞争行为。开迅公司起诉至浙江省杭州市中级人民法院（以下简称一审法院），请求判令确认两被告构成不正当竞争并赔偿经济损失1319.5万元及合理支出20万元。一审法院经审理认为，李某的被诉行为均涉及对合同义务的违反，但并未损害公共政策所保护的其他利益，《反不正当竞争法》不应当在合同相关法律之外不恰当地侵入契约自由领域。虎牙公司的被诉行为亦未违反诚实信用原则和公认的商业道德，不构成不正当竞争行为。据此，一审法院判决驳回开迅公司的诉讼请求。

开迅公司不服一审判决，上诉至浙江省高级人民法院（以下简称二审法院）。二审法院经审理认为，开迅公司已经通过合同方式弥补了李某跳槽所可能遭受的经济损失，足以平衡各方利益，针对李某的违约行为，不应再适用《反不正当竞争法》进行规制。李某离开“触手平台”后仍继续使用原昵称和头像，在人身指向上并无偏差，不存在导致相关公众混淆、误认的情况，不属于《反不正当竞争法》规制的混淆行为，不构成不正当竞争。在案证据不能证明虎牙公司系采取了有违商业道德的恶意诱导手段或其他不当举措来进行商业竞争，且虎牙公司的被诉行为未扭曲市场竞争秩序，也未损害消费者合法权益。因此，李某、虎牙公司的被诉行为不构成不正当竞争。据此，二审法院判决驳回上诉，维持原判。

裁判规则

1. 市场竞争以自由竞争为原则，以《反不正当竞争法》的规制为例外。经营者遵守相应竞争规则，依靠自身优势资源，达到吸引人才集聚、打造高曝光度优秀平台的效果，且未限制有效竞争的，应为自由的市场竞争所容许。在市场竞争机制并未受到明显扭曲的情况下，不应泛化《反不正当竞争法》的适用，而应尊重经济运行规律，避免随意干涉市场运行，避免过度干预市场竞争，让市场的归市场，以充分保障市场在资源配置中的基础作用，促进竞争效果的有效实现。

2. 当事人能够通过合同方式得到有效救济的，对于《反不正当竞争法》的适用更应秉持审慎、谦抑的原则，不应随意干预当事人的行为自由。

3. 商业道德是诚实信用原则在反不正当竞争法中的体现，应正确把握诚实信用原则和商业道德的评判标准，以特定商业领域普遍认同和接受的经济人伦理为尺度，避免把诚信原则和商业道德简单等同于个人道德或者社会公德。竞争本身即意味着对交易机会的争夺，如果在案证据不能证明存在有违商业道德进行竞争的行为，亦未扰乱市场竞争秩序和损害消费者合法权益，则不宜认定相关行为构成不正当竞争。

浙江省杭州市中级人民法院

淘宝公司与美名公司不正当竞争纠纷案

法院：浙江省杭州市中级人民法院

案号：(2018)浙01民初3845号

原告：浙江淘宝网络有限公司

被告：杭州美名科技有限公司

案由：不正当竞争纠纷

案情简介：浙江淘宝网络有限公司（以下简称淘宝公司）系淘宝网的经营者。杭州美名科技有限公司（以下简称美名公司）研发、运营了“美丽啪”平台，并通过该平台组织“免费试用活动”（以下简称涉案行为）。淘宝公司认为美名公司的涉案行为系帮助淘宝商家炒作淘宝信用的刷单炒信行为，破坏了淘宝公司构建的评价体系，构成不正当竞争，故向浙江省杭州市中级人民法院（以下简称杭州中院）提起诉讼，请求判令美名公司停止不正当竞争行为、消除影响并赔偿经济损失8,036,863.09元及合理支出50,000元。杭州中院审理认为，涉案行为系美名公司组织用户在电商平台下单购买商品并评价之后，再将购买款项返还给消费者。一部分用户下单购买和评价的商品与实际收到的商品不一致，属于虚假交易行为；另一部分用户下单的商品与实际收到商品虽一致，但用户的评价需要通过淘宝商家审核才能得到返款，评价容易与客观事实不符，导致涉案行为与正常交易行为相混同，违反诚信原则和商业道德，既损害了消费者和其他同行业经营者的利益，也损害了电商平台经营者的市场声誉和竞争力。因此，美名公司的涉案行为帮助淘宝商家进行虚假或引人误解的宣传，构成不正当竞争。据此，杭州中院判令美名公司停止不正当竞争行为、消除影响并酌定赔偿经济损失及合理支出2,000,000元。

杭州互联网法院

腾讯公司与浙江某网络公司等不正当竞争纠纷案

法院:杭州互联网法院

原告:深圳市腾讯计算机系统有限公司、腾讯科技(深圳)有限公司

被告:浙江某网络公司、杭州某科技公司

案由:不正当竞争纠纷

案情简介:深圳市腾讯计算机系统有限公司、腾讯科技(深圳)有限公司(以下统称腾讯公司)分别是微信软件的著作权人和微信产品的经营者。浙江某网络公司、杭州某科技公司开发、运营的"聚客通群控软件"(以下简称被诉软件)利用外挂技术将该软件中的"个人号"功能模块嵌套于个人微信中运行,为购买该软件服务的微信用户提供"群控"服务。除了自动操作,该软件还可以监测、抓取微信用户账号信息、好友关系链信息等存储于其服务器中。腾讯公司认为浙江某网络公司、杭州某科技公司的行为妨碍了微信平台的正常运行,损害了腾讯公司对于微信数据享有的数据权益,构成不正当竞争,遂起诉至杭州互联网法院。杭州互联网法院经审理后认为,虽然浙江某网络公司、杭州某科技公司获得了经营性用户的授权许可,但存储、挖掘的数据并非经营性用户单方信息,还涉及微信平台中其他与之相关的微信用户数据。被诉软件批量化操作微信、发布商业活动信息等,异化了个人微信产品作为社交平台的服务功能,给用户使用微信产品造成了明显干扰,同时影响微信平台的安全、稳定、效率,已妨碍、破坏了腾讯公司合法提供的网络产品与服务的正常运行,并且损害了腾讯计算机公司、腾讯科技公司对于微信产品数据资源享有的竞争权益,构成不正当竞争。据此,杭州互联网法院判决浙江某网络公司、杭州某科技公司停止侵权,并赔偿经济损失及合理费用260万元。

裁判规则

1. 对于网络平台中单个用户的原始数据,应突出强调用户信息提供者的控制权与使用许可权,不应过分维护网络平台方的控制权。其他经营者使用他人控制的数据是否构成侵权,重点在于审查其是否征得了用户同意,网络平台经营者不能仅因其他经营者擅自使用了其控制的数据,径行主张求偿权。但如果其他经营者危及了网络平台用户的个人数据安全,网络平台经营者对于用户数据负有提供安全

保护的法定义务,其对于其他经营者侵害其用户个人数据安全的行为有权请求法院予以禁止。

2. 网络平台经营者对平台数据资源进行了汇总与应用,其对平台整体数据资源享有竞争性权益。如果其他经营者破坏性地使用该数据资源,导致网络平台用户对互联网产品丧失应有的安全感及基本信任,减损该产品对于用户关注度及用户数据流量的吸引力,进而损害网络平台经营者既有数据资源竞争权益,则构成不正当竞争,网络平台经营者有权要求获得赔偿。

(本案判决尚未公开,裁判规则系根据法院官方报道内容归纳。)

蚂蚁微贷公司等与朗动公司不正当竞争纠纷案

法院:杭州互联网法院

案号:(2019)浙8601民初1594号

原告:浙江蚂蚁小微金融服务集团股份有限公司、重庆市蚂蚁小微小额贷款有限公司

被告:苏州朗动网络科技有限公司

案由:不正当竞争纠纷

案情简介:苏州朗动网络科技有限公司(以下简称朗动公司)运营的企查查产品向付费用户推送了内容为"2019年5月5日,蚂蚁微贷公司新增清算组成员应君"的监控信息,并将该信息的风险级别列为"警示信息",变更类型为"经营风险"。随后"蚂蚁微贷进入清算程序"等信息被媒体广泛报道。浙江蚂蚁小微金融服务集团股份有限公司(以下简称蚂蚁金服公司)、重庆市蚂蚁小微小额贷款有限公司(以下简称蚂蚁微贷公司)认为,朗动公司散布的信息与客观数据和事实均不相符。蚂蚁微贷公司的清算组成人员变动信息已公示数年之久,而非2019年5月5日新增或变更的信息,且目前国家企业信用信息公示系统显示蚂蚁微贷公司的经营状况为正常,朗动公司前述行为构成不正当竞争。蚂蚁金服公司及蚂蚁微贷公司起诉至杭州互联网法院,请求判令朗动公司停止侵权、消除影响、赔偿经济损失及合理费用495万元。

杭州互联网法院经审理认为,本案系公共数据使用者与数据原始主体之间因数据使用质量引发的纠纷,涉及大数据商业模式下公共数据使用的正当性问题。朗动公司发布、推送信息的行为违反了数据质量的相关法规和行业标准而具有不正当性。基于数据与信息的对应关系,数据质量直接影响蚂蚁金服公司、蚂蚁微贷

公司的商业信誉。朗动公司发布和推送误导性清算信息的行为,损害了作为数据主体的蚂蚁微贷公司和蚂蚁金服公司的竞争性权益,也损害了消费者的知情权和征信行业市场竞争秩序。作为征信企业,朗动公司推送企业信息的行为,应当比一般的大数据企业具有更高的注意义务,朗动公司在明知针对蚂蚁微贷公司推送的数据存在差错的情况下,仅对信息作了删除处理,没有采取积极有效的措施挽回影响,反而进一步扩大了事件影响,具有明显的主观过错,构成不正当竞争。据此,杭州互联网法院判决朗动公司消除影响、赔偿经济损失及合理费用60万元。

朗动公司不服一审判决,上诉至杭州市中级人民法院(以下简称杭州中院)。杭州中院经审理认为,朗动公司系从事企业征信业务的征信机构,而蚂蚁金服公司是知名的互联网经营主体,蚂蚁微贷公司又是蚂蚁金服公司的全资子公司,尽管双方在经营范围、运行模式、目标市场等方面均有区别,但都同处于朗动公司运营的企查查平台构建的数据生态系统中,基于数据与信息的对应关系,数据质量直接影响蚂蚁金服公司、蚂蚁微贷公司作为数据原始主体的竞争性权益,因此,二者之间存在竞争关系。综合本案的实际情况,应当认定朗动公司在涉及蚂蚁微贷公司的误导性清算信息的发布、推送上存在主观过错。征信数据的质量特别是负面信息的偏差将直接影响蚂蚁微贷公司作为数据原始主体的商誉和社会评价,并造成市场参与者和关联方的信息误导,故朗动公司的被诉侵权行为破坏了平等公平的市场竞争秩序,也损害了其他经营者和消费者的合法权益,有悖于诚实信用原则和公认的商业道德,具有不正当性,且对蚂蚁金服公司及蚂蚁微贷公司商誉造成损害,构成不正当竞争。杭州互联网法院认定事实清楚,适用法律正确,杭州中院据此判决驳回上诉,维持原判。

裁判规则

1.《反不正当竞争法》意义上的竞争关系包括直接竞争关系与间接竞争关系,《反不正当竞争法》维护具有直接竞争关系的竞争者之间的正当竞争,也维护整个市场的竞争秩序。尤其是在互联网经济领域,即使经营者之间不存在直接的竞争关系,经营者也会因破坏其他经营者的竞争优势而与其产生竞争关系。

2.互联网征信机构在享有征信数据带来的经济利益的同时,还应对数据质量负有一定的注意义务。现阶段应当以鼓励数据共享流通、兼顾各方利益为原则,并正视海量数据处理的技术困境,合理确定注意义务,即一方面,不宜为互联网征信机构赋予过高的注意义务,对于普通的信息偏差应当允许其通过事后救济的方式进行修正;另一方面,互联网征信机构也应对收集、发布的数据信息具有基本的注意义务。

3. 在对企业信用信息的收集和发布活动中应当坚持数据来源合法原则、注重信息时效原则、保障信息质量原则和敏感信息校验原则。尤其是针对敏感数据，特别是涉及企业清算、破产等重大负面信用信息，互联网征信机构应当建立差别化的技术处理原则，提高数据推送质量，避免因不当的信息推送行为为企业带来重大负面影响。

4. 我国大数据征信行业目前还处于起步阶段，相关行业规则、技术能力尚未成熟完善，需要给大数据征信产业发展创造适度的张力，营造足够宽松的发展空间，故在侵权赔偿方面不宜对其科以过重的责任。

杭州市余杭区人民法院

腾讯公司与杨某不正当竞争纠纷案

法院：浙江省杭州市余杭区人民法院

原告：腾讯公司

被告：杨某

案由：不正当竞争纠纷

案情简介：杨某在网络购物平台上提供“刷粉”服务，即利用技术手段为客户增加人气或粉丝数量。腾讯公司向杭州市余杭区人民法院（以下简称余杭区法院）起诉，称杨某的行为属于帮助其他经营者进行虚假或引人误解的商业宣传，构成不正当竞争，请求判令其赔偿经济损失100万元。余杭区法院审理认为，杨某通过技术手段帮助主播“刷粉”“刷人气”来虚构其直播服务的关注度，明显会误导消费者，侵害了消费者的合法权益；同时破坏了电竞直播平台对主播的正常信息评价机制，扰乱主播之间的良性竞争秩序，增加了电竞平台清除虚假数据的运营成本，污染相关数据资源；此外，虚假的关注度虽然短时间内吸引了消费者的关注，但非因优质直播内容而获得的关注将导致平台相关用户的流失，进而影响平台声誉及整体竞争力。因此，杨某的行为构成帮助其他经营者进行虚假宣传的不正当竞争行为。余杭区法院判令杨某停止侵权，赔偿经济损失15万元，并刊登声明消除不良影响。

（本案判决尚未公开，相关内容系根据法院官方报道内容整理。）

腾讯公司与快忆公司不正当竞争纠纷案

法院:浙江省杭州市余杭区人民法院

原告:深圳市腾讯计算机系统有限公司、腾讯科技(深圳)有限公司

被告:杭州快忆科技有限公司

案由:不正当竞争纠纷

案情简介:杭州快忆科技有限公司(以下简称快忆公司)通过其运营的网站向公众提供"后羿采集器"软件(以下简称被诉软件),以实现对微信文章的采集、反屏蔽、洗稿及自动导出等功能。深圳市腾讯计算机系统有限公司、腾讯科技(深圳)有限公司(以下统称腾讯公司)认为,快忆公司通过被诉软件对微信平台进行批量机器访问、对微信平台获取的文章进行伪原创以及把"洗稿"后的伪原创文章一键导出到第三方平台的行为,构成不正当竞争,起诉至杭州市余杭区人民法院(以下简称余杭法院),请求判令快忆公司停止侵权,并赔偿经济损失及合理费用490万元。余杭法院经审理认为,快忆公司提供的被诉软件所进行的"伪原创"处理只是对已有文章的简单同义词替换、语序调整,文章段落结构与段落基本表达内容不变,本质上仍然属于抄袭,实现该功能的技术难谓正当。快忆公司明知其提供的"伪原创"工具主要实现侵权用途,仍然公开出售并从中获利,明显违背诚实信用原则和公认的商业道德,也破坏了文化创意产业的创新激励机制,扰乱了正常的市场竞争秩序,损害了包括腾讯公司在内的经营"原创"产品和构建原创秩序的经营者的合法权益,违反了《反不正当竞争法》第2条的规定,构成不正当竞争。余杭法院据此判决快忆公司停止侵权,并赔偿经济损失及合理费用10万元。

(本案判决尚未公开,相关内容系根据法院官方报道内容整理。)

（五）垄断类

杭州市中级人民法院

康健苗苗公司与登士柏公司纵向垄断协议纠纷案

法院：浙江省杭州市中级人民法院

案号：（2019）浙01民初3270号

原告：康健苗苗（杭州）医药有限公司

被告：登士柏（天津）国际贸易有限公司

案由：纵向垄断协议纠纷

案情简介：康健苗苗（杭州）医药有限公司（以下简称康健苗苗公司）认为，登士柏（天津）国际贸易有限公司（以下简称登士柏公司）向全国授权经销商发送《通知函》，禁止向康健苗苗公司调拨及销售任何登士柏公司临床产品的行为构成“限定向第三人转售商品的最低价格”的垄断行为，遂起诉至浙江省杭州市中级人民法院（以下简称杭州中院），请求判令登士柏公司停止垄断行为、刊登道歉声明并赔偿经济损失及合理支出25万元。杭州中院经审理认为，登士柏公司的发函行为不能被直接认定为经营者与交易相对人之间的协议、决定或者其他协同行为，该《通知函》尚不足以证明登士柏公司与其经销商之间的协议中约定了向第三人转售商品的最低价格。康健苗苗公司亦未能证明登士柏公司的被诉行为具有排除、限制竞争的效果，因此，登士柏公司并未实施“限定向第三人转售商品的最低价格”的垄断行为。据此，杭州中院判决驳回康健苗苗公司的诉讼请求。

裁判规则

经营者与交易相对人以协议、决定或其他协同行为的方式对最低转售价格进行限定，并产生排除、限制竞争效果的，应当认定该经营者实施了“限定向第三人转售商品的最低价格”的垄断行为。

六、江苏法院

（一）商标类

商标民事纠纷

江苏省高级人民法院

巴洛克公司与浙江巴洛克公司等商标权侵权案[①]

法院：江苏省高级人民法院

案号：（2017）苏民终 1297 号

上诉人（一审被告）：浙江生活家巴洛克地板有限公司

被上诉人（一审原告）：巴洛克木业（中山）有限公司

一审被告：太仓市城厢镇门迪尼地板商行、福建世象家居有限公司

案由：侵害注册商标专用权纠纷

案情简介：巴洛克木业（中山）有限公司（以下简称巴洛克公司）为中国木地板行业的龙头企业，对于销量居行业前列的旗下品牌“生活家”和“生活家巴洛克”地板，拥有第 7771146 号“生活家巴洛克”汉字及英文组合商标、第 1600860 号“生活家”汉字及英文组合商标、第 4777126 号“生活家”汉字及英文组合商标、第 4276865 号图形商标（以下简称涉案商标，见图 1－6－1），核定使用在第 19 类“地板、拼花地板、非金属地板”等商品上，其曾委托浙江生活家巴洛克地板有限公司（以下简称浙江巴洛克公司）代加工地板生产。浙江巴洛克公司成立时的公司名称为湖州正达木业有限公司，在代加工期间变更名称为浙江生活家巴洛克木业有限公司，在代加工终止后变更为现公司名称。浙江巴洛克公司在代加工终止前后，在其生产的地板（以下简称被诉侵权产品）、宣传册、公司门头、网站等处单独或组合使用涉案商标进行宣传及包装装潢，将被诉侵权产品以低价发货给经销商。其间，被诉侵权产

① 首批长三角地区人民法院典型案例之一（沪苏浙皖高院 2020 年 5 月 21 日联合发布）。

品因质量问题招致消费者投诉及媒体曝光，经销商亦因销售被诉侵权产品被市场监管部门行政处罚。巴洛克公司曾经向浙江巴洛克公司发出警告和交涉，但浙江巴洛克公司拒不改正。为此，巴洛克公司起诉至江苏省苏州市中级人民法院（以下简称一审法院），请求判令浙江巴洛克公司等停止商标侵权及不正当竞争行为，赔偿侵权损失及合理开支共计1000万元。在一审开庭审理前，一审法院对浙江巴洛克公司下达禁令，裁定其立即停止使用涉案商标的相关行为，但浙江巴洛克公司在收到禁令后，仍继续使用涉案商标。后，一审法院经审理认为，浙江巴洛克公司在生产的地板、外包装、宣传册、海报、网站、门头装潢等处标注了与巴洛克公司注册商标相同或近似的标识，构成商标侵权；使用相似外包装箱，注册近似域名，使用巴洛克公司的发展历史和公司荣誉进行虚假宣传，并将“生活家巴洛克”作为企业字号，构成不正当竞争。另外，浙江巴洛克公司在收到侵权警告、行政处罚、法院禁令之后，拒不履行，仍不停止侵权行为，属于恶意侵权；其销售网络广、侵权规模巨大、侵权获利丰厚，属于侵权情节严重情形。据此，一审法院认为本案属恶意侵权且情节严重的情形，应适用加倍赔偿，判决浙江巴洛克公司赔偿巴洛克公司经济损失人民币1000万元，其余被告在一定范围内承担连带赔偿责任。浙江巴洛克公司不服一审判决，上诉至江苏省高级人民法院（以下简称二审法院）。二审法院经审理，判决驳回上诉，维持原判。

裁判规则

1. 在确定赔偿数额时，可以在采用填平规则的同时考虑惩罚性因素，即综合考虑商标权人因侵权行为而遭受的未来销售利润损失、商誉损害、为禁止侵权而支出合理维权费用以及侵权人的侵权恶意、严重情节等多方面因素。

2. 对于收到法院禁令后仍拒不履行且侵权规模巨大、侵权获利丰厚的商标侵权人，可以根据《商标法》第63条“对恶意侵犯商标专用权，情节严重的，可以按照上述方法确定数额的一倍以上三倍以下确定赔偿数额”的规定，适用惩罚性赔偿。

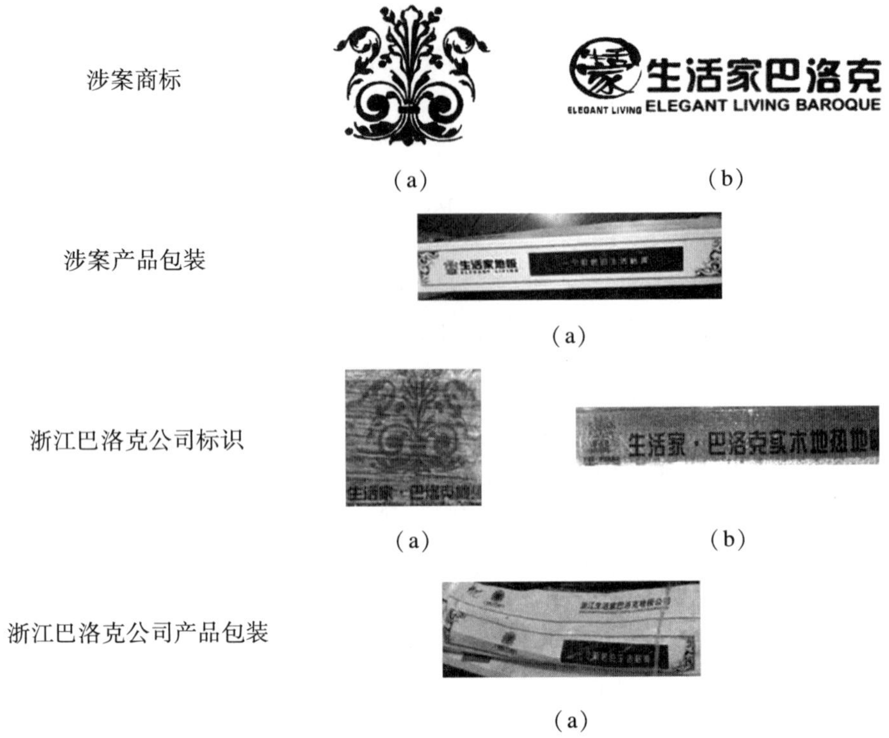

图 1-6-1　商标及包装对比

阿迪达斯中国公司等与麦迪公司确认不侵害商标权案

法院：江苏省高级人民法院

案号：(2019)苏民终 470 号

上诉人(原审被告)：晋江市麦克格雷迪鞋服贸易有限公司

被上诉人(原审原告)：阿迪达斯国际经营管理有限公司、阿迪达斯体育(中国)有限公司

案由：确认不侵害商标权纠纷

案情简介：晋江市麦克格雷迪鞋服贸易有限公司(以下简称麦迪公司)是第 3792093 号注册商标(以下简称涉案商标，见图 1-6-2)的商标权人，该商标核定使用在第 25 类“服装、鞋和足球鞋”等商品上。麦迪公司认为阿迪达斯体育(中国)有限公司(以下简称阿迪达斯中国公司)擅自在鞋等商品上使用与涉案商标相同标识的行为侵害了涉案商标权，于 2017 年 10 月 18 日向阿迪达斯中国公司发送《律师

函》,要求其停止侵权、赔偿损失等。阿迪达斯中国公司书面回函称其对涉案商标标识享有著作权及在先使用权,并要求麦迪公司书面撤回侵权警告或提起诉讼。因未收到麦迪公司撤回警告函的通知也未收到起诉材料,阿迪达斯中国公司等向苏州市中级人民法院(以下简称一审法院)提起确认不侵权之诉。一审法院经审理认为,首先,麦迪公司未在收到阿迪达斯中国公司的回函后一个月内提起诉讼,虽于2018年4月25日向杭州市余杭区人民法院(以下简称余杭区法院)提起了商标侵权诉讼,但阿迪达斯中国公司等在本案起诉前未收到上述侵权之诉的材料,其作为被警告人及利害关系人提起确认不侵权之诉符合法定条件。而且,相关侵权之诉已由余杭区法院裁定移送苏州中院。其次,阿迪达斯国际经营管理有限公司(以下简称阿迪达斯国际公司)受让取得涉案商标标识的著作权,在涉案商标申请日前,经过阿迪达斯中国公司在中国市场的使用,涉案商标已与阿迪达斯中国公司的T-MAC系列产品建立了稳定的联系。麦迪公司恶意提起投诉及诉讼构成权利滥用。据此,一审法院判决阿迪达斯中国公司等在同一种商品上使用与涉案商标相同的标识不侵害涉案商标权。麦迪公司不服一审判决,向江苏省高级人民法院(以下简称二审法院)提起上诉。二审法院经审理认为,阿迪达斯国际公司享有涉案商标标识的著作权,阿迪达斯中国公司使用涉案商标标识具有合法权利基础并享有先用权。麦迪公司提起投诉及诉讼构成权利滥用。据此,二审法院判决驳回上诉,维持原判。

裁判规则

1. 基于同一事实的确认不侵害商标权纠纷和侵害商标权纠纷诉讼,是权利人及利益受到特定权利人影响的行为人基于相同法律关系及诉讼请求之间的因果关系分别提起的独立诉讼,因裁判结果相互牵连,适宜在一个法院合并审理,故在后受理案件的法院应当将案件移送至在先受理案件的法院。

2. 相关标识具有较强显著性,并经其著作权人的使用已在中国大陆(内地)具有一定影响力,他人仍将该标识注册为商标并进行转让,且受让人明知该标识的相关情况仍然据以主张商标侵权的,属于对注册商标权的滥用,有违诚实信用原则。

图1-6-2 涉案商标

山西汾酒公司与酒龙仓公司等商标权侵权案

法院：江苏省高级人民法院

案号：(2019)苏民终1811号

上诉人(原审被告)：酒龙仓电子商务有限公司

被上诉人(原审原告)：山西杏花村汾酒厂股份有限公司

原审被告：汾阳市杏泉汾酒业有限公司

案由：侵害注册商标专用权纠纷

案情简介：山西杏花村汾酒厂股份有限公司(以下简称山西汾酒公司)是第150927号、第284510号、第284528号、第284516号、第7591782号注册商标(以下简称涉案商标,见图1-6-3)的商标权人,上述商标分别核定使用在第33类“白酒、酒、葡萄酒”等商品上。汾阳市杏泉汾酒业有限公司(以下简称杏泉汾公司)经他人授权使用第12441933号“爱汾”商标(以下简称被诉商标,见图1-6-3),该商标核定使用在第33类“葡萄酒”等商品上。杏泉汾公司与酒龙仓电子商务有限公司(以下简称酒龙仓公司)合作生产酒类商品。山西汾酒公司认为杏泉汾公司与酒龙仓公司在酒商品上使用被诉商标、“爱汾酒”标识及标贴(以下简称被诉标识)侵害了涉案商标权,遂起诉至江苏省无锡市中级人民法院(以下简称一审法院),请求判令杏泉汾公司及酒龙仓公司停止侵权,赔偿经济损失50万元等。一审法院经审理认为,杏泉汾公司及酒龙仓公司使用被诉商标及标识的行为构成在同一种商品上使用与涉案商标近似的标识且容易造成混淆的行为。在山西汾酒公司对被诉商标提出无效宣告后,杏泉汾公司及酒龙仓公司仍合作生产使用被诉商标的侵权产品,更将侵权产品包装申请外观设计专利,且该外观设计专利仍突出使用了被诉商标及标识,主观具有恶意。据此,一审法院判决杏泉汾公司及酒龙仓公司停止侵权并赔偿经济损失及合理费用31万元。酒龙仓公司不服一审判决,上诉至江苏省高级人民法院(以下简称二审法院)。二审法院经审理认为,被诉商标被宣告无效后,杏泉汾公司及酒龙仓公司无正当理由仍继续使用被诉商标及标识,易造成混淆且主观具有恶意。据此,二审法院判决驳回上诉,维持原判。

裁判规则

申请注册和使用商标,应当遵循诚实信用原则。经营者在明知同行业其他经营者的注册商标具有一定知名度的情况下,仍在同一种或类似商品上注册并使用与该注册商标相同或近似的商标,且在该后注册商标被宣告无效后,仍然继续使用相同标识，主观上具有恶意，客观上易引起混淆，构成对在先注册商标的侵害。

涉案商标

(a)　(b)　(c)　(d)　(e)

被诉商标

爱汾

(a)

图 1-6-3　商标对比

苏州市中级人民法院

普利司通公司与水浒轮胎公司等商标权侵权案

法院：江苏省苏州市中级人民法院

案号：(2018)苏05民初572号

原告：株式会社普利司通

被告：梁山水浒轮胎有限公司、武进区湖塘丰民汽摩配件总汇

案由：侵害注册商标专用权纠纷

案情简介：株式会社普利司通(以下简称普利司通公司)是第382697号"普利司通"及第1424390号"BRIDGESTONE"商标(以下简称涉案商标，见图1-6-4)的商标权人。涉案商标核定使用在第12类"轮胎(车辆用)"等商品上。普利司通公司认为，梁山水浒轮胎有限公司(以下简称水浒轮胎公司)及武进区湖塘丰民汽摩配件总汇(以下简称丰民汽配)在农用车轮胎、摩托车轮胎商品上使用"福力思通""FULISITONG"标识(以下简称被诉标识，见图1-6-4)侵害了其对涉案商标享有的商标权，遂起诉至江苏省苏州市中级人民法院(以下简称苏州中院)，请求判令二被告停止侵权，并由水浒轮胎公司赔偿经济损失及合理支出3,291,343元，丰民汽配在10万元范围内承担连带赔偿责任等。苏州中院经理认为，首先，水浒轮胎公司在被诉侵权商品及其宣传中使用被诉标识的行为属于未经许可在同一种商品上使用与涉案商标相近似的标识，且容易导致混淆，构成对涉案商标的侵害。其次，

水浒轮胎公司曾申请注册“FULISITONG 福力思通”商标，但该商标于 2013 年 11 月 25 日已被商评委认定与涉案商标构成在同一种或类似商品上的近似商标，不予注册。在之后的行政诉讼中，北京市第一中级人民法院与北京市高级人民法院均明确“FULISITONG 福力思通”商标与涉案商标使用在车辆轮胎等同一种或类似商品上容易导致相关公众对商品来源产生混淆误认。但水浒轮胎公司仍继续使用被诉标识，并继续在第 12 类“汽车轮胎”等商品上申请注册相同标识，因此，水浒轮胎公司主观具有恶意，在确定侵权赔偿数额时，可施以惩罚性赔偿。最后，丰民汽配作为专业从事轮胎批发、销售的经营者且在对外提供的名片上印有“普利司通”字样，应当知晓涉案商标的知名度，对与涉案商标构成高度近似的被诉标识应当提高警惕并负有审查水浒轮胎公司使用被诉标识的合法依据的义务，但丰民汽配在被诉标识的注册申请被驳回后仍继续销售被诉侵权产品，主观具有过错，因此丰民汽配的合法来源抗辩不成立。据此，苏州中院判决水浒轮胎公司及丰民汽配停止侵权，且水浒轮胎公司赔偿经济损失及合理支出 3,291,343 元，丰民汽配在 10 万元范围内承担连带赔偿责任。

裁判规则

1. 在被诉标识已被生效行政判决确认为与涉案商标构成使用在同一种或类似商品上的近似商标，容易导致相关公众对商品来源产生混淆误认的情况下，经营者仍继续使用被诉标识可认定为其在主观上具有恶意，可通过惩罚性赔偿提高赔偿金额。

2. 专门从事特定商品销售的经营者应当知晓行业内相关品牌的知名度，并应对其所销售商品的来源负有更高的审查义务。如果该经营者未履行其所负有的审查义务，主观上具有过错，客观上扩大了侵权行为的影响范围，则其有关合法来源的抗辩不能成立，并就侵权行为承担连带责任。

涉案商标	普利司通 (a)	BRIDGESTONE (b)
被诉标识	FULISITONG 福力思通 (a)	

图 1－6－4　商标对比

施耐德电气公司与施耐德电梯公司商标权侵权及不正当竞争纠纷案

法院:江苏省苏州市中级人民法院

案号:(2019)苏05知初643号

原告:施耐德电气(中国)有限公司

被告:苏州施耐德电梯有限公司

案由:侵害注册商标专用权及不正当竞争纠纷

案情简介:施耐德电气(中国)有限公司(以下简称施耐德电气公司)是第G715396号“Schneider Electric及图”商标及第4168148号“施耐德”商标(以下简称涉案商标,见图1-6-5)的商标权人。“Schneider Electric及图”商标于1999年3月15日通过马德里商标国际注册,核定使用在第9类“断路器、电开关”等商品上。“施耐德”商标于2004年7月13日申请注册,于2007年2月14日核准注册,核定使用在第9类“电路闭合器(电路开关)”等商品上。施耐德电气公司认为,苏州施耐德电梯有限公司(以下简称施耐德电梯公司)在经营活动中突出使用“SCHNEi-DER”标识、“施耐德”文字(以下简称被诉侵权标识,见图1-6-5),侵害了其对涉案商标享有的商标权。施耐德电梯公司在公司名称中使用“施耐德”字号;使用www.schneider-elevator.cn及www.schneider-elevator.com域名(以下简称被诉域名),构成不正当竞争。施耐德电气公司起诉至江苏省苏州市中级人民法院(以下简称苏州中院),请求判令施耐德电梯公司停止侵权、变更企业名称并赔偿经济损失124,447,400元及合理支出15万元。苏州中院经审理认为,涉案商标构成驰名商标,“Schneider Electric及图”商标中显著部分“Schneider”在中国相关消费者中已经与汉字“施耐德”形成固定翻译和一一对应关系。施耐德电梯公司明知使用被诉侵权标识存在相应障碍,仍然在电梯等商品上使用被诉侵权标识,主观恶意明显。施耐德电梯公司将被诉侵权标识与“施耐德电梯”等并列使用,进一步加剧相关公众的混淆及误认,侵害了施耐德电气公司的商标权。施耐德电梯公司将“施耐德”作为其企业名称中的字号并在经营中使用,属于擅自使用他人的企业名称及驰名商标,足以使相关公众误认为施耐德电梯公司与施耐德电气公司具有许可使用、关联企业等特定联系,构成不正当竞争。施耐德电梯公司使用与“Schneider Electric”近似的域名,容易造成相关公众的混淆和误认,构成不正当竞争。施耐德电梯公司自2012年开始使用“施耐德”企业字号后,营业收入大幅跃升,之后几年一直稳定在逾亿元。通过施耐德电梯公司财务报告及纳税申报表可以计算出其平均利润率高于5%,根据电梯行业相关公司年报,该行业平均利润率高于5%,因此确定施耐德电梯公司在本案中的利润率不低于5%。另外,在计算赔偿数额时,还应考虑施耐德品牌的贡献度。苏州中院结合本案实际情况及涉案商标为驰名商标等因素,确定品牌贡献度为50%,由此计算出侵权获利为2000万元。考虑到施耐德电梯公司侵权情节严重,主观故意明显,且自2012年起营业收入已达8亿元,苏州中院适用一倍的惩罚性赔偿,确定本案赔偿数额为4000万元。据此,苏州中院判决施耐德电梯公司停止侵权、变更企业名称、消除影响并赔偿经济损失4000万元及合理支出15万元。

裁判规则

1.在不相同或不相类似的商品上使用与他人已经在中国注册的驰名商标相同或近似的标识,足以使相关公众对商品来源产生混淆或误认为该标识与驰名商标具有相当程度的联系,减弱驰名商标的显著性、贬损驰名商标的市场声誉或者不正当利用驰名商标的市场声誉的,构成对该已注册驰名商标专用权的侵害。

2.在明知或应知他人注册商标及字号知名度的情况下,仍擅自将包含有他人注册商标、字号的企业名称进行登记并在经营中使用,容易造成相关公众混淆或误认,扰乱正常社会经济秩序的,构成不正当竞争。

3.对于持续时间长、侵权故意明显、侵权情节严重的侵犯注册商标专用权的行为,可以适用惩罚性赔偿,加重侵权人的损害赔偿责任。

被诉侵权标识	施耐德 (a)	Schneider Electric (b)
涉案商标	施耐德 (a)	SCHNEiDER (b)

图1-6-5　商标对比

南京市中级人民法院

布兰兹公司与华夏庄园公司等商标侵权案

法院:江苏省南京市中级人民法院

案号:(2018)苏01民初3450号

原告:南社布兰兹有限公司

被告:淮安市华夏庄园酿酒有限公司、杭州正声贸易有限公司

案由:侵害商标权纠纷

案情简介:南社布兰兹有限公司(以下简称布兰兹公司)是第 861084 号"PENFOLDS"和第 8376485 号"Penfolds"注册商标(以下简称涉案注册商标,见图 1-6-6)的商标权人。涉案注册商标分别于 1994 年 9 月 9 日与 2010 年 6 月 9 日申请注册,核定使用在第 33 类商品"葡萄酒"上,目前处于有效状态。20 世纪 90 年代"Penfolds"葡萄酒进入中国后,布兰兹公司将"奔富"作为"Penfolds"葡萄酒的中文名称一直沿用至今。布兰兹公司认为,淮安市华夏庄园酿酒有限公司(以下简称华夏庄园公司)生产并销售、杭州正声贸易有限公司(以下简称杭州正声公司)销售的葡萄酒商品瓶身及瓶盖上使用的"Penfunils"标识侵害了涉案注册商标专用权,产品报价单上使用的"奔富"标识侵害了其未注册驰名商标"奔富"的商标权,遂起诉至南京市中级人民法院(以下简称南京中院),请求判令两被告赔偿经济损失 90 万元以及维权合理开支 10 万元,共计 100 万元。南京中院认为,"Penfolds"注册商标与"奔富"商标形成了稳定的对应关系,在国内葡萄酒消费群体中,"奔富"商标已经具有了区别商品来源的作用。同时,结合"奔富"商标使用、宣传的持续时间、程度和地理范围;"奔富"葡萄酒的销售数量;相关公众对"奔富"商标的知晓程度等因素,认定"奔富"为未注册驰名商标。华夏庄园公司及杭州正声公司侵犯了布兰兹公司对涉案注册商标的专用权并侵犯了未注册驰名商标"奔富"的商标权,判决华夏庄园公司赔偿布兰兹公司经济损失及维权合理费用 100 万元,杭州正声公司对其中的 20 万元承担连带赔偿责任。

裁判规则

未注册商标因长期使用行为能够积累商誉,具备显著性和知名度,起到识别商品或服务来源的作用,并经持续使用、广泛宣传达到驰名程度后,应当认定为未注册驰名商标。

(a)原告的注册商标　(b)原告的未注册驰名商标

(c)被告在侵权产品上使用的标识　(d)被告在报价单上使用的标识

图1-6-6　商标及标识对比

(二)著作权类

著作权民事纠纷

江苏省高级人民法院

傅某等与应急管理出版社等著作权侵权案

法院:江苏省高级人民法院

案号:(2019)苏民终955号

上诉人(原审被告):应急管理出版社有限公司

被上诉人(原审原告):傅某、合肥三原图书出版服务有限公司

原审被告:徐州石头汤网络科技有限公司

案由:侵害著作权纠纷

案情简介:傅雷次子傅某是汇编作品《傅雷家书》(以下简称涉案作品,见图1-6-7)的著作权人。合肥三原图书出版服务有限公司(以下简称三原公司)享有涉案作品代序《读家书,想傅雷》(以下简称代序)及涉案作品中外文和英法文译文(以下简称译文)的著作权。傅雷夫妇去世已满50年,其撰写的包括家信在内的作品已于2017年进入公有领域。傅某认为徐州石头汤网络科技有限公司(以下简称

石头汤公司）销售的由应急管理出版社有限公司（以下简称应急管理出版社）出版的《傅雷家书》（以下简称被诉作品）对傅雷夫妇家信内容进行了删减，侵害了傅雷对其家信的修改权，应急管理出版社使用《傅雷家书》书名构成不正当竞争。三原公司认为被诉作品收录了代序及译文，侵害了其享有的复制权、发行权。傅某与三原公司起诉至江苏省宿迁市中级人民法院（以下简称一审法院），请求判令两被告承担停止侵权、赔偿损失等责任。一审法院经审理认为，应急管理出版社未经许可对傅雷的书信原文进行了删减，侵害了傅雷对其家信的修改权。"傅雷家书"作为图书名称亦同时与涉案作品建立起了稳定的对应关系，应急管理出版社在被诉作品上使用"傅雷家书"构成不正当竞争。应急管理出版社侵害了代序及译文的复制权及发行权。据此，一审法院判决两被告停止侵权，并判决应急管理出版社赔偿经济损失及合理支出 12 万元。

应急管理出版社不服一审判决，上诉至江苏省高级人民法院（以下简称二审法院）。二审法院经审理认为，被诉作品虽存在删减，但并未变更涉案作品内容，也未对用语等进行修正，因此未侵害傅雷的修改权。"傅雷家书"作为图书名称不具有识别商品来源的作用，因此应急管理出版社不构成不正当竞争。二审法院认定应急管理出版社侵害了代序及译文的复制权及发行权。据此，二审法院改判应急管理出版社赔偿三原公司经济损失及合理费用 2 万元。

裁判规则

1. 汇编进入公有领域的作品或作品片段时，如果未经该作品原作者的许可，即使仅对其中的内容作出局部变更或修正了文字、用语，仍构成对原作者修改权的侵害；如果只是节选原作品的片段，并未对该作品片段中的内容做出任何改动，则不构成对原作者修改权的侵害。

2.《反不正当竞争法》所保护的"有一定影响的商品名称"需要具备一定的知名度以及能够区别商品来源的显著性。相关图书名称如果是对此类作品命名的有限表达，其本身不具有识别图书商品来源的作用，且亦未通过使用达到将该图书名称指向作者的程度，则该图书名称不构成"有一定影响的商品名称"。

图1－6－7　涉案作品

玄霆公司与吉乾公司等著作权侵权案

法院：江苏省高级人民法院

案号：（2018）苏民终1163号

上诉人（一审被告）：成都吉乾科技有限公司

被上诉人（一审原告）：上海玄霆娱乐信息科技有限公司

一审被告：四三九九网络股份有限公司、完美世界控股集团有限公司、完美世界（重庆）互动科技有限公司、成都吉乾科技有限公司

案由：侵害著作权纠纷

案情简介：上海玄霆娱乐信息科技有限公司（以下简称玄霆公司）经授权取得《斗罗大陆》小说（以下简称涉案小说）在全球范围内的游戏改编权。玄霆公司认为，成都吉乾科技有限公司（以下简称吉乾公司）开发《斗罗大陆神界传说》游戏（以下简称被诉游戏），完美世界（重庆）互动科技有限公司（以下简称完美世界重庆公司）运营被诉游戏，完美世界控股集团有限公司（以下简称完美世界公司）在其经营的平台提供被诉游戏的下载服务并进行宣传、推广，四三九九网络股份有限公司（以下简称四三九九公司）在其主办的网站提供被诉游戏的下载服务并进行宣传、推广，共同侵害了玄霆公司对涉案小说享有的改编权，遂起诉至江苏省徐州市中级人民法院（以下简称一审法院），请求判令四被告停止侵权、消除影响、赔偿经济损失2000万元及合理支出5.1万元。一审法院经审理认为，被诉游戏使用了涉案小说的名称、人物、魂兽、技能、故事情节等具有独创性的表达，且所使用的内容达到了一定程度，在被诉游戏中占有重要地位，构成对涉案小说的改编。针对本案四被告，其中吉乾公司侵害了玄霆公司对涉案小说享有的改编权，其余被告运营、推广被诉

游戏的行为并未侵害涉案小说的改编权。但吉乾公司仅侵害了玄霆公司的著作财产权，被诉行为亦未降低涉案小说的社会评价，不应承担消除影响的责任。一审法院根据涉案小说知名度、玄霆公司的权利类型、吉乾公司对涉案小说的利用方式、被诉游戏的运营情况、吉乾公司主观过错、经营规模等因素，判决吉乾公司赔偿经济损失及合理支出500万元。

吉乾公司不服一审判决，上诉至江苏省高级人民法院（以下简称二审法院）。二审法院经审理认为，被诉游戏与涉案小说构成实质性相似，吉乾公司未经许可，开发了被诉游戏，侵害了玄霆公司享有的游戏改编权。据此，二审法院判决驳回上诉，维持原判。

裁判规则

1. 电子游戏与小说属于不同的表达方式，判断二者是否构成实质性相似，需要综合考虑电子游戏是否使用了小说中独创性表达的人物、人物关系、故事情节等元素，且需考虑电子游戏所利用的小说中的独创性内容在该游戏中的所占比重。

2. 电子游戏与小说的表达方式不同，不能仅以电子游戏使用小说的文字数量来判断二者是否构成实质性相似。鉴于游戏软件通常包含游戏资源库，故可通过对游戏资源库文件进行反编译后，提取其中的内容与小说的内容进行比对，辅助确定游戏是否使用了文字作品中的相关内容。

苏州市中级人民法院

环球影画公司与千尺雪公司等侵害著作权案

法院：江苏省苏州市中级人民法院

案号：（2019）苏05知初351号

原告：环球影画（上海）商贸有限公司

被告：沧州千尺雪食品有限公司、景某江、景某松、旺仔饮料（广州）集团有限公司、广东泰牛维他命饮料有限公司、无锡味能食品有限公司

案由：侵害著作权纠纷

案情简介：环球影画（上海）商贸有限公司（以下简称环球影画公司）经授权取得“小黄人”卡通形象的美术作品（以下简称涉案作品，见图1-6-8）的著作权。“小黄人”系列电影自2010年至2017年陆续公开上映，涉案美术作品已公开发表，

并在诸多主流网络媒体报道中出现。环球影画公司认为，沧州千尺雪食品有限公司（以下简称千尺雪公司）、景某江、景某松、旺仔饮料（广州）集团有限公司（以下简称旺仔公司）、广东泰牛维他命饮料有限公司（以下简称泰牛公司）未经许可，生产、销售外观印有涉案作品的饮品并通过全国性展销会及线上食品招商网站，推广并销售被诉侵权产品；无锡味能食品有限公司（以下简称味能公司）在线上及线下销售印有涉案作品的乳制品，侵害了环球影画公司对涉案作品享有的著作权。环球影画公司起诉至苏州市中级人民法院（以下简称苏州中院），请求判令六被告停止侵权，赔偿经济损失及合理费用510万元。环球影画公司于立案时提出了行为保全申请，苏州中院经审查，裁定六被告立即停止生产、销售被诉侵权产品，停止使用涉案作品进行宣传。

苏州中院经审理认为，被诉侵权产品使用的被诉侵权形象包括了涉案作品主要独创性特征，与涉案作品构成实质性相似。千尺雪公司未经许可，在被诉侵权产品上使用涉案作品，制造、销售、宣传及推广被诉侵权产品，侵害了涉案作品的复制权和发行权。景某江、景某松为千尺雪公司的侵权行为提供便利，构成共同侵权。被诉侵权产品上使用的“旺仔”商标经泰牛公司授权旺仔公司，旺仔公司再授权千尺雪公司，并由千尺雪公司使用在被诉侵权产品包装及瓶身上，并标注旺仔公司为商标授权商。千尺雪公司在展销会等各渠道推广、销售时均直接以“旺仔钙铁锌益小瓶”“旺仔贵益多”等命名被诉侵权产品，并在展销会现场等大量使用旺仔商标，五被告构成共同侵权。味能公司在线下线上销售被诉侵权产品侵害了涉案作品的著作权。环球影画公司主张赔偿额时以其应当获得的许可费作为考量标准，因此可将其许可费损失视为实际损失的一部分。同时鉴于千尺雪公司、景某江、景某松、旺仔公司及泰牛公司侵权情节严重，在行为保全裁定作出后仍生产销售被诉侵权产品，主观恶意明显，苏州中院依法确定二倍的惩罚性赔偿，判决千尺雪公司、景某江、景某松、旺仔公司及泰牛公司连带赔偿经济损失及合理费用500万元，味能公司赔偿经济损失及合理费用10万元。

裁判规则

1. 商标作为识别商品或服务来源的标志，相关公众通常会将标注有商标的商品或服务认为系由商标权人提供。商标权人可以通过将商标使用在商品或者服务上以实现其财产权益，这既包括基于许可关系所获得的商标许可收益，也包括许可期间因宣传推广、市场销售规模扩大等对商标价值的提升。根据权利义务相一致的原则，在商标权人对侵权产品享有商标权益的同时，必须承担该产品因侵害他人知识产权而产生的侵权责任。

2. 对于侵权产品生产销售规模大，经销商覆盖范围广，侵权人明显具有利用涉案作品的艺术价值及知名度宣传推广侵权产品的故意，且在法院作出行为保全裁定后仍未停止侵权，主观恶意明显的，应当适用惩罚性赔偿确定赔偿额。

“小黄人”卡通形象

(a)　　(b)　　(c)

侵权产品使用的形象

(a)　　(b)　　(c)

图 1-6-8　形象对比

著作权刑事案件

扬州市中级人民法院

马某予等侵犯著作权刑事案[①]

法院：江苏省扬州市中级人民法院

公诉机关：江苏省扬州市人民检察院

被告人：马某予、马某松、文某杰、鲁某

罪名：侵犯著作权罪

案情简介：2016 年 6 月起，马某予、马某松通过“克隆”服务器，获取电影密钥，利用高清设备翻拍等技术手段翻录影片，制作水印进行技术加密，并组织人员向下

① 江苏法院 2020 年度十大典型案例之一。

线影吧销售。2017年年初，马某予、马某松拉拢文某杰、鲁某等人入伙，逐步形成了人数较多、重要成员基本固定的组织，其中马某予负责复制、发行盗版影片整体事宜，马某松负责复制盗版电影、技术设备维护、发展下线影吧等事宜，文某杰、鲁某负责发展下线影吧。2018年9月，文某杰、鲁某分别脱离该组织，文某杰组织他人继续采用前述手段复制发行盗版影片，鲁某从文某杰处获取盗版影片后，招募他人进行销售。2019年春节前，马某予、马某松、文某杰等人分别采用前述手段，复制发行《流浪地球》等多部春节档盗版影片，导致上述影片在互联网流传，造成恶劣影响。后江苏省扬州市人民检察院（以下简称扬州检察院）向江苏省扬州市中级人民法院（以下简称扬州中院）提起公诉，指控马某予、马某松、文某杰、鲁某涉嫌侵犯著作权罪。扬州中院经审理查明，马某予、马某松以营利为目的，未经著作权人许可复制发行盗版影片400余部，非法经营数额共计人民币777万余元，违法所得分别为404万余元、55万余元；文某杰以营利为目的，未经著作权人许可复制发行盗版影片120余部，非法经营数额186万余元，违法所得103万余元；鲁某以营利为目的，未经著作权人许可销售盗版影片，非法经营数额814万余元，违法所得536万余元。扬州中院经审理认为，扬州检察院指控马某予等4人犯侵犯著作权罪的事实清楚，证据确实充分，指控罪名成立。马某予与马某松、文某杰、鲁某长期共同实施制售盗版影片的犯罪行为，成员固定且分工明确，依法应当认定为犯罪集团，马某予系首要分子，马某松、文某杰、鲁某系主犯。文某杰伙同他人为共同实施犯罪而组成较为固定的犯罪组织，系犯罪集团，文某杰系首要分子。鲁某伙同他人共同故意犯罪，起主要作用，系主犯。马某予、马某松、文某杰、鲁某具有坦白情节，可以从轻处罚；悔罪态度较好，自愿认罪认罚，可以从宽处理。文某杰自愿退出部分赃款，可以酌定从轻处罚。据此，扬州中院以犯侵犯著作权罪，判处马某予有期徒刑6年，并处罚金550万元；判处马某松有期徒刑4年，并处罚金60万元；判处文某杰有期徒刑4年，并处罚金120元；判处鲁某有期徒刑5年，并处罚金550万元。

（三）垄断类

南京市中级人民法院

扬子江公司等与医工公司等垄断案

法院：江苏省南京市中级人民法院

案号：（2019）苏 01 民初 1271 号

原告：扬子江药业集团广州海瑞药业有限公司、扬子江药业集团有限公司

被告：合肥医工医药股份有限公司、合肥恩瑞特药业有限公司、南京海辰药业股份有限公司（已撤诉）

案由：滥用市场支配地位纠纷

案情简介：2006 年 11 月 30 日，扬子江药业集团有限公司（以下简称扬子江公司）与合肥医工医药股份有限公司（以下简称医工公司）签订《技术转让合同》，约定医工公司将枸地氯雷他定原料药（以下简称涉案原料药）片剂的生产批件及技术转让给扬子江公司，但保留原料药制剂和硬胶囊剂生产技术。同时，医工公司要求扬子江公司签署名称为“地洛他定多元酸碱金属或碱土金属盐复合盐及其药用组合物”，专利号为 ZL02128998.0（以下简称 998 专利）的《专利使用权转让协议》，约定扬子江公司作为共同专利权人，未约定许可使用费。2015 年，扬子江公司的关联公司，案外人海慈公司申请涉案原料药生产报批，同年其申请的相关专利也被核准，原料药生产注册批件于 2018 年 11 月 30 日获批。2011 年起，医工公司调整了原料药的单价与提成费用，原料药单价由最初的 15,600 元/千克逐步提升至 48,000 元/千克。2017 年 9 月 22 日，扬子江药业集团广州海瑞药业有限公司（以下简称海瑞公司）、扬子江公司与合肥恩瑞特药业有限公司（以下简称恩瑞特公司）、医工公司及医工公司法定代表人签订了涉案原料药《长期购销合同》，约定海瑞公司自 2017 年 9 月 1 日至 2022 年 12 月 31 日向恩瑞特公司采购涉案原料药，限定了采购数量及单价 48,000 元/千克，并约定了高额违约金。扬子江公司和海瑞公司认为，医工公司、恩瑞特公司、南京海辰药业股份有限公司（以下简称海辰公司）实施了限定交易、制定不公平高价、搭售专利以及附加不合理交易条件等滥用市场支配地位的行

为，遂起诉至江苏省南京市中级人民法院（以下简称南京中院），请求判令被告停止侵权并赔偿经济损失1亿元及合理支出50万元。在审理过程中，扬子江公司和海瑞公司撤回了对海辰公司的起诉。南京中院经审理认为，两被告实施了限定交易、以不公平的高价销售商品、附加不合理交易条件等滥用市场支配地位行为。原、被告签订的相关协议因违反《反垄断法》的强制性规定被认定无效。据此，南京中院判决医工公司、恩瑞特公司立即停止滥用市场支配地位的垄断行为，相关协议内容无效，医工公司、恩瑞特公司共同赔偿原告经济损失51,593,567元，医工公司赔偿原告经济损失16,728,771元，医工公司、恩瑞特公司赔偿原告合理支出500,000元，上述总计68,822,338元。

裁判规则

1. 根据国家药品管理的相关法律、法规强制性规定，药品生产受到国家严格监管，原料药对于制剂生产单位而言不存在任何可替代性，原料药市场构成独立商品市场，并且相关地域市场为中国大陆（内地）市场。

2. 当原料药市场上只有一家公司获得国家药监局颁发的相关批件并通过GMP认证时，该公司在原料药生产和销售市场具有完全的市场份额，具备决定价格、调节供应以及附加其他交易条件的市场控制能力，占有绝对的市场支配地位。

3. 原料药供给方基于购买方在未来有能力实现自产的合理预期，与购买方签订长期购销合同并约定高额违约金，导致购买方无法使用自产原料药，该约定系对购买方交易选择权的不合理限制，构成限定交易的垄断行为。

4. 供给与购买双方既存在上游原料药的供给关系，又存在下游原料药制剂的竞争关系，供给方不合理地提高原料药供货价，使其在原料药制剂市场获得了额外的竞争优势，以实现对上下游市场的同时控制，属于滥用市场支配地位。

5. 在供给方具有市场支配地位的情况下，其强迫购买方在签订放弃自身应有权利的协议后才同意向购买方供货，该协议内容违反《反垄断法》的强制性规定，应当认定为无效。供给方的行为也构成附加不合理交易条件的滥用市场支配地位行为。

七、其他法院

（一）专利类

专利民事纠纷

武汉市中级人民法院

小米公司与交互数字公司标准必要专利禁诉令案

法院：湖北省武汉市中级人民法院

案号：（2020）鄂01知民初169号之一

申请人（一审原告）：小米通讯技术有限公司、小米之家商业有限公司、北京小米移动软件有限公司

被申请人（一审被告）：交互数字公司、交互数字控股有限公司

案由：标准必要专利许可纠纷

案情简介：交互数字公司及交互数字控股有限公司（以下合称交互数字公司）系在美国注册成立的公司，持有涉及无线通信技术的标准必要专利，专门从事专利许可谈判和诉讼。小米通讯技术有限公司、小米之家商业有限公司及北京小米移动软件有限公司（以下合称小米公司）于2015年至2020年，就标准必要专利实施许可事宜，与交互数字公司多次进行要约、反要约谈判，后陷入僵局。2020年6月9日，小米公司向武汉市中级人民法院（以下简称武汉中院）提起诉讼，请求法院就小米公司与交互数字公司之间的标准必要专利的全球许可费率或费率范围进行裁决。之后，交互数字公司于2020年7月29日，以小米公司的无线通信终端产品侵犯其印度专利为由，向印度德里地方法院（以下简称德里法院）申请针对小米公司相关产品的临时禁令和永久禁令。

2020年8月4日，小米公司向武汉中院申请禁诉令，请求法院责令交互数字公司撤回或中止向德里法院申请的临时禁令和永久禁令，禁止其就涉案标准必要专利于中国或其他国家和地区的法院（以下简称其他法院）申请或申请强制执行临时

禁令和永久禁令，以及禁止其于其他法院就涉案标准必要专利的许可费争议进行诉讼等事宜。武汉中院多次向交互数字公司发送诉讼相关文件，交互数字公司均未予回复。2020年9月23日，武汉中院就禁诉令申请事宜经审理认为，交互数字公司于德里法院申请的临时禁令和永久禁令干扰本案审理程序，损害申请人利益，可能造成本案生效判决难以执行。据此，武汉中院裁定，交互数字公司自裁定送达之日，立即撤回或中止向德里法院申请的临时禁令和永久禁令，在本案审理期间，不得于其他法院就涉案标准必要专利申请或申请强制执行临时禁令和永久禁令，不得于其他法院请求裁定涉案标准必要专利的许可费争议。如违反裁定，自违反之日起，处每日罚款人民币100万元，按日累计。

裁判规则

申请禁诉令具有行为保全意义，对此可以考虑被申请人在其他法院进行诉讼的行为是否会对本案诉讼构成干扰和妨碍并具有主观故意，被申请人在其他法院进行的诉讼程序是否会影响本案裁决的执行，申请人是否提供足额担保，以及是否支持禁诉令申请会对申请人、被申请人造成的损害和对社会公共利益带来的影响等因素，予以综合判断。

三星公司与爱立信公司标准必要专利禁诉令案

法院：湖北省武汉市中级人民法院

案号：（2020）鄂01知民初743号

申请人（原告）：三星电子株式会社、三星（中国）投资有限公司、三星（中国）投资有限公司武汉分公司

被申请人（被告）：爱立信公司

案由：标准必要专利许可纠纷

案情简介：三星电子株式会社、三星（中国）投资有限公司、三星（中国）投资有限公司武汉分公司（以下合称三星公司）主要从事于半导体、显示设备、信息与通信技术等领域，其与爱立信公司于2007年和2014年曾就有关2G、3G、4G标准必要专利达成许可协议，其中2014年签订的许可协议于2020年年底期限届满。2020年1月，双方就2014年许可协议到期后爱立信公司持有或控制的4G、5G标准必要专利（以下简称涉案标准必要专利）展开许可谈判，进行多次磋商后陷入僵局。2020年12月7日，三星公司于武汉市中级人民法院（以下简称武汉中院）起诉爱立信公司，

请求法院裁决三星公司与爱立信公司关于涉案标准必要专利的全球许可条件。2020 年 12 月 11 日，爱立信公司于美国得克萨斯州东区联邦地区法院起诉三星公司，请求法院确认爱立信公司就涉案标准必要专利的报价及谈判行为符合公平、合理、无歧视（FRAND）原则及 ETSI 知识产权政策。

2020 年 12 月 14 日，三星公司向武汉中院提出行为保全申请，请求法院裁定爱立信公司及其关联公司在本案审理期间至案件裁判生效时：（1）禁止就涉案标准必要专利向中国或其他国家和地区的法院、海关、行政执法机关或通过其他程序寻求针对三星公司及其关联公司，以及制造、使用、许诺销售、销售、进口三星通信产品的其他主体的临时禁令救济、永久禁令救济或行政措施，并立即撤回或中止已经提起的此类请求；（2）禁止就涉案标准必要专利向中国或其他国家和地区的法院、海关、行政执法机关或通过其他程序申请执行针对三星公司及其关联公司，以及制造、使用、许诺销售、销售、进口三星通信产品的主体已经获得或可能获得的临时禁令救济、永久禁令救济或行政措施；（3）禁止就涉案标准必要专利向中国或其他国家和地区的法院请求裁定许可条件或许可费，并立即撤回或中止已经提起的此类请求；（4）禁止就涉案标准必要专利向中国或其他国家和地区的法院要求确认其在谈判中是否履行公平、合理、无歧视义务的法律程序，并立即撤回或中止已经提起的此类请求；（5）禁止向中国或其他国家和地区的法院请求责令三星公司撤回本行为保全申请或禁止三星公司申请执行针对上述（1）~（4）项保全事项作出的行为保全民事裁定书，并立即撤回或中止可能或已经提起的此类请求、立即撤销可能或已经获得的此类法院裁判文书并不得针对三星公司及其关联公司申请执行可能获得的此类法院裁判文书。

武汉中院根据《民事诉讼法》第 100 条第 1 款、最高人民法院《关于审查知识产权纠纷行为保全案件适用法律若干问题的规定》的规定，经审理认为，该院作为最先受理三星公司与爱立信公司之间有关标准必要专利许可使用费争议的法院，就对国际民事诉讼秩序的影响而论，采取行为保全措施将有助于解决双方争议，最大限度地消除双方在不同国家或地区多头起诉引起的司法诉累和管辖权冲突；并且本案存在不采取行为保全措施将导致判决难以执行且申请人三星公司利益受到难以弥补损害的情形，在采取行为保全措施不会对被申请人爱立信公司利益造成重大损害且申请人三星公司提供了有效担保的情况下，对三星公司提出的主要保全申请事项应予同意；但关于上述保全申请事项（5）中“立即撤回或中止可能或已经提起的此类请求、立即撤销可能或已经获得的此类法院裁判文书并不得针对三星公司及其关联公司申请执行可能获得的此类法院裁判文书”的部分,武汉中院认为尚无证据表明爱立信公司已经获得了该等法院裁判文书,故该部分内容缺乏依据,现阶段不予支持。据此,武汉中院裁定除了上述保全事项(5)的上述部分之外,对于三星公司提出的其他保全事项均予以支持,并冻结三星公司为本案行为保全申请提供的担保资金人民币5000万元。

济南市中级人民法院

澳瑞玛公司等与山东凯盛公司专利权权属纠纷案

法院:山东省济南市中级人民法院

案号:(2019)鲁01民初3025、3026、3027号

原告:重庆澳瑞玛高性能聚合物有限公司、昆山普利米斯聚合材料有限公司

被告:山东凯盛新材料股份有限公司

案由:发明专利权权属纠纷

案情简介:美国Polymics公司是全球知名的聚合物材料研发生产企业,为扩展在华业务,先后在中国收购和设立了重庆澳瑞玛高性能聚合物有限公司(以下简称澳瑞玛公司)和昆山普利米斯聚合材料有限公司(以下简称普利米斯公司)。澳瑞玛公司和普利米斯公司曾委托被告山东凯盛新材料股份有限公司(以下简称山东凯盛公司)加工生产聚合物材料——聚芳醚酮,并将技术人员孙某派驻被告处全程指导生产。后孙某从澳瑞玛公司和普利米斯公司处离职,不久后即入职山东凯盛公司。澳瑞玛公司和普利米斯公司在孙某离职后发现,孙某在原单位工作期间和离职后1年内,以山东凯盛公司的名义申请了涉案专利ZL201410771834.2、ZL201510373415.8、ZL201510931032.8,遂起诉至济南市中级人民法院(以下简称济南中院),要求法院确认三涉案专利的专利权权属归澳瑞玛公司和普利米斯公司共有。济南中院经审理认为,三涉案专利属于职务发明,因而支持原告的诉讼请求,判决三涉案专利的权属归澳瑞玛公司和普利米斯公司共有。

裁判规则

1. 涉案专利的技术内容与发明人在原单位的工作任务相关,且由发明人在原单位任职期间或离职后的短时间内提出申请的,涉案专利属于职务发明,其权利应由该发明人的原单位所有。

2. 在案证据无法证明涉案专利的其他“发明人”对涉案专利的实质性技术内容作出创造性贡献的，不能依据上述证据确认涉案专利的权利归属。

（二）著作权类

天津市第三中级人民法院

众得公司与岳某刚等著作权侵权案

法院：天津市第三中级人民法院

案号：（2019）津03知民终6号

上诉人（一审原告）：北京众得文化传播有限公司

被上诉人（一审被告）：万达影视传媒有限公司、新丽传媒集团有限公司、天津金狐文化传播有限公司、岳某刚（艺名岳云鹏）

案由：侵害作品改编权纠纷

案情简介：北京众得文化传播布限公司（以下简称众得公司）经授权取得歌曲《牡丹之歌》（以下简称涉案歌曲）歌词的改编权、复制权、表演权及信息网络传播权。众得公司认为，岳某刚擅自将涉案歌曲的歌词改编后创作成《五环之歌》（以下简称被诉歌曲）进行商业演出，并在万达影视传媒有限公司（以下简称万达公司）、新丽传媒集团有限公司（以下简称新丽公司）和天津金狐文化传播有限公司（以下简称金狐公司）拍摄制作的电影《煎饼侠》中作为背景音乐和宣传MV使用，侵害了众得公司对涉案歌曲歌词享有的改编权，遂起诉至天津市滨海新区人民法院（以下简称一审法院），请求四被告停止侵权并赔偿经济损失及合理支出1,100,250元。一审法院经审理认为，涉案歌曲歌词与被诉歌曲歌词的核心内容、表达的主题、具体表达方式均存在差异，被诉歌曲歌词已脱离涉案歌曲歌词，形成了独立的一种新的表达，不构成对涉案歌曲歌词的改编，故被诉行为未侵害众得公司对涉案歌曲歌词享有的改编权。据此，一审法院判决驳回众得公司的诉讼请求。

众得公司不服一审判决，上诉至天津市第三中级人民法院（以下简称二审法院）。二审法院经审理认为，被诉歌曲的歌词作品与涉案歌曲的歌词作品从立意到内容均不相同，被诉歌曲构成全新的作品，没有利用涉案歌曲歌词的主题、独创性表达等基本内容，不构成对涉案歌曲歌词的改编，因此四被上诉人未侵害涉案歌曲歌词的改编权。据此，二审法院判决驳回上诉，维持原判。

裁判规则

改编权是指改变作品，创作出具有独创性的新作品的权利，通常应当是利用了原有作品包括主题、独创性表达等在内的基本内容。如果被诉作品构成全新的作品，没有利用涉案作品的主题、独创性表达等内容，则不构成对涉案作品的改编，未侵害权利人对涉案作品享有的改编权。

（三）商标类

商标民事纠纷

厦门市中级人民法院

大悦城公司与某盛公司等商标权侵权案

法院：福建省厦门市中级人民法院

原告：大悦城商业管理（北京）有限公司

被告：某华公司、某盛公司

案由：侵害注册商标专用权纠纷

案情简介：大悦城商业管理（北京）有限公司（以下简称大悦城公司）是“大悦城”“JOY CITY”注册商标（以下简称涉案商标，见图1-7-1）的商标权人。涉案商标核定使用在第36类“不动产管理、商品房销售”等服务上。某华公司将其在莆田开发的一处楼盘命名为“荣华·大悦城”，标识上还另有® 标识，并在售楼处、楼盘表面、广告宣传材料等多处使用了“大悦城”“荣华·大悦城”等字样。某盛公司自营的房产网站不仅可检索“荣华·大悦城”楼盘相关信息，网站上关于该楼盘的宣传材料也多次使用了“大悦城”“荣华·大悦城”（以下简称被诉标识）等字样。大悦城公司认为某华公司与某盛公司共同侵害了其对涉案商标享有的商标权，遂起诉至福建省厦门市中级人民法院（以下简称厦门中院），请求判令某华公司与某盛公司停止侵权、赔偿损失等。厦门中院经审理认为，某华公司未经许可在相同服务上使用与涉案商标相同或近似的被诉标识，容易引起相关公众的混淆误认，侵害了大悦城公司的商标权。某盛公司在明知涉案楼盘推广名称与行政审批备案名称不同的情况下，未对某华公司是否获得使用涉案商标合法授权进行核实，主观上存在过错，并在其自营的房产网站提供电话转接、拓展客户、看房接驳、置业咨询等居间服务方式，参与了涉案楼盘销售，为某华公司的侵权行为提供了便利条件，且在收到大悦城公司的起诉状后未及时删除被诉侵权网页，甚至直到接到某华公司要求更改推广案名的通知后，也仍未彻底删除相关被诉楼盘信息，页面上相关图片及宣传内容中仍大量使用被诉标识，主观恶意明显，与某华公司构成共同侵权。据此，厦门中院判决某华公司与某盛公司停止侵权、消除影响，某华公司赔偿大悦城公司经济损失及合理费用100万元，某盛公司在10万元范围内承担连带赔偿责任。

裁判规则

1. 涉案商标在房地产行业具有较高知名度，房地产信息平台经营者对其应当知晓，并负有审核平台上所发布与之相关信息的注意义务。平台经营者违反该注意义务的，应当认定为主观上具有过错，并在客观上扩大了侵权信息的传播范围，构成帮助侵权。

2. 房地产信息平台经营者超出提供信息储存空间或提供搜索、链接等服务范围，通过提供电话转接、拓展客户、看房接驳、置业咨询等从事居间服务，为侵权行为提供便利条件的，与侵权者构成共同侵权。

（本案判决尚未公开，裁判规则系根据法院官方报道内容归纳。）

大悦城 JOY CITY

(a) (b)

图1-7-1 涉案商标

长春市中级人民法院

利惠公司与某百货公司商标权侵权案

法院：吉林省长春市中级人民法院

原告：利惠公司

被告:吉林省某百货公司

案由:侵害注册商标专用权纠纷

案情简介:利惠公司是第2023725号、第14212864号、第8497624号注册商标(以下简称涉案商标,见图1－7－2)的商标权人。涉案商标核定使用在第25类“牛仔裤”等商品上。利惠公司认为吉林省某百货公司(以下简称某百货公司)内部专柜出售的牛仔裤在后裤兜上使用了与涉案商标近似的标识,侵害了涉案商标的商标权,遂起诉至长春市中级人民法院(以下简称长春中院),请求判令某百货公司停止侵权并赔偿经济损失8万元等。长春中院经审理认为,某百货公司出售的牛仔裤上突出使用的标识能够起到识别商品来源的作用,属于商标性使用,因此某百货公司未经许可,在相同商品上使用了与涉案商标相同或近似的标识,容易导致消费者混淆,侵害了利惠公司对涉案商标享有的商标权。据此,长春中院判决某百货公司承担停止侵权及赔偿损失的民事责任。

裁判规则

商标的本质属性为识别商品或服务的来源。涉案商标具有较高知名度及显著性,结合牛仔裤行业后兜设计的行业惯例,被诉侵权牛仔裤上使用的相关标识可以起到识别商品来源的作用,属于商标性使用,容易引起消费者混淆,构成对注册商标专用权的侵害。

(本案判决尚未公开,裁判规则系根据法院官方报道内容归纳。)

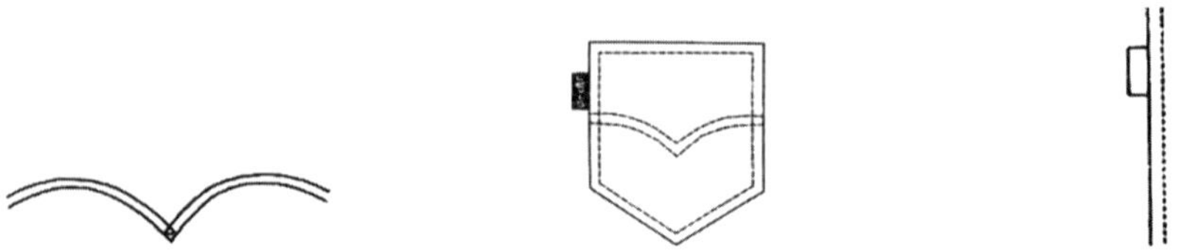

(a)　　(b)　　(c)

图1－7－2　涉案商标

第二部分

裁判规则汇编

一、专利类

（一）专利民事纠纷

1. 诉权

专利权无效宣告请求审查决定并非一经作出即发生法律效力，而须待法律规定的起诉期限届满当事人未提起诉讼或者维持该决定的裁判生效时，该决定方可发生法律效力。在此种情况下，权利人发送的侵权警告仍然有权利基础。相应地，被警告人亦可以在符合法定条件的情况下提起确认不侵害专利权之诉。

［最高人民法院（2020）最高法知民终 225 号东莞银行与张某志确认不侵害专利权案］

最高人民法院《关于审理侵犯专利权纠纷案件应用法律若干问题的解释（二）》第 2 条第 1 款以及第 2 款规定的“先行裁驳、另行起诉”旨在提高专利侵权纠纷案件的审理效率，其仅适用于专利权人提起的侵权之诉。被警告人提起的确认不侵害专利权之诉旨在消除被警告人因专利权人发出的侵权警告而所处的不安状态，二者目的不同，“先行裁驳、另行起诉”不构成被警告人提起确认不侵害专利权之诉的障碍。

［最高人民法院（2020）最高法知民终 225 号东莞银行与张某志确认不侵害专利权案］

若标准必要专利权人在相关标准组织作出 FRAND/RAND 声明，则潜在的被许可人即因此产生信赖利益，标准必要专利权人有义务按照 FRAND/RAND 声明的内容与被许可人进行标准必要专利的许可谈判，该义务应被视为合同法上的先合同义务。基于谈判双方实际接触和磋商关系以及对 FRAND/RAND 声明的特殊信赖关系，当标准必要专利权人违反 FRAND/RAND 原则和诚实信用原则，给标准必要专利实施者造成经济损失时，标准必要专利实施者可以请求标准必要专利权人承担缔约过失责任。

［深圳市中级人民法院（2020）粤 03 民初 689 号 OPPO 公司与夏普等标准必要专利许可纠纷管辖权异议案］

2. 管辖

针对在中国境内没有住所和代表机构的被告提起的标准必要专利许可纠纷案件,对于其国际管辖及国内地域管辖,应结合标准必要专利许可纠纷兼具专利侵权纠纷和合同纠纷的特点,考虑许可标的所在地、专利实施地、合同签订地、合同履行地等管辖连接点,判断中国特定法院是否具有管辖权。

[最高人民法院(2019)最高法知民辖终157号康文森与中兴标准必要专利许可纠纷管辖权异议案]

只要中国法院对案件依法具有管辖权,即便该案件的平行诉讼正在外国法院审理,原则上也不影响中国法院受理该案件。

[最高人民法院(2019)最高法知民辖终157号康文森与中兴标准必要专利许可纠纷管辖权异议案]

不方便法院原则的适用需要同时满足最高人民法院《关于适用〈中华人民共和国民事诉讼法〉的解释》第532条规定的六个条件,且主张适用不方便法院原则的被告应当对此承担证明责任。

[最高人民法院(2019)最高法知民辖终157号康文森与中兴标准必要专利许可纠纷管辖权异议案]

由法院裁判标准必要专利的全球许可费率有助于整体效率提升,从本质上解决标准必要专利许可纠纷,有效避免双方当事人在不同国家多次诉讼,更符合FRAND原则的本意。故中国法院对于标准必要专利许可纠纷具有管辖权时,可以裁判该标准必要专利的全球许可费率。

[深圳市中级人民法院(2020)粤03民初689号OPPO公司与夏普等标准必要专利许可纠纷管辖权异议案]

3. 诉讼措施

(1)行为保全

禁止申请执行域外法院判决的申请,性质上属于行为保全申请,应当考虑被申请人申请执行域外法院判决对中国诉讼的影响,采取行为保全措施是否确属必要,不采取行为保全措施对申请人造成的损害是否超过采取行为保全措施对被申请人造成的损害,采取行为保全措施是否损害公共利益,以及采取行为保全措施是否符合国际礼让原则等因素进行综合判断。

［最高人民法院（2019）最高法知民终 732、733、734 号之一华为与康文森禁止申请执行域外判决案］

如果案件具有紧迫性，不立即采取措施可能使申请人的合法权益受到难以弥补的损害，且被申请人不停止相关行为对申请人造成的损害大于被申请人停止相关行为对被申请人造成的损害，停止相关行为不会损害社会公共利益，则在申请人提供了担保的情况下，对申请人提出的诉前行为保全申请应予支持。

［北京知识产权法院（2019）京 73 行保 1 号安斯泰来制药等与浙江海正药业等诉前行为保全案］

申请禁诉令具有行为保全意义，对此可以考虑被申请人在其他法院进行诉讼的行为是否会对本案诉讼构成干扰和妨碍并具有主观故意，被申请人在其他法院进行的诉讼程序是否会影响本案裁决的执行，申请人是否提供足额担保，以及是否支持禁诉令申请会对申请人、被申请人造成的损害和对社会公共利益带来的影响等因素，予以综合判断。

［武汉市中级人民法院（2020）鄂 01 知民初 169 号之一小米与交互数字标准必要专利禁诉令案］

（2）证据保全

侵害专利等技术类知识产权的行为通常较为隐蔽，人民法院在衡量个案情形是否符合依申请采取证据保全的法定条件时，应当基于申请人提交的初步证据和在案事实，充分运用日常生活经验和逻辑推理，在全面审查申请保全所依据的初步证据与待证事实之间的关联性、证据保全的必要性和可行性等因素的基础上，对是否准许证据保全申请作出综合判断。

［最高人民法院（2020）最高法知民终 2 号中隧桥公司与恒天公司、华川公司等发明专利侵权案］

审查证据保全是否具有必要性通常需要考虑以下几个方面：申请保全的证据是否与案件事实存在关联性，并具有较强证明力；申请保全的证据是否存在灭失或者以后难以取得的紧迫性；申请人是否穷尽了合理合法的取证手段仍不能取得相关证据。

［最高人民法院（2020）最高法知民终 2 号中隧桥公司与恒天公司、华川公司等发明专利侵权案］

(3)司法鉴定

当事人自行选择鉴定机构应当知晓其所选择的鉴定机构的能力与资质。被双方当事人共同选定的鉴定机构按照行业惯例,委托与其有合作关系且具备检测资质的专业机构进行相关检测,该做法并无不当。

[北京知识产权法院(2017)京73民初555号上海丰科与天津绿圣蓬源等专利侵权案]

菌株等微生物的基因存在突变可能,即使是同种微生物,其基因序列也可能不完全一致。对于两个微生物的基因序列相似程度达到何种比例方可认定属于同一种微生物,行业内尚未形成共识。由于基因组结构的复杂以及测序过程中的偏向性等原因,难以根据相似程度的大小认定是否属于同一种微生物,因此全基因序列检测方法存在不确定性,故鉴定机构采用基因特异片段检测的鉴定方法具有合理性。

[北京知识产权法院(2017)京73民初555号上海丰科与天津绿圣蓬源等专利侵权案]

4. 侵权判定

(1)举证责任分配

在计算机软件专利侵权案件中,被控侵权软件实现某种技术效果及功能的过程通常为终端用户所不可见,法院需要结合当事人的举证能力,针对现象与方法流程的对应关系等问题合理分配当事人的举证责任。

[上海市高级人民法院搜狗与百度等专利侵权案]

(2)侵权行为认定

对于多主体实施方法专利的侵权判定,在同时具备以下条件时,应当认定侵权人制造、销售、许诺销售被诉侵权产品构成直接侵权:(1)被诉侵权方法在被诉侵权产品的制造过程中得以固化,终端用户无须借助其他特殊装置或条件,即可实现专利方法;(2)被诉侵权产品使用过程中实现专利方法所达到的功能,只能使用专利方法;(3)专利方法与侵权人从制造、许诺销售、销售被诉侵权产品的行为中获得不当利益存在密切关联。

［广东省高级人民法院（2017）粤73民初4323号敦骏公司与虹联公司发明专利侵权案］

方法专利权利要求保护的方法步骤中的一部分步骤是被控侵权产品制造过程中明确由产品制造商实施的，其余的步骤虽然从撰写方式看似从用户角度出发，需要用户实施，但该步骤功能的实现是以制造商的制造行为为基础，或步骤功能的实现是之前产品制造商所实施步骤的自然结果，则应认定被控侵权产品的制造过程实施了涉案专利权利要求保护的方法或者方法的实质内容，落入权利要求的保护范围。

［北京知识产权法院（2017）京73民初323号朗科公司与美光公司等发明专利侵权案］

（3）权利要求解释

（3－1）技术特征划分

技术特征的划分应该结合发明的整体技术方案，考虑能够相对独立地实现一定技术功能并产生相对独立的技术效果的最小技术单元。在对技术特征进行解释时，应当考虑其要实现的功能、达到的效果及其对整体技术方案的贡献，结合技术背景、发明目的及所要解决的技术问题来合理确定保护范围，对于本领域技术人员通过阅读权利要求书和说明书不容易想到的技术功能和效果一般不予考虑。

［最高人民法院（2020）最高法知民终426号华诚公司与兴义公司实用新型专利侵权案］

技术特征应当是在发明的整体技术方案中能够相对独立地实现一定技术功能并产生相对独立的技术效果的较小技术单元，对其划分既不能过宽，也不宜过细，以免影响对专利权保护范围的准确界定。

［最高人民法院（2019）最高法知民终578号富岛公司与泰源公司等发明专利侵权案］

（3－2）功能性特征

功能性特征是指不直接限定发明技术方案的结构、组分、步骤、条件或其之间的关系等，而是通过其在发明创造中所起的功能或者效果对结构、组分、步骤、条件或其之间的关系等进行限定的技术特征。但是，如果某个技术特征已经限定或者隐含了发明技术方案的特定结构、组分、步骤、条件或其之间的关系等，即使该技术特征还同时限定了其所实现的功能或者效果,原则上亦不属于功能性特征,不应作为功能性特征进行侵权比对。

[最高人民法院(2019)最高法知民终578号富岛公司与泰源公司等发明专利侵权案]

对于权利要求中以功能或效果表述的技术特征,如果本领域技术人员无法仅通过阅读权利要求即可直接、明确地确定实现该功能或效果的具体实施方式,则其属于功能性特征,并应结合说明书和附图描述的该功能或者效果的具体实施方式及其等同的实施方式确定其内容。

[最高人民法院(2019)最高法知民终409号云白公司与泰高公司等发明专利侵权案]

在确定功能性特征的内容时,如果说明书记载的专利技术方案存在多种使用环境,专利权人通常无须一一列举说明各种使用环境下的具体实施方式。当说明书仅给出了一种使用环境下的实施例但又明确记载了该技术方案可适用于多种使用环境时,本领域技术人员通过阅读专利权利要求书,并根据已知实施例可以直接、明确获得的在其他使用环境下的实施方式,应当属于该功能性特征的内容。在此过程中,本领域技术人员也可明确获悉该功能性特征的基本特征与适应性特征,其中基本特征为实现该功能效果必不可少的特征,是功能性特征的本质特征,在各种使用环境下均不可缺少;适应性特征是因不同使用环境而具有的适应特定使用环境的特征,是在各种使用环境下起到适应、配合作用的辅助性、非本质、可变化的特征。

[最高人民法院(2019)最高法知民终409号云白公司与泰高公司等发明专利侵权案]

(3-3)权利要求保护范围

说明书及附图对于权利要求的解释作用在于帮助本领域技术人员准确理解权利要求的内容,而不应当以说明书及附图的例示性描述限制专利权保护范围。

[最高人民法院(2019)最高法知民终896号胡某宇与巴顿公司实用新型专利侵权案]

主题名称是对专利技术方案的命名,用来确定专利技术方案所属领域。在确定权利要求的保护范围时,权利要求记载的主题名称应当予以考虑,其实际限定作用取决于该内容对权利要求所要保护的产品产生了何种影响。

［最高人民法院（2019）最高法知民终83号来电公司与街电公司实用新型专利侵权案］

如果主题名称仅是对全部技术特征所构成的技术方案的概括，而不是技术特征的限定，则其对权利要求的限定作用一般限于确定专利技术方案所适用的技术领域。

［上海市高级人民法院搜狗与百度等专利侵权案］

（4）等同与禁止反悔

等同侵权判定中的等同，是指涉案专利权利要求与被诉侵权技术方案中的相应技术特征之间是否等同，而不是指两个技术方案整体上是否等同。整体技术方案的功能与效果不同于具体技术特征的功能与效果。

［最高人民法院（2020）最高法知民终148号立盈公司与沃富公司、蒙阳公司发明专利侵权案］

禁止反悔是指在专利授权或者无效程序中，对于专利申请人或专利权人通过对权利要求、说明书的限缩性修改或者意见陈述的方式放弃的保护范围，在侵犯专利权诉讼中确定是否构成等同侵权时，禁止权利人将已放弃的内容重新纳入专利权的保护范围。专利申请人或专利权人对权利要求保护范围所作的限缩性修改或者陈述必须是明示的，而且已经被记录在书面陈述、专利审查档案、生效的法律文书中。

［北京知识产权法院（2017）京73民初323号朗科公司与美光公司等发明专利侵权案］

（5）抗辩

（5－1）现有技术抗辩

适用2001年《专利法》和2002年《专利法实施细则》审理专利侵权纠纷时，对于涉案专利申请日前在国外使用公开或者以其他方式为公众所知的技术方案，不属于现有技术。

［广东省高级人民法院（2018）粤民终1132号格力公司与奥胜公司、晶东公司实用新型专利侵权案］

（5－2）合法来源抗辩

合法来源抗辩的成立需同时满足“被诉侵权产品具有合法来源”的客观要件和

“销售者善意且无过失”的主观要件。如果销售者能够提供与制造商之间的采购订单、领款收据、制造商相关信息等证据，证明其通过合法的销售渠道、通常的买卖合同等正常商业方式取得产品，则可以认定满足“被诉侵权产品具有合法来源”的客观要件。如果销售者能够证明其销售行为符合诚信原则、合乎交易惯例，则可推定销售者主观上无过失。但如果专利权人进一步提交反证，可以初步证明了销售者具有较高可能性知道或应当知道被诉侵权产品系未经专利权人许可而制造并售出的，则销售者还应进一步举证其已尽到必要的注意义务，否则应当认定销售者主观上具有过失，不满足“善意且无过失”的主观要件。

［最高人民法院（2019）最高法知民终896号胡某宇与巴顿公司实用新型专利侵权案］

销售者主张合法来源抗辩，其成立需要同时满足被诉侵权产品具有合法来源这一客观要件和销售者无主观过错这一主观要件。对于客观要件，销售者应当提供符合交易习惯的相关证据，提供明确的可供主张的上游供应商。对于主观要件，销售者应证明其实际不知道且不应当知道其所售产品系制造者未经专利权人许可而制造并售出。

［最高人民法院（2019）最高法知民终686号聚蓝公司与沃尔玛公司等发明专利侵权案］

销售者应当在收到权利人起诉状后的合理期限内对被诉侵权产品是否系侵权产品作出初步判断，并在被诉侵权产品可能侵害他人专利权的情况下作出下架处理。该合理期限的时长应当充分考量个案因素，综合考虑涉案专利的类型、被诉侵权产品的基本情况、侵权比对分析、企业的专业判断能力及企业管理流程等因素予以确定。

［最高人民法院（2019）最高法知民终686号聚蓝公司与沃尔玛公司等发明专利侵权案］

5.民事责任

（1）损害赔偿

侵权人重复侵权和持续侵权的，属于具有明显主观故意的情形，应当在确定具体赔偿数额时予以考量，并可以在先生效判决确定的赔偿数额为基础，加倍确定赔偿数额。

［最高人民法院(2020)最高法知民终765号雄之业公司与易通公司等实用新型专利侵权案］

人民法院在审理专利侵权案件中应当积极引导专利权人从侵权产品的制造环节制止侵权行为,以从源头上遏制侵权现象。在审理专利侵权案件时应区分侵权行为的性质和情节,合理确定侵权人应当承担的法律责任。对于侵权产品的制造者,如果存在故意侵权、重复侵权等侵权情节严重的情形,应当从高确定法定赔偿数额;对于侵权产品的销售商,应当综合考量侵权主体的性质、销售侵权产品的利润、侵权时间、过错程度、侵权情节及当地经济发展水平等因素,酌情确定赔偿数额。

［最高人民法院“自拍杆”实用新型专利侵权系列案］

对于被诉侵权人无视生效裁判,利用实质相同的技术方案继续实施侵权行为,反复侵犯同一专利权的,属于侵权主观恶意明显,在确定赔偿责任时应当提高赔偿数额,以有效遏制和威慑侵犯知识产权的行为。

［广东省高级人民法院(2018)粤民终1132号格力公司与奥胜公司、晶东公司实用新型专利侵权案］

对有证据证明的被告侵权获利,明显超过100万元法定赔偿额上限的,可以适用裁量性赔偿,超过法定赔偿额上限确定赔偿数额。

［北京知识产权法院(2017)京73民初245号HTC与魅族、金立发明专利侵权案］

对于有明确证据佐证的被告侵权获利,应当准确计算该侵权获利金额。对于无法准确计算但在案证据显示明显高于法定赔偿额上限的侵权获利,可以综合考虑全案因素,酌情确定其金额。上述两部分金额相加,计算得到全案赔偿金额。

［上海知识产权法院(2018)沪73民初916号西门子与深圳绿米、上海吉研智能外观设计专利侵权案］

对于非以侵权为业的侵权人,应以营业利润而非销售利润计算侵权获利数额。营业利润可以简化为销售收入减去销售成本及增值税税金,并减去销售费用、管理费用和财务费用后的余额,也可直接以销售收入乘以营业利润率来确定单一类别产品的营业利润。

［最高人民法院(2020)最高法知民终830、831、832、834、851、881、883、886、888号光峰公司与德浩公司等侵害发明专利权纠纷案］

计算损害赔偿可以专业机构出具的专项审计报告中披露的数据为基础。针对专项审计报告中利润率正常的被诉侵权产品，可以直接依据该报告中披露的数据计算损害赔偿数额；针对该报告中利润率极低甚至为负的部分被诉侵权产品，可以毛利率正常的产品的加权平均利润率作为该部分被诉侵权产品的销售毛利率，再在减去销售费用、管理费用和财务费用的费率后，乘以该部分被诉侵权产品的销售收入从而获得其营业利润。

［最高人民法院（2020）最高法知民终 830、831、832、834、851、881、883、886、888 号光峰公司与德浩公司等侵害发明专利权纠纷案］

在确定赔偿数额时，通常需要考虑涉案专利对被诉侵权产品利润的贡献率，以专利技术在被诉侵权产品中所占价值比重来确定侵害专利权的损害赔偿数额。具体而言，需要考虑三方面因素：一是被诉侵权产品整机本身的价值；二是涉案专利的价值；三是以涉案专利技术方案制造的产品组件在实现被诉侵权产品利润率中的贡献度。

［最高人民法院（2020）最高法知民终 830、831、832、834、851、881、883、886、888 号光峰公司与德浩公司等侵害发明专利权纠纷案］

（2）举证妨碍

在人民法院责令被诉侵权人提供其有能力提交的与被诉专利侵权行为相关的账簿、资料，但被诉侵权人无正当理由拒绝提交，从而导致侵权获利无法查明的情况下，被诉侵权人构成举证妨碍。

［广东省高级人民法院（2018）粤民终 1132 号格力公司与奥胜公司、晶东公司实用新型专利侵权案］

（3）发明专利临时保护

在发明专利申请公布后至专利权授予前的临时保护期内实施专利技术方案，不构成对专利权的侵犯，但实施者应当就其在临时保护期内实施专利技术方案的行为，向专利权人支付适当的费用。

［北京知识产权法院（2017）京 73 民初 245 号 HTC 与魅族、金立发明专利侵权案］

6. 职务发明

判断一项发明创造是否为发明人在本职工作中作出的发明创造，应当具体考察发明人的工作职责范围、具体工作内容等是否与发明创造的研发存在关联，不能仅因相关发明创造与发明人所在单位的业务领域具有一定联系就认定该发明创造为发明人在本职工作中作出的发明创造。

[最高人民法院(2020)最高法知民终258号沪景公司与黄某勇专利申请权权属纠纷案]

确定发明人的工作职责范围,可以结合发明人的职务、岗位职责、所在部门的业务范围等因素予以综合确定。

[最高人民法院(2020)最高法知民终258号沪景公司与黄某勇专利申请权权属纠纷案]

判断发明人的具体工作内容是否与发明创造存在关联,应当从发明人本职工作与发明创造各自所属的技术领域、所要解决的技术问题、技术差异以及是否存在技术手段的传承性等方面予以具体考察。

[最高人民法院(2020)最高法知民终258号沪景公司与黄某勇专利申请权权属纠纷案]

涉案专利的技术内容与发明人在原单位的工作任务相关,且由发明人在原单位任职期间或离职后的短时间内提出申请的,涉案专利属于职务发明,其权利应由该发明人的原单位所有。

[济南市中级人民法院(2019)鲁01民初3025、3026、3027号重庆澳瑞玛等与山东凯盛专利权权属纠纷案]

在案证据无法证明涉案专利的其他"发明人"对涉案专利的实质性技术内容作出创造性贡献的,不能依据上述证据确认涉案专利的权利归属。

[济南市中级人民法院(2019)鲁01民初3025、3026、3027号重庆澳瑞玛等与山东凯盛专利权权属纠纷案]

(二)专利行政纠纷

1. 创造性

(1)马库什权利要求

马库什权利要求中的可选择要素一般具有相类似的性质,故在判断马库什权利要求的创造性时,如果其中可选择要素的部分要素已经被现有技术公开,通常认为包含该可选择要素的技术特征已经被现有技术公开。基于此,如果马库什权利要求中可选择要素的部分要素系被最接近的现有技术公开,则通常可以认为包含该可选择要素的技术特征不构成该马库什权利要求相对于该最接近的现有技术的区别技术特征。对于可能出现的马库什权利要求所限定的多个并列可选要素实际上性质差异较大且缺乏技术关联性的情形,则应根据个案具体情况做出判断。

[最高人民法院(2019)最高法知行终227号杜邦公司与国家知识产权局发明专利申请驳回复审纠纷案]

(2)补充实验数据

对于虽记载在说明书中但并非声称的技术贡献的技术效果,如果补充提交的实验数据可以证明该技术效果属于申请人在诉争发明申请日之前的技术贡献,且公众在获知诉争发明时亦能确认该技术效果,则采信用以证明该技术效果的补充实验数据不会使专利权人获得超出其技术贡献的保护,亦不会损害公众利益,在创造性评价中应予考虑。

[北京知识产权法院(2018)京73行初2626号泰拉科斯萨伯公司与国家知识产权局发明专利申请驳回复审纠纷案]

对于说明书中未记载的技术效果,除非本领域技术人员基于其对申请日之前现有技术的了解可知晓该技术效果,否则在创造性判断中原则上不予考虑,以避免专利权人基于其未公开的内容而获得专利权,违背公开换保护的基本原则。对于申请日后发现的技术效果,其在创造性判断中的适用原则与申请日之前发现但未记载在说明书中的技术效果并无不同,但对其不予考虑除前述公开换保护原则外,还包括对先申请制度的维护,以避免专利权人获得的保护超出其申请日时的技术贡献。

[北京知识产权法院(2018)京73行初1097号勃林格殷格翰公司与国家知识产权局发明专利无效行政纠纷案]

对于专利申请人在申请日之后提交的补充实验数据,应当予以审查……允许专利申请人在申请日或者优先权日之后提交补充实验数据并对该补充实验数据予以审查,并不意味着该补充实验数据当然可以被接受……首先,原专利申请文件应当明确记载或者隐含公开了补充实验数据拟直接证明的待证事实,此为积极条件……其次,申请人不能通过补充实验数据弥补原专利申请文件的固有内在缺陷,此为消极条件。

［最高人民法院（2019）最高法知行终33号阿斯利康诉国家知识产权局、第三人信立泰发明专利无效行政纠纷案］

有关补充实验数据的提供者与专利申请人或者专利权人具有雇佣等利害关系，符合研发规律和研发实践，其不应构成对补充实验数据不予采纳的绝对理由。

［最高人民法院（2019）最高法知行终33号阿斯利康诉国家知识产权局、第三人信立泰发明专利无效行政纠纷案］

（3）技术启示

在医药领域，新型药物的研发并非纯粹的开拓性研究，往往都需要建立在现有技术的基础上，借助于现有技术已有成果的指引进行相应的探索和研发。因此，对于药物研发而言，如果现有技术给出了某具体药物应用于具体疾病治疗的指引，就会促使本领域技术人员进行相应的技术尝试，亦即构成技术教导，而不应要求教导的技术内容必须是完全得到验证确认成功的技术方案。

［最高人民法院（2019）最高法行申7300号布里斯托尔与国家知识产权局、张某专利行政纠纷案］

本领域技术人员知晓，一种药物在先选择还是在后选择是综合考虑了疗效、毒性、费用等多方面因素之后确定的，当一线药物无治疗效果时，医生必然会选择之后的二线、三线药物来进行治疗。

［最高人民法院（2019）最高法行申7300号布里斯托尔与国家知识产权局、张某专利行政纠纷案］

2. 权利要求得到说明书支持

对于以两组以上不同的数值范围技术特征限定保护范围的权利要求，如果本领域技术人员通过阅读说明书可以确定各数值范围技术特征之间存在相互对应关系，能够通过有限实验得到符合发明目的的具体实施方式，且无须通过过度劳动即可排除不能实现发明目的的技术方案的，应当认为该权利要求能够得到说明书的支持。

［最高人民法院（2020）最高法知行终406、407号任某平等与国家知识产权局、苹果公司发明专利无效行政纠纷案］

对于以数值范围技术特征限定保护范围的权利要求，如果其中只限定了一侧端值而未限定另一侧端值,但本领域技术人员在阅读说明书后即可直接且毫无异议地确定另一侧端值的,应当认定该权利要求能够得到说明书的支持。

[最高人民法院(2020)最高法知行终406、407号任某平等与国家知识产权局、苹果公司发明专利无效行政纠纷案]

3. 说明书公开充分

在判断专利说明书对于某技术特征是否充分公开时,需要判断该技术特征是否属于涉案专利区别于现有技术的技术特征,对此应当结合涉案专利的记载和现有技术的状况予以综合确定,而不应仅以专利申请人或者专利权人自认的区别技术特征为判断标准。若该技术特征属于涉案专利区别于现有技术的技术特征,则专利说明书中应当作出详细描述,以满足说明书充分公开的要求;若该技术特征不属于涉案专利区别于现有技术的技术特征,本领域技术人员能够基于其所具备的知识和能力,通过检索现有技术即可实现,则专利说明书中可以不对该技术特征给出详细描述和具体指引。

[最高人民法院(2017)最高法行再34号苹果公司与国家知识产权局、智臻公司专利无效行政纠纷案]

二、商标类

(一)商标的可注册性

对于请求在中国获得领土延伸保护的商标国际注册申请,应当根据世界知识产权组织对该商标的公告确定审查对象。

[最高人民法院(2019)最高法行申5416号克里斯提·鲁布托与国家知识产权局商标行政纠纷案]

诉争商标属于限定了使用位置的单一颜色商标,其虽然不属于《商标法》第8条明确列举的可以作为商标申请注册的标志,但亦未被《商标法》明确排除在可以作为商标申请注册的标志之外。

[北京市高级人民法院(2020)京行终4838号芭黎贝甜公司与国家知识产权局等商标权无效宣告请求行政纠纷案]

1. 显著性

商标显著性的判断应该基于商标整体,并在该商标与其所使用的商品的联系中予以考虑。商标标志中虽然含有与其所使用的商品的特点相关的描述性元素,其固有显著性不强,但该商标整体或者经过使用使相关公众能够以其识别商品来源的,应当认定其具有显著性。

[最高人民法院(2017)最高法民再106号文摘公司与资讯公司商标权侵权及不正当竞争案]

商标的显著性可能随着实际使用情况发生变化。固有显著性较弱的商标完全可以经过实际使用增强其来源识别作用,因而增强其显著性。即便是仅有商品的通用名称、图形、型号或者仅直接表示商品特点的标志,依然可以通过使用获得显著性。

[最高人民法院(2017)最高法民再106号文摘公司与资讯公司商标权侵权及不正当竞争案]

诉争商标整体上易被理解为对相关商品特定标准的描述，而不能起到区分商品来源的识别作用，则其缺乏商标应有的显著特征。如果相关使用证据不足以证明该标识经使用已经具备了区分产源的显著特征，则其不应予以核准注册。

［最高人民法院（2019）最高法行申7395号优势比与国家知识产权局商标行政纠纷案］

2. 通用名称

通用名称应当具有以下特征：（1）通用名称是反映商品或服务的物理特性，为相关公众区别商品或服务而非商品或服务的来源；（2）通用名称是明确且相对统一的；（3）通用名称是行业经营者普遍使用的商品名称，特有商品名称并非通用名称。

［北京市高级人民法院（2019）京行终9347号陈麻花与国家知识产权局、陈建平麻花等商标行政纠纷案］

约定俗成的通用名称一般以全国范围内或相关市场相关公众的通常认识为判断标准。但历史传承、行业状况以及产品特点等都是影响相关公众认知水平的因素，在判断是否构成约定俗成的通用名称时应予考虑。在案证据不足以证明“陈麻花”系规范化的商品名称，不足以证明“陈麻花”在诉争商标核准注册时成为通用名称。

［北京市高级人民法院（2019）京行终9347号陈麻花与国家知识产权局、陈建平麻花等商标行政纠纷案］

3. 声音商标

声音可以作为商标申请注册，但应具有显著特征，便于识别商品或服务来源。因声音时长过长、背景乐缺乏辨识度等因素导致相关公众难以将其作为商标识别，而易于识别为广告宣传的，该声音缺乏商标应有的显著性，在缺乏证据证明其已经过长期使用取得显著特征的情况下，不应核准注册。

［北京知识产权法院（2017）京73行初9272号泸州老窖与国家知识产权局商标行政纠纷案］

4. 含有地名的标志

诉争商标的组成中虽然包含县级以上行政区划的地名或者公众知晓的外国地名，但如果因其他要素的加入使其整体上具有区别于地名的含义，则不构成《商标法》第10条第2款所规定的不能作为商标注册的情形。

[北京市高级人民法院(2020)京行终4838号芭黎贝甜公司与国家知识产权局等商标权无效宣告请求行政纠纷案]

5. 欺骗性标志

审查判断有关标志是否具有欺骗性,应当考虑标志或其构成要素是否足以使相关公众对产品的描述产生错误认识,构成欺骗相关公众。诉争商标"陈麻花"中的"麻花"系一种商品,使用在除"麻花"之外的"怪味豆"等商品上,以一般公众的辨识能力容易对标有诉争商标标识商品的产地、质量、主要原料等特点产生误认。

[北京市高级人民法院(2019)京行终9347号陈麻花与国家知识产权局、陈建平麻花等商标行政纠纷案]

《商标法》第10条第1款第7项规定中的"欺骗性"是指所使用的商标故意夸大商品或服务的功能、作用,欺骗消费者,容易使公众对商品的质量等特点或者产地产生误认的情形。

[北京市高级人民法院(2020)京行终4838号芭黎贝甜公司与国家知识产权局等商标权无效宣告请求行政纠纷案]

6. 在先权利或权益

同一标识在不同国家可能有不同权利主体,各该权利主体对该标识在国际上或第三国的知名度与影响力可能均有贡献。对于该标识在第三国的权益归属,需要考虑不同主体所使用商业标识为该第三国相关公众所知的时间早晚、在第三国对该品牌知名度与影响力的贡献大小、对该标识的使用本身合法与否等因素,以判断在该第三国相关公众将该商业标识与哪一方主体形成稳定联系。一方已经在先建立稳定联系的应享有相应权益,在后进入市场者理应避让。

[浙江省杭州市中级人民法院(2019)浙01民初4193号章节四公司与皎奢公司等商标侵权及不正当竞争纠纷案]

中国和美国均为TRIPs协议成员国,根据国民待遇原则,美国公民认为相关商标在中国的注册行为损害了其在先权利,可以在中国境内寻求法律保护。

[北京市高级人民法院日升公司与国家知识产权局商标权无效宣告行政纠纷案]

（1）姓名权

特定自然人的姓名具有较高知名度、为相关公众所熟悉，并已与该特定自然人形成了稳定的对应关系，则该特定自然人就其姓名享有姓名权。未经许可，将他人享有姓名权的姓名注册为商标，容易导致相关公众误认为标记有该商标的商品或者服务与该特定自然人存在代言、许可等特定联系的，构成对他人在先姓名权的侵害。

［最高人民法院（2018）最高法行再32号乔丹与国家知识产权局、乔丹体育商标行政纠纷案］

损害他人在先姓名权是指将与他人姓名相同或近似的标志申请注册在相关商品上，致使相关公众容易认为标有诉争商标的商品与该自然人存在许可等特定联系，从而损害自然人合法权利。

［北京市高级人民法院（2019）京行终7300号皮尔·卡丹与国家知识产权局、广东法丹商标无效案］

自然人就特定名称主张姓名权保护应当满足如下条件：一是该特定名称具有一定知名度，为相关公众所知悉，并用以指代该自然人；二是该特定名称与该自然人之间已经建立起稳定的对应关系。

［北京市高级人民法院（2019）京行终7300号皮尔·卡丹与国家知识产权局、广东法丹商标无效案］

特定自然人的姓名具有较高知名度，为相关公众所熟悉，并已与该特定自然人形成了稳定的对应关系，则该特定自然人就其姓名享有受我国《商标法》保护的姓名权。未经许可，将与他人具有较高知名度的姓名相近似的标识注册为商标，容易导致相关公众误认为标记有该商标的商品或者服务与该特定自然人存在代言、许可等特定联系的，构成对他人在先姓名权的侵害。

［北京市高级人民法院日升公司与国家知识产权局商标权无效宣告行政纠纷案］

自然人的姓名在诉争商标申请日前已为相关公众所熟知，诉争商标的申请注册具有不正当利用该自然人姓名牟利目的的，构成对该自然人在先姓名权的侵犯。

［北京知识产权法院（2018）京73行初13426号王某与国家知识产权局、黄渤商标无效案］

(2)肖像权

肖像权所保护的"肖像"应当具有可识别性,包含足以使社会公众识别其所对应的特定自然人的个人特征,从而能够以该肖像明确指代其所对应的权利主体。对于不具有可识别性的标识,不能获得肖像权的保护。

[最高人民法院(2018)最高法行再32号乔丹与国家知识产权局、乔丹体育商标行政纠纷案]

(3)著作权

商标标志构成受《著作权法》保护的作品的,当事人提供的涉及商标标志的设计底稿、原件、取得权利的合同、诉争商标申请日之前的著作权登记证书等,均可以作为证明著作权归属的初步证据。商标公告、商标注册证等可以作为确定商标申请人为有权主张商标标志著作权的利害关系人的初步证据。

[最高人民法院(2018)最高法行再79号三丽雅公司与国家知识产权局等商标异议复审行政纠纷案]

(4)商品化权

在案证据可以证明处于著作权保护期限内的作品中的角色名称具有较高知名度,他人将该角色名称申请注册为商标并使用在相关商品上,容易导致相关公众误认为标有该角色名称的商品系经过权利人的许可或者与权利人存在特定联系的,申请注册该商标构成对该在先角色名称权益的损害。

[北京知识产权法院深圳葫芦娃科技与国家知识产权局、上海美术电影制片厂行政纠纷案]

经使用具有一定知名度的游戏名称可以作为在先权益进行保护。如果该在先游戏名称的知名度及于诉争商标核定使用商品的领域,该类商品受众与游戏受众重合度较高,诉争商标的注册和使用容易使相关公众误产生混淆误认或者认为二者之间存在特定联系,且同时考虑到诉争商标注册人的恶意情况,可以认定诉争商标的注册损害了他人对在先游戏名称所享有的合法权益。

[北京知识产权法院腾讯公司与国家知识产权局等商标权无效宣告请求行政纠纷案]

7. 商标共存

商标共存协议体现了引证商标权利人对其所享有的商标权部分权利空间的让渡和处分，根据意思自治原则，应当允许商标注册人自由处分其商标权，故在判断诉争商标与引证商标在类似服务上共存是否会导致相关公众的混淆、误认时，应当考虑引证商标注册人与诉争商标申请人之间达成的商标共存协议。在诉争商标标志与引证商标标志存在差异的情况下，商标共存协议可以作为排除混淆可能性的参考因素。

［北京市高级人民法院（2019）京行终10145号哈士奇公司与国家知识产权局等商标权无效宣告请求行政纠纷案］

在诉争商标申请注册之前，经营者由于历史、地理等因素，均将与诉争商标相同或近似的标识作为核心标识使用在同一种或类似商品/服务上，且均已具有较大规模并在正常生产经营中形成善意共存的局面，则其中一方经营者申请注册诉争商标并无抢占他人商誉的主观意图，不属于"以不正当手段抢先注册他人已经使用并有一定影响的商标"的情形。

［北京知识产权法院雷允上与国家知识产权局等商标权无效行政纠纷案］

（二）商标的使用

《商标法》鼓励商标的实际使用，且商标的实际使用情况也在一定程度上证明了注册商标持有人或使用人的真实意图，因此商标实际使用的情况应当作为考量商标注册合法性的要素，以从根源上防范和制止商标注册人通过弱化注册商标之间的差异来侵害他人的注册商标权。

［最高人民法院（2019）最高法行再261号洋河公司与蓝之蓝公司商标权无效宣告请求行政纠纷案］

原商标权人在将其商标转让后即使继续使用该商标，由于商标权权属此时已经发生变更，且原商标权人对该转让行为及其所产生的转让后果均予认可，故由上述使用行为而给该商标带来的商誉及所添附的价值应当归属于该商标的受让人。

原商标权人已经获得了通过使用该商标而产生的经营收益，不应再享有基于注册商标专用权而产生的其他权益。

[北京市高级人民法院(2019)京行终7771号东来顺与国家知识产权局商标权无效宣告请求行政纠纷案]

申请注册和使用商标，应当遵循诚实信用原则。经营者在明知同行业其他经营者的注册商标具有一定知名度的情况下，仍在同一种或类似商品上注册并使用与该注册商标相同或近似的商标，且在该后注册商标被宣告无效后，仍然继续使用相同标识，主观上具有恶意，客观上易引起混淆，构成对在先注册商标的侵害。

[江苏省高级人民法院(2019)苏民终1811号山西汾酒与酒龙仓等商标权侵权案]

商标权属于一种“注册宣示权利产生、使用决定保护范围”的弹性权利。商标因商业使用所产生的知名度决定着商标的价值、禁用权的范围等。

[广州知识产权法院网易与北京泰奇等商标权侵权案]

未经地理标志证明商标权利人许可，在相同商品上使用与该地理标志证明商标相近似的标识，用以识别商品来源的，构成商标性使用。

[浙江省高级人民法院(2019)浙民终1792号西湖龙井茶协会与鸿渐茶叶商标权侵权案]

商标法意义上的描述性使用是指为了描述或说明自己商品的名称或其他事项，合理使用他人的注册商标，并应明确排除标识具有识别商品来源功能的情形。

[浙江省高级人民法院(2019)浙民终1792号西湖龙井茶协会与鸿渐茶叶商标权侵权案]

进口货物报关单与入境货物检验检疫证明与货物进关之后的销售密切相关，消费者或经销商会接触到相关信息，并可据此识别商品来源，故进口商在进口货物报关单和入境货物检验检疫证明中使用商品标识的行为属于商标使用行为。

[浙江省高级人民法院(2020)浙民终326号百威公司与古龙公司商标权侵权案]

商标的本质属性为识别商品或服务的来源。涉案商标具有较高知名度及显著性，结合牛仔裤行业后兜设计的行业惯例，被诉侵权牛仔裤上使用的相关标识可以起到识别商品来源的作用，属于商标性使用，容易引起消费者混淆，构成对注册商标专用权的侵害。

[长春市中级人民法院利惠公司与某百货公司商标权侵权案]

在网站、微信公众号及手机应用软件上突出使用涉案商标标识，并将其作为区分商品或服务来源的，属于商标意义上的使用行为。

[北京市海淀区人民法院(2018)京0108民初5197号英国广播公司与北京爱语吧科技公司商标侵权及不正当竞争案]

由于不动产不可移动的特殊性，不动产名称可以发挥标识位置的功能。但如果不存在将不动产名称用以命名建筑、桥梁、道路等情形，该不动产名称也没有被社会公众中作为地理名称认知和实际使用，而是仍然发挥着识别商品和服务来源功能的，则不应认定该不动产名称具有了地理名称的含义。

[北京市海淀区人民法院(2019)京0108民初59278号阿那亚公司与汐岸酒店等商标权侵权案]

注册商标本身含有地名或具有地理名称的含义，他人为标识地理位置等而对该地名进行正当使用，且不会造成消费者对于商品或服务来源混淆的客观后果，则注册商标专用权人无权禁止他人正当使用该注册商标。

[北京市海淀区人民法院(2019)京0108民初59278号阿那亚公司与汐岸酒店等商标权侵权案]

在微信公众号、微博、个人QQ空间等社交平台进行的商业活动中使用相关标识，能够起到标识商品或服务来源作用的，应当认定为商标意义上的使用。

[杭州铁路运输法院(2019)浙8601民初1611号微播视界等与杭州抖商科技商标权侵权及不正当竞争案]

(三)注册商标连续三年不使用撤销

在商标权撤销复审案件中，如果诉争商标使用行为发生在指定期间内，使用证据上显示有诉争商标标志，且该标志使用在其核定使用的商品或服务上，能够发挥识别、区分商品或服务来源的作用，则应当认定诉争商标于指定期间内在核定商品上进行了商标法意义上的使用。

[北京市高级人民法院(2020)京行终3788号鑫吾公司与国家知识产权局、十

三香公司商标权撤销复审行政纠纷案]

连续三年停止使用注册商标的撤销制度是为鼓励和督促商标注册人使用其商标、发挥商标在市场上区分商品来源的作用。如果商标权人因不可抗力、政策性限制、破产清算等客观事由,未能实际使用注册商标或者停止使用,或者商标权人有真实使用商标的意图,并且有实际使用的必要准备,但因其他客观事由尚未实际使用注册商标的,可以认定其未在三年指定期间内使用注册商标具有正当理由。

[北京市高级人民法院(2020)京行终3788号鑫吾公司与国家知识产权局、十三香公司商标权撤销复审行政纠纷案]

虽然法院作出终审判决维持了国家知识产权局准予商标注册的裁定,但该裁判不能等同于对诉争商标的注册公告。基于此,申请人以连续三年不使用为由提起商标撤销申请的起算日也应以商标注册公告日为准。

[北京市高级人民法院(2020)京行终1091号棉田公司与国家知识产权局、良品计画商标权撤销复审行政纠纷案]

(四)商标近似

对近似商标的认定应以相关公众的一般注意力为标准,既要进行商标的整体比对,又要进行商标主要部分的比对,并应考虑引证商标的显著性和知名度。此外,诉争商标的使用情况及其注册人的主观恶意也可以作为判断商标近似的考虑因素。

[最高人民法院(2019)最高法行再261号洋河公司与蓝之蓝公司商标权无效宣告请求行政纠纷案]

(五)商品/服务类似

经营者通过应用软件提供服务是借助计算机网络和通信工具等开发移动应用程序,利用信息网络开展服务,不应当然认定该服务与计算机软件或者互联网服务构成类似商品或者服务。

[北京市高级人民法院(2019)京民终1654号人人车与好车无忧确认不侵害商标权纠纷案]

《类似商品和服务区分表》仅是判断类似商品的参考而非直接依据。商标法意义上的类似商品是指在功能、用途、生产部门、销售渠道、消费对象等方面相同,或者相关公众一般认为其存在特定联系、容易造成混淆的商品。

[广东省高级人民法院(2019)粤民终477号广州红日与广东智美电器等商标权侵权及不正当竞争案]

界定"互联网+"新型业态下的类似商品和服务时,不能仅以其载体作为区分商品或服务类别的依据,而应根据所涉商品或服务自身的目的、功能、内容等作出更符合行业实际的判断。

[广东省深圳市中级人民法院(2019)粤03民终31635号广州钧易公司与深圳荷包公司商标权侵权案]

(六)混淆误认与商标侵权

经营者在合作关系结束后,对合作者具有知名度的字号及注册商标不仅不进行合理避让,反而受让或申请注册与之近似的商标,并擅自在相同或类似商品上使用,容易导致消费者混淆误认的,构成侵害注册商标专用权及不正当竞争。

[广东省高级人民法院(2019)粤民终477号广州红日与广东智美电器等商标权侵权及不正当竞争案]

经营者擅自将与其他经营者注册商标近似的标识设置为搜索引擎中的关键词,通过点击搜索结果,达到指引消费者与其交易的目的,属于在同一种商品或服务上使用与该注册商标相近似的商标,并容易导致消费者对服务来源产生混淆,构成商标侵权。

[广东省高级人民法院(2018)粤民终2352号精英商标事务所与猪八戒商标权侵权及不正当竞争案]

商标权人不规范使用注册商标或者超出核定商品范围使用注册商标,与他人注册商标构成使用在同一种或类似商品上的近似标识,容易导致相关公众混淆误认的,构成对他人注册商标专用权的侵犯。

[北京知识产权法院(2020)京73民终2644号鲍才胜公司与易尚公司商标权侵权及不正当竞争案]

在涉案商标文字与特定电影名称相同,且经过长期商业使用已经在计算机游戏软件等商品上具有较高的并有别于该同名电影知名度的情况下,他人即使获得了该同名电影著作权人的相关授权,但未经许可将与涉案商标近似的名称作为网络游戏名称使用,仍然构成对涉案商标的侵犯。

[广州知识产权法院网易与北京泰奇等商标权侵权案]

经营者超出注册商标核定商品范围使用注册商标标识的,属于不规范使用注册商标的行为,可以构成对他人注册商标专用权的侵害。

[广州知识产权法院OPPO与中美丽臣公司等商标权侵权及不正当竞争案]

经营者在同一种或类似商品上使用与地理标志证明商标相同或近似的标识,易使消费者对商品产地、质量等产生误认,经营者不能证明其销售的商品来源于地理标志证明商标所划定的区域内并具有特定品质,亦不能提供商品合法来源的,构成对地理标志证明商标的侵害,并应当承担赔偿责任。

[北京知识产权法院(2020)京73民终43号五常市大米协会与鼎城兴隆商标权侵权案]

混淆误认的判断通常要考虑商标标志的近似程度、商品和服务的类似程度、注册商标的显著性和知名度以及相关公众的注意程度等因素,商业活动中实际混淆的证据情况亦可作为混淆误认判断的重要参考因素。同时,混淆误认不仅包括将使用被诉侵权标志的商品或服务误认为商标权人的商品或服务,或者与商标权人有某种联系;也包括将商标权人的商品或服务误认为被诉侵权人的商品或服务,或者误认商标权人与被诉侵权人有某种联系的情形。

[北京市高级人民法院(2018)京民初127号炎黄盈动公司与亚马逊通公司等商标侵权案]

相关公众对商品的来源产生误认或混淆的判断,不仅包括现实的误认,也包括误认的可能性;不仅包括相关公众误认为使用被诉侵权标识的商品为商标权人的商品或者与商标权人有某种联系,也包括相关公众误认商标权人的商品为被诉侵权人的商品或者与被诉侵权人有某种联系。行为人在被诉侵权商品上同时标注自有的知名度较高的商标,并不影响被诉侵权标识发挥其识别商品来源的作用,在被诉侵权标识与涉案商标构成使用在类似商品上的近似商标,且涉案商标的显著性较高、具有一定知名度的情况下,容易导致相关公众的混淆误认,仍应认定构成对涉案商标的侵害。

[浙江省高级人民法院(2020)浙民终328号尖可公司与雀巢公司等商标权侵权案]

《商标法》意义上的混淆包括正向混淆与反向混淆。正向混淆是指在后被诉标识的使用使相关公众误认为该标识使用人的商品或服务来源于在先商标权人;反向混淆是指由于在后被诉标识的使用,使相关公众误认为在先商标权人的商品或服务来源于在后被诉标识的使用者,或两者之间存在某种特定的联系。在认定混淆可能性时应秉承基本相同的裁量标准,考虑涉案商标的显著性与知名度、被诉侵权标识的使用强度等因素,给予其相匹配的保护强度。

[浙江省高级人民法院(2020)浙民终264号联安公司与小米通讯公司等商标侵权案]

将与他人注册商标相同或近似的文字作为企业名称中的字号,在明知或应知他人注册商标具有较高知名度的情况下,在相同或类似商品的宣传、销售活动以醒目方式使用企业全称,即使并未突出使用其中的字号,但客观上已经起到识别商品来源的作用,容易误导相关公众对商品来源产生混淆,或误认为二者之间存在特定联系,应当认定为构成对他人注册商标专用权的侵害。

[广东省深圳市中级人民法院(2020)粤03民初20号广东小天才公司与深圳市小天才公司商标权侵权及不正当竞争案]

(七)驰名商标保护

被诉侵权产品与驰名商标核定使用商品存在密切关联,且他人在被诉侵权产品上复制、模仿驰名商标标识,足以使相关公众在看到被诉标识时直接联想到该驰名商标,从而削弱该驰名商标与商标权人之间的唯一对应关系,弱化该驰名商标显著性的,构成对驰名商标的侵害。

[北京市高级人民法院(2020)京民终521号大疆公司与大疆实业公司等商标权侵权及不正当竞争案]

商标权人既以相同或类似商品或服务上的商标主张保护,又主张驰名商标跨类保护的,如果该相同或类似商品或服务上的商标不足以规制侵权行为时,有必要对商标权人主张的商标是否构成中国境内的驰名商标进行认定。

[广东省高级人民法院(2018)粤民终1425号宝格丽与湖南德思勤等商标侵权与不正当竞争案]

在不相同或不相类似的商品上使用与他人已经在中国注册的驰名商标相同或近似的标识,足以使相关公众对商品来源产生混淆或误认为该标识与驰名商标具有相当程度的联系,减弱驰名商标的显著性、贬损驰名商标的市场声誉或者不正当利用驰名商标的市场声誉的,构成对该已注册驰名商标专用权的侵害。

[江苏省苏州市中级人民法院(2019)苏05知初643号施耐德电气公司与施耐德电梯公司商标权侵权案]

未注册商标因长期使用行为能够积累商誉,具备显著性和知名度,起到识别商品或服务来源的作用,并经持续使用、广泛宣传达到驰名程度后,应当认定为未注册驰名商标。

[南京市中级人民法院(2018)苏01民初3450号布兰兹与华夏庄园等商标侵权案]

(八)商标侵权抗辩

1. 合法来源抗辩

主张合法来源抗辩应当举证证明合法取得被诉侵权产品、复制品的事实,包括合法的购货渠道、合理的价格和直接的供货方等。在提供的被诉侵权产品、复制品来源证据与其合理注意义务程度相当的情况下,可以认定完成了举证责任,合法来源抗辩成立。

[广州知识产权法院(2019)粤73民终5651号本田公司与南海理力公司等商标侵权及不正当竞争案]

专门从事特定商品销售的经营者应当知晓行业内相关品牌的知名度,并应对其所销售商品的来源负有更高的审查义务。如果该经营者未履行其所负有的审查义务,主观上具有过错,客观上扩大了侵权行为的影响范围,则其有关合法来源的抗辩不能成立,并就侵权行为承担连带责任。

[江苏省苏州市中级人民法院(2018)苏05民初572号普利司通与水浒轮胎等商标权侵权案]

2. 商标权权利用尽

商标专用权人或经其授权的人所制造的商品在被第一次投放到市场后,权利人即丧失在一定地域范围内对其进一步控制的权利,构成商标权权利用尽。合法取得该商品的主体均可对该商品进行自由处分,只要该处分行为未破坏商标的产源识别功能和品质保证功能,即无须予以禁止。

[浙江省高级人民法院(2020)浙民终479号玫琳凯公司与马某仙商标权侵权及不正当竞争案]

3. 商标先用

商标权人在申请商标注册前,他人已经在同一种或者类似商品上先于商标权人使用与注册商标相同或者近似并有一定影响的标识的,注册商标专用权人无权禁止该使用人在原使用范围内继续使用该标识。对原使用范围的界定,《商标法》强调的是使用范围而非使用规模。该使用人为便利其产品在各个城市的配送,扩大配送范围并成立具有关联关系的主体对在先使用的标识在同一类别商品上的后续使用行为,属于在原有范围内的使用。

[上海知识产权法院(2020)沪73民终81号于某与北京廿一客等商标权侵权案]

(九)平行进口

平行进口商标侵权和不正当竞争纠纷产生于国际自由贸易发展的大背景下,与国家外贸政策、商标权人市场布局和消费者利益密不可分,需要回归《商标法》和

《反不正当竞争法》的立法本意，秉持民事法律领域谦抑、自治的基本理念，准确判断产品来源是否正当、核心要素是否更改，在此基础上衡量产品对商标基本功能的影响，评判行为在《反不正当竞争法》上的可责性，公平合理地解决纠纷。

[广州知识产权法院(2019)粤73民终6976号、(2019)粤73民终6944号、(2019)粤73民终6975号欧宝电气与施富电气商标权侵权及不正当竞争案]

平行进口产品来源正当，产品品质相同，平行进口商未改变产品包装与标识，平行进口行为未损害注册商标的基本功能，未导致消费者混淆，不应认定为侵害商标权行为。

[广州知识产权法院(2019)粤73民终6976号、(2019)粤73民终6944号、(2019)粤73民终6975号欧宝电气与施富电气商标权侵权及不正当竞争案]

平行进口商向其他销售区域寻求低价产品以在本区域内销售，降低经营成本，追求利润最大化，不具有以低价手段破坏市场竞争秩序的恶意，未违反诚实信用及商业道德原则，不应认定为不正当竞争行为。

[广州知识产权法院(2019)粤73民终6976号、(2019)粤73民终6944号、(2019)粤73民终6975号欧宝电气与施富电气商标权侵权及不正当竞争案]

进口商在平行进口商品上的中文标签、报关单以及检验检疫证明中使用的标识应当与权利人在我国境内注册并使用的中文商标一致，否则有可能破坏权利人中文商标与其英文商标之间的对应性，削弱其中文商标的商品来源识别作用，构成《商标法》第57条第7项规定的给他人的注册商标专用权造成其他损害的情形。

[浙江省高级人民法院(2020)浙民终326号百威公司与古龙公司商标权侵权案]

在被诉侵权商品是平行进口商品的情况下，由于该商品在进口国已经支付了相应对价，商标权人已经通过销售实现了经济利益，其所遭受的损失有限，该因素应当在确定赔偿数额时予以考虑。

[浙江省高级人民法院(2020)浙民终326号百威公司与古龙公司商标权侵权案]

(十)确认不侵权

确认不侵权诉讼的制度目的在于赋予利益受到特定权利人影响的行为人(相

对方)以诉权,使其能够通过司法途径尽快结束其与权利人之间不稳定的法律状态,避免因法律权利义务的不确定状态对其正常的生产经营持续造成负面影响。权利人主张相对方侵权,但又不通过法定程序予以解决,导致双方之间的权利义务处于不确定状态,相对方即具备了提起确认不侵权之诉的适格条件。

[北京市高级人民法院(2019)京民终1654号人人车与好车无忧确认不侵害商标权纠纷案]

相对方通过应用平台进行申诉,并实质上起到了督促作为权利人的投诉方行使诉权的作用,双方已经通过应用平台对对方真实意思表示充分了解,则尽管相对方未向投诉方发送书面催告而直接提起确认不侵权之诉,也应认定符合的受理条件。

[北京市高级人民法院(2019)京民终1654号人人车与好车无忧确认不侵害商标权纠纷案]

基于同一事实的确认不侵害商标权纠纷和侵害商标权纠纷诉讼,是权利人及利益受到特定权利人影响的行为人基于相同法律关系及诉讼请求之间的因果关系分别提起的独立诉讼,因裁判结果相互牵连,适宜在一个法院合并审理,故在后受理案件的法院应当将案件移送至在先受理案件的法院。

[江苏省高级人民法院(2019)苏民终470号阿迪达斯与麦克格雷迪公司确认不侵害商标权案]

(十一)权利滥用

相关标识具有较强显著性,并经其著作权人的使用已在中国大陆具有一定影响力,他人仍将该标识注册为商标并进行转让,且受让人明知该标识的相关情况仍然据以主张商标侵权的,属于对注册商标权的滥用,有违诚实信用原则。

[江苏省高级人民法院(2019)苏民终470号阿迪达斯与麦克格雷迪公司确认不侵害商标权案]

诉讼主体进行诉讼活动应当遵循诚实信用原则,不得滥用诉讼权利。任何违背法律精神,以损害他人正当权益为目的,恶意行使诉讼权利的行为均属于权利滥用,其相应主张不应予以支持。经营者明知他人在先使用并具有一定影响的标识,仍在同一种或类似商品上申请注册与该标识相同或近似的商标,有违诚实信用原则。经营者基于该以不正当手段抢先注册的商标主张他人侵害商标权的,属于对其注册商标专用权的滥用,应当不予支持。

[上海知识产权法院(2020)沪73民终81号于某与北京廿一客等商标权侵权案]

(十二)商标许可使用合同

合同的变更、延续或者补充一般是针对合同相对方,并因合同约定事项不明或者发生变动时所致,且需要经过全体合同相对方作出一致的意思表示。对于不同合同主体所订立的合同,其中具体约定的事项亦存在差异,在合同中并未明确约定相关合同之间具有延续、补充关系的情况下,不宜直接认定不同合同之间具有延续或者补充关系。

[最高人民法院(2020)最高法民终394号红牛公司与天丝公司商标权权属纠纷案]

对合同条款的解释系对合同各方主体订立合同此种法律行为的解释,目的在于探求各方主体的真实意思表示。各方主体对合同条款的理解存在争议的,应当基于合同有效的解释原则,采取文义解释、体系解释、目的解释、习惯解释和诚信解释等方法,对合同条款的真实本意进行分析、认定。

[最高人民法院(2020)最高法民终394号红牛公司与天丝公司商标权权属纠纷案]

除当事人之间另有约定,设计商标、为商标注册提供帮助等均非取得商标权的法定要件。被许可人基于商标权人的授权使用商标,应当保证该商标所贴附商品的质量,维护被许可使用商标的声誉。尤其是在商标权人亦提供产品配方、生产工艺以确保商品质量并投放广告提升商标知名度,且被许可人已通过商标许可使用取得商品利润回报的情况下,商标被许可人无权对该商标主张所有权。

[最高人民法院(2020)最高法民终394号红牛公司与天丝公司商标权权属纠纷案]

（十三）"一事不再理"

对于一个已有生效裁决的商标评审案件，并非只要提交了不同于前一程序的证据就可以认定构成了"新的事实"。

［北京市高级人民法院（2019）京行终1164号3M公司与国家知识产权局、天宇五金磨具商标无效案］

新的事实应该是以新证据证明的事实，而新证据应该是在原裁定或者决定之后新发现的证据，或者确实是在原行政程序中因客观原因无法取得或在规定的期限内不能提供的证据。如果将本可以在以前的行政程序中提交的证据作为新证据接受，就会使法律对启动行政程序事由的限制形同虚设，不利于形成稳定的法律秩序。

［北京市高级人民法院（2019）京行终1164号3M公司与国家知识产权局、天宇五金磨具商标无效案］

（十四）民事责任

1. 共同侵权与连带责任

网络服务提供者应当设置便捷、清晰、快速的投诉方式和途径，对于侵权事实较为明显的行为，在根据相关通知足以判断侵权可能性较大的情况下，网络服务提供者应当及时采取必要措施防止损害后果进一步扩大。网络服务提供者接到投诉通知后未及时采取必要措施的，应当对损害的扩大部分与实施侵权行为的网络用户承担连带责任。

［广东省高级人民法院（2018）粤民终2352号精英商标事务所与猪八戒商标权侵权及不正当竞争案］

与商标权人有过合作的经营者，明知权利人注册商标及字号的知名度，却违反避让义务，有组织有计划地实施一系列混淆行为，且各经营者行动具有一致性，应当认定构成共同侵权。

［广东省高级人民法院（2019）粤民终477号广州红日与广东智美电器等商标权侵权及不正当竞争案］

公司股东利用股东身份，操纵公司决策实施侵权行为，使公司丧失独立性，并利用公司法人人格独立制度规避侵权责任，构成《公司法》第20条第3款所规定之情形，应当对侵权行为承担连带责任。

［北京知识产权法院（2020）京73民终463号雷士公司与光大雷士等商标权侵权及不正当竞争案］

注册商标权利人明知其申请注册的商标可能与他人在先权利产生冲突，仍许可侵权方使用该注册商标，在主观上具有恶意，客观上促使了侵权行为发生，应与侵权方承担共同侵权责任。

［广州知识产权法院OPPO与中美丽臣公司等商标权侵权及不正当竞争案］

涉案商标在房地产行业具有较高知名度，房地产信息平台经营者对其应当知晓，并负有审核平台上所发布与之相关信息的注意义务。平台经营者违反该注意义务的，应当认定为主观上具有过错，并在客观上扩大了侵权信息的传播范围，构成帮助侵权。

［福建省厦门市中级人民法院大悦城公司与某盛公司等商标权侵权案］

房地产信息平台经营者超出提供信息储存空间或提供搜索、链接等服务范围，通过提供电话转接、拓展客户、看房接驳、置业咨询等从事居间服务，为侵权行为提供便利条件的，与侵权者构成共同侵权。

［福建省厦门市中级人民法院大悦城公司与某盛公司等商标权侵权案］

公司实施侵害商标权及不正当竞争的行为，同时其法定代表人、股东利用个人社交平台，以个人名义实施侵权行为，两者在侵权对象、目的、侵权行为方式、造成的损害后果等方面均具有同一性的情况下，应当认定其构成共同侵权。

［杭州铁路运输法院（2019）浙8601民初1611号微播视界等与杭州抖商科技商标权侵权及不正当竞争案］

2. 字号侵权的责任承担

同业经营者理应知晓他人注册商标，仍将该商标的显著部分注册为企业字号，并在同一种或类似服务上突出使用，容易使相关公众产生误认的，构成对他人注册商标专用权的侵犯，应当承担停止侵权并变更企业名称的民事责任。

［北京知识产权法院（2019）京73民终3699号中视天娱与上海天娱商标侵权与不正当竞争案］

3. 损害赔偿

（1）赔偿数额的计算

计算侵犯商标权的损害赔偿数额时，应当考虑涉案商标的使用状况、侵权行为持续时间、侵权规模、涉案商标的利润贡献率等因素，综合确定赔偿数额。侵权人恶意侵犯商标专用权且情节严重，在诉讼过程中滥用程序性权利故意拖延诉讼进程，进一步加剧侵权行为影响，扩大权利人损失的，可以适用惩罚性赔偿予以规制。

［北京市高级人民法院（2018）京民初127号炎黄盈动公司与亚马逊通公司等商标侵权案］

侵权人无正当理由拒不提供与侵权获利相关证据，法院可以参考权利人销售额减量、侵权规模、侵权人恶意、行业利润率等证据确定赔偿金额。

［广东省高级人民法院（2019）粤民终477号广州红日与广东智美电器等商标权侵权及不正当竞争案］

确定赔偿数额时应当综合考虑侵权行为的性质、期间、后果以及涉案商标的声誉、侵权标识对被告获利的贡献率等，对商标权人给予充分保护。

［广东省高级人民法院（2018）粤民终1425号宝格丽与湖南德思勤等商标侵权与不正当竞争案］

在计算侵害注册商标专用权的赔偿数额时，应当注重侵权人的产品利润总额与侵权行为之间的直接因果关系。对侵权人因自身商标商誉或者其商品固有的价值而获取的利润，权利人无权主张索赔。

［浙江省高级人民法院（2020）浙民终328号尖可公司与雀巢公司等商标权侵权案］

以侵权人的获利计算赔偿数额时，应当注意被诉侵权商品销售利润与侵权行为之间的因果关系。在反向混淆的情况下，侵权人的经营能力、品牌知名度、营销推广能力明显强于商标权人，特别在商标权人对注册商标的使用和宣传有限的情况下，侵权人的销售利润往往远高于商标权人的损失，但对于侵权人基于自身的商标商誉或者商品固有价值获得的利润，由于其与被诉侵权行为之间欠缺直接因果关系，故商标权人无权对此部分利润主张赔偿。

［浙江省高级人民法院（2020）浙民终 264 号联安公司与小米通讯公司等商标侵权案］

在确定赔偿数额时，被诉侵权行为类型较多、侵权持续时间较长、侵权结果严重、侵权人恶意明显、被诉手机应用软件收费情况等因素均应予以考虑。

［北京市海淀区人民法院（2018）京 0108 民初 5197 号英国广播公司与北京爱语吧科技公司商标侵权及不正当竞争案］

（2）惩罚性赔偿

在确定赔偿数额时，可以在采用填平规则的同时考虑惩罚性因素，即综合考虑商标权人因侵权行为而遭受的未来销售利润损失、商誉损害、为禁止侵权而支出合理维权费用以及侵权人的侵权恶意、严重情节等多方面因素。

［江苏省高级人民法院（2017）苏民终 1297 号巴洛克公司与浙江巴洛克公司等商标权侵权案］

对于收到法院禁令后仍拒不履行且侵权规模巨大、侵权获利丰厚的商标侵权人，可以根据《商标法》第 63 条“对恶意侵犯商标专用权，情节严重的，可以按照上述方法确定数额的一倍以上三倍以下确定赔偿数额”的规定，适用惩罚性赔偿。

［江苏省高级人民法院（2017）苏民终 1297 号巴洛克公司与浙江巴洛克公司等商标权侵权案］

在被诉标识已被生效行政判决确认为与涉案商标构成使用在同一种或类似商品上的近似商标，容易导致相关公众对商品来源产生混淆误认的情况下，经营者仍继续使用被诉标识可认定为其在主观上具有恶意，可通过惩罚性赔偿提高赔偿金额。

［江苏省苏州市中级人民法院（2018）苏 05 民初 572 号普利司通与水浒轮胎等商标权侵权案］

商标权人因侵权行为所受到的损失、侵权人因侵权行为所获得的利益以及商标许可使用费均难以确定的，无法确定适用惩罚性赔偿的基数，对于商标权人有关适用惩罚性赔偿的主张不予支持。

［广东省深圳市中级人民法院（2020）粤 03 民初 20 号广东小天才公司与深圳

市小天才公司商标权侵权及不正当竞争案]

对于持续时间长、侵权故意明显、侵权情节严重的侵犯注册商标专用权的行为，可以适用惩罚性赔偿，加重侵权人的损害赔偿责任。

[江苏省苏州市中级人民法院(2019)苏05知初643号施耐德电气公司与施耐德电梯公司商标权侵权案]

对于主观恶意明显、侵权情节严重的侵害商标权行为，可以适用惩罚性赔偿予以规制，并在确定惩罚性赔偿基数的基础上，在《商标法》规定的合理倍数范围内确定赔偿数额。

[浙江省杭州市中级人民法院(2019)浙01民初412号惠氏公司等与广州惠氏公司等商标侵权案]

损害赔偿数额的确定要以商标的市场价值为指引，并可在综合考虑侵权行为持续时间、侵权人主观情况、涉案商标知名度及市场价值等因素的情况下，在确定法定赔偿数额时体现一定的惩罚性。

[杭州铁路运输法院(2019)浙8601民初1611号微播视界等与杭州抖商科技商标权侵权及不正当竞争案]

三、著作权类

（一）作品与制品

1. 独创性表达

作品一般定义中的“独创性”要求指“具有独创性”，对于作品的独创性判断，只能定性其独创性之有无，而无法定量其独创性之高低。电影类作品与录像制品的实质性区别在于连续画面的制作者是否进行了创作，所形成的连续画面是否具有独创性，因此二者的划分标准也应为独创性之有无，而非独创性之高低。

［北京市高级人民法院（2020）京民再127号央视国际与暴风公司著作权侵权案］

对于作品的独创性判断，应当以独创性之有无作为判断标准，而非独创性之高低。对于由多个机位拍摄的体育赛事节目，如果机位的设置、镜头切换、画面选择、剪辑等方面能够反映制作者独特的构思，体现制作者的个性选择和安排，具有智力创造性，可以认定其符合《著作权法》规定的独创性要求，并在同时符合其他构成要件的情况下，可以认定为构成类电作品。

［北京市高级人民法院（2018）京民终562号NBA产物公司与爱奇艺等著作权侵权案］

作品的独创性与其价值无关，如果一种独立完成的表达能够体现作者独特的智力判断和选择安排，则符合创造性要求，具有独创性。

［北京知识产权法院（2019）京73民终2701号华谊兄弟与永嘉县非诚勿扰婚介所、金某欢著作权侵权案］

《著作权法》保护的是文学、艺术、科学领域内具有独创性的表达，不保护事实、操作技巧、实用功能等。根据平面底稿制作的立体工艺品如果不是对该平面底稿中具有独创性表达的复制，而只是不具有独创性的功能性设计或有限表达，或其艺术表达无法与实用功能在物理上或观念上相分离，则该立体工艺品不属于受《著作权法》保护的作品。

[广州互联网法院云朵公司与小鱼玩具厂著作权侵权案]

工业产品的外观设计是由产品的外形、图案、色彩组合而成,可以申请外观设计专利权而受《专利法》的保护,同时也可能获得《著作权法》的保护。在外观设计专利权被宣告无效后,对于其中源于作者的独立创作且能体现作者个性的独创性表达,仍有可能作为《著作权法》所保护的作品而享有著作权保护。

[广州互联网法院云朵公司与小鱼玩具厂著作权侵权案]

2. 文字作品

文学作品的表达不仅表现为文字性的表达,也包括文字所表述的故事内容,当文学作品的人物形象、情节选择、场景设计反映出作者独特的选择、判断、取舍,即可成为著作权法保护的表达。

[北京知识产权法院(2019)京73民终1410号北京大神圈与广州网易等著作权侵权案]

在涉案游戏由法人团队创作完成的情况下,作为与该涉案游戏同期创作并存在相互配合关系的涉案文字作品通常体现的亦应是创作团队的意志,在无充分证据推翻的情况下,该文字作品应当认定为法人作品。

[广州知识产权法院(2018)粤73民初684号网易公司与多益公司著作权侵权及不正当竞争案]

高考数学试题题干属于公有领域的内容,任何人不能主张对此享有著作权。对高考数学试题的解答大部分仅是文字、数字、字母、符号的结合,受到表达形式本身的限制,是对思想的唯一或有限表达,不受《著作权法》保护。但对解题思路的分析及对试题考查目标、题型难度、注意事项的点评等内容,其表达形式并非唯一或有限的,能够体现出不同创作者的智力判断与选择、展示不同的个性,一般应作为作品受到《著作权法》保护。

[广东省深圳市中级人民法院(2019)粤03民再171号菁优公司与豆丁公司著作权侵权案]

在判断由人工智能生成的文章是否构成文字作品时,应当判断其是否具备可复制性和独创性。其中,对独创性的审查应当考虑以下两点:(1)涉案文章是否系独立创作及外在表现上是否与已有作品存在一定程度的差异,或具备最低程度的创造性;(2)涉案文章在生成过程中是否体现了创作者的个性化选择、判断及技巧等因素。

［深圳市南山区人民法院（2019）粤0305民初14010号腾讯公司与盈讯公司著作权侵权及不正当竞争纠纷案］

在具体认定由人工智能生成涉案文章的行为是否能够认定为《著作权法》所称的创作行为时，应当考虑该行为是否属于一种智力活动以及该行为与作品的特定表现形式之间是否具有直接的联系。如果涉案文章的生成体现了相关人员的个性化安排与选择，其表现形式亦非唯一，则由人工智能生成的文章具有一定的独创性。

［深圳市南山区人民法院（2019）粤0305民初14010号腾讯公司与盈讯公司著作权侵权及不正当竞争纠纷案］

3. 口述作品

授课者基于对所授课程内容基本知识、技巧等的理解和研究，经独立构思并在教学过程中口头作出的独创性表达，构成《著作权法》保护的口述作品。

［北京互联网法院肖某与天才星公司著作权侵权案］

4. 舞蹈作品

舞蹈作品的独创性体现在每个静态舞蹈动作的连接设计和集合，每个静态的舞蹈动作亦是体现舞蹈作品独创性的重要组成部分。未经舞蹈作品著作权人许可，使用该舞蹈作品的独创性表达的，构成对舞蹈作品著作权的侵害。

［北京市海淀区人民法院杨丽萍公司与云海肴公司等著作权侵权案］

5. 美术作品

涉案美术作品由日本法人创作完成，中国与日本同为《伯尔尼公约》成员国和TRIPs协议成员方，根据该两份国际条约中所规定的国民待遇原则，涉案美术作品应受中国《著作权法》的保护。

［北京知识产权法院（2018）京73民终184号池田模范堂与广州模范堂等著作权侵权及不正当竞争案］

注册商标标识与美术作品相同，如果该注册商标权利人未经该美术作品著作权人的许可，以商业目的擅自使用他人美术作品的行为并非合法的商标性使用行为，且不构成合理使用，则构成对他人著作权的侵害。

[北京知识产权法院(2019)京73民终2701号华谊兄弟与永嘉县非诚勿扰婚介所、金某欢著作权侵权案]

体现了独创性表达并具有审美意义的微信表情、微信支付图标、微信红包详情页、微信红包气泡、微信图标,构成受我国《著作权法》保护的美术作品。

[深圳市南山区人民法院腾讯公司与某网络公司著作权侵权及不正当竞争案]

对于承载了独创性表达并具有审美意义的拼装立体模型,可以作为我国《著作权法》中的美术作品受到保护。未经拼装立体模型著作权人许可,复制发行其美术作品,非法经营额巨大的,属于情节特别严重的情形,应当根据罪责刑相适应原则确定刑罚。

[上海市高级人民法院(2020)沪刑终105号李某鹏等侵犯著作权刑事案]

实用艺术品作为美术作品受到《著作权法》保护的仅仅是其具有艺术性的部分。因此,实用艺术品除需满足作品的一般构成要件及美术作品的特殊构成要件外,还应满足具备实用功能的实用性与体现艺术美感的艺术性在物理上或观念上可相互分离。

[广东省高级人民法院(2019)粤民终1665号轩尼诗公司与广东卡拉尔公司等著作权侵权案]

实用艺术品的平面底稿系由作者以绘画方式独立创作完成,具有一定的审美意义,符合《著作权法》对于作品的一般要求,构成《著作权法》规定的美术作品。

[广州互联网法院云朵公司与小鱼玩具厂著作权侵权案]

6. 摄影作品

对于在拍摄地点、角度、对象、器材等方面体现了人工干预、选择和判断所形成的照片,即使其主要由机器自动完成,只要在拍摄、形成的过程中有人为因素的参与,使得人以独创性的方式在拍摄过程中发挥了作用,即可满足摄影作品所需的独创性,构成受我国《著作权法》保护的摄影作品。

[北京知识产权法院(2017)京73民终797号高某、邓某欢与优酷等著作权侵权案]

延时摄影作品中的单幅照片体现了作者在拍摄过程中对拍摄角度、距离、光线、明暗等拍摄因素的个性化选取,以及作者在后期制作过程中对影像内容独创性的选择、安排和处理,具有独创性,构成摄影作品。

[北京知识产权法院(2020)京73民终1468号周某亚与申屠某宁著作权侵权案]

7. 电影作品与类电作品

电影类作品定义中"摄制在一定介质上"的规范意义在于摄制者能够证明作品的存在,以满足对作品进行复制传播的"可复制性"要求,不能等同于"固定"或"稳定地固定"。即便将"摄制在一定介质上"视为构成电影类作品的特殊要求,亦应对其作广义解释。

[北京市高级人民法院(2020)京民再127号央视国际与暴风公司著作权侵权案]

《著作权法实施条例》第4条有关电影和类电作品定义中规定的"摄制在一定介质上"并不等同于"固定"或"稳定地固定"。体育赛事节目由摄制者在比赛现场拍摄并以公用信号方式向外传输,实质上就是固定并传输赛事节目内容的过程,应当认定该体育赛事节目满足"摄制在一定介质上"的要求。

[北京市高级人民法院(2018)京民终562号NBA产物公司与爱奇艺等著作权侵权案]

涉案赛事节目的内容表现为有伴音的连续画面,属于以类似电影的方法表现的作品,且涉案赛事节目的比赛画面系由摄制者在比赛现场拍摄,体现了制作者的个性选择和安排,其在网络上传播的事实足以表明已经通过数字信息技术在相关介质上予以固定并进行复制和传播,既满足作品一般定义中"可复制性"的要求,亦满足电影类作品定义中"摄制在一定介质上"的要求,构成电影类作品。

[北京市高级人民法院(2020)京民再127号央视国际与暴风公司著作权侵权案]

中超联赛直播节目由比赛现场的公用信号画面、画外解说以及演播室三部分组成,属于文学、艺术、科学领域内的人类智力成果,且在拍摄角度、画面、对象等选取、剪辑、编排等方面体现了制作者的个性,具有独创性。该赛事节目通过摄像机拍摄成图像,属于有伴音的连续画面,符合可复制性与摄制在一定介质上的要件,构成类电作品。

[北京市高级人民法院(2018)京民初221号聚力公司与暴风公司著作权侵权案]

对于由多个机位拍摄的体育赛事节目,如果在机位的设置、镜头切换、画面选择、剪辑等方面能够反映制作者的构思，体现制作者的个性选择和安排，则符合《著作权法》对作品独创性的要求，在同时符合其他构成要件的情况下，可以认定为类电作品。

［北京市高级人民法院（2020）京民再128号新浪公司与天盈九州著作权侵权及不正当竞争案］

网络游戏的核心是特定玩法规则和情节，通过游戏界面或连续动态画面呈现的具体表达也是玩家所感知的游戏主要内容，将玩法规则及情节的具体表达作为核心组成部分并适用类电作品规则对游戏整体予以保护，有利于实现对网络游戏著作权的充分保护和实质保护。

［浙江省高级人民法院（2019）浙民终709号盛和公司等与仙峰公司著作权侵权案］

自由搏击类赛事节目的画面通过多角度镜头摄制，并经后期剪辑和人工编排完成，体现了创作者的选择与构思，具有独创性，应当属于《著作权法》所规定的作品。

［上海知识产权法院（2019）沪73民终186号爱奇艺与全土豆著作权侵权案］

电子游戏动态画面是指随着游戏用户操作而由电子设备呈现的包括文字、美术、音乐等要素连续动态画面的集合，是电子游戏的外在表现形式。电子游戏动态画面关于游戏核心玩法和实质内容的综合表达是游戏开发者独立创作且不属于公有领域或司空见惯的表达，且游戏画面在游戏中生成时相对固定，可以以有形形式复制，属于我国《著作权法》所保护的作品。

［广东省深圳市中级人民法院（2019）粤03民初2157号网易公司等与迷你玩公司著作权侵权案］

游戏整体画面是开发者思想或情感的表达，并非实用性的物品或解决技术问题的技术方案，具有独创性与可复制性，属于受《著作权法》保护的作品。

［广州互联网法院（2019）粤0192民初1092－1102、1121－1125号腾讯与某文化公司等著作权侵权及不正当竞争案］

电子游戏动态画面是游戏开发者将游戏规则设计、数值设定、场景转换等设计编写成计算机代码，通过游戏用户在运行游戏时发出的不同操作指令，调动游戏素材进行有机组合，在终端屏幕上呈现出的可供感知的综合视听表达。该表达在游戏开发者的预设范围之内，相当于游戏开发者将游戏素材“摄制”成可视动态画面，构成类电作品。

[广东省深圳市中级人民法院(2019)粤03民初2157号网易公司等与迷你玩公司著作权侵权案]

综艺节目的影像如果凝聚了导演、演员、编剧等人员的创造性劳动,在镜头切换、画面选择拍摄、场景、后期剪辑等方面体现了创作者的选择与判断,具有独创性,则构成以类似摄制电影的方法创作的作品,制片者对该综艺节目在整体上享有著作权。

[北京互联网法院《小跳蛙》权利人与《中国新声代》制片者等著作权侵权案]

他人无论是使用构成类电作品的综艺节目的完整内容还是只使用其中的片段,其只需取得该综艺节目制片者的许可,不需要同时取得综艺节目中可以单独构成作品的其他著作权人的许可。

[北京互联网法院《小跳蛙》权利人与《中国新声代》制片者等著作权侵权案]

《著作权法》对于作品独创性的要求应该是最低限度的,一般而言,作品只要是体现了作者的个性即满足该最低限度独创性的要求。作品独创性的高度关系到作品的保护强度,而非给予作品著作权保护的条件。涉案足球赛事节目通过多机位的设置、镜头的切换、慢动作的回放、精彩镜头的捕捉、故事的塑造,并加以导播创造性的劳动,充分体现了创作者在其意志支配下的对连续画面的选择、编辑、处理,具有独创性,而且该连续画面确定可感知,亦符合"固定性"的要求,构成类电作品。

[上海市浦东新区人民法院(2017)沪0115民初88829号足球赛事节目拍摄画面构成类电作品]

判断体育赛事节目是否构成类电作品需考虑拍摄的内容是否具有独创性以及是否满足"摄制在一定介质上"的固定性要求。如果拍摄的比赛画面经过多镜头的采集和选择,通过画面景别的衔接和节奏的变化来表达美感和思想感情,展现了摄制者独特的智力判断与个性并达到一定的创作高度,并满足固定性要求,则构成类电作品。

[上海市浦东新区人民法院上海聚力与深圳新感易搜著作权侵权案]

游戏整体画面不是通过摄制方法固定在一定介质上,与传统类电作品存在差别,但由于类电作品强调的是表现形式而非创作方法,故在其符合一系列有伴音或者无伴音的画面组成的特征,并且可以由用户通过游戏引擎调动游戏资源库呈现出相关画面时,游戏整体画面宜认定为类电作品。

［广州互联网法院(2019)粤0192民初1092－1102、1121－1125号腾讯与某文化公司等著作权侵权及不正当竞争案］

游戏用户操作游戏时不具有创作意图,只是在游戏创作者设定的逻辑框架内进行操作,没有付出创造性劳动,故对操作游戏时形成的整体画面不享有著作权。

［广州互联网法院(2019)粤0192民初1092－1102、1121－1125号腾讯与某文化公司等著作权侵权及不正当竞争案］

判断体育赛事节目是否构成类电作品需考虑拍摄的内容是否具有独创性。如果拍摄的比赛画面仅具有少量镜头和简单切换,虽然也体现了拍摄者的智力投入和选择,但仍以客观记录和还原内容为目的,则属于录像制品。如果拍摄的比赛画面经过多镜头的采集和选择,通过画面景别的衔接和节奏的变化来表达美感和思想感情,展现了摄制者独特的智力判断与个性并达到一定的创作高度,区别于按照既定规则的机械获得或微不足道的智力创造性,则构成类电作品。

［杭州互联网法院苏宁体育与某新媒体公司等著作权侵权案］

8. 地图作品

地图是以符号、文字等要素说明地球表面事物和现象分布情况的图形,尽管其表现的主要是客观地理等信息,但相关信息的取舍、组合等均反映了制图者关于制图目的、用途等特定思想,是通过智力活动并以具有差异性的线条、符号、颜色等表达和固定下来的成果,故具有独创性的地图可以作为图形作品受《著作权法》保护。

［北京知识产权法院(2017)京73民初1914号四维图新公司与百度网讯公司等著作权侵权及不正当竞争纠纷案］

9. 录像制品

对于在画面拍摄、取舍、剪辑制作等方面运用拍摄电影或类似电影方法表现并反映制作者独立构思、表达某种思想内容,体现创作者个性的连续画面,应当认定为电影类作品。录像制品的"个性化选择"则主要是为了更好地录制影像所作的技术性加工,而不涉及对作品表达层面的个性选择和安排。

［北京市高级人民法院(2020)京民再127号央视国际与暴风公司著作权侵权案］

类电作品与录像制品的表现形式均为连续画面,但实质区别在于类电作品的制作者进行了创作,所形成的连续画面具有独创性,录像制品制作者未进行创作,所形成的连续画面不具有独创性。

［北京市高级人民法院(2020)京民再128号新浪公司与天盈九州著作权侵权及不正当竞争案］

录像制品是指电影作品和以类似摄制电影的方法创作的作品以外的任何有伴音或者无伴音的连续相关形象、图像的录制品。涉案制品是采用简单、机械方式录制剪辑而成的连续画面,属于录像制品,受《著作权法》保护。

［上海知识产权法院(2019)沪73民终423号新梨视与字节跳动侵害邻接权纠纷案］

(二)著作权

1. 署名权

未经著作权人许可,去除作品署名后对作品进行使用的,侵害著作权人对该作品享有的署名权。该行为对著作权人造成精神损害的,应当承担赔偿精神损害抚慰金的民事责任。

［上海知识产权法院(2020)沪73民终263号朱某一与看榜公司著作权侵权案］

2. 修改权

汇编进入公有领域的作品或作品片段时,如果未经该作品原作者的许可,即使仅对其中的内容作出局部变更或修正了文字、用语,仍构成对原作者修改权的侵害;如果只是节选原作品的片段,并未对该作品片段中的内容作出任何改动,则不构成对原作者修改权的侵害。

［江苏省高级人民法院(2019)苏民终955号傅某等与应急管理出版社著作权侵权案］

3. 信息网络传播权

IPTV平台提供的“回看”服务不同于直播,其是将存储于服务器中的影视作品提供给用户进行回溯式、可重复的观看，符合以有线或无线方式向公众提供作品，使公众可以在其个人选定的时间和地点获得作品的要求，受信息网络传播权的控制。

[北京知识产权法院(2019)京73民终3696号爱奇艺与爱上电视传媒等著作权侵权案]

《著作权法》保护具有独创性的表达，因此信息网络传播权的控制范围不限于以有线或者无线方式向公众提供完整的作品，他人只要是未经许可使用了作品中具有独创性表达的部分，均受到信息网络传播权的规制。

[北京知识产权法院(2020)京73民终187号优酷与蜀黍科技著作权侵权案]

他人未经许可，以对影视作品截图并形成图片集的形式使用该影视作品中具有独创性的表达，构成提供作品的行为，并通过互联网使公众可以在个人选定的时间和地点获得该图片集，且提供该图片集已经超过了适当引用的必要限度，亦非评论性使用，不属于合理使用，构成对该影视作品信息网络传播权的侵害。

[北京知识产权法院(2020)京73民终187号优酷与蜀黍科技著作权侵权案]

酒店通过局域网提供电影作品的点播服务，使其房客可以在选定的时间和地点获取该电影作品的行为属于交互式传播电影作品，落入信息网络传播权的控制范围。酒店未经许可实施该行为，侵害了电影作品著作权人的信息网络传播权。

[北京知识产权法院(2020)京73民终286号爱奇艺与京仪大酒店著作权侵权案]

信息网络传播权控制的"以有线或者无线方式向公众提供作品"的行为，不应仅理解为向公众提供的是完整的作品，只要是使用了作品中具有独创性表达的部分，均在信息网络传播权的控制范围之内。

[北京互联网法院优酷与上海宽娱著作权侵权案]

电影中的伴音是电影作品不可分割的组成部分，包含了导演、录音、剪辑等多环节创作活动的成果，属于电影作品独创性表达的重要部分。未经许可，以有线或者无线方式向公众提供电影作品的完整伴音，使公众可以在其个人选定的时间和地点获得该伴音，构成对电影作品伴音加画面的传统传播形式的实质性替代，侵害了电影作品的信息网络传播权。

[北京互联网法院优酷与上海宽娱著作权侵权案]

授课视频的录制者与授课人就授课视频的著作权权属约定不明时，授课人对其口述作品享有著作权，授课视频的录制者对其录制的视频享有录像制作者权。授课人仅许可录制者进行录制，而没有许可录制者通过信息网络传播该录像制品的，他人如需通过信息网络传播该录像制品，则在取得录制者的许可外，还需取得授课人的许可。

［北京互联网法院肖某与天才星公司著作权侵权案］

未经许可，使用他人美术作品中具有独创性的表达且构成实质性相似，并通过信息网络进行传播，使公众可以在其选定的时间和地点获得该作品的，构成对著作权人信息网络传播权的侵犯。

［北京互联网法院（2019）京 0491 民初 21961 号上美制片厂与安徽广播电视台著作权侵权案］

被诉电影通过网站进行传播，必然使其中包含的美术作品同时被以有线或者无线方式向公众提供，使公众可以在其个人选定的时间和地点获得，构成对他人信息网络传播权的侵害。

［北京市海淀区人民法院乐玩与金刚时代等著作权侵权及不正当竞争案］

云服务器属于广义的“网络服务器”，其可作为作品存储的载体。将作品“上传”至或放置在云服务器中，并通过上传行为和开放行为，以通过不同终端的云游戏平台提供作品的，均属于信息网络传播权所规制的“提供”作品的行为。

［杭州互联网法院腾讯公司与某科技公司著作权侵权及不正当竞争案］

在网站和应用软件中提供与他人美术作品相同或实质性相似的图案，使该软件用户可以在其选定的时间和地点获得与他人美术作品相同或实质性相似的页面，构成对美术作品权利人所享有的信息网络传播权的侵犯。

［深圳市南山区人民法院腾讯公司与某网络公司著作权侵权及不正当竞争案］

4. 摄制权

摄制权是指以摄制电影或者以类似摄制电影的方法将作品固定在载体上的权利。被诉电影以摄制电影的方法将他人享有权利的美术作品固定在相应载体上，构成对他人摄制权的侵害。

［北京市海淀区人民法院乐玩与金刚时代等著作权侵权及不正当竞争案］

以摄制电影的方法将相关美术作品固定在相应载体上，属于摄制权控制范围内的复制行为。在摄制权已涵盖拍摄电影所发生的复制行为并足以进行规制的情况下,无须再适用复制权对该行为进行评判。

[北京市海淀区人民法院乐玩与金刚时代等著作权侵权及不正当竞争案]

5. 改编权

涉案视频通过对游戏内容的展现用于涉案游戏的宣传推广,并出现在涉案游戏的运行过程之中,具有对涉案游戏的依附性,游戏玩家也会形成涉案视频与涉案游戏之间具有对应关系的认知,故涉案视频作为涉案游戏的组成部分,同样也会构成对他人游戏改编权的侵犯。

[北京知识产权法院(2019)京73民终1410号北京大神圈与广州网易等著作权侵权案]

改编权是指改变作品,创作出具有独创性的新作品的权利,通常应当是利用了原有作品包括主题、独创性表达等在内的基本内容。如果被诉作品构成全新的作品,没有利用涉案作品的主题、独创性表达等内容,则不构成对涉案作品的改编,未侵害权利人对涉案作品享有的改编权。

[天津市第三中级人民法院(2019)津03知民终6号众得公司与岳某刚等著作权侵权案]

改编权是指改变作品,创作出具有独创性的新作品的权利。涉案游戏角色形象作为美术作品在被以摄制电影的方法予以固定的过程中,虽然经历了从平面到立体、从游戏角色形象到电影人物形象的改变,但上述改变仅属于局部、细节、非实质性的变化,没有增添具有独创性的表达,尚不足以使改变后的被诉电影人物形象构成新的作品,本质上仍是对涉案游戏角色形象的复制,未构成对改编权的侵害。

[北京市海淀区人民法院乐玩与金刚时代等著作权侵权及不正当竞争案]

对电影作品的保护是保护其在连续图像形成中的独创性表达,对电影情节的保护应该从电影画面中剥离出来,还原为对文字作品的保护。仅在宣传文案中使用他人电影作品的情节,不构成对该电影作品改编权的侵害。

[杭州互联网法院某影业公司与某网络公司等著作权侵权及不正当竞争案]

6. 著作权人享有的其他权利

被诉行为无法纳入《著作权法》第10条第1款第1项至第16项所规制的范围,若对其不予制止将会影响著作权法已有权利的正常行使,而对其予以规制不会导致创作者、传播者和社会公众间的重大利益失衡,则可适用《著作权法》第10条第1

款第 17 项“应当由著作权人享有的其他权利”的规定，对被诉行为进行调整。

［北京市高级人民法院(2020)京民再 128 号新浪公司与天盈九州著作权侵权及不正当竞争案］

如果被诉侵权行为无法纳入《著作权法》第 10 条第 1 款第 1 项至第 16 项规定的权项所规制的范围，但若对被诉行为不予制止，将严重影响著作权人正常行使涉案作品的权利，且对该作品提供著作权保护不会导致作品的创作者、传播者和社会公众之间的重大利益失衡，则应当适用《著作权法》第 10 条第 1 款第 17 项规定的“应当由著作权人享有的其他权利”，对被诉侵权行为进行规制。

［北京市高级人民法院(2018)京民终 562 号 NBA 产物公司与爱奇艺等著作权侵权案］

主播在直播平台演唱歌曲是以有线或者无线方式向公众实时提供音乐作品的行为，属于《著作权法》第 10 条第 1 款第 17 项规定的其他权利的控制范围。主播未经许可实施该行为，侵害了音乐作品著作权人所享有的其他权利。

［北京互联网法院麒麟童公司与斗鱼公司著作权侵权案］

通过互联网实时直播作品的行为不属于我国《著作权法》中广播权和信息网络传播权的规制范围。但鉴于我国已于 2006 年批准加入《世界知识产权组织版权条约》，该条约规定了“向公众传播权”，因此通过互联网实时转播的行为亦应受到我国《著作权法》的调整，可以适用《著作权法》第 10 条第 1 款第 17 项“应当由著作权人享有的其他权利”的规定予以规制。

［上海市浦东新区人民法院(2017)沪 0115 民初 88829 号央视诉 PPTV 欧足联赛转播侵权案］

通过信息网络实时直播作品的行为不属于我国《著作权法》中广播权的规制范围，也不属于信息网络传播权的规制范围，但未经权利人许可而实施的该行为具备著作权侵权的基本特征及一般构成要件，应当适用《著作权法》第 10 条第 1 款第 17 项的规定予以规制。

［上海市浦东新区人民法院上海聚力与深圳新感易搜著作权侵权案］

通过互联网同步转播作品的行为不属于我国《著作权法》中广播权的规制范围，但未经权利人许可而实施的该行为具备著作权侵权的基本特征及一般构成要件，应当适用《著作权法》第 10 条第 1 款第 17 项的规定予以规制。

［杭州互联网法院浙广集团与 A 公司等著作权侵权案］

(三)实质性相似

电子游戏与小说属于不同的表达方式,判断二者是否构成实质性相似,需要综合考虑电子游戏是否使用了小说中独创性表达的人物、人物关系、故事情节等元素,且需考虑电子游戏所利用的小说中的独创性内容在该游戏中的所占比重。

[江苏省高级人民法院(2018)苏民终1163号玄霆公司与吉乾公司等著作权侵权案]

电子游戏与小说的表达方式不同,不能仅以电子游戏使用小说的文字数量来判断二者是否构成实质性相似。鉴于游戏软件通常包含游戏资源库,故可通过对游戏资源库文件进行反编译后,提取其中的内容与小说的内容进行比对,辅助确定游戏是否使用了文字作品中的相关内容。

[江苏省高级人民法院(2018)苏民终1163号玄霆公司与吉乾公司等著作权侵权案]

对于软件程序的同一性判断,如果两个计算机软件的源程序相同或实质性相似,应当认定二者具有同一性。如果目标程序相同或实质性相似,尚无法直接认定二者具有同一性,还必须结合其他证据予以印证。

[广州知识产权法院(2018)粤73民初684号网易公司与多益公司著作权侵权及不正当竞争案]

存在相同的错误信息是判断两部地图是否存在抄袭或者复制关系的简明途径之一,如果被诉侵权电子地图中存在大量与权利作品构成雷同的虚设道路、个别字误、错误简称等不规范信息,在缺乏合理解释的情况下,可以作为认定二者构成实质性相似的佐证。

[北京知识产权法院(2017)京73民初1914号四维图新公司与百度网讯公司等著作权侵权及不正当竞争纠纷案]

（四）侵权抗辩

使用他人作品如果会与著作权人正常使用其作品的方式相冲突且会不合理地损害著作权人合法利益的，则不构成合理使用。

[北京知识产权法院（2019）京73民终2701号华谊兄弟与永嘉县非诚勿扰婚介所、金某欢著作权侵权案]

在双方当事人通过合同对相关作品的著作权归属已经进行约定的情况下，应当首先基于合同约定明确权利义务边界。如果一方当事人是在合同约定范围内行使其权利，则不构成对著作权的侵害。

[北京知识产权法院（2018）京73民终1174号花儿影视公司与蒋某男等著作权侵权案]

（五）诉讼措施

1. 行为保全

被申请人实施的被诉侵权行为成立侵权的可能性较大，且不立即采取措施可能使申请人的合法权益受到难以弥补的损害，在申请人提供足额担保的情况下，对申请人的诉中行为保全申请应予支持。

[广州互联网法院腾讯公司与某云平台等诉中行为保全案]

2. 先行判决

大型网络游戏开发和运营成本较大，但生命周期较短，侵权方及时停止侵权行为是网络游戏权利人最普遍的诉求。由于赔偿金额的计算耗时较长，在查明侵权事实的基础上并根据权利人的申请，法院可以先行判决侵权方停止侵权。

[浙江省高级人民法院（2019）浙民终709号盛和公司等与仙峰公司著作权侵

权案]

人民法院在审理案件的过程中,可以对事实清楚的部分作出先行判决,并可在作出该先行判决的同时作出诉中行为保全裁定,责令被告立即停止相关行为。

[浙江省杭州市中级人民法院(2018)浙01民初3728号盛和公司等与仙峰公司著作权侵权案]

(六)证据规则

通过"翻墙"方式以非正常渠道突破网络管制措施,对在我国大陆不能自由访问的网站进行访问,违反了相关行政性管理规定,但由此所取得的证据不宜直接作为非法证据予以排除,不过其证明力通常还需结合其他证据予以补强。

[广州互联网法院华某与麦公司著作权侵权案]

当事人在诉讼中陈述的于己不利的事实,或者对于己不利的事实明确表示认可的,另一方当事人无须举证。当事人在诉讼外陈述的于己不利的事实不构成自认,不免除另一方当事人的证明责任。

[北京知识产权法院(2018)京73民终1174号花儿影视公司与蒋某男等著作权侵权案]

(七)民事责任

被告行为同时构成对原告著作权的侵害和不正当竞争,原告要求被告就其同一侵权行为重复承担责任的,不予支持。

[广州互联网法院(2019)粤0192民初1092-1102、1121-1125号腾讯与某文化公司等著作权侵权及不正当竞争案]

1. 网络服务提供者责任

直播平台经营者未接到权利人通知,且未对涉案作品进行编辑、整理、分类、推荐等，其主观上对他人侵权行为不属于应知，客观上亦及时采取了合理措施以防止侵权损失扩大，不应认定其构成帮助侵权。

［北京市高级人民法院（2019）京民申 2693 号爱奇艺与珠海多玩著作权侵权案］

网络服务提供者对于通过其平台传播的应用程序具有很强的控制及管理能力，不同于单纯提供信息存储空间服务的网络服务提供者，可以基于此种管理控制能力认定网络服务提供者对应用程序开发商未经许可提供作品的行为构成应知。在未及时采取相应措施防止损害发生或扩大的情况下，网络服务提供者应当承担侵权责任。

［北京知识产权法院中文在线与苹果公司著作权侵权案］

专门提供影视作品链接搜索或其他相关服务的经营者，对防止侵权行为的发生负有较高的注意义务，但仍将未经合法备案的非法网站提供的视频进行推荐、编辑、整理等并提供链接搜索服务，主观上具有应知的过错，客观上扩大了直接侵权的范围，构成帮助侵权。

［北京知识产权法院（2020）京 73 民终 113 号西安佳韵社与江苏海豚著作权侵权案］

通过网站投诉、发送邮件等方式多次针对同一用户上传的侵权视频进行投诉，投诉通知中明确了侵权用户、侵权视频链接地址、权利视频链接地址、权利人信息等内容，足以使网络服务提供者准确识别权利人并对被投诉内容作出判断的，属于相关法律和司法解释规定的有效通知。

［上海知识产权法院（2019）沪 73 民终 423 号新梨视与字节跳动侵害邻接权纠纷案］

对于网络用户的重复侵权行为，如果针对每一侵权内容进行删除已不足以起到阻断新侵权行为发生、防止侵权损害结果扩大的作用，则应及时采取禁言、封号等能够快速阻断侵权行为发生的合理、必要措施。

［上海知识产权法院（2019）沪 73 民终 423 号新梨视与字节跳动侵害邻接权纠纷案］

网络服务提供者未及时采取合理、必要措施，导致重复侵权者的侵权行为再次发生的，其在主观上具有过错，客观上帮助网络用户实施了侵权行为，构成帮助侵权。

［上海知识产权法院（2019）沪73民终423号新梨视与字节跳动侵害邻接权纠纷案］

网络服务提供者对涉案作品进行编辑、整理、分类、推荐等，且未提交涉案作品上传者的用户名、上传IP地址等注册资料及上传信息证明其仅提供储存空间服务的，可以认定网络服务提供者是涉案作品的提供者。

［上海知识产权法院（2019）沪73民终186号爱奇艺与全土豆著作权侵权案］

信息存储空间服务提供者虽然提供针对涉案作品的上传或下载，但如果其行为本质仅是提供信息存储空间服务，而没有提供涉案作品，则不宜认定其实施了直接侵权行为。

［广州知识产权法院（2019）粤73民终3881号东方传播公司与百度著作权侵权案］

信息存储空间服务提供者提供的文件分享等技术支持如果超出了信息存储服务的范畴，则其应负有更高的注意义务，并采取必要的防范措施和进行必要的审查，否则可能会因存在主观过错而构成帮助侵权。

［广州知识产权法院（2019）粤73民终3881号东方传播公司与百度著作权侵权案］

网络服务提供者提供了上传用户的基本信息，未对被上传作品进行修改、编辑、推荐，不知道也无合理理由应当知道用户上传作品侵犯他人著作权，且未从被上传作品中直接获利，在接到权利人通知后亦及时删除作品的，该网络服务提供者免于承担赔偿责任。

［广东省深圳市中级人民法院（2019）粤03民再171号菁优公司与豆丁公司著作权侵权案］

提供影视作品并可进行分类、检索的网络服务提供者通常应负有更高的注意义务。基于相关影视作品的知名度，如果网络服务提供者应当知晓侵权行为的存在，但其未尽到合理注意义务的，则在主观上存在过错，客观上扩大了侵权视频或音频的传播范围，构成帮助侵权，应当承担相应的侵权责任。

［北京互联网法院优酷与上海宽娱著作权侵权案］

直播平台经营者应当对侵权可能性较大的直播行为负有更高的注意义务。仅通过设置事后侵权投诉渠道难以制止瞬时发生的直播侵权行为，直播平台经营者如果没有采取与其获益相匹配的预防侵权措施，则属于主观上存在过错，应当对侵权行为承担侵权责任。

［北京互联网法院麒麟童公司与斗鱼公司著作权侵权案］

网络服务提供者未经许可提供涉案作品，对涉案作品进行编辑、整理、分类、推荐等，并从涉案作品中直接获得利益的，应当认定网络服务提供者构成侵权，并应当承担相应的侵权责任。

［上海市浦东新区人民法院上海聚力与深圳新感易搜著作权侵权案］

2. 损害赔偿

（1）损害赔偿的计算

对于已向著作权集体管理组织交纳版权使用费的使用者，如果未经许可使用了未加入著作权集体管理组织的著作权人的相关作品，仍然构成对相关著作权的侵犯，应当承担赔偿责任，但该赔偿责任可以根据已向著作权集体管理组织交纳版权使用费等情形予以酌减。

［广东省高级人民法院（2019）粤民再277号声影公司与红馆公司著作权侵权案］

基于企业营业利润影响因素的复杂性以及知识产权价值的无形性，在著作权案件中以侵权获利方式计算赔偿数额时，应当主要依据权利人提交的侵权方获利证据，从侵权行为的具体样态出发，区分涉案知识产权要素创造的价值和不可归因于该要素的其他价值，在利润中析出专属于涉案作品所贡献的专有价值。

［浙江省高级人民法院（2020）浙民终301号百慕公司与宋城公司等著作权侵权案］

在著作权案件中，侵权获利的计算不仅仅是单纯的事实认定，而是需要叠加对难以量化的作品价值等因素进行评估确定，因此可在着重考虑给予权利人充分救济的情况下，从有利于维权、制止侵权等损害赔偿的预防功能角度，合理确定利润总额和利润贡献率。

［浙江省高级人民法院（2020）浙民终301号百慕公司与宋城公司等著作权侵权案］

（2）惩罚性赔偿

对于侵权产品生产销售规模大，经销商覆盖范围广，侵权人明显具有利用涉案作品的艺术价值及知名度宣传推广侵权产品的故意,且在法院作出行为保全裁定后仍未停止侵权,主观恶意明显的,应当适用惩罚性赔偿确定赔偿额。

[苏州市中级人民法院(2019)苏05知初351号环球影画与千尺雪公司等侵害著作权案]

四、不正当竞争类

（一）一般性规定

1.《反不正当竞争法》的适用原则

市场竞争以自由竞争为原则，以《反不正当竞争法》的规制为例外。经营者遵守相应竞争规则，依靠自身优势资源，达到吸引人才集聚、打造高曝光度优秀平台的效果，且未限制有效竞争的，应为自由的市场竞争所容许。在市场竞争机制并未受到明显扭曲的情况下，不应泛化《反不正当竞争法》的适用，而应尊重经济运行规律，避免随意干涉市场运行，避免过度干预市场竞争，让市场的归市场，以充分保障市场在资源配置中的基础作用，促进竞争效果的有效实现。

［浙江省高级人民法院（2020）浙民终515号开迅公司与虎牙公司等不正当竞争纠纷案］

当事人能够通过合同方式得到有效救济的，对于《反不正当竞争法》的适用更应秉持审慎、谦抑的原则，不应随意干预当事人的行为自由。

［浙江省高级人民法院（2020）浙民终515号开迅公司与虎牙公司等不正当竞争纠纷案］

造成损害是不正当竞争构成中的基本要素，但该损害并非简单地损害竞争优势、商业机会等竞争利益，而需与《反不正当竞争法》的立法目的相协调，构成竞争性损害，尤其是构成对市场竞争机制的损害。市场竞争中的相互争夺性损害是允许的常态性竞争损害，在适用《反不正当竞争法》一般条款时应当秉持谦抑的司法态度，对竞争行为保持有限干预和司法克制。

［广州知识产权法院（2018）粤73民初684号网易公司与多益公司著作权侵权及不正当竞争案］

不正当竞争行为所侵犯的客体是经营者的合法权益、消费者权益、公共利益，而损害其他经营者的合法权益应以存在受《反不正当竞争法》保护的权益为前提。《反不正当竞争法》不是赋予权利，而是规制行为，对行为的规制应恪守谦抑，未形成竞争优势的市场资源不具备《反不正当竞争法》干预的条件，应当交给市场检验，需要干预时《反不正当竞争法》再予介入，以此确保竞争的公平和有序。

［广东省高级人民法院（2018）粤民终552号华多与网易滥用市场支配地位及不正当竞争纠纷案］

市场主体对特定竞争利益的争夺属于商业常态，竞争行为通常会导致一方受损，故竞争利益受到损害并非《反不正当竞争法》对受损方施以民事救济的充分条件。只有当相关竞争行为具有不正当性时，才受到《反不正当竞争法》的规制。

［上海市浦东新区人民法院（2019）沪0115民初11133号陆金服公司等与陆智投公司不正当竞争纠纷案］

《反不正当竞争法》的立法目的在于制止不正当竞争行为，维护正常的市场竞争秩序，保障经营者、消费者的合法权益。经营者间是否存在竞争关系，不属于提起不正当竞争之诉或认定不正当竞争的必要前提。只要经营者之间存在因破坏他人竞争优势而产生的竞争法律关系，即可适用《反不正当竞争法》。

［上海市浦东新区人民法院（2019）沪0115民初73840号腾讯公司与幻电公司等不正当竞争纠纷案］

2.《反不正当竞争法》与知识产权专门法的关系

知识产权专门法已对相关权益作出具体规定，并且法院已经适用该专门法对相关权益进行保护的，针对同一侵权行为，不宜再适用《反不正当竞争法》第2条的规定进行重复保护。

［北京知识产权法院（2017）京73民初1914号四维图新公司与百度网讯公司等著作权侵权及不正当竞争纠纷案］

《反不正当竞争法》补充保护作用的发挥不得与知识产权专门法的立法宗旨相抵触，凡是知识产权专门法已作穷尽性规定的领域，《反不正当竞争法》原则上不再提供附加保护，允许自由竞争。但是，在与知识产权专门法的立法宗旨相兼容的范围内，仍可以从制止不正当竞争的角度提供保护。

［广州知识产权法院（2019）粤73民终5651号本田公司与南海理力公司等商标侵权及不正当竞争案］

《反不正当竞争法》保护商品装潢是为了弥补注册商标保护的不足，是对尚未达到驰名程度但具有显著性并能发挥识别功能的未注册商标所进行的有限补充保护,只能在与《商标法》的立法宗旨相兼容的范围内进行。对于无须依附商品上的注册商标即足以达到识别商品来源程度的商品装潢,具有应受保护的独立法益,可以同时受到《商标法》及《反不正当竞争法》的保护。

[广州知识产权法院(2019)粤73民终5651号本田公司与南海理力公司等商标侵权及不正当竞争案]

对于知识产权专门法已作穷尽性规定的领域,《反不正当竞争法》原则上不再提供附加保护。无论是将涉案足球赛事节目认定为作品从而通过著作权加以保护,还是认定为录像制品或载有连续画面的信号从而通过邻接权加以保护,涉案足球赛事节目的相关纠纷均可以在也应该在《著作权法》框架内予以解决,不应再由《反不正当竞争法》提供附加保护。

[上海市浦东新区人民法院(2017)沪0115民初88829号央视与上海聚力著作权侵权案]

3. 诚实信用原则和公认的商业道德

商业道德是诚实信用原则在《反不正当竞争法》中的体现,应正确把握诚实信用原则和商业道德的评判标准,以特定商业领域普遍认同和接受的经济人伦理为尺度,避免把诚信原则和商业道德简单等同于个人道德或者社会公德。竞争本身即意味着对交易机会的争夺,如果在案证据不能证明存在有违商业道德进行竞争的行为,亦未扰乱市场竞争秩序和损害消费者合法权益,则不宜认定相关行为构成不正当竞争。

[浙江省高级人民法院(2020)浙民终515号开迅公司与虎牙公司等不正当竞争纠纷案]

反不正当竞争法语境下的公认的商业道德是指特定行业的经营者普遍认同的、符合消费者利益和社会公共利益的经营规范和道德准则。在网络不正当竞争纠纷中,对公认的商业道德进行认定时,应当以特定行业普遍认同和接受的经济人伦理标准为尺度,并综合考虑信息网络行业的特定行业惯例;行业协会或者自律组织根据行业特点、竞争需求所制定的从业规范或者自律公约;信息网络行业的技术规范等内容。

[北京市高级人民法院(2017)京民终487号奇虎公司与百度网讯等不正当竞争纠纷案]

《互联网搜索引擎服务自律公约》是在互联网行业协会组织下,由互联网企业广泛签署的行业自律公约,其中的相关约定作为认定互联网行业惯常行为标准和公认商业道德的参考依据。

[北京市高级人民法院(2017)京民终487号奇虎公司与百度网讯等不正当竞争纠纷案]

Robots协议的初衷是指引使搜索引擎的网络机器人更有效地抓取对网络用户有用的信息,更好地促进信息共享,而非作为限制信息流通的工具。通过设置Robots协议限制通用搜索引擎的抓取并非Robots协议的应有之义,应当受到适当的限制,即针对通用搜索引擎所采取的限制抓取措施应当具有合理、正当的理由,而不能针对特定对象采取具有歧视性的措施。

[北京市高级人民法院(2017)京民终487号奇虎公司与百度网讯等不正当竞争纠纷案]

游戏运营者冒用他人依法获得审批的游戏出版物号及游戏名称而上线自有游戏,违反了诚实信用原则和公认的商业道德,损害了权利人的合法权益,扰乱了市场竞争秩序,具有明显的不正当性,可以依照《反不正当竞争法》第2条予以规制。

[上海知识产权法院复娱公司与杰茜卡公司著作权侵权及不正当竞争案]

游戏外挂与游戏之间存在"寄生"关系,通常以较低成本与游戏经营者抢夺交易机会并从中获利,而且游戏外挂经营者的经营行为往往会破坏游戏规则,影响游戏的公平性、安全性和娱乐性,改变游戏正常运行的生态环境,有违诚实信用原则和网络游戏行业公认的商业道德,构成不正当竞争。

[深圳市南山区人民法院(2019)粤0305民初15313号腾讯公司与陈某不正当竞争纠纷案]

《反不正当竞争法》具有行为法属性,以竞争行为为调整对象,市场经济下的搭便车行为并不当然违反诚实信用原则和公认的商业道德,不必然构成不正当竞争,仍需根据法律规定的行为正当性标准进行判断。

[广州知识产权法院(2018)粤73民初684号网易公司与多益公司著作权侵权及不正当竞争案]

4. 经营者及竞争关系

销售游戏外挂软件并从中获取经济利益的游戏主播属于《反不正当竞争法》规定的"经营者",游戏经营者有权对其提起不正当竞争诉讼。

[深圳市南山区人民法院(2019)粤0305民初15313号腾讯公司与陈某不正当

竞争纠纷案]

《反不正当竞争法》的立法目的在于保障社会主义市场经济健康发展,鼓励和保护公平竞争,制止不正当竞争行为,保护经营者和消费者的合法权益。在新的经济模式下,判断经营者之间是否存在竞争关系不应仅局限于同行业经营者,只要经营者在具体的经营行为、最终利益方面存在竞争关系,亦应认定经营者间存在竞争关系。

[北京知识产权法院(2019)京73民终3263号爱奇艺公司与龙境公司等不正当竞争纠纷案]

《反不正当竞争法》所调整的竞争关系并不仅限于经营同类商品(服务)或替代商品(服务)的经营者之间。凡是以不正当手段谋取竞争优势或者损害他人正常经营活动的,均有可能构成《反不正当竞争法》所调整的竞争关系。

[北京知识产权法院(2019)京73民终238号优酷与北京奇果不正当竞争案]

经营者的行为具有对其他经营者的经营利益造成损害的可能性,且该经营者会基于这一行为而获得现实或潜在的竞争利益,则可以认定经营者间具有反不正当竞争法调整的竞争关系。

[北京知识产权法院(2017)京73民终792号里莫瓦公司与段某琴不正当竞争纠纷案]

《反不正当竞争法》所调整的竞争关系不限于经营同类商品(服务)或替代商品(服务)的经营者,在竞争中存在联系的市场主体及不正当地干扰他人正当经营活动的主体均可能构成《反不正当竞争法》所调整的竞争关系。

[广州知识产权法院衍生集团与王老吉不正当竞争纠纷案]

《反不正当竞争法》意义上的竞争关系包括直接竞争关系与间接竞争关系,《反不正当竞争法》维护具有直接竞争关系的竞争者之间的正当竞争,也维护整个市场的竞争秩序。尤其是在互联网经济领域,即使经营者之间不存在直接的竞争关系,经营者也会因破坏其他经营者的竞争优势而与其产生竞争关系。

[杭州互联网法院(2019)浙8601民初1594号蚂蚁微贷等与朗动公司不正当竞争纠纷案]

5.《反不正当竞争法》保护的权益

(1)数据

经营者为收集、整理数据,以及维护其互联网产品中的数据运行和安全而付出成本，且该种数据整体上可为经营者进行衍生性利用或开发从而获得进一步的经营利益时，其他经营者未经许可擅自抓取且使用上述数据的行为，受《反不正当竞争法》调整。

[北京市海淀区人民法院(2017)京0108民初24512号微梦公司与云智联公司不正当竞争案]

网络平台经营者通过登录规则或其他措施设置了访问权限的数据属于非公开数据，该数据涉及平台商业策略的实现、数据安全的维护以及用户隐私的保护等因素，网络平台经营者基于该部分数据所获得的经营利益受法律保护。

[北京市海淀区人民法院(2017)京0108民初24512号微梦公司与云智联公司不正当竞争案]

网络平台经营者未设定访问权限的数据属于公开数据，网络平台经营者应当在一定程度上容忍他人合法收集或利用其平台中已公开的数据，在无合理理由的情形下，不应对用户通过浏览获取和其他经营者通过网络爬虫等自动化程序获取此类公开数据的行为进行区别性对待。

[北京市海淀区人民法院(2017)京0108民初24512号微梦公司与云智联公司不正当竞争案]

在抓取数据行为本身不正当的情况下，经营者后续对该抓取数据的推送、展示等使用行为也会因数据来源不合法而不具有正当性。

[北京市海淀区人民法院(2017)京0108民初24512号微梦公司与云智联公司不正当竞争案]

非公开数据因其涉及用户选择等因素而不属于自由流动的信息，公开数据也可能因具有较强的用户个人色彩或因网络平台经营者对此类数据的投入等因素而不当然属于可以共享互通的信息。网络平台经营者在未针对特定对象采取歧视性措施的情况下，利用Robots协议限制搜索引擎抓取上述数据的行为具有正当、合理理由，不构成不正当竞争。

[北京市海淀区人民法院(2017)京0108民初24512号微梦公司与云智联公司不正当竞争案]

对于网络平台中单个用户的原始数据，应突出强调用户信息提供者的控制权与使用许可权，不应过分维护网络平台方的控制权。其他经营者使用他人控制的数据是否构成侵权，重点在于审查其是否征得了用户同意，网络平台经营者不能仅因其他经营者擅自使用了其控制的数据，径行主张求偿权。但如果其他经营者危及了网络平台用户的个人数据安全，网络平台经营者对于用户数据负有提供安全保护的法定义务，其对于其他经营者侵害其用户个人数据安全的行为有权请求法院予以禁止。

［杭州互联网法院腾讯公司与浙江某网络公司等不正当竞争纠纷案］

网络平台经营者对平台数据资源进行了汇聚与应用，其对平台整体数据资源享有竞争性权益。如果其他经营者破坏性地使用该数据资源，导致网络平台用户对互联网产品丧失应有的安全感及基本信任，减损该产品对于用户关注度及用户数据流量的吸引力，进而损害网络平台经营者既有数据资源竞争权益，则构成不正当竞争，网络平台经营者有权要求获得赔偿。

［杭州互联网法院腾讯公司与浙江某网络公司等不正当竞争纠纷案］

互联网征信机构在享有征信数据带来的经济利益的同时，还应对数据质量负有一定的注意义务。现阶段应当以鼓励数据共享流通、兼顾各方利益为原则，并正视海量数据处理的技术困境，合理确定注意义务，即一方面不宜为互联网征信机构赋予过高的注意义务，对于普通的信息偏差应当允许其通过事后救济的方式进行修正，但另一方面互联网征信机构也应对收集、发布的数据信息具有基本的注意义务。

［杭州互联网法院（2019）浙8601民初1594号蚂蚁微贷等与朗动公司不正当竞争纠纷案］

互联网征信机构在对企业信用信息的收集和发布活动中应当坚持数据来源合法原则、注重信息时效原则、保障信息质量原则和敏感信息校验原则。尤其是针对敏感数据，特别是涉及企业清算、破产等重大负面信用信息，互联网征信机构应当建立差别化的技术处理原则，提高数据推送质量，避免因不当的信息推送行为为企业带来重大负面影响。

［杭州互联网法院（2019）浙8601民初1594号蚂蚁微贷等与朗动公司不正当竞争纠纷案］

（2）其他权益

竞争产生竞争性损害是市场经济的常态，经营者在市场竞争中不负有维护其他经营者商业模式的义务，故经营者商业模式受到影响或利益受损并非推断相关竞争行为具有不正当性的当然依据，需要运用比例原则，在充分权衡经营者、消费者以及其他市场竞争者的利益后，再对经营者竞争利益是否受损作出认定。只有当经营者不遵循诚实信用原则和违反公认的商业道德，通过不正当手段攫取他人可以合理预期获得的商业机会时，才应受《反不正当竞争法》的规制。

[浙江省高级人民法院（2020）浙民终479号玫琳凯公司与马某仙商标权侵权及不正当竞争案]

通过在浏览器中屏蔽视频来源网站视频贴片广告的行为，会使原先使用或潜在愿意使用视频来源网站观看视频的网络用户减少，进而造成视频来源网站广告费以及会员费收入的减少，最终危及视频来源网站的正常经营，对视频来源网站的经营利益造成损害，构成不正当竞争。

[北京知识产权法院（2019）京73民终238号优酷与北京奇果不正当竞争案]

（二）诉　权

在反不正当竞争诉讼中，通常只要求权利或权益合法，而不要求权利或权益具有完整性、独占性、排他性。如果某一经营者的行为破坏竞争秩序，致使其他经营者的竞争利益可能受到损害，则该可能受损的经营者即可产生诉权。

[杭州铁路运输法院（2019）浙8601民初1611号微播视界等与杭州抖商科技商标权侵权及不正当竞争案]

中国与日本同为《巴黎公约》成员国和TRIPs协议成员方，根据该两国际条约中所规定的国民待遇原则，日本企业的企业名称应受中国《反不正当竞争法》的保护。

[北京知识产权法院（2018）京73民终184号池田模范堂与广州模范堂等著作权侵权及不正当竞争案]

在软件开发合同的双方当事人就所开发软件源程序负载的技术信息的权利归属无明确约定时，该技术信息应归属于实际付出劳动创造该信息的软件开发方。

[北京市高级人民法院（2019）京民终231号从兴技术与亚信科技等侵害商业秘密案]

技术信息的权利共有人有权以自己名义单独主张商业秘密保护。

[北京市高级人民法院(2019)京民终231号从兴技术与亚信科技等侵害商业秘密案]

软件源代码既可作为作品受《著作权法》保护,又可作为技术信息进行商业秘密保护,在同一客体上负载两项知识产权权利的情形下,从权利行使的角度出发,当事人对于著作权归属的约定应当视为对技术信息归属的约定。

[北京市高级人民法院(2019)京民终231号从兴技术与亚信科技等侵害商业秘密案]

(三)行为保全与管辖权异议

被申请人的行为构成不正当竞争的可能性极大,若不及时采取行为保全措施可能使申请人的合法权益受到难以弥补的损害,且采取行为保全措施不会对被申请人造成不当损害,也不会对公共利益造成损害的,对申请人提出的诉中行为保全申请应予支持。

[北京市海淀区人民法院(2020)京0108民初24338、24339号百度公司与政凯公司不正当竞争行为保全案]

申请人提出诉中行为保全申请,被申请人提出管辖权异议的,法院可以在依法做出行为保全裁定后,对管辖权异议另行予以处理。

[北京市海淀区人民法院(2020)京0108民初24338、24339号百度公司与政凯公司不正当竞争行为保全案]

(四)举证责任

对商业秘密权利人不宜在举证责任方面的要求过于严苛,但商业秘密权利人也应提交初步证据证明存在侵权行为。

[北京市高级人民法院(2019)京民终231号从兴技术与亚信科技等侵害商业

秘密案]

在高速发展的网络游戏领域,是否具有公认的商业道德以及该商业道德的具体内涵应由负有证明义务的原告举证说明。

[广州知识产权法院(2018)粤73民初684号网易公司与多益公司著作权侵权及不正当竞争案]

在当事人已经完成"谁主张,谁举证"的举证义务的情况下,控制证据的另一方当事人无正当理由拒绝提交证据,在主观上具有妨碍法院查明事实的故意,客观上实际妨碍案件事实查明,违反诚实信用原则,应该承担"不利推定规则"的后果。

[广东省深圳市中级人民法院(2019)粤03民初594号腾讯公司与微时空公司不正当竞争纠纷案]

主张合法来源抗辩应当举证证明合法取得被诉侵权产品、复制品的事实,包括合法的购货渠道、合理的价格和直接的供货方等。在提供的被诉侵权产品、复制品来源证据与其合理注意义务程度相当的情况下,可以认定完成了举证责任,合法来源抗辩成立。

[广州知识产权法院(2019)粤73民终5651号本田公司与南海理力公司等商标侵权及不正当竞争案]

(五)仿　冒

1. 商品名称、包装、装潢

《反不正当竞争法》所保护的"有一定影响的商品名称"需要具备一定的知名度以及能够区别商品来源的显著性。相关图书名称如果是对此类作品命名的有限表达,其本身不具有识别图书商品来源的作用,且亦未通过使用达到将该图书名称指向作者的程度,则该图书名称不构成"有一定影响的商品名称"。

[江苏省高级人民法院(2019)苏民终955号傅某等与应急管理出版社著作权侵权及不正当竞争纠纷案]

判断是否构成《反不正当竞争法》中有一定影响的商业标识,关键在于判断在相关公众中,该商业标识与其权益主张者之间是否已经产生稳定联系,是否以该商业标识作为识别相应商品或服务来源于其权益主张者的依据。在经济和信息全球化、资讯和互通极为发达、不同商业模式层出不穷的今天，判断此种联系是否已经建立，不能固守传统市场环境中的考量要素，机械地要求以主动进入某一地域市场、在该地域市场内持续经营或宣传达一定时间、经营规模达一定量级为衡量标准，相反，"地毯式铺店"与"饥饿营销"、独立经营与联名经营、线下销售与网络销售等商业模式均可能产生此种联系，各类媒体主动通过纸质、网络等媒介所作的报道、宣传均可作为此种联系已经形成的证据。

[浙江省杭州市中级人民法院(2019)浙01民初4193号章节四公司与皎奢公司等商标侵权及不正当竞争纠纷案]

《反不正当竞争法》所保护的"商品特有的名称、包装、装潢"相当于未注册商标。不同于注册商标，若要对商品特有的名称、包装、装潢进行保护，在案证据需要证明其客观上已起到指示商品及服务来源的作用。相应地，其他经营者只有在知晓该知名度的情况下仍使用被诉的商品名称、包装、装潢，方可认定该经营者具有主观过错，而不能当然推定其具有主观过错。

[北京知识产权法院(2017)京73民终792号里莫瓦公司与段某琴不正当竞争纠纷案]

《反不正当竞争法》对于立体形式的商品包装及装潢提供保护需区分功能性与识别性。如果立体形式的商品的包装及装潢中某些或全部设计特征是实现相应功能的唯一方式或极为有限的方式，则不受《反不正当竞争法》的保护。

[北京知识产权法院(2017)京73民终792号里莫瓦公司与段某琴不正当竞争纠纷案]

判断侵权产品零售商的主观恶意情况，不仅要考虑涉案商品及其特有装潢的知名度是否可以使零售商知晓涉案商品与权利人之前的对应关系，还要考虑零售商是否知晓其销售行为违法。对于立体形式的商品包装及装潢，不宜对零售商的主动认知能力提出过高要求，但该标准并不当然适用于制造商。

[北京知识产权法院(2017)京73民终792号里莫瓦公司与段某琴不正当竞争纠纷案]

2. 企业名称或字号

经营者擅自将其他经营者具有一定知名度的字号或企业名称设置为搜索引擎中的关键词，使消费者误认为其与该经营者具有特定联系，损害了其他经营者的交易机会，构成不正当竞争。

［广东省高级人民法院（2018）粤民终2352号精英商标事务所与猪八戒网络商标权侵权及不正当竞争案］

在明知或应知他人注册商标及其知名度的情况下，仍将该注册商标作为企业名称中的字号进行登记，并在商业活动中予以使用，具有攀附他人商业信誉及该注册商标商誉的意图，容易导致相关公众产生混淆误认，违反诚实信用原则的，构成不正当竞争行为。

［北京市高级人民法院（2020）京民终521号大疆公司与大疆实业公司等商标权侵权及不正当竞争案］

在明知或应知他人注册商标及字号知名度的情况下，仍擅自将包含有他人注册商标、字号的企业名称进行登记并在经营中使用，容易造成相关公众混淆或误认，扰乱正常社会经济秩序的，构成不正当竞争。

［江苏省苏州市中级人民法院（2019）苏05知初643号施耐德电气公司与施耐德电梯公司商标权侵权及不正当竞争纠纷案］

在海外代购、电商网站等产品销售过程中如果体现了企业名称，可以视为该企业名称在中国大陆（内地）境内的商业使用，并可用于证明其知名度。

［北京知识产权法院（2018）京73民终184号池田模范堂与广州模范堂等著作权侵权及不正当竞争案］

明知他人注册商标具有较高知名度，仍将他人注册商标作为企业字号使用，从事与他人相同或类似的商品或服务经营，容易导致相关公众对商品或服务来源产生混淆、误认，或误认为二者存在特定联系的，构成不正当竞争，并可就此判决变更企业名称。

［浙江省杭州市中级人民法院（2019）浙01民初412号惠氏公司等与广州惠氏公司等商标侵权案］

3. 域名

域名的注册及使用行为之间具有关联性和连续性，判断行为人注册、使用域名的行为是否存在主观恶意，应从其行为的整体过程上进行综合判断。

［北京市高级人民法院（2019）京民终564号哥伦比亚公司与宋某域名侵权案］

行为人明知权利人的商号及域名具有一定知名度，仍为商业目的注册、使用与权利人在先商号及域名高度相似的域名，并以该域名建立网站销售同一种或类似商品的，客观上容易引起公众的混淆误认，且行为人曾向权利人要约高价出售、出租或以其他方式转让域名获取不正当利益的，主观上亦具有明显恶意，违反了诚实信用原则和公认的商业道德，构成不正当竞争。

[北京市高级人民法院(2019)京民终564号哥伦比亚公司与宋某域名侵权案]

(六)虚假宣传

经营者的相关宣传用语虽有不准确或夸大之处，但不足以欺骗、误导消费者的，不构成虚假宣传。

[广州知识产权法院衍生集团与王老吉不正当竞争纠纷案]

经营者接受他人委托，提供针对微信公众号等平台的刷量服务，导致公众对相关公开数据产生虚假认知，不利于消费者合法利益和社会整体福祉的增加，属于《反不正当竞争法》第8条第2款所规制的帮助其他经营者进行虚假或者引人误解的商业宣传的不正当竞争行为。

[广东省深圳市中级人民法院(2019)粤03民初594号腾讯公司与微时空公司不正当竞争纠纷案]

(七)商业诋毁

经营者主观上具有削弱竞争对手竞争力和声誉的故意，客观上采用了不正当的、违反公认商业道德的方式，产生了贬损竞争对手商品声誉及商业信誉的效果，直接造成竞争对手市场份额降低的损害后果或直接影响竞争对手的正常运营，构成商业诋毁。

[广州知识产权法院衍生集团与王老吉不正当竞争纠纷案]

（八）侵害商业秘密

软件源代码中包含有开源代码或第三方代码，但软件开发者对于开源代码和第三方代码的选取以及相关代码之间的组合关系付出了创造性劳动，所形成的技术信息有别于公知信息，可以认定为不为公众所知悉的信息。

[北京市高级人民法院(2019)京民终231号从兴技术与亚信科技等侵害商业秘密案]

（九）"互联网专条"规制的不正当竞争行为

适用《反不正当竞争法》第12条第2款中的兜底条款，需要结合该法第2条一般性条款的构成元素和判断范式进行。基于此，《反不正当竞争法》第12条第2款中兜底条款所规制的不正当竞争行为应当符合四个要素：(1)经营者利用网络从事生产经营活动，与其他经营者存在竞争关系；(2)经营者利用技术手段，通过影响用户选择或者其他方式，实施了妨碍、破坏其他经营者合法提供的网络产品或者服务正常运行的行为；(3)该行为扰乱了市场竞争秩序，损害其他经营者或者消费者的合法权益；(4)经营者有违自愿、平等、公平、诚信原则以及商业道德。

[广东省高级人民法院(2019)粤民终2093号微源码公司等与腾讯公司不正当竞争纠纷案]

经营者接受他人委托，利用技术手段提供针对微信公众号等平台的刷量服务，致使微信软件的权利人无法正常收集、统计用户真实行为数据，妨碍了对微信软件的正常运营管理和服务，构成《反不正当竞争法》第12条第2款第4项所规制的不正当竞争行为。

[广东省深圳市中级人民法院(2019)粤03民初594号腾讯公司与微时空公司不正当竞争纠纷案]

《反不正当竞争法》第 12 条第 2 款第 4 项旨在规范利用“技术手段”妨碍、破坏经营者合法提供的网络产品或服务正常运行的不正当竞争行为。经营者通过技术手段对其他经营者提供的网络产品功能或服务进行限制或破坏,干扰其他经营者的运营模式和盈利方式,主观上具有过错,长远看也将逐步降低市场活力,破坏竞争秩序和机制,阻碍该网络产品市场的正常、有序发展,减损消费者福祉,该不正当竞争行为应当适用《反不正当竞争法》第 12 条第 2 款第 4 项的规定予以规制。

[北京知识产权法院(2019)京 73 民终 3263 号爱奇艺公司与龙境公司等不正当竞争纠纷案]

适用《反不正当竞争法》第 12 条第 2 款中的兜底条款,需要结合该法第 2 条一般性条款的构成元素和判断范式进行。基于此,《反不正当竞争法》第 12 条第 2 款中兜底条款所规制的不正当竞争行为应当符合四个要素:(1)属于经营者在生产经营活动中发生的行为,其他经营者的合法权益因该竞争行为受到了实际损害;(2)该竞争行为所采用的技术手段损害了消费者的利益,如自主选择权、知情权、隐私权等;(3)该竞争行为违反了诚信原则和商业道德而具有不正当性;(4)该竞争行为属于妨碍、破坏其他经营者合法提供的网络产品或者服务正常运行的行为,破坏了互联网环境中的公平竞争的市场秩序。

[广东省深圳市中级人民法院(2019)粤 03 民初 1912 号腾讯公司与通路公司等不正当竞争纠纷案]

经营者利用技术手段向公众提供针对在线文库文档的下载服务,破坏了在线文库经营者所提供的网络产品及所提供服务的正常运行,损害了在线文库经营者基于其用户流量可获得的增值收益和竞争优势,构成《反不正当竞争法》第 12 条第 2 款第 4 项所规制的情形,构成不正当竞争。

[北京市海淀区人民法院百度公司与梦西游公司不正当竞争纠纷案]

经营者利用网络从事经营活动应当遵循《反不正当竞争法》第 12 条之规定,不得利用技术手段,通过影响用户选择或者其他方式,妨碍、破坏其他经营者合法提供的网络产品或者服务的正常运行。

[上海市浦东新区人民法院(2019)沪 0115 民初 11133 号陆金服公司等与陆智投公司不正当竞争纠纷案]

网络抢购服务提供者利用技术手段,通过为他人所运营平台的用户提供不正当抢购优势的方式,妨碍该平台金融产品抢购业务的正常开展,对平台运营者及平台用户的整体利益造成了损害,破坏了公平竞争的营商环境,构成不正当竞争。

[上海市浦东新区人民法院(2019)沪0115民初11133号陆金服公司等与陆智投公司不正当竞争纠纷案]

在适用《反不正当竞争法》第12条"互联网专条"的兜底性条款认定不正当竞争行为时,应评判被诉行为是否符合以下四项条件:(1)被诉行为系利用技术手段干扰他人网络产品或服务正常运行的行为;(2)被诉行为不属于该条明确列举的互联网不正当竞争行为;(3)反不正当竞争法保护的法益因被诉行为受到实际损害;(4)被诉行为基于互联网商业伦理而具有不正当性。

被诉产品或技术不具有实质性非侵权用途,行为人具有实施不正当竞争行为的故意,违反了互联网产业的商业道德,且权利人不能通过适当技术手段消除被诉行为所带来影响的,应当认定该行为人实施的互联网领域的竞争行为具有不正当性。

[上海市浦东新区人民法院(2019)沪0115民初73840号腾讯公司与幻电公司等不正当竞争纠纷案]

经营者未经许可,采用技术手段对他人提供的互联网游戏产品和服务进行干预和限制,影响他人的游戏运营模式和盈利方式,挤压他人商业机会和盈利空间,构成《反不正当竞争法》第12条第2款第4项所规制的不正当竞争行为。

[杭州互联网法院腾讯公司与某科技公司著作权侵权及不正当竞争案]

(十)损害赔偿

互联网产品的商业性经营和获利不仅来源于用户直接付费,还包括对用户流量的获得,以及基于用户流量规模进行的衍生产品开发和推广等其他方面,故在确定赔偿数额时不应仅计算互联网产品通过用户付费而直接盈利的部分,还应根据侵权行为、损害后果、行为人主观恶意等因素综合确定。

[北京市海淀区人民法院(2017)京0108民初24512号微梦公司与云智联公司不正当竞争案]

我国大数据征信行业目前还处于起步阶段,相关行业规则、技术能力尚未成熟完善,需要给大数据征信产业发展创造适度的张力,营造足够宽松的发展空间,故在侵权赔偿方面不宜责任过重。

[杭州互联网法院(2019)浙8601民初1594号蚂蚁微贷等与朗动公司不正当竞争纠纷案]

五、垄断类

(一)相关市场

被诉经营者所面临的竞争关系是反垄断分析中界定相关市场的关键因素,交易相对人面临的竞争关系则是评价竞争效果的考量因素。在认定相关市场时,应考量被诉经营者因存在需求替代、供给替代等关系而会受到竞争约束的市场范围。一个竞争行为可能同时影响数个相关市场,其中受被诉行为影响最大,同时又对消费者利益产生最大影响的相关市场,也是竞争效果评价中最应关注的相关市场。

[上海市高级人民法院(2018)沪民终475号光明贸易公司与韩泰轮胎公司垄断纠纷案]

对于涉及知识产权的垄断分析,一般也要界定相关市场,结合相关创新市场、技术市场、创新或技术所涉及的商品或服务市场及其地域市场来认定。

[广东省高级人民法院(2018)粤民终552号华多与网易滥用市场支配地位及不正当竞争纠纷案]

相关商品市场范围主要取决于商品的可替代程度。在市场竞争中对经营者行为构成直接和有效竞争约束的,是市场存在需求者认为具有较强替代关系的商品,故界定相关商品市场主要从需求者角度进行需求替代分析,辅之以从经营者角度进行供给替代分析。在经营者竞争的市场范围不够清晰或不易确定时,还可按照假定垄断者测试的分析思路来界定相关市场。

[广东省高级人民法院(2018)粤民终552号华多与网易滥用市场支配地位及不正当竞争纠纷案]

相关地域市场可以从因地域造成商品竞争力变化的相关因素来予以界定。由于进入中国大陆(内地)游戏市场的网络游戏都需经过前置审批,未经前置审批的境外网络游戏难以合法存续于市场,即行政审批程序对网络游戏构成强有力的地域间壁垒,未经审批的境外网络游戏难以对境内审批上市的游戏形成竞争约束,故中国大陆(内地)的网络游戏市场构成独立的相关市场。

[广东省高级人民法院(2018)粤民终552号华多与网易滥用市场支配地位及不正当竞争纠纷案]

在招投标市场中,招标文件的要求决定了参与竞争的经营者范围,因每一次招标事件均会有相应的招标要求,故每一次单独的招投标事件构成一个单独的相关市场。

[北京知识产权法院(2017)京73民初1671号海能达通信与摩托罗拉等滥用市场支配地位纠纷案]

在界定相关市场时,可以基于商品或服务的特征、用途、价格等因素进行需求替代分析,必要时进行供给替代分析。相关商品或服务市场的界定,通常首先从被诉实施垄断行为的经营者提供的商品或服务出发,进而考察最有可能具有紧密替代性关系的其他商品或服务。如果具有较高的替代性,则将后者与前者纳入同一个相关商品或服务市场,并继续扩大分析范围,直至被考察对象之间不存在这种具有较高替代性关系为止,以此作为案件涉及的最终相关商品或服务市场。

[北京知识产权法院(2018)京73民初780号欢唱壹佰公司与音集协垄断纠纷案]

我国目前卡拉OK曲库中绝大多数为类电影作品,少量为音像制品,但针对该作品或制品的许可问题,无论将其界定为放映权或信息网络传播权的使用许可,对KTV经营者所需求的服务市场均无大的影响。基于此,并根据《著作权法》的相关规定,可以认定对于曲库中的相关类电影作品而言,KTV经营者所需求的服务应为放映权使用许可或信息网络传播权的使用许可;对于曲库中的相关音像制品而言,其所需求的服务应为信息网络传播权的使用许可。

[北京知识产权法院(2018)京73民初780号欢唱壹佰公司与音集协垄断纠纷案]

界定房产经纪服务的相关市场,应当充分考虑卖方市场和买方市场共存的双边市场特征、相关互联网行业跨界进入市场、线下与线上并存模式等因素对市场界定可能产生的影响。以与案件相关的最小服务和最小地域为目标服务和目标地域,分别从需求替代和供给替代角度分析是否存在对目标服务或目标地域构成紧密替代的其他服务或地域,进而界定出相关市场。

[北京知识产权法院王某与链家滥用市场支配地位纠纷案]

相关市场是指经营者在一定时期内就特定商品或者服务进行竞争的商品范围

和地域范围。相关商品市场，是根据商品的特性、用途及价格等因素，由需求者认为具有较为紧密替代关系的一组或一类商品所构成的市场。相关地域市场，是指需求者获取具有较为紧密替代关系的商品的地理区域。相关市场范围的大小主要取决于商品（地域）的可替代程度。界定相关市场主要从需求者角度进行需求替代分析。当供给替代对经营者行为产生的竞争约束类似于需求替代时，也应当考虑供给替代。

［北京知识产权法院（2017）京73民初1788号东兴油井公司与中石油股份公司等垄断纠纷案］

对于存在依赖性的交易关系，不应简单地以交易双方已有的交易范围确定相关市场，否则容易得出被依赖一方具有该相关市场支配地位的结论，导致很多本属于合同法或其他民事法律关系框架内的争议被纳入《反垄断法》的范畴，与反垄断法的立法目的不符。

［北京知识产权法院（2017）京73民初1788号东兴油井公司与中石油股份公司等垄断纠纷案］

根据国家药品管理的相关法律、法规强制性规定，药品生产受到国家严格监管，原料药对于制剂生产单位而言不存在任何可替代性，原料药市场构成独立商品市场，并且相关地域市场为中国大陆（内地）市场。

［江苏省南京市中级人民法院（2019）苏01民初1271号扬子江药业等与合肥医工医药等垄断案］

（二）滥用市场支配地位

1. 市场支配地位

经营者拥有知识产权可以作为评估其市场支配地位的一个因素，但不能仅根据经营者拥有知识产权就推定其具有市场支配地位。

［广东省高级人民法院（2018）粤民终552号华多与网易滥用市场支配地位及不正当竞争纠纷案］

对经营者是否具有市场支配地位的分析，应充分考虑《反垄断法》所关注的各项判断因素，并按照定性和定量相结合的方法，对经营者在相关市场内是否具备控制交易条件和阻碍进入能力予以综合评估。

［广东省高级人民法院（2018）粤民终552号华多与网易滥用市场支配地位及不正当竞争纠纷案］

在中国大陆类电影作品或音像制品的KTV经营中的许可使用市场，音集协是目前唯一的集体管理组织，即使另行审批成立其他集体管理组织，其业务范围也不会与被告音集协出现交叉或重合，故音集协所从事的相关类电影作品或音像制品的集体管理为其特有的业务范围，具有唯一性，且其获得授权管理的类电影作品或音像制品具有明显的数量和规模优势，在KTV经营中具有很强的代表性，在相关市场具有支配地位。

［北京知识产权法院（2018）京73民初780号欢唱壹佰公司与音集协垄断纠纷案］

判断相关房产经纪公司在相关市场是否具有市场支配地位，可以从该公司在相关市场是否具有控制房源或客源的能力、公司财力、技术设施、潜在竞争者进入相关市场的难易程度、该公司的交易相对人对其的依赖程度等因素予以综合考虑。

［北京知识产权法院王某与链家滥用市场支配地位纠纷案］

被诉行为系买方滥用市场支配地位，故需判断商品需求者是否具有市场支配地位，应当着重考察供给者的产品能够在何种市场上流通和销售，供给者的产品具备哪些现实或潜在需求者，与供给者的产品存在紧密替代关系的产品范围等因素。

［北京知识产权法院（2017）京73民初1788号东兴油井公司与中石油股份公司等垄断纠纷案］

当原料药市场上只有一家公司获得国家药监局颁发的相关批件并通过GMP认证时，该公司在原料药生产和销售市场具有完全的市场份额，具备决定价格、调节供应以及附加其他交易条件的市场控制能力，占有绝对的市场支配地位。

［江苏省南京市中级人民法院（2019）苏01民初1271号扬子江药业等与合肥医工医药等垄断案］

权利人滥用其知识产权排除限制竞争的，受《反垄断法》的规制，需要根据案件事实情况对相关行为进行反垄断分析，进而判断其行为是否构成滥用市场支配地位等受《反垄断法》规制的行为。

［广东省高级人民法院（2018）粤民终552号华多与网易滥用市场支配地位及

不正当竞争纠纷案]

经营者在相关市场具有市场支配地位并不意味着经营者的相关行为必然不合法，而是需要综合评估相关行为对消费者和竞争造成的消极效果和可能具有的积极效果，进而对其合法性作出判断。

[北京知识产权法院(2018)京73民初780号欢唱壹佰公司与音集协垄断纠纷案]

在垄断纠纷民事案件中，应由原告对其所主张的被告在相关市场内具有支配地位和存在滥用市场支配地位行为承担举证责任，由被告就其行为不具有排除、限制竞争效果承担举证责任。经销代理关系中的相对优势地位不能直接用于推定经营者在相关市场具有市场支配地位。

[上海市高级人民法院(2018)沪民终475号光明贸易公司与韩泰轮胎公司垄断纠纷案]

2. 滥用市场支配地位

(1)以不公平的高价销售商品

供给与购买双方既存在上游原料药的供给关系，又存在下游原料药制剂的竞争关系，供给方不合理地提高原料药供货价，使其在原料药制剂市场获得了额外的竞争优势，以实现对上下游市场的同时控制，属于滥用市场支配地位。

[江苏省南京市中级人民法院(2019)苏01民初1271号扬子江药业等与合肥医工医药等垄断案]

(2)拒绝交易

判断是否构成拒绝交易，至少需要同时考虑是否存在拒绝行为、该拒绝行为是否产生了排除或限制竞争的后果、拒绝是否具有正当理由等因素。具有竞争优势的一方实施相关拒绝行为，并不当然产生排除或限制竞争的后果。

[北京知识产权法院(2017)京73民初1671号海能达通信与摩托罗拉等滥用市场支配地位纠纷案]

(3)限定交易

构成限定交易的前提是一方具有直接或间接要求另一方仅与其进行交易的意思表示。如果没有限定交易的意思表示，不会产生限定交易的客观后果，则不构成限定交易行为。

[北京知识产权法院(2017)京73民初1671号海能达通信与摩托罗拉等滥用市场支配地位纠纷案]

原料药供给方基于购买方在未来有能力实现自产的合理预期,与购买方签订长期购销合同并约定高额违约金,导致购买方无法使用自产原料药,该约定系对购买方交易选择权的不合理限制,构成限定交易的垄断行为。

[江苏省南京市中级人民法院(2019)苏01民初1271号扬子江药业等与合肥医工医药等垄断案]

(4)附加不合理交易条件

在供给方具有市场支配地位的情况下,其强迫购买方在签订放弃自身应有权利的协议后才同意向购买方供货,该协议内容违反《反垄断法》的强制性规定,应当认定为无效。供给方的行为也构成附加不合理交易条件的滥用市场支配地位行为。

[江苏省南京市中级人民法院(2019)苏01民初1271号扬子江药业等与合肥医工医药等垄断案]

(三)垄断协议

对于限定最低转售价格协议是否构成垄断协议的判断,应当从相关市场的竞争状况、被诉经营者在相关市场的市场力量、被诉经营者是否具有限制竞争动机以及限制转售价格行为所产生的竞争效果等方面进行综合判断。

[上海市高级人民法院(2018)沪民终475号光明贸易公司与韩泰轮胎公司垄断纠纷案]

经营者与交易相对人以协议、决定或其他协同行为的方式对最低转售价格进行限定,并产生排除、限制竞争效果的,应当认定该经营者实施了"限定向第三人转售商品的最低价格"的垄断行为。

[浙江省杭州市中级人民法院(2019)浙01民初3270号康健苗苗公司与登士柏公司纵向垄断协议纠纷案]